신학박사 논문시리즈 27

로이드 존스의
구원론

최훈배 지음

D. M. Lloyd-Jones

CLC

기독교문서선교회(Christian Literature Center: 약칭 CLC)는 1941년 영국 콜체스터에서 켄 아담스에 의해 시작되었으며 국제 본부는 영국의 쉐필드에 있습니다.

국제 CLC는 59개 나라에서 180개의 본부를 두고, 약 650여 명의 선교사들이 이동도서차량 40대를 이용하여 문서 보급에 힘쓰고 있으며 이메일 주문을 통해 130여 국으로 책을 공급하고 있습니다.

한국 CLC는 청교도적 복음주의 신학과 신앙서적을 출판하는 문서선교 기관으로서, 한 영혼이라도 구원되길 소망하면서 주님이 오시는 그날까지 최선을 다할 것입니다.

The Soteriology of D. M. Lloyd-Jones in the Light of the Triune God's Unity

Written by
Choi, Hun-Bae

Korean Edition
Copyright © 2016 by Christian Literature Center
Seoul, Korea

추천사 1

유태화 교수
백석대학교 신학대학원 조직신학

저자 최훈배 박사의 학위논문 "삼위 하나님의 통일성에 비춰 본 로이드 존스의 구원론 연구"가 생애 부분이 새롭게 추가됨으로써 이러한 모습을 갖추어 저서로 출간되었습니다.

한국 교회에서 로이드 존스 목사님은 위대한 강해 설교자로 그 명성을 얻은 분입니다. 박윤선 목사님의 주석 이후 그리고 신진 학자들의 손에서 새롭게 쓰인 주석들과 설교들이 한국 교회의 강단의 공허함을 메꾸어 주는 일이 시작되기 전까지의 시기를 지나면서 로이드 존스 목사님의 설교는 실로 한국의 많은 목회자와 젊은 그리스도인들의 영적인 갈증을 해소하는 중요한 역할을 해왔다는 사실에 대하여 이견을 제시할 분은 별로 없을 것입니다. 물론 지금도 그의 설교는 다양한 관점에서 새롭게 읽히고 재해석되면서 한국 교회의 강단을 풍요롭게 하는 데 상당한 기여를 하고 있습니다.

저자는 자신의 박사 학위논문에서 한국 교회의 강단을 과거에나 현재에나 풍요롭게 하고 영향을 끼치고 있는 로이드 존스 목사님의 설교가 어떤 신학적인 기저에서 형성되어 나오는지에 깊은 관심을 기울였고, 그것은 바로 구원론에 근거해 있다는 사실을 알아차렸습니다. 그리고 그 논제를 로이드 존스의 설교에 근거하여 찾아내어 입증하고, 그 구체적인 구조와 내용을 채워가는 학문적인 작업을 시도하였습니다. 저자는 로이드 존스 목사님의 설교의 근간을 이루는 구원론이 삼위 하나님의 영원한 신적 논의에 뿌리박고 있다는 사실을 주의력을 갖고 찾아내어, 그 실체를 이차적인 자료가 아닌 로이드 존스의 글로 설득력 있게 드러내는 데 성공하고 있습니다.

매우 다행스럽게도 저자는 하나님의 영원한 작정에서부터 죄인을 위한 삼위 하나님의 사역이 시작되고 있다는 사실은 또한 인간의 책임적인 구원에의 참여를 배제하지 않는다는 사실을 로이드 존스 목사님이 매우 분명하게 견지한다는 사실까지 찾아내는 수고를 간과하지 않았습니다. 하나님의 영원한 신적인 작정에 근거한 구원의 사역이 운명론적인 굴레에 빠지지 않고, 오히려 인간의 책임적인 참여를 은혜 안에서 요구한다는 사실을 로이드 존스가 주의력을 갖고 반영하였다는 사실을 원전에 근거하여 차분하게 찾아내고 소개한다는 점에서 이 논문은 균형을 잘 유지했다고 평가할 수 있을 것입니다.

어떤 사람들은 오늘의 한국 교회의 곤경을 해결하는 큰 틀을 교회론에서 찾아보려고 다양한 애를 씁니다만, 필자가 보기에는 구원론적인 문제가 더욱 긴요한 상황으로 흘러가지 않나 싶습니다. 특별히 은혜와 사랑을 강조해 온 한국의 보수적인 교회들은 은혜가 필연적으로 수반하는 인간의 책임과 그 책임의 실체를 조금 더 분명하게 설명해야 할 상황에 처한 것이 아닌가 싶기 때문입니다. 한국 교회가 도덕적 아노미에 가까운 상황에 빠져 허덕이는 모습을 보면서 깊이 자성해야 하는 측면이 바로 하나님의 영원한 작정에 근거한 구원의 행동이 인간의 책임적인 참여를 배제 혹은 부차적으로 만드는 것처럼 오해하도록 조장하지 않았나 싶기 때문입니다.

이런 면에서 저자의 이 논문에서 고찰된 내용은 한국의 보수적인 교회에서 다시금 새롭게 살펴져야 할 필요가 있다고 생각하고, 지도교수로 이 작업에 참여한 사람으로서 이 책을 추천합니다.

추천사 2

한재욱 목사
강남비전교회 담임

우리가 다 하나님의 아들을 믿는 것과 아는 일에 하나가 되어 온전한 사람을 이루어 그리스도의 장성한 분량이 충만한 데까지 이르리니(엡 4:13).

사도 바울은 "하나님의 아들을 믿는 것과 아는 일에 하나가 되어 온전한 사람을 이루기"를 기원했습니다. 믿는 것은 믿음의 대상이고, 아는 것은 믿음의 내용입니다. 믿음의 대상과 믿음의 내용이 올바를 때 하나님 나라가 임합니다.

느낌 없는 앎은 차갑기 그지없습니다. 반대로 앎이 없는 느낌은 그저 뜨겁기만 합니다. 아무 것이나 태웁니다. 그리스도에 대한 앎이 없이 무조건 믿는 것을 맹신(盲信)이라고 합니다. 그 맹신에 감정까지 더해지면 광신(狂信)이라고 합니다. 반면, 그리스도를 안다고 하면서 눈물과 사랑과 뜨거움이 없다면 바리새인입니다. 눈물 없는 신학은 메마르기 그지없습니다. 습기 없는 신앙은 상처만 줄 뿐, 하나님의 능력이 나타나지 않습니다.

마틴 로이드 존스 목사님은 올바른 진리와 뜨거움을 겸비한 분으로, 균형 있는 믿음의 본이 되는 귀한 하나님의 종입니다. 저자가 마틴 로이드 존스 목사님과 진리를 동행하게 되어 기쁜 마음입니다. 이 책이 많은 영혼을 주님께로 돌아오게 하고, 뜨겁게 하기를 기원합니다.

추천사 3

조현진 교수
한국성서대학교 역사신학

수많은 대중들을 감동시킨 마틴 로이드 존스는 위대한 설교가였다. 그의 설교 중 백미는 그리스도의 복음에 대한 설교이다. 이제 그의 구원론을 정리한 최훈배 박사의 수고를 통해 우리는 이제 그의 신학적 배경을 이해하면서 그의 설교를 접하게 되었다. 이 작품은 특별히 삼위일체론을 기반으로 한 로이드 존스의 구원론을 잘 정리하고 있다.

추천사 4

이동영 교수
서울성경대학원대학교 조직신학

개혁파 정통주의 신학(reformierte orthodoxe theologie)에 따르면 기독론은 예수 그리스도의 인격을 취급하는 교리인 반면에, 구원론은 예수 그리스도의 사역을 취급하는 교리이다. 그럼에도 불구하고 구원론은 예수 그리스도의 사역에만 미시적으로 함몰되어서는 안 되고, 삼위일체 하나님이 이루어 가시는 구원 역사(historia salutis)의 전체 구도 속에서 거시적으로 해명되어야만 한다. 왜냐하면 성자의 구원의 사역이 그의 성육신, 그의 사역, 그의 죽음과 부활을 통하여 성자가 전면에 나서신 역사라고 할지라도, 성부가 성령의 능력 안에서 성자를 통하여 그리고 성자와 함께 이루어 가시는 삼위 하나님의 역사이기 때문이다.

그런데 구원론을 논구하는 국내외의 수많은 저술들을 일별해 볼 때 의외로 구원론의 개진이 미시적인 관점에서 성자의 사역에만 집중되어 있고, 삼위일체 하나님이 이루어 가시는 구원의 역사라는 거시적인 관점에서 구원론을 해명한 저서가 흔치 않은 것이 현실이다.

그러기에 영국의 청교도 전통이 낳은 위대한 설교가요 신학자인 마틴 로이드 존스의 구원론이 함의하고 있는 삼위일체론적 성격을 엄밀한 분석을 통하여 해명한 저자의 학문적 업적은 높이 평가 받아야 마땅하다.

독자들은 본서를 읽음으로써 성부 하나님, 성자 하나님, 성령 하나님이 함께 이끌어 가시는 구원 사역의 삼위일체론적 국면을 바르게 이해하고 파악하는 크나큰 유익을 누리게 될 것이다. 이에 기쁜 마음으로 이 책을 추천하여 일독을 권하는 바이다.

프롤로그 The Gate of Heaven

한 치 앞이 안보여 막막할 때
꿈으로 야곱에게 나타나신 삼위일체 하나님
사닥다리 꼭대기로 올라와 하늘 문으로 들어오라 하시네
야곱 향한 하나님의 꿈
사랑하는 자녀 위한 하나님의 광대한 계획 보여 주시네
이곳이 하늘 문이요 하늘 위로구나

갓난아이 같은 우리에게
주의 선물로 친구 마틴이 다가왔네
자기를 사닥다리 삼아서 하늘 문으로 올라가라 하네
우리 모두 손에 손 잡고 감사함으로 올라가
우리 향한 주님 마음
우리 위해 만드신 멋진 계획 깨달아
주님 사랑 전하고
주님 영광 발하세

야곱은 꿈을 꾸었습니다. 사다리 하나가 땅에 세워져 있는데, 그 꼭대기가 하늘에 닿아 있었습니다. 그리고 하나님의 천사들이 사다리 위로 오르락 내리락 하고 있었습니다(창 28:12, 쉬운성경).

목차

추천사 1 _ 유태화 교수(백석대학교 신학대학원 조직신학) ················ 4
추천사 2 _ 한재욱 목사(강남비전교회 담임) ·············· 6
추천사 3 _ 조현진 교수(한국성서대학교 역사신학) ··················· 7
추천사 4 _ 이동영 교수(서울성경대학원대학교 조직신학) ············· 7
프롤로그 ··················· 9

제1장 서론 ··· 13

제2장 로이드 존스의 생애와 신학적 배경 ············· 23
  1. 로이드 존스의 생애 ·· 24
  2. 로이드 존스의 신학적 배경 ································ 32

제3장 삼위 하나님의 구원 사역 ··························· 39
  1. 성부 하나님의 구원 계획 ··································· 42
    1) 구원을 위한 영원한 회의 ······························ 43
    2) 구원 협의 ·· 47
    3) 구원 목적 ·· 49
    4) 구원의 원리와 구원하는 방식 ························ 56
    5) 구원 속에 나타난 하나님의 영광 ··················· 78
  2. 성자 하나님의 구원 성취 ··································· 87
    1) 예수 그리스도의 성육신 ······························· 88
    2) 예수 그리스도의 십자가 ······························· 98
    3) 예수 그리스도의 세 가지 사역 ····················· 111
    4) 예수 그리스도의 구원하는 방식 성취 ············ 124

3. 성령 하나님의 구원 적용 ··· 136
　1) 성령이 죄인을 그리스도인 되게 하는 방편 ···················· 137
　2) 성령의 구원하는 방식 적용 ·· 143
　3) 성령이 성자를 영화롭게 하는 방식 ································ 161
4. 소결론 ··· 168

제4장 삼위 하나님의 구원 사역 가운데 나타난 원리들　175

1. 하나님의 주권 원리 ··· 178
　1) 구원 목적의 주권 ··· 181
　2) 구원 계획의 주권 ··· 184
　3) 작정 원리의 주권 ··· 186
　4) 선택 원리의 주권 ··· 189
　5) 언약 속에 나타난 주권 ·· 191
　6) 구원 얻는 방식의 주권 ·· 192
　7) 구원 서정의 주권 ··· 193
　8) 요 약 ··· 203

2. 인간의 책임 원리 ··· 207
　1) 죄의 책임 ·· 209
　2) 믿음의 책임 ·· 211
　3) 기도의 책임 ·· 215
　4) 성화의 책임 ·· 221
　5) 사역의 책임 ·· 230
　6) 요약 ··· 233

3. 그리스도와 연합 원리 ··· 236
　　1) 구원 계획 속에 나타난 그리스도와 연합 ······························ 238
　　2) 구원 성취 속에 나타난 그리스도와 연합 ······························ 241
　　3) 구원 적용 속에 나타난 그리스도와 연합 ······························ 250
　　4) 요 약 ··· 259
4. 그리스도와의 연합에 기초한 주권과 책임 관계 ··········· 262
5. 소결론 ··· 270

제5장 **삼위 하나님의 통일성으로 해석한 구원의 서정** ··· 272

1. 소명 ·· 274
2. 중생 ·· 282
3. 회심 ·· 293
4. 회개 ·· 299
5. 구원하는 믿음 ·· 305
6. 칭의 ·· 311
7. 성화 ·· 318
8. 인침 ·· 327
9. 영화 ·· 337
10. 소결론 ··· 344

제6장 **결론** ·· 345

에필로그 ··· 351
참고문헌 ··· 352

제1장

서론

▶ 베들레헴 교회 부임 예배 후 성도들과 함께 한 로이드 존스(중앙), 1927.

로이드 존스는 20세기가 낳은 최고의 강해 설교자다.[1] 그는 세기의 영적 거장으로 영국 복음주의에서 가장 영향력 있는 목회자이며 신학자로 알려져 있다.[2] 영국뿐만 아니라 세계 각처에서 그의 신학에 대한 관심이 끊이지 않고 있으며, 특히 그의 탁월한 강해 설교는 한국의 신학자들과 목회자들과 일반 성도들에게 큰 영향을 끼치고 있다.

로이드 존스의 신학에 관한 연구는 대부분 설교론과 성령론에 집중되어 있다. 그중 설교론은 주로 설교의 방법, 원리, 구조, 비교, 평가에 관한 것이고, 성령론은 주로 성령세례에 관한 것이다.

그런데 로이드 존스가 설교에서 가장 중요하게 여기는 사항은 교리적인 측면이다. 로이드 존스는 모든 설교가 기본적으로 교리적(혹은 신학적)이어야 한다고 주장한다.[3] 이것은 설교를 통하여 설교 본문의 중심 주제, 메시지, 내용에서 교리가 발견되고 이것을 적용하고 선포

---

[1] 박영호, 『로이드 존스의 생애』(서울: 기독교문서선교회, 2002), 219. 캔달(R. T. Kendall)은 로이드 존스를 "기독교 역사상 가장 위대한 사람 중의 한 사람이며, 의심할 여지없이 20세기의 가장 위대한 설교자"라고 평가한다.

[2] Szabados Adam, "Two Evangelical Approaches to Evangelism and Mission: Differences between D. Martyn Lloyd-Jones and John R. W. Scott." "Probably the two most influential pastors of 20th century British Evangelicalism were D. Martyn Lloyd-Jones of Westminster Chapel and John R. W. Stott of All Souls' Anglican church. Both of them ministered in churches situated in central London and preached to crowded audiences for decades;" 송삼용, 『영성의 거장을 만나다』(서울: 넥서스, 2009), 323-362. 송삼용은 이 책에서 로이드 존스를 '20세기 최고의 강해 설교자'로 여기며 강단 영성을 소개한다.

[3] Keundoo Jung, "An Evaluation of the Principles and Method of Preaching of D. M. Lloyd-Jones" (Ph. D. diss., Potchefstroom University, 1986), 26-31. 정근두는 이 논문에서 로이드 존스의 설교에 세 가지 원리가 있다고 주장한다. "(1) In the matter of the content of the sermon Lloyd-Jones lays down a general proposition that 'preaching must always be **theological(doctrinal)**, always based on theological foundation.' (2) In the matter of the form of a sermon Lloyd-Jones lays down the proposition that 'a sermon should always be expository.' (3) In the matter of delivery: 'Preaching should be always under the spirit – His power and control – and you do not know what is going to happen. So always be free.'"

해야 한다는 의미다. 그러므로 로이드 존스가 반세기 동안 목회 활동 중에 행한 설교는 성경의 진리를 드러내는 교리들을 담고 있다. 그는 신구약 성경을 하나님이 창세 전에 택하신 죄인들을 구원하는 모든 과정에 대한 기록으로 본다. 즉 성경 전체는 구속의 역사라는 것이다.[4]

로이드 존스는 본문 강해를 할 때 설교자는 반드시 "신적인 경륜"[5]을 염두에 두어야 한다고 강조하였다. 여기서 그가 말한 "신적인 경륜"은 삼위 하나님의 구원 사역 전체 계획을 의미한다. 성경 본문 해석에 있어서도 항상 전체 교리의 맥락 아래서 특정 본문의 메시지를 찾아야 한다는 것이다. 먼저 숲을 보고 나무를 봐야 제대로 볼 수 있다는 이치와 같다. 따라서 로이드 존스가 마음속에 그리고 있는 구원의 큰 그림을 그려내지 못한다면, 그의 설교에 관한 연구는 반쪽짜리 연구로 끝날 공산이 크다. 그러므로 로이드 존스가 강조한 "삼위 하나님의 구원 사역 전체 계획"을 연구하는 것은 그만큼 중요하고 절실하다. 그런데 아쉬운 점은 그의 설교에 대한 많은 연구에도 불구하고 '로이드 존스의 구원관'에 대한 연구는 찾아보기 힘들다는 것이다.

한편 로이드 존스의 성령론은 성령세례의 정의와 방식, 오순절 사

---

4 D. M. Lloyd-Jones, *God's Sovereign Purpose: An Exposition of Romans 9* (Edinburgh: The Banner of Truth Trust, 2012), 231. "The Bible is **the history of redemption**. That is what it really amounts to. And all the history, all that you have about other nations, comes in simply because it throws some light upon the history of redemption;" Benjamin Randolph Bailie, "The Doctor of Ministry: The Impact of Martyn Lloyd-Jones' Medical Training on His Homiletial Methodology." (Ph. D. diss., Southern Baptist Theological Seminary, 2014), 73. "we all need above everything is the **redemption** that He alone can provide, and which will reconcile us to Him. We cannot be blessed by God unless we are rightly related to Him." 재인용.

5 D. M. Lloyd-Jones, *God's Ultimate Purpose: An Exposition of Ephesians 1:1 to 1:23* (Grand Rapids: Baker Books, 1995), 51. "There is what our forefathers called a **divine economy** or order in the matter of our salvation among the blessed Persons themselves; and so we have always to preserve this order."

건의 이해 방식에 대한 비교나 평가가 주를 이룬다. 로이드 존스는 칼빈주의[6]에 동의하는 신학적 입장을 취하지만, '성령세례'에 관해서는 칼빈주의를 지향하는 다수의 한국 신학자들과 다른 견해를 취하고 있다. 그래서 한국에서는 로이드 존스의 성령론에 대한 찬반 논의와 연구가 뜨겁게 이뤄지고 있다.[7]

로이드 존스는 확고부동한 삼위일체론자이다. 그는 삼위일체적 구원관을 지향하며, 모든 그리스도인은 삼위일체론자이어야 하고, 삼위일체적으로 예배드려야 한다고 강조한다.[8] 그러므로 우리는 로이드 존스의 성령론도 삼위일체적 관점으로 해석하고 평가하는 것이 당연하지만, 그의 성령론에 관한 연구들은 제3위격이신 '성령'에 치우쳐 있다.

로이드 존스에게 있어서, '성령세례'는 전도와 선교에서 거의 필수적인 사항이지만, 구원의 서정에서는 선택적인 사항이다. 성령세례는 구원받은 그리스도인에게 주어지는 선택적 혹은 첨가적 선물인 것

---

[6] Loraine Boettner, *The Reformed Doctrine of Predestination*, 『칼빈주의 예정론』, 김남식 역 (서울: 베다니, 1996), 86-87. 칼빈주의 체계는 5개의 명확한 교리를 강조하는데, 이 5개 교리는 칼빈주의를 받쳐주고 있는 주요 기둥이다. "이 오대교리는 전적 무능력(Total Inability), 무조건적인 선택(Unconditional Election), 제한 속죄(Limited Atonement), 불가항력적 은혜(Irresistible Grace), 성도의 궁극적 구원(또는 견인) (Perseverance of the Saints)이다. 이 오대 교리의 첫 자만 모으면 T. U. L. I. P. 튤립이다;" J. Oliver Buswell, *A Systematic Theology of the Christian Religion*, 『조직신학 2권』, 권문상, 박찬호 역 (서울: 웨스트민스터, 2005), 220-235; Anthony A. Hoekema, *Saved by Grace*, 『개혁주의 구원론』, 173-175.

[7] 이에 대한 자료는 차영배의 『성령론』을 참조하라. 로이드 존스에 상반된 입장은 존 스토트의 『성령세례와 충만』을 참조하라.

[8] D. M. Lloyd-Jones, *God's Ultimate Purpose: An Exposition of Ephesians 1:1 to 1:23*, 50. "the Apostle Paul never fails to do this. He delights in mentioning **the Father and the Son and the Holy Spirit**. The Christian position is always and inevitably **Trinitarian**. Christian worship must be Trinitarian if it is true worship"

이다.[9] 모든 그리스도인이 성령세례를 받지는 않지만, 구원의 견인에는 전혀 지장을 받지 않는다는 뜻이다. 그러므로 우리는 이러한 이해를 따라, 로이드 존스의 성령관을 재해석하는 연구가 필요하며, 그가 강조하는 삼위일체적 구원관을 이해하는 것은 매우 중요하다.

따라서 로이드 존스의 설교와 신학을 바르게 이해하기 위해서는 반드시 그가 품고 있는 '삼위일체 하나님의 구원 사역'에 대한 전체 전망(total perspective)을 파악해야만 한다. 왜냐하면 그는 항상 구원의 전체 전망을 가지고 구체적인 교리를 성경 본문에서 이끌어 냈기 때문이다. 만약 로이드 존스가 품고 있는 구원의 전체 전망을 파악하지 못하면, 로이드 존스의 모든 설교를 이해하는 교리적, 신학적 배경을 놓치게 될 것이다. 로이드 존스의 삼위일체적 구원관을 바르게 이해한다면, 우리는 그의 성령론도 폭넓게 이해하고 평가할 수 있을 것이다.

로이드 존스의 삼위일체적 구원관을 파악하기 위해서는 먼저 삼위일체론에 대한 개략적인 이해가 선행되어야 한다. "하나님은 본질상 하나이나, 위격상 셋이다."[10] 이것은 삼위일체론의 공식 기본 틀이다. 하나님은 본질에 있어서는 하나이나 위격으로 보면 셋이라는 말이다. 이러한 삼위일체 교리는 기독교의 기본 교리이며, 은혜 언약

---

9 조봉근, "로이드 존스의 성령론의 재조명과 재이해,"「광신논단」Vol. 14 (2005), 135-158. 조봉근은 로이드 존스의 성령세례를 '은사'적 측면으로 이해할 것을 제안한다. "영적 은사들은 단회적으로 받는 성령세례와 구별해야 되며, 교회의 구성원들이 지체로서 교회를 세우기 위하여 직임과 역사에 따라서 필요하면 그때그때 받는 은사들이다. 그러므로 영적 은사들은 성령세례를 받은 이후에 계속되는 성령의 역사인 것이다. 필자는 로이드 존스 박사가 바로 이점을 그의 목회 사역과 교회 부흥의 원리에 채택하였다고 생각한다."
10 유태화,『삼위일체론적 성령론』(서울: 대서, 2006), 97.

교리 전체와 기독교 신관의 기초이다.[11]

삼위일체 교리는 전통적으로 시공간 이전의 영원에서 삼위 하나님 사이의 관계를 다루는 내재적(Immanent Trinity), 존재론적 삼위일체(존재 방식)와 시공간 속에서 피조물과의 관계를 다루는 경륜적(Economic Trinity), 계시적 삼위일체(사역 방식)로 구분한다.[12]

그러면 내재적 삼위일체란 무엇인가?

영원한 신의 내적 존재 안에서 하나님은 삼위 곧 성부, 성자, 성령으로 존재하시고, 각 위는 하나의 동일한 신적 본질을 가진다. 이것이 내재적 삼위일체의 구조이다. 세 위격이 동등한 이유는 다음과 같다.

첫째, 그들 각자가 다른 둘과 같이 동일한 신적 본성을 가지고 있기 때문에 그들은 본질이 동일하다.

둘째, 그들 각자가 다른 둘과 같이 동일한 신적 위엄을 가지고 있기 때문에 성부가 다른 두 위격에 대해 우위권을 가지고 있지 않다.

셋째, 세 위격 각자가 다른 둘의 본성 안에 존재한다.[13]

한편 세 위격은 서로 구분된다. 세 위격들 간의 관계성에서 성부가 성자를 낳고, 성자는 성부에게서 태어나며, 성령은 성부와 성자로부터 나온다.[14] 이와 같이 신적 위격들의 관계는 본질이 아니라 존

---

11 Heinrich Heppe, 『개혁파 정통 교의학』, 이정석 역 (경기: 크리스천다이제스트, 2011), 166.
12 이승구, "존재론적 삼위일체와 경륜적 삼위일체의 관계," 「한국개혁신학」 5권 0호, (1999), 121.
13 Heinrich Heppe, 『개혁파 정통 교의학』, 176.
14 Heinrich Heppe, 『개혁파 정통 교의학』, 182. 헤페는 삼위간의 비공유적 특성을 다음과 같이 기술한다. "성부는 성자를 낳고 그럼으로써 그에게 본질과 능력과 그 외의 모든 본질적인 것들을 주고 부여한다. 성자는 성부에게서 태어나며, 태어남으로써 신적 본질과 신성의 모든 요소들을 받는다. 성령은 성부와 성자에게서 나오며, 호흡을 통하여 성

재 방식에서 다르다. 여기서 성부의 관계성은 부성(父性, *paternitas*), 성자의 관계성은 자성(子性, *filiatio*), 그리고 성령의 관계성은 출래(出來, *processio*)라고 한다.¹⁵

그리고 경륜적 삼위일체론은 사람과 피조 세계와의 관계에서 하나님의 존재를 이해하는 것이다. 세 위격들의 외적 사역(*opera ad extra*)은 "신성 전체가 피조물에게 수행하는 것으로 세 위격이 함께 창조와 구속 사역에서 행하는 일들이다."¹⁶ 이러한 외적 사역에서 성부는 계획하시고 성자는 그 계획을 성취하며 성령은 이룬 계획을 적용하신다. 이것이 경륜적 삼위일체의 기본 골격이다.

그러면 내재적 삼위일체와 경륜적 삼위일체의 상호 관계는 어떠한가?

로이드 존스는 경륜적 삼위일체와 내재적 삼위일체의 관계를 구분하지만 긴밀하게 보는 고전적 관점을 갖고 있다.¹⁷ 이와 같은 관점을 가진 대표적 신학자는 어거스틴이다. 어거스틴에 따르면 창조와 구속과 성화가 삼위일체의 외향적 사역이라면, 출생(*generatio*)과 출래

부와 성자로부터 신적 본질과 신성의 모든 요소들을 받는다;" D. M. Lloyd-Jones, *Great Doctrines of The Bible Vol. 1: God The Father, God The Son* (Wheaton, IL: Crossway, 2012), 90-91. "성부는 창조하시고, 선택하시며 구원의 계획을 세우신다. 그리고 성자는 이 구원을 이루기 위해 성부께 보내심을 받았다. 성령은 구원을 적용하기 위해 성부와 성자에 의해 보내심을 받았다."

15 Heinrich Heppe, 『개혁파 정통 교의학』, 180.
16 Heinrich Heppe, 『개혁파 정통 교의학』, 183.
17 이승구는 "존재론적 삼위일체과 경륜적 삼위일체와의 관계"(123)에서 세 관점으로 분류한다. 1. 고전적 관점 "경륜적 삼위일체는 존재론적 삼위일체의 인식 근거이고, 존재론적 삼위일체는 경륜적 삼위일체의 존재 근거이다." 2. 새로운 십자가 신학의 관점 "경륜적 삼위일체는 존재론적 삼위일체이고, 존재론적 삼위일체는 경륜적 삼위일체이다." 3. 경륜적 삼위일체 중심의 관점 "경륜적 삼위일체만이 존재하며, 존재론적 삼위일체는 추상화일 뿐이다."

(*processio*)는 삼위일체의 내향적 사역이다. 그리고 삼위일체 하나님은 그 사역들에서 언제나 한 하나님으로 계시지만, 세 위격 각각은 다른 위격들과 공유할 수 없는 특성을 가진다.[18] 성 삼위 사이에는 단순한 동등성이 있는 것이 아니라 일정한 순위 질서 곧 성부 성자 성령의 질서가 있다.

어거스틴은 삼위일체 하나님의 내적 사역 순서인 성부 성자 성령의 순서가 외적 사역에서도 동일하게 반영된다고 본다. 따라서 내재적 삼위일체 구조 속에 존재하는 신성의 하나 됨이나 세 위격의 순서와 질서가 경륜적 삼위일체 속에서도 동일하게 나타난다.

또한 네델란드의 신학자인 헤르만 바빙크(Herman Bavinck)도 내재적 삼위일체와 경륜적 삼위일체의 통일성을 강조한다. 즉 존재론적 삼위일체는 경륜적 삼위일체에서 자신을 반영한다는 것이다. 그의 주장에 따르면 "신적 존재 안에 있는 이러한 삼위의 내재적 관계는 또한 그들의 계시와 (외적) 사역 가운데 외부로 드러난다. 물론 모든 외부로 드러난 사역들은 삼위에게 공통적으로 속한다. '위격들의 순서와 구별이 유지되는 반면, 외부로 드러난 하나님의 사역들은 분리되지 않는다.' 외적 사역은 언제나 하나이다. 동일한 하나님이 창조와 재창조에서 사역한다. 하지만 그 통일성 안에 삼위의 순서가 보존된다."[19]

세상에 계시된 사건은 그 배후에 있는 계시자에 의한 것이므로 그 계시자의 속성과 긴밀한 관계를 맺고 있다. 성경의 증언에 따르면 계시자이신 삼위일체 하나님은 한 신성, 한 영광, 한 영원성을 공유하고

---

18 김석환, 『교부들의 삼위일체론』 (서울: 기독교문서선교회, 2006), 303-304.
19 Herman Bavinck, 『개혁교의학2』, 박태현 역 (서울: 부흥과개혁사, 2011), 400.

계시며 변하지 않는 속성을 갖고 계시다. 이로 보건대 피조세계와 관계된 경륜적 삼위일체는 피조세계와 구별된 존재론적 삼위일체를 반영하고 있다는 주장은 정당하다. 이와 같이 바빙크도 "존재론적 삼위일체는 또한 경륜적 삼위일체에서 자신을 반영한다"고 정의한다.[20]

그러므로 하나님은 영원 속에서 '본질을 따라서는 하나이시나, 위격을 따라서는 셋'이다. 마찬가지로 피조세계에서도 하나님은 '본질을 따라서는 하나이시나, 위격을 따라서는 셋'(God is one in His essence, but three in His persons)으로 계시된다는 논리가 성립된다. 하나님은 '언제나' 한 신성, 한 영광, 한 영원성이라는 측면에서는 하나이고, 아버지와 아들과 성령 곧 위격이라는 면에서는 셋이다.

그렇다면 당연한 논리적 귀결로써 삼위일체 하나님의 외적 사역은 '내재적 삼위일체' 구조를 그대로 반영하게 될 것이다. 하나님의 모든 외적 사역은 나뉘지 않고 구별될지라도 한 본질에 근거하여 하나의 통일성을 가진다. 다시 말해서 삼위 하나님은 구원 사역에서 통일성을 유지하는데, 그 통일성은 구원 사역 전체에서 성부와 성자와 성령이 연합하여 함께 일하는 것을 의미한다.[21] 이와 같이 구원 사역에 있어서 삼위 하나님의 통일성을 밝혀내는 작업은 기독교의 근간이 되는 삼위일체 교리의 타당성을 증명하는 길이며, 본서의 목적이기도 하다. 그리고 그 타당성은 교회 공동체 신앙에 확신을 줄 것이다.

우리는 로이드 존스가 이해한 '삼위 하나님의 구원 사역' 전체 전망을 파악해야 할 것이다. 이러한 작업은 경륜적 삼위일체의 구조 안

---

20 Herman Bavinck, 『개혁교의학2』, 400.
21 D. M. Lloyd-Jones, *God's Ultimate Purpose: An Exposition of Ephesians 1:1 to 1:23*, 50.

에서 성부 하나님의 구원 계획, 성자 하나님의 구원 성취 그리고 성령 하나님의 구원 적용이라는 구조로 수행될 것이다. 이 연구를 통하여 삼위 하나님의 외적인 구원 사역이 성부, 성자, 성령의 연합에 의한 것임을 알게 될 것이다. 삼위 하나님께서 창조 전 영원 가운데서 함께 구상하신 '구원 계획'이 시공간에서 삼위 하나님의 연합 사역으로 어떻게 그대로 이루어 졌는가를 밝히는 작업이다. 여기서 통일성은 "경륜적 통일성"(Economic-Unity)이라 할 수 있다.

삼위 하나님의 구원 사역 전체에는 일관된 원리들이 흐르고 있는데, 그것은 하나님의 주권 원리, 인간의 책임 원리, 그리고 그리스도와 연합 원리이다. 각 원리들은 연합하여 상호 유기적인 관계 속에서 하나님의 구원 사역 전반에 걸쳐 작용한다. 모든 물체가 높은 곳에서 낮은 곳으로 떨어지는 중력의 원리에 지배를 받는 것처럼, 삼위 하나님의 구원 사역 전 과정은 세 가지 원리에 의해 통제를 받는다. 이것은 "원리적 통일성"(Principled-Unity)이라고 부를 수 있다.

그리고 우리는 두 가지 통일성 곧 "경륜적 통일성"과 "원리적 통일성"의 적합성을 시험하기 위하여, 이 두 통일성을 구원의 서정 속에 있는 여러 단계들에 적용할 것이다. 일종의 모의실험(simulation)이다. 이러한 모의실험을 통해, 두 통일성이 로이드 존스의 삼위일체적 구원관을 적절하게 해석할 수 있는 도구가 되는지 가늠해 볼 수 있다. 그리고 어떻게 이것이 구원의 단계들을 유기적으로 지배하고 있는지도 알 수 있다.

제2장

로이드 존스의 생애와 신학적 배경

▶ 폴 화이트(중), 스테이시 우즈(우)와 함께 한 로이드 존스(좌).

1. 로이드 존스의 생애

마틴 로이드 존스(David Martyn Lloyd-Jones)는 1899년 12월 20일 영국 남웨일즈 지역 카디프 주의 도날드에서 태어났다. 아버지 헨리 로이드 존스(Henly Lloyd-Jones)와 어머니 막달렌(Magdalene) 사이에서 세 아들 중 둘째 아들이다. 1906년, 부모님과 형 해롤드(Harold), 동생 빈센트(Vincent)와 함께 랑게이토(Llangeitho) 마을로 이사해서 어린 시절을 보낸다.[1]

로이드 존스는 1911년 랑게이토에서 4마일 떨어진 트레가론에 있는 카운티학교(County School)에 가장 어린 나이로 차석 입학한다. 거기서 그는 포웰(Powell)로부터 영어와 역사를 배우고 관심을 갖게 된다. 1914년에는 런던으로 이사하여 정착하게 되고, 1916년 영국에서 가장 훌륭하고 유명한 병원 중 하나인 성바돌로매병원(St. Bartholomew's) 의과대 학생으로 입학한다.

웨일즈 신문 머리기사에 '랑게이토 소년 데이비드 마틴 로이드 존스, 런던대학교 고등부 시험에 6개 과목 통과, 그중 5개 과목은 최고득점'이라고 실린다. 성바돌로매병원에서 1921년에 M.R.C.S.(왕립 외과 대학 회원 자격)와 L.R.C.P.(왕립 내과의사 자격)를 취득하고, 10월에 M.B.B.S.(의학 학사)를 받는다. 그리고 로이드 존스는 그 병원에서 가장 뛰어난 의사들 가운데 한 사람인 토마스 호더(Thomas Horder)를 도와 청소년 병원 의사로 일하기 시작한다.[2]

---

[1] 박영호, 『로이드 존스의 생애』, 11; John Peters, 『마틴 로이드 존스 평전』, 서문 강 역 (서울: 지평서원, 1986), 27-28.
[2] 박영호, 『로이드 존스의 생애』, 28-30; John Peters, 『마틴 로이드 존스 평전』, 28-30.

로이드 존스는 1927년에 동료 의사인 베단 필립스(Bethan Phillips)와 결혼하여 54년 동안 행복한 결혼 생활을 하였다.³ 그는 의학전문가로서 그 분야에서 그리스도인의 영향력을 발휘하는 문제도 중요하다고 여겼다. 그럼에도 모든 자기 유익을 포기하도록 하는 신앙적인 체험이 있었다. 그 체험은 1925년 부활절 그의 레젠시의 집 서재에 혼자 있을 때 일어났다. 그 순간 그리스도의 죽음 속에 나타난 하나님의 사랑이 로이드 존스를 엄습해 왔고, 그를 감동시키고 말았다. 이를 통해 로이드 존스는 하나님과의 새로운 관계를 갖게 된 것이다.

> 그 사랑은 놀라웠으며
> 그 사랑은 거룩하였으며
> 그 사랑은 내 영혼과 내 생활과
> 나의 모든 것을 요구하였습니다.⁴

그 때 로이드 존스는 가장 중요한 시금석을 발견한 후, 목회를 안 하고도 견딜 수 있다면 의사를 하겠다고 말했다. 그리고 "나는 다른 일을 도저히 할 수 없다. 내가 목회를 안 하고도 견딜 수 있다면 의사를 하겠다. 그러나 나는 말씀 증거를 하라고 부름 받았으므로 의사 일을 할 수 없다"⁵고 하였다.

로이드 존스가 복음 증거자의 소명을 깨달은 후에 다가온 크나큰 장애물은 하나님 앞에서 자신이 너무 무가치하다는 생각이었다. 그러

---

3 박영호, 『로이드 존스의 생애』, 34.
4 박영호, 『로이드 존스의 생애』, 57; John Peters, 『마틴 로이드 존스 평전』, 31-33.
5 박영호, 『로이드 존스의 생애』, 59.

나 그 어려움을 해결해 준 것은, 무가치하다는 생각을 제거했기 때문이 아니라 하나님께서 그러한 자신까지도 사랑하셨다는 사실을 확신하였기 때문이다.[6]

로이드 존스는 1926년 10월부터 여러곳에서 설교하기 시작했다. 먼저 이스트앤드에 있는 포플라선교회에서, 채링크로스교회에서, 그리고 11월에는 웨일즈에서 설교를 하였다. 당시 웨일즈에서 많은 설교자들의 설교는 감정적이었으나 로이드 존스의 설교는 감정적인 것이 아니었고, 지성적이거나 거만한 정신이 배어 있지도 않았고, 교회 성장에 대한 의도도 없었다. 그의 설교는 성경적이었고 복음주의적인 것이었다.

그리고 탈보트 항구의 아베라본(Aberavon)에 위치한 베들레헴교회(Bethlehem Forward Movement Church)에서 11월 28일 주일에 설교해 줄 것을 요청받았다. 1926년 가을, 의학부 조교수 게오프레이 에반스의 시간제 보조 연구 자리가 비어 있었다. 그 자리는 병원에서 좋은 지위를 보장받을 수 있기에 로이드 존스가 탐낼 만한 것이었으나, 그는 이 일을 거절하였다. 로이드 존스는 그때 일을 이렇게 회상한다.

> 그것은 조금도 나를 움직이지 못하였습니다. 왜냐하면 이미 나는 목사가 되기로 결심을 하였기 때문이지요. 내가 목사로서 어떠한 권위를 가지든지 간에 그것은 내 편에서 결정한 어느 무엇의 결과도 아닙니다. 나를 붙잡으시고 나를 이끌어 내시어 이 사역을 위하여 구별하신 것이 바로 하나님의 손이었습니다. 하나님께서 내 영혼과 마음속에 압력을 가하셨고 역사하셨습니다. 내가 무엇

---

6 박영호, 『로이드 존스의 생애』, 60.

을 해야 하는지를 깨닫게 하시고 강권적으로 역사하셨습니다.[7]

로이드 존스는 1926년 11월 20일에 베들레헴교회에서 목회 청빙을 받았고, 1927년 2월 6일 주일 부임한 베들레헴교회에서 목사로서 첫 설교를 하였다.[8] 첫 목회 시절(1927-1938)의 사역은 획기적인 것으로, 로이드 존스의 목회 사역은 다음과 같은 특징들이 있었다.

첫째, 로이드 존스는 무엇보다 다른 것이 섞이지 않은 순전한 설교를 추구하였다. 그의 설교는 감정적이지 않을 뿐만 아니라 지성적이거나 거만함이 배어 있지도 않았으며 매우 성경적인 설교로 복음주의적인 것이었다.[9] 그에게 가장 큰 관심은 "예수 그리스도와 그의 십자가에 못 박히신 것 외에"(고전 2:2) 어떤 것도, 어떤 사람도 알지 않기로 작정했다는 것이다. 이것은 1926년에 아베라본교회에서 처음 설교할 때 택했던 본문이었고, 뉴캐슬 엠륀에 있는 그의 묘비석에도 새겨져 있다.

둘째, 그곳에서 정말 놀라운 회심이 일어났다. 첫해에 출석 교인 50명이던 것이 계속적인 회심 사건으로 인해 850명이 출석하는 교회가 되었다. 그의 설교로 인해 영적으로 눈먼 자들이 눈을 뜨고, 죽은 자들이 살아나며, 나약한 신자가 확신에 찬 힘 있는 영적 군사로 거듭나는 일이 끊임없이 일어났다. 통제할 수 없는 혈기를 부리던 자가 회심하여 하나님께 돌아왔다. 술주정뱅이가 회심하여 자신을 자제하는 점잖은 사람이 되었다. 이와 같이 감동적인 사건들이 그의 사역 50년

---

7 박영호,『로이드 존스의 생애』, 61.
8 박영호,『로이드 존스의 생애』, 67.
9 John Peters,『마틴 로이드 존스 평전』, 36-39.

동안 계속 일어났다.¹⁰

셋째, 로이드 존스의 영향력이 갈수록 증가되었다. 웨일즈와 잉글랜드를 비롯하여, 1936년에 처음 방문했던 미국에까지 그의 영향력은 확장되었다. 1935년 남웨일즈 장로회가 랑게이토에서 회집되는데, 로이드 존스는 7천 명의 회중 앞에서 설교하였고, 1936년에는 약 2천 명의 회중을 상대로 서웨일즈 휄린호텔에서 설교했다.¹¹ 그뿐만 아니라 그는 런던을 중심으로 활성화되고 있던 국제대학생회(IVF)에서 설교했고, 특히 1935년 12월 3일, 알버트 홀(Albert Hall)을 가득 채운 청중에게 강론하였는데, 그곳에 캠벨 몰간(Campbell Morgan) 박사가 참석하였다.

몰간 박사는 즉시 로이드 존스에게 웨스트민스터교회에 와서 설교해 줄 것을 요청하였고, 12월 29일에는 웨스트민스터교회에서 로이드 존스는 설교를 하게 되었다. 또한 로이드 존스는 1932년 6월 9일 캐나다 토론토에 있는 연합장로교회에 초빙을 받아 9주간 설교하였다.¹² 그는 수련회에 참석하여 6천 명 앞에서 복음을 증거하였다.¹³

넷째, 로이드 존스는 한 교회 자체에만 국한되지 않고, 지역 공동체 안에서의 역할도 감당하였다. 보편적인 문제들이나 의료계의 문제에 대한 충고를 해 달라는 부탁을 자주 받았다. 대공황으로 경제적 어려움이 극심할 때에, 로이드 존스는 남웨일즈 사람들에게 소망을 주었다. 교육가나 철학자, 정치가나 도덕주의자, 과학자들이 제안하는

---

10 John Peters, 『마틴 로이드 존스 평전』, 39-41.
11 박영호, 『로이드 존스의 생애』, 104-105.
12 박영호, 『로이드 존스의 생애』, 93-98.
13 John Peters, 『마틴 로이드 존스 평전』, 41-46.

낙원이 아닌 영적인 낙원을 소원하게 하였다.[14]

　로이드 존스는 1938년 5월 1일 샌드필즈(Sandfields)에서의 사역을 사임한다. 로이드 존스가 베들레헴교회를 떠나는 것은 쉽지 않은 일이었으나, 그는 분명한 하나님의 인도하심을 느꼈다. 그 주의 주말에 그는 캠벨 몰간 목사로부터 6개월만 웨스트민스터교회 강단 사역을 나누어 감당하자는 초청의 편지를 받았다. 그는 그 초청을 수락하여 1938년 7월 말 쯤 런던의 빅토리아 터레이스로 이사했다.[15]

　로이드 존스는 런던에서 가장 큰 비국교도 교회 중 하나인 웨스트민스터교회 사역을 하며 최고 전성기를 보냈다. 몰간과 로이드 존스 목사는 서로 너무나 달랐으나 잘 협력하며 사역을 하였다. 몰간 목사의 설교는 대체로 성경 구절을 설명하고 그 의미를 해석하는 방식이었고, 로이드 존스 목사의 설교는 구체적인 교리와 교리의 생활화에 관한 것이었다.

　로이드 존스의 목회는 더욱 관심을 끌었다. 1939년 4월 24일, 「이브닝 스탠더드」(Evening Standard)지에서는 '할레이 가 의사, 수천 명의 교인을 만들다'라고 실렸다. 그리고 다음날 「피플」(The People)지에는 '부와 명예를 버린 가난한 목사'라고 기록되어 있다.

> 그 예배는 간단하면서도 경건하였으며, 성가대도 없고 오직 로이드 존스 목사 설교뿐이었다. 하지만 사람들은 그 강단에서 그리고 그의 눈빛 속에서 신비한 능력을 발견하게 되었다. 그는 거의 몸짓을 하지 않았으며, 자신의 세계 속으로 성도들을 끌고 갔다.

14　John Peters, 『마틴 로이드 존스 평전』, 46-50.
15　John Peters, 『마틴 로이드 존스 평전』, 50-52.

성경은 일반 서적을 읽듯이 평범하게 읽었지만 그의 설교는 하나님께서 우리의 피난처와 우리의 능력 그리고 우리의 도움이라는 사실을 깨우쳐 주었다. 그러므로 이제는 세상이 바뀐다 해도 우리는 두려워하지 않을 것이다.[16]

로이드 존스는 한 주에 세 번 곧 금요일 밤에 한 번, 주일에 두 번 설교를 하였다. 주중에는 웨일즈를 비롯한 영국의 다른 지역에서 설교하느라 그곳을 내내 떠나 있는 일도 흔하였다. 로이드 존스의 말을 들어 본다.

> 저는 세 가지 타입의 설교를 하려고 늘 노력하였습니다. 하나는 전도 설교입니다. 저는 적어도 한 주간에 한 번은 전도 설교를 해야 한다고 느꼈습니다. 그리고 체험을 바탕으로 한 교육적인 설교가 있었는데, 주로 주일 오전에 그런 설교를 하곤 하였습니다. 마지막으로 더욱 순수하게 교육적인 성격을 가진 설교가 있었으며, 이것은 평일의 밤에 하였습니다.[17]

로이드 존스는 1968년 봄까지 모든 일을 성실히 수행하였다. 그러나 그해 3월에 갑자기 심각한 수술을 요하는 질병으로 그는 하나님의 뜻 안에서 웨스트민스터교회 사역에 종지부를 찍어야 한다고 느꼈다.

로이드 존스는 아베라본에서 11년, 런던에서 30년의 목회를 마무리 한다. 그는 은퇴 후 13년을 더 산다. 이 기간에 런던에 살면서 설교

---

16 박영호, 『로이드 존스의 생애』, 116-117.
17 John Peters, 『마틴 로이드 존스 평전』, 59-60.

와 가르침의 사역을 계속해 나간다. 특히 테이프로 저장되었던 그의 설교들을 책으로 출판하는 일에 전념한다.

출판된 책들은 그가 설교한 내용들을 거의 그대로 옮긴 것들이다. 다듬거나 격조를 높이기 위한 어떠한 시도도 하지 않았다. 설교한 것을 그대로 출판한 것은 독자보다는 청중을 의식한 그의 확신 때문이다. 살아 있는 목소리의 설교가 그의 책 속에 그대로 빛나고 있다. 또한 거기에는 신학적인 이해와 목회적인 뜨거운 마음이 함께 어우러져 있으며, 시대를 뛰어넘는 위대한 성경의 진리를 상세하게 분석하고 있다.[18]

로이드 존스는 1980년 3월 1일 잠자는 중에 본향으로 갔다. 그가 가족에게 준 마지막 메시지 중 하나는 '건강을 위해 기도하지 마라. 내가 영광에 들어가는 것을 막지 마라'였다. 그는 웨일즈에 묻혔고, 그의 묘비에는 다음의 성경 구절이 적혀 있다.[19]

> 내가 너희 중에서 예수 그리스도와 그의 십자가에 못 박히신 것 외에는 아무것도 알지 아니하기로 작정하였음이라(고전 2:2).

로이드 존스와 청교도 운동을 같이 했던 세계적 신학자 제임스 패커(J. I. Packer)는 이렇게 말한다.

> '영광'이라는 그분의 마지막 말씀은 하나님 아래서 그분이 내 삶에서 가졌던 의미를 정확하게 말해 준다. 그분은 '영광,' 곧 하나

---

18 John Peters, 『마틴 로이드 존스 평전』, 65-68.
19 박영호, 『로이드 존스의 생애』, 141-142.

님의 영광, 그리스도의 영광, 은혜의 영광, 복음의 영광, 기독교 목회의 영광, 새 창조에 따른 인간의 영광을 내가 아는 다른 어떤 사람보다 풍성하게 구현하고 표현하셨다. 어느 누구도 다른 사람에게 이와 같은 영광의 비전보다 더 큰 선물을 줄 수는 없다. 나는 영원히 그분께 빚진 자이다.[20]

2. 로이드 존스의 신학적 배경

1) 웨일즈 칼빈주의 메서디즘

로이드 존스는 칼빈주의 메서디스트(Calvinistic methodist)이다. 메서디즘은 일차적으로 신학적 입장이나 자세가 아니라 18세기 영국에서 생긴 체험적인 신앙이요 생활 방식이다. 잉글랜드에서 메서디즘의 진정한 시작은 1736년 휫필드가 겪은 강력한 체험과 1738년 웨슬리 형제가 겪었던 체험 속에 있다. 그리고 웨일즈 메서디즘은 잉글랜드보다 앞선 1735년 하웰 해리스와 다니엘 로랜드의 회심으로 출발되었다.[21]

메서디즘 안에는 칼빈주의 입장을 취하는 사람들과 알미니안 입장에 서 있는 사람들로 나뉜다. 로이드 존스의 고향인 웨일즈 지방의 메서디즘은 모두 칼빈주의를 따랐다. 때로는 로이드 존스를 '18세기 사람'이라고 부르는데, 그 이유는 그만큼 그의 신학과 목회는 18세기

---

20 박영호, 『로이드 존스의 생애』, 142.
21 D. M. Lloyd-Jones, 『청교도 신앙』, 서문 강 역 (서울: 생명의말씀사, 1994), 205.

칼빈주의 메서디즘에서 가장 큰 영향을 받았기 때문이다. 로이드 존스는 그의 목회 사역에 가장 큰 영향을 준 요나단 에드워즈도 본질적으로 칼빈주의 메서디스트라고 여긴다.[22]

그렇다면 메서디즘(methodism)은 무엇인가?
그것은 다음과 같은 공통점을 가진다.
첫째, 신앙은 일차적으로 그리고 본질적으로 개인적이라는 인식으로부터 나온 것이다. 그들은 모두 자신이 죄인인 것을 깊이 인식하며 죄 용서가 필요하다는 것을 체험하고, 이것이 하나의 소명이 되어 하나님을 아는 지식을 열망하게 된다. 휫필드와 하웰 해리스는 모두 구원의 확신과 사죄의 확신을 가졌다.

> 영생은 곧 유일하신 참 하나님과 그가 보내신 자 예수 그리스도를 아는 것이니이다(요 17:3).

그들은 하나님을 믿을 뿐 아니라 하나님을 알기를 원한다.
둘째, 모든 유형의 메서디즘은 '새 생명'(New Life)에 대한 간절한 열망이 있다. 그러므로 중생과 새로 남의 교리를 크게 강조한다.
셋째, 메서디즘은 모두 '감정'을 강조한다. 그들은 정통 교리나 바른 믿음만으로 만족하지 않고 그리스도를 '느끼기'를 원하기 때문에 체험 속에서 감정의 위치를 대단히 강조한다.
넷째, 그들은 소그룹이나 어떤 작은 단위로 모인다. 그 모임에서 그들은 서로 자신이 경험한 하나님의 체험을 이야기하며, 믿는 것

---

[22] D. M. Lloyd-Jones, 『청교도 신앙』, 216.

을 넘어서 그들의 삶 속에서 성령의 권능을 느끼고 체험하기를 열망한다.

다섯째, 모든 메서디즘은 전도 사역에 열심이 있다. 그들은 사람들을 인도하여 예수 그리스도 안에 있는 하나님의 구원을 아는 지식을 갖게 하려는 열심과 열정을 보였다.[23]

로이드 존스는 18세기 웨일즈 칼빈주의 메서디즘에는 위대한 설교, 기쁨이 넘치는 찬양, 연속적인 부흥이 있었다고 한다. 즉 '지존하신 분으로부터 찾아오는' 성령의 부으심이 있었다는 것이다. 그래서 그는 '칼빈주의' 메서디즘의 독특한 특징이 '부흥'의 요소라는 것을 강조하며[24] 칼빈주의 메서디즘이 참된 메서디즘이요, 참된 칼빈주의라고 주장한다.

먼저 알미니안 메서디즘도 '은혜'를 강조하는 데서 시작하지만 그들은 다시 자유의지와 인간이 감당하는 역할과 함께 행위를 끌어들인다. 그래서 이들은 은혜로부터 출발하지만 곧바로 은혜를 부정하게 된다. 그리고 거듭남(중생)을 강조하지만 잃어버릴 수도 있다고 말함으로써 중생을 부정하게 된다. 다시 말해서 거듭남은 하나님이 하시는 일인데, 이것이 취소될 수도 있고 우리가 상실할 수도 있다는 것이다. 이렇게 중생 교리를 부정하면서도 그들은 구원의 확신을 가르친다.

그러나 잃어버릴 수 있는 구원의 확신이 무슨 가치가 있는가? 만일 은혜와 구원 안에 머무르는 것이 우리 자신에게 달려 있다면 어떻게 그 은혜와 구원을 확신할 수 있는가?

---

23 D. M. Lloyd-Jones, 『청교도 신앙』, 211.
24 D. M. Lloyd-Jones, 『청교도 신앙』, 214.

따라서 로이드 존스는 그들에게는 참된 구원의 확신이 불가능하다고 지적한다. 또 교리에 강조점을 두는 칼빈주의 메서디즘이 신비주의로 변질되는 것도 막아 준다고 본다. 감정에 강조점을 두어 '느껴진' 측면을 강조하면 신비주의로 빠질 위험이 항상 도사리고 있는데 이것을 칼빈주의가 막아준다는 것이다.[25]

다음으로 로이드 존스는 '칼빈주의 메서디즘이 진정한 칼빈주의'라며 메서디즘이 아닌 칼빈주의를 비판한다.

첫째, 메서디즘이 아닌 칼빈주의는 지적이고 스콜라적인 데로 나아가는 경향이 있다. 그 결과 사람들은 '우리를 붙잡아 주는 진리'보다 '우리가 주장하는 진리'에 대해서 더 많은 관심을 기울인다.

둘째, 칼빈주의는 신앙고백을 부수적인 표준으로 삼지 않고 최상 혹은 최고의 표준으로 삼아서 신앙고백을 성경의 위치에 놓을 위험이 있다. 반면 칼빈주의 메서디스트들은 교리서를 통하여 설교하지 않았다. 그들은 설교는 자기에게 '주어진' 것이어야 하고 매번 설교할 때마다 하나님을 보아야 한다고 말했다.

셋째, 칼빈주의는 기도할 마음을 막는 성향이 있다. 그러나 칼빈주의 메서디스트들은 위대한 기도의 사람들이었고 그들이 속한 교회들은 기도가 특징이었다. 참된 칼빈주의는 부흥과 하나님의 역사가 '주어진다는 것'과 하나님의 찾아오심을 강조하기 때문에 하나님께 기도하고 간청하고 씨름하게 된다. 필연적으로 참된 칼빈주의는 성령의 역사와 활동을 강조하며 감정, 열정, 뜨거움, 찬양, 감사로 나아간다는 것이다.[26]

---

[25] D. M. Lloyd-Jones, 『청교도 신앙』, 218-219.
[26] D. M. Lloyd-Jones, 『청교도 신앙』, 220-223.

2) 청교도

로이드 존스는 참된 청교도(Puritan)다. 로이드 존스는 웨일즈 칼빈주의 메서디즘 교회에서 자랐다. 그는 그 운동의 지도자들이 청교도들의 책을 탐독했다는 것을 알고 청교도에 관심을 갖게 된다. 특히 1925년 리처드 백스터의 전기를 읽은 후, 청교도와 그들의 저작은 로이드 존스 사역 전체를 좌우하게 된다.[27]

청교도주의는 1524년 윌리엄 틴데일(William Tyndale)에게서 최초로 모습을 드러낸다. 청교도주의는 태도요 정신이다. 틴데일은 일반인도 성경을 읽을 수 있어야 한다는 소신을 갖고, 감독들의 승인이나 재가를 받지 않은 채 성경을 번역하여 출판한다. 그뿐만 아니라 왕의 승낙 없이 영국을 떠나 대륙으로 가서 개혁자들의 도움으로 성경 번역을 완성한다. 로이드 존스는 이러한 틴데일의 정신과 행동에서 청교도의 모습을 찾는다. 그것은 전통이나 권위의 문제보다 진리를 앞세우며 하나님을 섬길 자유를 고집하는 것을 의미한다.[28]

청교도들은 종교개혁이 불완전하다고 본다. 그것은 단순히 교리를 바꾸고 거짓된 로마 가톨릭 교훈을 제거하는 것만으로는 충분치 못하고 실제적인 차원에서 이행되어야 한다고 생각하기 때문이다.

영국에서도 로마 가톨릭과 결별하는 종교개혁이 일어났다. 그러나 영국의 왕들은 교회를 그들의 권위 아래에 두기 원했으며 가톨릭교회의 교리, 의식, 복장 등을 보존하려고 했다. 프로테스탄트가 된 사람들 사이에서도 의식들의 제거 여부에 대한 의견 충돌이 일어났다. 예를

---

27 D. M. Lloyd-Jones, 『청교도 신앙』, 248-249.
28 D. M. Lloyd-Jones, 『청교도 신앙』, 252.

들어 에드워드 6세 시대에 감독직에 임명된 존 후퍼는 다른 사람들이 전통적인 예복을 입어야 한다고 주장할 때, 다음 삼단논법으로 거부했다.

① 대전제- 기독교회에서 요구되는 모든 것은 성경에 규정된 것이거나 중립적인 것이다.
② 소전제- 의복은 기독교회에서 사용하도록 성경이 규정한 것도 아니요 중립적인 것도 아니다.
③ 결   론- 그러므로 이것들은 기독교회에서 요구해서는 안된다. 여기서 중립적이라는 것은 사용해도 유익한 것이 아니고 사용하지 않아도 해롭지 않은 것을 말한다.

결국 교회의 철저한 개혁을 이행하려는 사람들은 국교회를 떠났다. 기본적으로 그 비국교도가 청교도인 것이다.
청교도의 특징은 무엇인가?
국교도와 청교도의 차이는 무엇인가?
그들은 다 프로테스탄트였으며, 16세기 말엽까지는 사실상 모두 칼빈주의였다.
그러면 차이는 무엇인가?
참된 차이는 그들이 모두 프로테스탄트였지만 국교도들은 언제나 '가톨릭을 바탕'으로 하고 있었다는 점이다. 그것이 바로 본질적인 차이다. 그들은 다 하나의 포괄적인 교회, 하나의 국가적인 연관을 가진 교회를 믿었다.[29] 반면에 청교도들은 완전하고 철저한 개혁에 대한 열

29　D. M. Lloyd-Jones, 『청교도 신앙』, 267.

망이 있었다. 그것은 의식들과 예복들을 반대하는 것으로부터 시작을 했으나 교회의 교리 전체로 발전되어 나갔다.

청교도와 국교도 사이의 두 번째 차이는 국제적인 시각과 국가적인 시각의 차이다. 모든 청교도는 국제적인 시각을 가지고 있었다. 그들은 "우리는 모두 그리스도인이다. 우리는 모두 같은 진리에 속해 있다"고 말한다. 그러나 국교도들은 좁은 국내적, 영국의 민족적 사고방식을 가지고 있었다.

청교도들은 복음주의를 유일한 관점이라고 하는 반면에 국교도들은 복음주의를 하나의 관점이요 하나의 강조점이요 하나의 태도라고 말한다. 그리고 실제 영역에서 청교도는 예배의 신령성을 강조하지만, 국교도는 예배의 형식적인 면을 강조하면서 예배의 구성에 관해 더 관심이 있다. 청교도는 교제에 관심이 있는 반면에 국교도는 보다 더 개인주의적이다.[30]

결론적으로 청교도주의는 철저한 개혁에 대한 관심으로부터 출발하여 '교회의 교리' 전체로 나간다. 만일 우리가 교회의 교리를 중심에 놓지 못한다면 참된 청교도의 자세, 청교도의 사고방식, 청교도의 정신, 청교도의 이해를 벗어나고 있는 것이다.[31]

---

30 D. M. Lloyd-Jones, 『청교도 신앙』, 268.
31 D. M. Lloyd-Jones, 『청교도 신앙』, 270.

제3장

삼위 하나님의 구원 사역

▶ 「삼위일체」, 안드레이 루블레프(Andrei Rublov), 1411.

구원은 삼위 하나님의 공동 프로젝트다. 모든 구원, 복과 은총의 삼중적 원인은 성부, 성자, 성령 하나님 안에 있다.[1] 하나님은 본질상 하나이시나, 위격상 셋이다.[2] 삼위 하나님의 모든 외적 사역은 비록 나뉘지 않을지라도 삼위의 각 위격은 모든 외적 사역에서 한 본질에 근거한 자기 존재의 순서와 상응하는 자리를 차지한다.

성부는 자신으로부터 성자를 통하여 성령 안에서 일한다.[3]

아타나시우스는 에베소서 4장 6절에 자주 호소하면서 하나님은 성부로서 만물 위에 있으며, 성자로서 만물을 통하여 있으며, 성령으로서 만물 안에 있으며, 성부가 성자를 통하여 성령 안에서 만물을 창조하고 재창조한다고 말했다. 하나님의 모든 외적 사역은 단 하나의 원리(*principium*) 곧 하나님(본질)을 갖지만 삼위의 협동 사역을 통해

---

1 Herman Bavinck, 『개혁교의학2』, 박태현 역 (서울: 부흥과개혁사, 2011), 334.
2 John Calvin, 『영한 기독교강요 I』, 편집부 역 (서울: 성문, 1993), 231-235. 존 칼빈은 삼위일체 교리에서, 하나님의 본질은 불가해하고 영적이라고 말하는 동시에, 하나님 안에 삼위가 있다고 결론 내린다. "God' nature is immeasurable/infinite and spiritual. Therefore, if the testimony of the apostle obtains any credence, it follows that there are in God three hypostases." 또한 칼빈은 한 위와 셋 위격의 관계를 나지안주의 그레고리우스의 말을 인용하여 다음과 같이 표현한다. "I cannot think on the one without quickly being encircled by the splendor of the three; nor can I discern the three without being straightway carried back to the one."(272). 이것의 좋은 번역은 박찬호의 "칼빈과 삼위일체 그리고 한국교회," 「개혁논총」 13권 (2010), 81-85에 나온다. "내가 한 분 하나님을 깨닫자마자 즉시 삼위의 광채에 둘러싸이며, 삼위를 구별하여 보자마자 즉시 한 분 하나님께로 인도함을 받는다." 이 논문에서 박찬호는 칼빈을 평가하길, "칼빈은 동방 신학적인 입장에 서서 삼위의 우위성을 강조하였으며 갑바도기아 교부들을 비롯한 동방 신학에서의 성부의 단일통치에 대한 강조가 지니는 종속적인 요소를 수용하기를 거부하고 성부만이 아니라 성자와 성령도 그 자체로 하나님이심을 강조함으로써 동방신학의 약점을 극복하였다"고 결론 내린다; 유태화, 『삼위일체론적 성령론』 (서울: 대서, 2006), 97.
3 Herman Bavinck, 『개혁교의학2』, 401.

이루어진다. 이 삼위는 창조 사역과 구속과 성화의 사역에서 고유한 위치를 차지하며 고유한 임무를 성취한다. 진실로 외적 사역은 또한 삼위 안에서 어느 정도 분배된다.[4] 그럼에도 삼위 하나님 곧 성부, 성자, 성령은 모든 외적 사역에서 연합하여 함께 일하는 통일성을 유지한다.

따라서 세 위격의 하나님은 함께 구원을 계획하고 실행하며 완성하신다. 삼위 하나님은 영원한 사랑의 관계 속에서 이 구원을 이루어 가신다.[5] 그 구원을 통해 모든 인간과 피조물은 하나님의 영광, 하나님의 능력, 하나님의 지혜, 하나님의 사랑 그리고 하나님의 거룩하심 앞에 무릎을 꿇고 경배하게 될 것이다. 로이드 존스는 삼위 하나님의 놀라운 구원 공동 프로젝트를 성경 강해 설교들과 교리 강좌 속에서 넓게 펼쳐 보이고 있다.

우리는 로이드 존스라는 광각렌즈(wide angle lens)를 통해 삼위 하나님이 이루어 가시는 구원의 전체 전망과 주요 요점들을 고찰할 것이다. 이 연구는 삼위 하나님의 외적 사역에 대한 연구이므로 경륜적 삼위일체 구조 곧 구원 사역에 있어서 성부 하나님의 구원 계획, 성

---

4 Herman Bavinck, 『개혁교의학2』, 402.
5 St. Augustins, 『삼위일체론』, 김종흡 역 (경기: 크리스천다이제스트, 2011), 251-252. 어거스틴은 성부는 사랑하는 이로 성자는 사랑 받는 이로 그리고 성령은 사랑으로 비유하였다. 이에 대해, 박찬호의 "칼빈과 삼위일체 그리고 한국교회," 90-91에 따르면, 에드워즈는 성령을 사랑의 관계가 아닌 사랑의 행위자로 보았다. 이것은 서방교회의 삼위일체 구조에서 벗어나 성령의 역할을 끌어올린 진전이었다. 이런 맥락에서 동방 교회 전통에서 시작된 오늘날의 사회적 삼위일체론자들은 "하나님을 서로 완전히 독립되고 구별되는 성부, 성자, 성령의 세 인격이 이루는 공동체(community) 내지 사회(society)로 이해하며 이들 사이의 일치 내지 연합을 성부 아닌 세 신적 위격 사이의 상호점유 또는 통교적 연합 (perichoretic union)에서 찾는다." 즉, 이것은 "갑바도기아 신학자들의 삼위일체론이 삼위의 통일성을 성부에게서 찾음으로 종속론의 위험을 가지고 있었던 것에 주목하면서 세 인격 사이의 더욱 철저한 독립성과 구별성을 강조한 것이다."

자 하나님의 구원 성취, 그리고 성령 하나님의 구원 적용 구조로 이뤄진다. 이를 통해 삼위 하나님이 구원 사역에 있어서 얼마나 통일성(Unity)을 갖고 진행하셨는지 가늠해 본다.

1. 성부 하나님의 구원 계획

로이드 존스는 삼위 하나님의 구원 사역 전 과정에 있어서, 삼위 간에 성부, 성자, 성령의 질서가 일관성 있게 유지된다고 강조한다. 특별히 구원의 전체 계획은 성부에게 전유되는 것으로 본다.

성부께서 성자와 성령과 더불어 창조와 재창조(구속)에 대해서 전체적인 계획을 주도적으로 세우신다. 성부는 구원의 목적을 세우시고, 구원의 대상을 선택하시며, 또한 그들을 구원할 방식을 정하신다. 따라서 구원의 원초적 근원은 성부에게 돌려진다. 그러나 성부는 구원의 목적, 대상과 방식을 정하심에 있어서 독립적으로 혹은 독단적으로 일하시지 않는다.

성부는 성자와 성령의 자발적이고 적극적인 참여와 함께 공동으로 그 일을 행하신다. 진실로 성부는 성자와 성령의 전적인 참여 없이 홀로 구원의 계획을 세우지 않으셨다. 구원 계획의 매 단계마다 세 위격의 하나님은 한 마음과 한 뜻으로 함께 하셨다. 성자와 성령이 배제된 성부만의 구원 계획은 존재할 수 없다. 그만큼 로이드 존스가 이해한 삼위 하나님의 구원 계획은 삼위 간의 공동 사역이다.

로이드 존스의 '삼위일체적 구원관'에서 '경륜'(dispensation)[6] 혹은

---

6 D. M. Lloyd-Jones, *God's Ultimate Purpose: An Exposition of Ephesians 1:1 to 1:23*, 198.

'계획'이라는 단어만큼 큰 의미를 담고 있는 개념도 없을 정도로, 그는 모든 구원의 논의마다 '하나님의 구원 계획'을 언급한다. 실로 하나님의 구원 계획은 로이드 존스가 품고 있는 구원관의 진수다. 이제 로이드 존스가 품고 있는 그 놀라운 삼위 하나님의 구원의 큰 계획을 살펴본다.

1) 구원을 위한 영원한 회의

로이드 존스가 '구원'을 다루는 방식은 창세 전에 있었던 삼위 하나님 간의 영원한 회의(Eternal Council)에서 시작하는 방식이다. 이 회의에는 유일하게 성부와 성자 그리고 성령만이 참여하셨다. 삼위 하나님은 이 회의에서 창조와 구원에 대해서 논의하셨다. 로이드 존스가 힘써 강조하는 것은 인간 구원이 타락 후가 아니라 영원한 회의에

로이드 존스는 '경륜'이란 단어가 엡 1:10; 3:2, 9; 고전 9:17에서 사용되었는데, 그 뜻은 두 가지를 갖고 있다고 한다. 그 기준은 "만일 그 말을 권위를 가진 자의 입장에서 본다면, 그 말의 의미는 한 계획, 한 체계, 한 경륜이다. 만일 권위 아래 있는 사환의 입장에서 생각한다면 그 말은 직분이나 접대나 섬김으로 이해해야 한다"고 말한다. "It all depends upon whether you regard it from the standpoint of a person who is in authority or from the standpoint of a person who is under authority. If you regard the word from the former standpoint its meaning is **a plan, a scheme, an economy**; if from the latter, it means an office a stewardship or an administration;" 이우제, "성령의 능력에 사로잡힌 설교자 로이드 존스의 설교 연구,"「복음과 실천신학」제11호 (2006. 봄), 35-36. 이우제는 로이드 존스의 설교 스타일이 "성경 한 부분을 세밀하게 현미경으로 살피듯 관찰하고 분석해가는 것을 통해 본문을 논증하고 적용하는 하나님의 전체 경륜(the whole counsel of God)을 전하는 강해 스타일"이라고 규정한다. 또한 로이드 존스는 '빛'과 '열기'가 있는 설교(불붙은 논리, Logic on Fire)를 말하는데, 이우제는 여기서 '빛'이란 설교 내용이 '신학적'이어야 함을 묘사하고, '열기'란 설교 전달이 성령의 능력과 통제 아래서 행해져야 함을 의미한다고 해석한다. 이런 맥락을 종합해 보면, 빛, 곧 신학적 내용은 '하나님의 전체 경륜'을 내포한다고 할 수 있겠다. 곧 로이드 존스는 '하나님의 전체 경륜'의 빛 아래서 발산된 진리들을, 성령의 능력을 통하여 청중에게 뿜어내어 그들을 움직이게 하는 것을 설교, 곧 '불붙은 논리'(Logic on Fire)라고 한 것이다.

서 시작되었다는 점이다. 그리고 그 구원의 계획이 창세 전에 이미 세워졌다는 사실이다. 따라서 신자는 자신의 구원을 현세가 아닌 영원한 관점을 가지고 접근해야 한다.

특히 로이드 존스는 창조 전 영원한 회의에서 세워진 하나님의 구원 계획 측면에서 인간 구원을 바라보는 관점을 '하나님의 관점'이라고 부른다. 로이드 존스는 에베소서 1장 강해에서 창세 전 영원한 회의에서 결정된 삼위 하나님의 구원 계획에 대해서 다음과 같이 말한다.

> 하나님의 위대한 계획이 이 구절에 제시되어 있습니다. 하나님 아버지와 아들과 성령 사이에 위대하고 영원한 회의(Eternal council)가 있었습니다. 다음의 구절은 언제 그 회합이 열렸는가를 말해 줍니다. "곧 창세 전에 그리스도 안에서 우리를 택하사 우리로 사랑 안에서 그 앞에 거룩하고 흠이 없게 하시려고." 우리는 우리의 구원을 창세 전에 계획하셨다고 하는 것을 인식합니까? "창세 전에 택하사." 영원한 회의에서 삼위 하나님의 각 위들께서 우리에 관하여 관심을 두셨던 것입니다. 아버지와 아들과 성령께서 우리에게 관심을 두고 회의를 여셨던 것입니다. 창세기 1장에서는 "우리가 우리의 형상을 따라 사람을 만들자"라는 말씀이 나오게 됩니다. 그러나 하나님께 감사한 것은 하나님의 삼위 각 위들께서 여신 그 회의에서는 사람을 창조하시는 것만이 아니라, 사람을 구원하는 문제까지도 생각하신 것입니다.[7]

---

[7] D. M. Lloyd-Jones, *God's Ultimate Purpose: An Exposition of Ephesians 1:1 to 1:23* (Grand Rapids: Baker Books, 1995), 52-53.

로이드 존스가 삼위 하나님의 '영원한 회의'를 논하면서, 크게 감동받은 것은 비천한 죄인들에게 그 크신 삼위 하나님께서 영원 전부터 '관심'을 가지셨다는 점이다. 이 점에서 로이드 존스는 깊은 감사와 찬양을 '삼위일체 하나님'께 돌린다. 그의 설교가 많은 이들에게 성령의 감동을 일으키고 영향을 주는 이유 중 하나는 로이드 존스는 성경 본문에서 찾은 교리를 지식으로 끝내지 않고 그 교리를 통해 삼위 하나님께 영광과 사랑을 돌리는 강해 설교자였기 때문이다. 그는 매 교리에 대해서 주님의 영광을 생각한 신학자였다.

그렇다면 구원의 일을 필요하게 만든 것은 무엇인가?

다시 말해 왜 삼위 하나님 사이에 영원한 회의가 열렸는가?

만일 구원의 일이 필요하지 않았다면 영원한 회의는 결코 열리지 않았을 것이다. 또한 성자께서 그 모든 고통과 수치를 당하실 필요도 없었을 것이다. 십자가도 필요 없었을 것이다. 로이드 존스에 따르면 이 구원의 일을 절대적으로 필요하게 만든 것은 바로 인류의 죄와 그것이 야기한 문제들이다.

여기 영원한 회의를 통해 결정된 '그리스도의 사역'을 필수적으로 만든 것은 그것만이 아니라 더 필연적으로 만든 또 다른 것이 있었다. 그것은 다름 아닌 하나님 자신의 거룩한 성품이다. 하나님은 죄의 정당하고 합법적인 처리 없이 그냥 용서한다는 말 한마디로 죄를 처리할 수는 없었다. 왜냐하면 그렇게 하는 것은 하나님의 거룩한 성품과 조화시킬 수 없기 때문이었다.

하나님은 하나님 자신의 거룩한 성품에 맞지 않게 하나님의 일을 할 수 없는 분이다. 그분의 모든 사역은 그분의 모든 성품에서 나오고 출발하기 때문이다. 하나님의 모든 사역은 반드시 그분의 성품과 일치해야 한다. 결과적으로 구원의 일을 꼭 필요하게 만든 것은 '죄와

하나님의 성품'의 관계에 있다.⁸

그리고 로이드 존스에게 있어서 구원의 계획이 '창세 전'에 수립되었다는 개념은 굉장히 중요한 사상이다. 왜냐하면 창세 전에는 어떤 피조물도 존재하지 않았기 때문이다. 삼위 하나님만이 그 계획에 참여하셨고, 피조물의 어떤 조건이나 상태도 삼위 하나님의 구원 계획에 영향을 주지 않았다.⁹ 삼위 하나님의 주권적인 일이 '구원의 계획'인 것이다.

또한 로이드 존스의 구원관에서 '영원한 회의'가 중요한 위치를 차지하는데 그 이유는 '회의'이기 때문이다. 다시 말해 밀실에서 성부 혼자 구원의 계획을 결정하신 것이 아니라 성부뿐 아니라 성자와 성령께서 함께 참여하신 공동의 사역인 것이다.¹⁰ 삼위 하나님이 우리의 구원을 위해 '회의'를 하셨다는 사실은 듣는 이로 하여금 가슴 벅차오르게 하는 사건이다.

---

8 D. M. Lloyd-Jones, *The Assurance of Our Salvation: Studies In John 17* (Wheaton, IL: Crossway, 2000), 101.

9 D. M. Lloyd-Jones, *The Assurance of Our Salvation: Studies In John 17*, 58.

10 박찬호, "칼빈과 삼위일체 그리고 한국교회," 72-74. "서방교회는 삼위보다는 일체에 주된 강조점이 있는 삼위일체론을 주장하였고 동방교회는 일체보다는 삼위에 우선하는 삼위일체론을 전개하였다." 이런 측면에서 로이드 존스의 삼위일체론은 동방교회 전통에 서 있다. 영원한 회의에서 시작하는 관점은 참여자 수가 1이 아닌 2 이상을 의미하기 때문이다. 그럼에도 로이드 존스가 그의 교리 강좌에서는 한 본질에서 시작하여 삼위로 나아간다든지, 그리고 필리오케(*filioque*)를 인정하는 입장으로 미루어 보면 서방교회 전통에 서 있는 측면도 있다. 결국, 로이드 존스는 서방이나 동방 한쪽에 치우친 관점이 아니라 오직 성경에 근거하여 '균형 잡힌 견해'를 견지한 것으로 해석된다.

2) 구원 협의

로이드 존스는 삼위의 각 위께서 인간 구원을 위해 역할을 분담하셨다고 주장한다. 진실로 삼위 하나님은 영원한 회의에서 '구원하는 일'을 위해 삼위 각위께서 역할을 분담하셨다. 성부는 구원의 위대한 계획과 체계를 담당하셨고, 성자는 그 계획을 실행하여 성취하는 역할을 맡으셨으며, 성령은 성자가 이루신 구원의 성취를 선택한 백성에게 개인적으로 적용하심으로써 구원을 완성시키는 일을 하기로 결정하셨다. 이것을 '삼위일체의 경륜'이라고 부르는데, 로이드 존스는 그것을 다음과 같이 설명한다.

> 영원한 회의에서 성부와 성자와 성령께서 함께 논의하시는 가운데 인간 구원의 계획을 함께 세우셨습니다. 아버지께서는 구원의 위대한 체계를 다시 말씀하셨고, 성자께서는 그 계획을 몸소 이행해야 한다는 결정을 받아들이셨습니다. 그런 다음에 성령께서 성자의 행하신 일을 완성해야 한다는 결정이 동일하게 내려졌습니다. 이것이 바로 우리가 흔히 '삼위일체의 경륜'이라고 일컫는 것입니다. 삼위 하나님 사이에서 역할을 분담하신 것입니다.[11]

또한 로이드 존스는 아타나시우스 신조(Athanasian Creed)[12]에서

---

[11] D. M. Lloyd-Jones, *The Assurance of Our Salvation: Studies In John 17*, 87-88.

[12] D. M. Lloyd-Jones, *Great Doctrines of The Bible Vol. 1: God The Father, God The Son* (Wheaton, IL: Crossway, 2012), 90. *Athanasian Creed* perfect definition: 'The Father is God, the Son is God, and the Holy Ghost is God; and yet there are not three Gods but one God. The Father is Lord, the Son is Lord, the Holy Ghost is Lord, and yet there are not three Lords but one Lord. For as we are compelled by Christian truth to acknowledge

선언한 삼위일체 정의에 동의하면서, 삼위일체의 세 위격은 동등하시고 영원히 공존하시지만 우리의 구원을 위하여 삼위 간에 구분이 존재한다고 말한다. 그뿐만 아니라 세 위격 간에 일종의 주종 관계(subjugation)가 있었다고 본다. 즉 성부는 창조하시고 선택하시며 구원의 계획을 세우신다. 그리고 성자는 이 구원을 이루기 위해 성부께 보내심을 받았다. 성령은 구원을 적용하기 위해 성부와 성자에 의해 보내심을 받았다. 성자는 자신을 성부의 뜻에 맡기셨다. 그리고 성령은 자신을 성부와 성자의 뜻(disposal)에 맡기셨다. 성령은 자신에 대해 말하는 것이 아니라 성자를 증거한다. 성자는 성부와 동등하고 영원한 분이심에도 불구하고 자신에 대해 말하는 것이 아니라 자신의 말과 사역을 성부로부터 받으셨다. 로이드 존스는 이것이 경륜적 삼위일체(Economic Trinity)의 의미라고 정의한다.[13]

그러나 삼위일체의 분담된 역할에도 불구하고, 삼위 하나님께서 하시는 모든 일에는 통일성이 있다. 특히 창조 사역과 구원 사역에서 삼위 하나님은 함께 일하시며, 같은 목적을 공유하고 계신다. 로이드 존스는 삼위 하나님의 통일성을 주장한다.

---

each Person by Himself to be God and Lord, so we are forbidden by the same truth to say that there are three Gods or three Lords.'; 박찬호, "칼빈과 삼위일체 그리고 한국교회," 81. 박찬호는 브레이 의견에 따라, 아타나시우스 신경에 두 가지 조건이 붙는다고 한다. "첫째, 성부는 신성의 원천으로 인정되었다. 그러나 다른 위격은 그렇지 못하다는 것이다. 둘째, 성령은 성부와 성자의 위격 사이의 연합의 끈으로 간주되었다. 그 결과, 성령의 인격성이 의문시되었다."

13 D. M. Lloyd-Jones, *God The Father, God The Son*, 90-91.

일종의 업무 분담이 있었으나 그럼에도 목적과 그 모든 실행에 있어서는 통일성(Unity)이 있었던 것입니다.[14]

이와 같이 로이드 존스가 경륜적 삼위일체를 언급하면서, 삼위 간의 통일성이 유지된다고 강조하는 점은 주요한 사항이다. 이러한 로이드 존스의 사상은 본서의 논지와도 정확하게 일치하기 때문이다. 즉 삼위 하나님의 구원 사역은 시종일관 삼위 간의 통일성을 유지한다. 비록 구원 사역에 있어서 경륜을 따라 구분된 사역을 하시지만 삼위의 성부, 성자, 성령은 항상 함께 연합하여 일하시는 '통일성'(Unity)을 보존하신다. 경륜적 사역 안에서도 '삼위일체' 구조가 늘 유지된다.

3) 구원 목적

삼위 하나님이 영원한 회의를 여시고, 인간 구원을 계획하셨다면, 반드시 그 목적이 있을 것이다. 다시 말해 인간의 구원 사역을 통해 삼위 하나님은 어떤 '목적'을 성취하기 위하여 장기적인 계획을 세우신 것이다. 로이드 존스가 주요 성경 강해들에서 밝힌 구원의 목적은 다음과 같이 크게 세 가지로 정리할 수 있다.

(1) 선택한 백성 구원
로이드 존스에게 있어서 삼위 하나님의 구원 계획의 원초적 목적

---

14 D. M. Lloyd-Jones, *God The Father, God The Son*, 91. "There was a kind of division of labour and yet a unity in purpose and a unity in doing it all."

은 타락한 인류 중 어떤 사람들이 하나님 앞에서 거룩하고 흠이 없는 하나님의 아들로 서게 하여 삼위 하나님과 사랑의 관계에 있게 하는 것이다.[15] 사도 바울은 에베소서 1장에서 성부 하나님은 "곧 창세 전에 그리스도 안에서 우리를 택하사 우리로 사랑 안에서 그 앞에 거룩하고 흠이 없게 하시려고"(엡 1:4) 인간을 구원하셨다고 진술한다. 로이드 존스에게 있어서 하나님께서 그의 백성을 위한 그리스도 안에 있는 목적은 사람의 죄와 타락의 모든 결과와 효과를 제거시켜 도말하시고 그것을 완전히 교정시키시는 것이다. 그 무섭고 가장 비참한 사건의 모든 결과를 완전히 바로잡는 것이 구원하시는 하나님의 목적이라는 것이다.

로이드 존스는 이 원초적 목적을 세 가지 요소로 세분화한다.[16]

첫째 요소, 선택한 백성을 '거룩하고 흠이 없게' 하는 것이다. 로이드 존스에 따르면 죄인은 거룩하신 하나님 앞에 설 수 없다. 따라서 죄인이 하나님 앞에 서기 위해서는 먼저 모든 흠과 오점이 제거되고 거룩함으로 덧입어야 한다. 그리하여 삼위 하나님은 선택한 백성을 거룩하게 만드신다. 그것은 어떤 방면에서도 결함이 없는 참되고 진정한 생명이고, 곧 완전한 조화로운 존재를 의미한다.

---

15 D. M. Lloyd-Jones, *God's Ultimate Purpose: An Exposition of Ephesians 1:1 to 1:23*, 108; David Martyn Lloyd-Jones, *Acts Chapters 1-8. Vol.1*, (Wheaton, IL: Crossway, 2013), 47. "And the object of this plan? It is **to save.** The end of the quotation from Joel is this: 'And it shall come to pass, that whosoever shall call on the name of th Lord shall be saved'(v. 21). Saved from what? Saved from eternal misery, which is the punishment we all so richly deserve from God, against whom we have rebelled and whom we have offended. And we are saved for a positive knowledge of God, for a new, a fuller life, an expanding life, a life that leads to glory everlasting. That is God's plan, and that is what He revealed through the prophets all those centuries before the events."

16 D. M. Lloyd-Jones, *God's Ultimate Purpose: An Exposition of Ephesians 1:1 to 1:23*, 95-99.

둘째 요소, 선택한 백성을 '하나님의 존전에 있게' 하는 것이다. 삼위 하나님이 선택한 백성을 먼저 흠이 없고 거룩하게 만드시는 이유는 그의 백성을 하나님 앞에 있게 하고, 하나님과 거룩한 교제를 할 수 있게 하기 위해서이다. 하나님은 그들의 하나님이 되고, 그들은 하나님의 백성이 되어 거룩한 교제 가운데 들어가는 것이 삼위 하나님의 뜻이다.

셋째 요소, 선택한 백성은 '하나님의 사랑을 받고 하나님을 사랑하는 자'로 나타나는 것이다. 로이드 존스에 따르면 삼위 하나님은 죄인을 구원하여 거룩하게 하실 뿐 아니라 그들과 사랑의 관계 속에서 교제하기를 원하신다. 단지 죄 용서함 받은 백성이 아니라 삼위 간의 사랑의 관계처럼 사랑하는 자녀들로 만드시는 것이 하나님의 목적이다.

(2) 예수 안에서 재-통일

로이드 존스가 특히 강조하는 영원한 구원 계획의 목적은 "하늘에 있는 것이나 땅에 있는 것이 다 그리스도 안에서 통일되게 하려는"(엡 1:10) 것이다. 그것을 다음과 같이 진술한다.

> 성육신으로 시작되었던 경륜, 계획, 목적은 하나님께서 만물을 그리스도 안에서 화해시키려 하시는 것이기 때문입니다. 즉시 그 점은 "하늘에 있는 것이나 땅에 있는 것이나 다"라는 표현에 의하여 설명되고 확장됩니다. '만물'은 그리스도 안에서 재통일되려 하고 있습니다.[17]

---

17 D. M. Lloyd-Jones, *God's Ultimate Purpose: An Exposition of Ephesians 1:1 to 1:23*, 201.

특히 로이드 존스는 '재통일' 개념을 강조한다. 로이드 존스에 따르면, '통일하다'는 헬라어에서는 원래 합성어였다. '다시'라는 의미를 가진 '아나'(ana)라는 말로 시작되는 말이다. 그럼에도 역본들은 그 점을 간과하고 있다. 그래서 로이드 존스는 그림데이어 렉시콘(Grimm-Thayer Lexicon)의 말을 인용하여, 그 말은 '다시 함께 끌어 모으다'를 의미한다고 해석한다.[18]

여기서 로이드 존스는 "하늘에 있는 것"이라는 말은 원래의 창조 상태를 지키고 있는 선한 천사들을 내포하고 "땅에 있는 것"은 그리스도의 재림 시에 땅에 살고 있는 구속받은 사람들뿐 아니라 피조세계 자체, 땅과 동물과 짐승들을 내포한 모든 피조 세계를 부연하여 가리키고 있다고 해석한다. 이 모든 것을 해결하는 열쇠가 '다시'라는 이 작은 말에서 발견된다. 따라서 영원한 구원의 목적을 다음과 같이 정의한다.

> 하나님의 계획은 그리스도 안에서 만물을 재통일하려는 것이라고 바울은 말하고 있습니다. 그리스도 안에서 모든 만물을 다시 끌어 모으고 다시 인도하고 다시 한 번 그리스도 안에서 만물을 거느리시는 것입니다. 그 표현은 곧 사물들이 전에는 이미 완전한 조건에 있었음을 암시합니다. 그러나 사물들은 더 이상 그러한 조건에 있지 못하고 완전한 상태를 잃어버리고 말았습니다. 그러나 사물들은 그러한 완전한 상태를 다시 찾게 될 것입니다.

---

18 D. M. Lloyd-Jones, *God's Ultimate Purpose: An Exposition of Ephesians 1:1 to 1:23*, 200-201.

그들은 '다시 통일되게' 될 것입니다.[19]

요약해 보면, 마귀와 인간의 타락 전에는 모든 권세들의 머리이셨던 주 예수 그리스도 아래서 만물은 완벽한 조화 가운데 있었다. 창조되고 지어진 모든 만물은 그 안에서 지어졌으며 그로 말미암아 그를 위하여 창조되고 지음 받았다. 세상과 짐승들뿐 아니라 천사들과 보좌들과 정사들과 권세들도 다 그리스도를 위해서, 그리스도 안에서 창조되었다. 이 체계들 안에 완벽한 조화[20]가 있었다.

그러나 천사의 타락, 인간의 타락, 피조물의 타락으로 인해 이전의 완벽한 조화가 깨어졌고 천사, 사람, 피조물 상호 간에도 불화가 생겼다. 이 불화를 회복하고 다시 주 예수 그리스도 안에서 완전한 화해와 화합을 이루는 것이 구원의 목적이다. 로이드 존스는 완벽한 조화를 다음과 같이 설명한다.

> 회복된 완전한 조화는 사람 안에 이루어지는 조화요 사람들 사이에도 조화가 있게 될 것입니다. 땅 위에도 조화요 짐승들 안에서도 그러한 조화가 회복될 것입니다. 하늘에서도 조화요 이 복된 주님 예수 그리스도 아래 모든 만물이 조화를 이루게 될 것입니다.[21]

---

19 D. M. Lloyd-Jones, *God's Ultimate Purpose: An Exposition of Ephesians 1:1 to 1:23*, 203.

20 D. M. Lloyd-Jones, *God's Ultimate Purpose: An Exposition of Ephesians 1:1 to 1:23*, 96-97.

21 D. M. Lloyd-Jones, *God's Ultimate Purpose: An Exposition of Ephesians 1:1 to 1:23*, 206-207; Lewis B. Smedes, *Union with Christ*, 『바울의 그리스도와의 연합사상』, 오광만 역 (서울: 여수룬, 1991), 136-137, 140. 저자는 로이드 존스와 같은 맥락에서 '포괄적 그

그리스도는 만물의 머리가 되실 것입니다. 모든 것은 다시 그 안에서 재통일이 될 것입니다. 기이함에 기이함이 일어날 것이며 비교할 수 없을 정도의 놀라운 일이 일어날 것입니다. 이 모든 일이 일어날 때 다시는 안 되는 일이 없게 될 것입니다. 모든 일들은 영원토록 그리스도 안에서 재-연합이 될 것입니다.[22]

로이드 존스는 이것이 바로 하나님의 계획이라고 주장한다.[23] 여기서 잠시 로이드 존스가 구원의 목적으로 설정한 "예수 안에서 재-통일"을 숙고해 보면 로이드 존스의 구원관의 특징 하나는 철저히 구속사적 관점을 견지하고 있다는 점이다. 그리스도, 특히 그의 십자가와 부활을 중심으로 창조, 타락, 구속과 완성의 구조로 역사를 보는 관점이 구속사적 관점이다.

이런 관점으로 보면 구속은 단순히 인간을 구속하는 것으로 끝나는 것이 아니라 역사와 시간 자체를 창조주 하나님을 향하여 되돌려 놓는 의미를 갖는다. 즉 구속은 창조세계를 다시 본래의 질서에로 되돌리는 사건이다. 이것은 창조주 하나님께서 의도하셨던 그 세계에로

리스도'를 이야기 한다. 그리스도는 '새 창조'를 위해 성부의 선택을 받은 분으로 소개된다. "그는 십자가에서 이루어진 하나님과 인간의 화목을 통해서 그 안에서 새 창조를 이루신 분으로 선택을 받으셨다. … 우리는 선택에 대해서 생각할 때, '새 창조'를 소유하려는 하나님의 포괄적인 결정에 대해서 생각해야 하는 것이다. … 하나님의 결정은 그리스도 안에서 세상을 재창조하려는 하나님의 결정이다. 그것은 그리스도를 중심으로 하는 새 창조를 세우고, 다스리며, 실현코자 하시는 하나님의 사랑의 결정이다."

22 D. M. Lloyd-Jones, *God's Ultimate Purpose: An Exposition of Ephesians 1:1 to 1:23*, 204-205.

23 D. M. Lloyd-Jones, *God's Ultimate Purpose: An Exposition of Ephesians 1:1 to 1:23*, 206-207.

의 완성(recapitulation)을 의미한다.²⁴

(3) 삼위 하나님의 영광

구속의 궁극적 목적은 "하나님의 은혜의 영광을 찬미하게 하는 것"이다. 사도 바울도 인간 구원의 목적이 "하나님께서 사랑하시는 자 안에서 우리에게 거저 주시는 바 하나님의 은혜의 영광을 찬송하게 하려는 것이라"(엡 1:6)고 정의한다. 즉 모든 구원의 목적은 하나님의 영광을 위한 것이다.²⁵

그리고 하나님의 영광을 드러내는 일에 있어서 구원이 중요한 이유는 하나님께서 신자 안에서 신자를 통하여 그 영광을 나타내시기로 작정하셨기 때문이다. 그래서 로이드 존스에 따르면 구원에 있어서 첫째 되고 가장 위대한 진리는 구원이 하나님의 영광을 나타낸다는 것이다.²⁶ 로이드 존스는 하나님의 영광을 나타내는 방식을 네 가지로 요약한다.

첫째, 하나님의 영광은 주 예수 그리스도 안에 있는 신자의 구속을 통해서 나타난다.

둘째, 하나님의 영광은 하나님의 거룩과 하나님의 의(義)에서 나타난다.

셋째, 하나님의 영광은 그의 은혜 안에서 나타난다.

넷째, 하나님의 영광은 최종적으로 신자 안에서 신자로 말미암아

---

24 유태화, 『삼위일체론적 구원론』(서울: 대서, 2007), 72-76.
25 D. M. Lloyd-Jones, *God's Ultimate Purpose: An Exposition of Ephesians 1:1 to 1:23*, 128.
26 D. M. Lloyd-Jones, *God's Ultimate Purpose: An Exposition of Ephesians 1:1 to 1:23*, 129.

나타난다.[27]

따라서 로이드 존스가 마음속에 품고 있는 '구원'은 늘 하나님의 영광을 구심점으로 하여 모든 것을 한데 끌어 모으는 구원이다. 삼위 하나님의 영광이 없는 구원은 구원이 아니다. 삼위 하나님은 그러한 구원을 계획하신 적이 없다. 죄인이 구원의 문으로 들어가면 그를 맞이하는 것은 삼위 하나님의 찬란한 영광의 빛이다.

(4) 요약

삼위 하나님은 협력하여 함께 구원의 목적을 세우셨다. 죄인의 구원은 삼위 하나님 모두의 기쁜 뜻과 사랑에서 온 것이다. 성부 성자 성령의 관심과 사랑, 기쁨과 소망이 없었다면 우리의 구원은 계획되지 않았을 것이다. 또한 삼위 하나님은 만물을 그리스도 안에서 재-통일하시기로 결정하셨다. 그 일은 '성부로부터 성자를 통하여 성령 안에서' 사역하심으로 이뤄진다. 그리고 삼위 하나님이 함께 일하시고, 삼위 하나님 모두가 영광을 받으시는 것이 구원의 궁극적 목적이다. 이와 같이 구원의 목적에서도 삼위 하나님은 함께 일하시고, 함께 동일한 목적을 세우신 것이다.

4) 구원의 원리와 구원하는 방식

삼위 하나님께서 인간 구원을 통해 이루실 구원의 목적을 세우셨는데, 그렇다면 구원을 어떻게 이루시기로 계획하셨는가?

---

27 D. M. Lloyd-Jones, *God's Ultimate Purpose: An Exposition of Ephesians 1:1 to 1:23*, 132-134.

환언하여 삼위 하나님의 구원 계획 내용은 무엇인가?

영원한 회의 내용은 무엇인가?

우리는 이에 대한 로이드 존스의 대답을 두 가지 원리와 네 가지 방식으로 정리할 수 있다. 삼위 하나님은 구원 사역에 있어서 계획과 선택의 원리를 가지고 행하신다. 계획과 선택의 원리는 로이드 존스가 강조하는 중요한 원리이다. 삼위 하나님은 구원하는 일을 계획과 선택의 원리로 추진하셨다. 그뿐만 아니라 삼위 하나님은 구원하는 방식도 정하셨다. 그것은 성자를 대표자로 세우는 방식, 새 백성을 창조하는 방식, 성자가 특별한 일을 성취하는 방식, 그리고 은혜 언약의 방식이라고 할 수 있는데, 앞의 세 방식은 단 하나의 방식 곧 은혜 언약의 방식으로 압축될 수 있다. 그럼에도 구분한 것은 로이드 존스가 세 방식에 독특하게 강조점을 두기 때문이다.

(1) 계획의 원리

로이드 존스에게 있어서 구원의 계획자는 성부 하나님이다. 구원은 전적으로 하나님 아버지에게서 생겨났기 때문에 하나님 아버지 안에 그 원천과 기원을 갖는다. 따라서 구원의 원천과 기원은 오직 성부 하나님의 위대하고 영원한 마음이다.[28] 사도 요한은 성부가 계획하시고 결정하신 일을 말한다.

> 아버지께서는 아들에게 주신 모든 사람에게 영생을 주려고, 모든 사람을 다스리는 권세를 아들에게 주셨습니다. … 저는 땅에서 아버지를 영광되게 하였고, 아버지께서 제게 하라고 주신 일

---

[28] D. M. Lloyd-Jones, *The Assurance of Our Salvation: Studies In John 17*, 57.

을 완전히 행하였습니다(요 17:2, 4, 쉬운성경).

게다가 성부는 구원을 시종일관 완벽하게 계획하셨다. 구원을 위해 어떤 일이 누구에게 어떤 시점에 어떻게 일어날지를 미리 계획하신 것이다. 로이드 존스는 "하나님의 계획은 완벽하다"고 주장한다. 따라서 이 구원에는 우연적인 것이나 우발적인 것이나 수정이 불가피한 것이 전혀 없게 된다.

또한 구원을 위해 어떤 일이 일어날 것이 계획되었을 뿐만 아니라, 그 일이 일어날 때도 정확하게 미리 계획하시고 정하셨다. 그 계획이 인간에게 점진적으로 계시되었다. 그런데 성경에 따르면 항상 모든 일이 절대적으로 완전하고 적절한 시기에, 단 한 순간의 지체도 없이 일어난다는 점을 매우 강조한다. 성부 하나님의 구원 계획은 빈틈없이 치밀하다. 그리고 실패 없이 완벽하다.[29]

계획된 때의 예로 로이드 존스는 성자가 태어나신 때가 정확히 예언된 것을 말한다. 성부는 성자가 베들레헴에 나실 것을 예언하셨는데, 다니엘서 9장에서는 정확한 때가 신비로운 방식으로 예고되었다. 그리고 그때는 정확히 일치한다.[30]

요컨대 성부 하나님은 성자와 성령과 함께 구원의 전 과정 속에 일어날 일들을 치밀하게 계획하신다. 성부는 계획하고 일하시는 하나님이시다. 로이드 존스가 하나님의 구원 역사 속에서 하나님의 계획을 강조하는 이유는 구원이 전적으로 삼위 하나님의 사역임을 드러내

---

29 D. M. Lloyd-Jones, *The Assurance of Our Salvation: Studies In John 17*, 58.
30 D. M. Lloyd-Jones, *The Final Perseverance of th Saints: An Exposition of Romans 8:17-39* (Edinburgh: The Banner of Truth Trust, 2012), 124.

기 위해서다. 삼위 하나님은 주권적으로 계획을 세우시고 이루신다.[31]

(2) 선택의 원리

하나님께서 어떤 사람들을 구원하시기로 계획하신 것은 전적인 성부 하나님의 뜻에 따른 것이다. 어떤 외부의 조건이나 환경에 전혀 영향 받지 않으시고, 심지어 그 사람이 복음을 듣고 믿을지 안 믿을지도 고려치 않으시고 하나님의 기쁘신 뜻에 따라 선택하신 것이다. 그것은 전적인 성부 하나님의 마음이다. 하나님의 영원한 마음에서 구상하신 뜻이다.[32] 로이드 존스는 하나님의 위대한 목적과 계획은 선택의 원리를 통해서 이루어져 나간다고 주장한다.

> 하나님이 에서와 야곱의 경우에 행하신 일은 우연하게 일어난 일이나, 단순히 하나님이 생각하신 어떤 변덕스러운 생각에서 나온 것이 아닙니다. 하나님이 그 일을 하신 것은 하나님의 위대한 목적과 계획의 일부이기 때문입니다. 그 하나님의 위대하신 목적은 언제나 선택 또는 선별의 원리를 통해서 이루어집니다.[33]

---

31 D. M. Lloyd-Jones, *FAITH Tried & Triumphant* (Michigan: Baker, 1996), 184-185. 여기서 로이드 존스는 하나님의 변함없는 성품을 말한다. 하나님은 하나님이기 때문에, 하나님의 의지는 변함이 없고, 의지하신 것을 행하시며, 계획하신 것을 실행하신다. "God's will is an unchanging will, and it is an unchangeable will because God is God. What God wills, God does; **what God purposes, God executes**. The unchangeable will of God is the bed-rock of everything. If I do not believe that, I have no faith at all. It is absolute truth that God is, 'I am that I am,' everlasting, unchangeable, and ever the same."

32 D. M. Lloyd-Jones, *God's Ultimate Purpose: An Exposition of Ephesians 1:1 to 1:23*, 228.

33 D. M. Lloyd-Jones, *God's Sovereign Purpose: An Exposition of Romans 9*, 123.

하나님께서 선택의 원리로 구원의 계획을 이루어 나가시는 목적은 무엇인가?

로이드 존스는 그 선택의 원리만이 하나님의 구원 계획을 확실하고 틀림없이 이행시켜 궁극적인 열매를 맺게 하는 방식이기 때문이라고 말한다.[34] 하나님께서 이렇게 이 선택의 방식을 통해서 그 일을 이루어 나가시는 것은 하나님의 뜻이 서게 하시고 그 뜻이 결코 실패하지 않도록 하기 위함이라는 것이다.[35] 하나님은 이 선택의 원리에 따라서 주권적으로 구원받을 자를 정하신 것이다. 이렇게 구원하는 일에 있어서 하나님은 능동적이고 주도적으로 일하신다. 선택하는 일은 성부에게 돌아가지만 성자와 성령은 기쁜 마음으로 그의 뜻에 동참하신다.

(3) 대표자 세우는 방식

로이드 존스는 구원의 문제를 풀기 위하여 영원 전에 하늘에서 성부, 성자, 성령 사이에 회의가 열렸다고 본다. 이 회의에서 복되신 삼위일체의 제2위격이신 성자가 하나의 과업을 받았다. 성자가 만물의 상속자로 지명되신다. 그리고 성부 하나님께서 성자에게 만민을 다스리는 권세도 주셨다.

---

34 John Calvin, 『영한 기독교강요Ⅲ』, 편집부 역 (서울: 성문, 1993), 776. 존 칼빈도 구원받은 것을 선택의 결과로 돌릴 때에만, 하나님은 구원하고자하는 사람을 구원할 수 있다고 주장한다. "Paul clearly testifies that, when the salvation of a remnant of the people is ascribed to the election of grace, then only in it acknowledged that God of his mere good pleasure preserved whom he will, and moreover that he pays no reward, since he can owe none."

35 D. M. Lloyd-Jones, *God's Sovereign Purpose: An Exposition of Romans 9*, 130.

아버지께서 아들에게 주신 모든 자에게 영생을 주게 하시려고 만민을 다스리는 권세를 아들에게 주셨음이로소이다(요 17:2).[36]

이 영원한 회의에서 성부는 성자를 세계와 인류의 대표로 세우시고 성자를 통하여 그들을 구원하시기로 결정하셨다. 그 결정에 성자는 이사야의 외침처럼 "내가 여기 있습니다. 나를 보내소서!"라고 자발적으로 순종하신다.

이 영원한 회의에서 삼위일체 하나님은 인간과 세상에 앞으로 일어날 일에 대하여 숙고하는 가운데, 앞으로 죄가 개입되어 인간이 타락할 것을 미리 알고, 그 문제를 해결하기 위해 어떤 조치가 취해져야 할지를 결정하신 것입니다. 그 중에서 가장 큰 결정은 이 문제를 특별히 성자께 맡기기로 하신 것입니다. 에베소서 1장 10절에서 바울 사도가 선언한 것처럼, 만물이 그리스도 안에서 하나가 되어야 한다는 것이 하나님의 목적입니다. "하늘에 있는 것이나 땅에 있는 것이 다 그리스도 안에서 통일되게 하려 하심이라." 다시 말하면 바로 그 회의에서 주 예수 그리스도께서 인류의 머리로 지정되셨습니다. 예수님은 세상을 책임지게 되셨으며, 온 세계와 인간의 머리 또는 대표가 되신 것입니다.[37]

여기서 로이드 존스에 따르면 성부는 성자를 인류의 대표자로 세우셨을 뿐만 아니라 이 일로 인하여 성부는 성자에게 세상을 다스리

---

[36] D. M. Lloyd-Jones, *The Assurance of Our Salvation: Studies In John 17*, 61.
[37] D. M. Lloyd-Jones, *The Assurance of Our Salvation: Studies In John 17*, 62.

는 권세도 주신다. 따라서 영원한 회의에서 세상의 모든 것이 이미 예수님께 주어졌기 때문에 세상은 그 안에서 그로 말미암아 그를 통해서 창조되고 존재하게 된 것이다. 예수님은 영원 전부터 이 특별한 임무를 맡기로 정해진 분이다. 역사의 주인은 예수 그리스도라는 것이다. 그러므로 이 세상과 인간과 관련된 모든 일이 주 예수 그리스도께 일임되었다. 예수님은 이 권세를 받으셨고 모든 육체를 다스리는 권세도 받으셨다. 고로 예수님은 이 세상에 존재하는 모든 것을 통제하고 조정하신다.[38]

요약하면 삼위 하나님은 인간을 구원하는 일을 '대표를 세우는 방식'으로 행하기로 정하셨다. 삼위 간의 회의에서 성자는 인류의 대표자로 결정되시고 세상을 다스리는 권세도 받으셨다. 주 예수 그리스도가 인류를 구원하신 사건은 이미 창세 전 삼위 하나님의 회의에서 결정된 사항이다. 그분이 인류를 구원하실 수 있었던 것은 영원한 회의에서 대표자로 선정되셨기 때문이다. 성부는 성자 외에 인류를 구원할 다른 대표자를 세우신 일이 없으시다. 대표자를 세우는 방식도 삼위 간의 합작품이다.

(4) 새 백성 창조하는 방식

삼위 하나님의 영원한 회의에서 성부가 성자에게 세상과 그 모든 권세를 넘겨주셨을 뿐 아니라 특별히 한 백성을 넘겨주셨다. 성부는 구원할 한 백성을 선택하신 후 그 백성을 성자에게 맡기신다. 교회에 들어와 영생을 얻게 될 이 특정한 백성을 처음부터 끝까지 하나님 아버지께서 성자 예수님께 주셨다는 것이다. 성부 하나님이 그 영원한

---

[38] D. M. Lloyd-Jones, *The Assurance of Our Salvation: Studies In John 17*, 63.

회의에서 그 모든 사람을 아들에게 주셨다. 그 백성을 선택하신 분은 하나님이시다. 요한복음 6장에 따르면 그들을 예수님께로 이끌어 주시는 분도 하나님이시다.[39]

여기서 로이드 존스는 성부가 성자에게 주신 그 백성을 주신 방식은 '창조적인 방식'이라고 말한다. 즉 하나님의 선택은 인간 무리 가운데서 임의로 어떠한 사람들을 골라내시는 문제가 아니라 하나님 자신을 위해서 한 백성을 형성하시는 방식이다. 예를 들어 이삭과 이스마엘이 태어난 다음에 하나님께서 그 두 사람을 바라보시면서 "나는 이를 택하고 저를 택하지 않겠다"는 식으로 말씀하지 않으셨다. 오히려 하나님께서 이삭을 생산시키신 것은 이미 그로 말미암아 씨가 이어지도록 하시겠다는 하나님의 정한 뜻이 있었기 때문이다.[40] 따라서 성부가 영원한 회의에서 계획하신 방식은 기존의 것 중에 하나를 선택하는 양자택일하는 방식이 아니다. 그것은 없는 것 가운데 새 것을 창조하는 방식이다.[41]

그러므로 로이드 존스에게 있어서 하나님의 구원 방식은 아담의 타락한 족속 중에서 어떤 사람들을 구원받도록 선택하신 것이 아니다. 새로운 인류의 머리와 대표로 지명된 예수 그리스도를 통하여

---

39 D. M. Lloyd-Jones, *The Assurance of Our Salvation: Studies In John 17*, 63-64.
40 D. M. Lloyd-Jones, *God's Sovereign Purpose: An Exposition of Romans 9*, 131.
41 Lewis B. Smedes, 『바울의 그리스도와의 연합사상』, 104. 스미디즈는 이 부분에서 '새 창조'와 '새 상황'을 말한다. 즉, 새 백성을 창조하는 방법뿐 아니라, 만물의 새로운 창조의 새로운 상황이 그리스도의 십자가 죽음과 부활을 통해서 시작된다고 한다. 이것을 상황 기독론(Situationist Christology)이라고 한다. 이것은 구속 목적으로 만물을 그리스도 안에서 재-창조하는 사역으로 인식하는 로이드 존스의 견해와도 일맥상통한다. 스미디즈는 "그리스도 안에(그리스도와의 연합) 있다는 것은 예수 그리스도에 의하여 창조되고 그분의 영을 통하여 존속되고 있는 **새로운 역사적 질서 안에 있는 것**을 의미한다"고 강조한다. 이런 견해를 가진 상황론자들은, "새로운 역사적 질서, 새로운 운동, 새로운 시대, 새로운 상황"이라는 단어를 즐겨 사용한다.

새로운 인류를 산출하는 방식이다. 하나님의 구원 방식은 하나의 적극적인 과정이다. 그것은 영적인 탄생으로 말미암아 탄생되는 새로운 백성, 영적인 백성이다.[42] 특히 이 새로운 창조 방식은 성령의 주권적 사역으로 이루어진다. 하나님께서 복음의 사역자들을 세우시고, 그들이 선포하는 말씀을 통하여 그리고 성령의 주권적인 사역으로 말미암아 자기 백성을 창조하고 있다.[43]

그리고 이러한 새로운 인류의 창출은 우리의 본성과 아무 관계를 맺지 않는 것이 아니라 그 본성을 사용하는 방식이다.[44] 하나님께서는 선택한 백성이 어머니의 모태에 잉태되는 순간에 성령의 초자연적이고 영적인 방식으로 그를 새롭게 하시는 방식으로 일을 하신다. 그러므로 우리는 구원을 하나님의 적극적인 차원으로 이해해야 한다. 그래서 로이드 존스는 바울이 갈라디아서에서 "내 어머니의 태로부터 나를 택정하시고"라고 선언했다고 이해한다. 그것은 다메섹 도상에서 때에 맞게 드러났다.

따라서 로이드 존스는 이삭과 야곱의 경우에 일어났던 일은 모든 그리스도인의 경우에도 일어난다고 본다. 하나님께서는 이 새로운 인류를 산출하시되 본성적인 과정을 뛰어넘지 아니하시고 그것을 사용하심으로써 그 일을 하신다. 그 본성적인 과정에 간섭하시며 작용하셨고 그것을 사용하심으로써 당신 자신의 뜻을 이루어 나가시는 방식을 정하신 것이다.[45]

---

[42] D. M. Lloyd-Jones, *God's Sovereign Purpose: An Exposition of Romans 9*, 133.
[43] 유태화, 『삼위일체론적 성령론』, 239.
[44] D. M. Lloyd-Jones, *God's Sovereign Purpose: An Exposition of Romans 9*, 136.
[45] D. M. Lloyd-Jones, *God's Sovereign Purpose: An Exposition of Romans 9*, 134.

(5) 특별한 일 성취하는 방식

로이드 존스는 영원한 회의에서 성부는 하나님의 선택하신 백성을 구원하시기 위하여 성자가 해야 할 특별한 일을 지정해 주셨다고 이해한다. 예수님이 말씀하신다.

> 아버지께서 내게 하라고 주신 일을 내가 이루어 아버지를 이 세상에서 영화롭게 하였사오니(요 17:4).

이 말씀에 대한 해석에서 로이드 존스가 강조하는 핵심은 이 개인들을 구원하는 일을 아버지께서 아들에게 주셨다는 점이다.[46] 성부의 아들이신 성자는 아버지께서 부탁하신 그 특별한 일을 성취[47]해야만 아버지께서 주신 새 백성을 구원할 수 있게 된 것이다. 이것은 삼위 간의 합의에 의해 무엇보다 성자의 기꺼운 순종에 의해 이루어진 사항이다. 로이드 존스는 성부가 성자에게 주신 특별한 일을 네 가지로 요약한다.

첫째, 성육신(incarnation)이다. 성자께서 신자를 대표하시려면 사람이 되셔야 한다. 그래서 인성(humanity)을 자신의 신성(deity) 속으로 취하셔야만 한다. 로이드 존스에 따르면 예수 그리스도는 인성을 자기의 신성 속으로 취하셨다. 그것이 성육신의 전체 의미이다. 그분은 사람을 대표하셔야 했고 사람이 되셔야 했다. 그래서 성육신하신 것

---

[46] D. M. Lloyd-Jones, *The Assurance of Our Salvation: Studies In John 17*, 64.
[47] John Owen, 『성도의 견인』, 조은화 역 (서울: 생명의말씀사, 2013), 95. "하나님 아버지와 그의 아들 간의 약속은 구원자가 자신의 영혼을 **속죄제물**로 드리는 것이었다;" Lewis B. Smedes, 『바울의 그리스도와의 연합사상』, 134. 상황기독론자인 스미디즈도 "그리스도는 **특별한 과업**을 성취하는 구체적인 인물로 선택을 받았다"고 말한다.

이다. 그분이 대제사장으로서 우리를 대표하시려면 먼저 우리 중 하나가 되어야 한다. 그래서 스스로 인성을 취하신 것이다.[48]

둘째, 율법을 완전히 순종하는 삶이다. 예수님은 율법에 순종하는 완벽한 생활을 하심으로써 신자의 머리와 대표로서 율법을 영화롭게 하셔야 한다. 그리고 예수님은 스스로 적극적인 의를 얻고 신자를 위해서도 그 의를 얻으셔야 한다. 그분은 다름 아닌 신자를 위해서 하나님의 율법을 완벽하게 지키셔야만 한다.[49]

율법의 진정한 목적은 어떻게 하면 하나님을 영화롭게 하는가를 가르쳐 주는 데 있다. 그러나 인류는 실패하였다. 따라서 로이드 존스는 "하나님께서 예수님을 세상에 보내실 때 주신 첫 번째 사명은 그 율법을 존중하고 그것을 완벽하게 지켜냄으로써 하나님을 영화롭게 하는 것"이었다고 강조한다.[50]

셋째, 사탄을 이기는 일이다. 로이드 존스에 따르면 신자가 구원을 받고 하나님과 참으로 화해하기 위해서는 먼저 예수님이 사탄을 정복하셔야 했다. 신자는 사탄의 지배 하에서 해방되고 구출되어 하나님의 나라로 이주해야 한다. 그 일을 하셔야 하는 분이 성자 하나님이시다.

예수님이 오셔서 사망으로 말미암아 사망의 세력을 잡은 자 곧 마귀를 없이 하시며 또 죽기를 매우 무서워하므로 일생에 매여 종노릇 하는 모든 자들을 놓아 주셨다(히 2:14-15). 예수님이 이 땅에 오신 목적은 '마귀의 일'을 멸하기 위함이다. 죄로 인해 인류는 사탄의 종노

---

48 D. M. Lloyd-Jones, *The Assurance of Our Salvation: Studies In John 17*, 105.
49 D. M. Lloyd-Jones, *The Assurance of Our Salvation: Studies In John 17*, 106.
50 D. M. Lloyd-Jones, *The Assurance of Our Salvation: Studies In John 17*, 76-77.

릇하지 않을 수 없게 되었다. 그러므로 죄인을 하나님과 화해시키기 위해서는 먼저 사탄의 종에서 해방을 시켜야만 한다. 따라서 성자가 사탄을 정복하지 않을 수 없다. 주 예수 그리스도가 그 일을 완수하셔야 한다.[51]

넷째, 죄책에서 신자를 건지시는 일이다. 이것이 예수님이 십자가에서 매달려 죽으셔야 하는 이유이다. 이것이 최종적인 임무이다. 예수님은 스스로 자기 몸 안에서 인류의 죄에 대한 형벌을 받으시고 속죄의 제물로 자신을 드리셔야 한다. "피 흘림이 없이는 사함이 없느니라"(히 9:22)고 하셨기 때문이다. 이 일은 하나님에 대한 일이다.

하나님은 하나님의 본성상 피 흘림이 없이는 죄인을 용서하실 수 없다. 따라서 그리스도께서 세상에 오셔서 하실 일이 바로 그 일이다. 자신을 흠 없고 점 없는 사람의 대표로 희생 제물이 되어 하나님께 드리신 것이다.[52]

(6) 구원하는 방식: 은혜 언약

로이드 존스에게 있어서 삼위 하나님이 인간을 구원하는 방식은 '은혜 언약'을 통한 방식이다. 즉 삼위 하나님은 은혜 언약을 체결하시고, 그 은혜 언약을 통하여 성부 하나님이 선택하신 백성을 구원하시기로 결정하셨다.

로이드 존스는 삼위 하나님이 영원한 회의에서 체결하신 은혜 언약이 신구약 성경 전체를 통하여 유일하고 본질적인 언약이라고 생각한다. 각 시대에 따라서 그 형식에 변화는 있어도 그 본질에 있어서

---

51 D. M. Lloyd-Jones, *The Assurance of Our Salvation: Studies In John 17*, 106-107.
52 D. M. Lloyd-Jones, *The Assurance of Our Salvation: Studies In John 17*, 107.

는 하나님이 구원을 위해 만드신 유일한 언약은 은혜 언약이라는 것이다.

칼빈도 창세 이후로 그리스도 안에서 하나님과 성도 간의 맺은 언약은 동일한 언약 곧 은혜 언약이었다고 말한다.[53] 이것은 구약의 성도들과 신약의 성도들은 오직 은혜 언약에 의해 삼위 하나님의 백성이 되었다는 의미다.[54]

로이드 존스는 그 은혜 언약을 창세 전 영원한 회의에서 성부와 성자 간에 체결된 언약으로 정의한다.[55] 여기서 로이드 존스가 가지고 있는 은혜 언약 사상에 대해 살펴본다.

---

[53] John Calvin, 『영한 기독교강요 II』, 편집부 역 (서울: 성문, 1993), 382-384. 존 칼빈은 여기서 신구약의 언약이 본질적으로 동일함을 주장한다. "… all men adopted by God into the company of his people since the beginning of he world were covenanted to him by the same law and by the bond of the same doctrine as obtains among us. The covenant made with all the patriarchs is so much like ours in substance and reality that the two are actually **one and the same**." 여기서의 언약은 은혜 언약을 의미한다; O. Palmer Robertson, *The Christ of the Covenants* (New Jersey: Presbyterian and Reformed, 1980), 28. 팔머 로버트슨도 언약의 통일성을 말한다. "The cumulative evidence of the Scriptures points definitely toward the unified character of the biblical covenants. God's multiple bonds with his people ultimately unite into a single relationship. Particular details of the covenants may vary. A definite line of progress may be noted. Yet the covenants of God are **one**;" Peter A. Lillback, 『칼빈의 언약사상』, 원종천 역 (서울: 기독교문서선교회, 2009), 423-464. 그러나 릴백은 이 책에서 칼빈이 '행위 언약'의 기초를 세웠다고 결론 내린다. 또한 칼빈 사상 안에는 은혜의 단계적 변화가 있다고 한다. 즉 아담과의 언약 〈 모세 언약 〈 새 언약. 그럼에도 '그리스도'를 전제로 한 본질에서는 동일하다고 주장한다.

[54] Millard J. Erickson, 『복음주의 조직신학(하)』, 신경수 역 (경기: 크리스챤다이제스트, 2000), 166-169. "우리는 칭의가 신약 시대에서와 같이 구약 시대에서도 동일한 근거 위에 있음을 주목하였다."

[55] Heinrich Heppe, 『개혁파 정통 교의학』, 548. "협약을 맺는 권위와 능력의 측면에서는 은혜 언약이 일방적이지만, 그 상호적 조건뿐 아니라 성부와 성자의 동등한 능력과 의지 때문에 그것은 명백히 상호적이다."

① **언약**

언약이란 무엇인가?[56]

로이드 존스는 성경에서 언약은 하나님께서 어떤 일을 스스로 행하시겠다고 맹세하는 것으로 정의한다. 그리고 그것은 하나님의 은혜의 주권적인 행위다. 이런 이유로 로이드 존스에 따르면 이 언약은 쌍무적 협약이 아닌 전적으로 하나님 편에서 일방적으로 나오는 것이다.[57]

> 성경에서 언약이라 할 때 그것은 언제나 전적으로 하나님 편에서 일방적으로 나오는 것입니다. 하나님께서 우리 속에 있는 어떠한 것에 감동을 받아서 언약하신 것이 아닙니다. 온전히 전적으로 하나님 자신의 은혜와 자신의 영원한 사랑으로 말미암아 그 백성들에게 임하셔서 "내가 그렇게 하겠다. 내가 그 일을 하겠다고 스스로 맹세하노라"고 말씀하십니다.[58]

따라서 은혜 언약에는 어떤 조건도 요구도 없다.[59] 왜냐하면 하나

---

56 O. Palmer Robertson, *The Christ of the Covenants* (New Jersey: Presbyterian and Reformed, 1980), 61-68. 팔머 로버트슨은 성경에 나타난 계약(언약)은 기본적으로 구조적 주제적 통일성(하나)을 갖지만 역사적으로 다양성을 띠었다고 하며, 신학자들은 이런 다양성을 세 형태로 구분하였다고 전한다. "1. Pre-creation, Post-creation covenants 2. Covenant of works, Covenant of grace (로버트슨은 이런 구분대신에 'covenant of Creation,' 'covenant of Redemption' 용어를 선호한다. 이것은 아담의 타락 이전 이후의 계약을 말한다.) 3. Old covenant, New covenant."

57 D. M. Lloyd-Jones, *God's Sovereign Purpose: An Exposition of Romans 9*, 53-54.

58 D. M. Lloyd-Jones, *God's Sovereign Purpose: An Exposition of Romans 9*, 54.

59 Peter A. Lillback, 『칼빈의 언약사상』, 254-259. 릴백은 "칼빈이 쌍무적 조건 언약을 가르쳤다"고 주장한다. 언약의 상호성에 따라 서로 상대방에 대해 조건 지어진다고 한다.

님은 자신이 요구하는 것을 주시기 때문이다. 하나님은 그리스도 안에서 먼저 중생과 믿음과 회개를 신자에게 주신다. 그에 따라 신자는 거듭나게 되고 믿음을 갖게 되고 회개에 이른다.

로이드 존스가 언약을 일방적이라고 강조하는 주된 이유는 구원하는 일에 있어서 하나님의 주권적 은혜를 강조하기 위함이다. 조건적 형식은 만약 누군가 무엇을 하면 그 결과로 어떤 것이 주어진다는 구조이다. 이 형식은 누군가의 행위를 강조한다. 반면 주권적 은혜의 형식은 하나님이 먼저 무엇을 시행해 주시고 그 결과로 누군가에게 어떤 반응이 일어나게 되는 형식이다. 일방적으로 거저 주시는 하나님의 은혜가 강조되는 구조이다. 신자는 하나님의 은혜에 반응하여 그 분이 기대하시는 바를 자발적으로 행하게 된다. 이 점에 있어서 로이드 존스의 구원관이 하나님의 주권에 우선권을 두고 있다는 것을 알 수 있다.[60]

② 은혜 언약 기원

로이드 존스에 따르면 성부 하나님은 창세 전 영원한 회의에서 은

---

[60] Herman Bavinck, 『개혁교의학3』, 박태현 역 (서울: 부흥과개혁사, 2011), 281. 그럼에도 불구하고 그리스도를 통한 은혜 언약의 시행은 조건적 형식 혹은 요구하는 형식을 취한다. 바빙크는 그 이유를 다음과 같이 든다. "그 이유는 인간의 이성적이고 도덕적 본성을 인정하기 위한 것이며, 심지어 타락했다 할지라도 여전히 인간을 하나님의 형상을 따라 지음 받은 존재로서 취급하고, 영원한 구원과 영원한 멸망에 관한, 이러한 가장 중요한 영역에서도 책임을 묻고 변명할 수 없는 존재로 세우며, 의식과 자유를 지닌 존재로서 이 언약에 가입하고 범죄로 인해 이 언약이 파기된다는 것을 보여주기 위함이다." 따라서 바빙크에게 있어서 성경의 언약은 편무적일 뿐 아니라 쌍무적 언약이다. 인간이 하나님의 능력 가운데 자발적으로 수용하고 지키도록 미리 정하셨기 때문이다. 하나님의 뜻은 언약 안에 매우 선명하고 아름답게 드러난다. 즉, 은혜의 사역이 인간의 의식 가운데 선명하게 반사되어 인간의 의지가 힘 있게 활동하도록 작용한다.

혜 언약 또는 구속 언약[61]이라는 것을 말씀하신다. 인간의 죄악과 타락을 해결하기 위하여 성부와 성자 간에 일종의 계약[62]을 체결하신 것이다. 그 계약 조건은 성자가 인성을 입고 이 세상에 오셔서 인류의 죄를 스스로 담당하는 것이다.[63] 그리고 그들을 대신하고 대표하여 형벌을 받고, 고난 받는 것이다. 그리하면 성부는 그 아들에게 속한 모든 사람들을 용서하신다. 그리고 그들과 화해하고 회복하여 새 생명을 주실 것을 말씀하셨던 것이다.

---

61 Arthur W. Pink, 『하나님의 언약』, 김의원 역 (서울: 기독교문서선교회, 1989), 22-23. 아더 핑크는 "영원한 언약 혹은 은혜 언약은 아버지께서 창세 전에 그의 선택자들의 구원을 기대하시며 그의 아들과 맺으셨고, 그리스도를 중보자로 정하셨으며, 그리스도께서 기꺼이 선택자들의 머리와 대표자가 되실 것을 동의하시는 그런 상호 약속을 말한다"고 정의한다. 즉 그리스도가 관련되어 있는 신적 언약이 있다는 것과 그리스도께서 지상에서 수행하신 대사역이 그의 언약적 직무의 수행이었다.

62 Arthur W. Pink, 『하나님의 언약』, 26. "영원한 언약은 성부와 성자 간에 체결되었다. 갈 3:17에서 사도 바울이 '그리스도 안에서 (혹은 그리스도에게) 하나님의 미리 정하신 언약'에 관해 말할 때 그는 영원한 약속을 언급하고 있다. 거기에서 우리는 언약의 대상자들을 보게 되는데, 한편은 그의 인격의 삼위 안에서 성부 하나님, 다른 한편은 그리스도 곧, 신인(God-man)이며 중보자로 나타나는 그 아들을 보게 된다. 거기에서 우리는 그분들 사이의 약속을 배우는데, 그 약속은 언약 또는 계약, 확증되었거나 진정으로 동의된 것, 그리고 인준된 것이다. … (갈 3:16) 따라서 우리는 영원한 언약이 하나님에 의해 그리스도 그 자신에게 약속되었던 무엇인가를 함유하고 있다는 가장 명백하고 가능한 성경적 증거를 갖게 된다."

63 Mark W. Karlberg, "the original State of Adam: tensions in Reformed Theology," *Covenant Theology in Reformed Perspective* (Eugene OR: Wipf and Stock Publishers, 2000), 107. 성자가 특별한 임무(속죄)를 행하는 조건은 곧 행위 언약의 수행을 의미하고, 따라서 은혜 언약은 행위 언약을 포함하는 개념이라 할 수 있다. "Among recent detractors of traditional Reformed teaching on the Covenant of Works two proposals have appeared: (1) that we abandon altogether the federalist system of interpretation; or (2) that we undertake a thoroughgoing revision of the doctrin, Common to all these critics is denial of the **validity of the Covenant of Works** idea … However, it is a matter of justice for God to grant eternal life to his obedient image-bearers. Failure to recognize this element of the system of truth contained in the Scriptures leads to a defective understanding of the atonement, specifically the necessity of Christ's atoning death as means of **satisfying divine justice**."

창세 전에 삼위 간에 맺으신 이 계약이 구속 언약 또는 은혜 언약의 기원이다.[64] 로이드 존스는 이 은혜 언약을 성부와 성자 간에 영원 전에 맺은 언약이란 의미에서 "원초적 언약"이라고 부른다.[65]

로이드 존스는 영원 전 맺어진 성부와 성자 사이의 은혜 언약(구속 언약)에 대해 다음과 같이 말한다.

> 세상의 기초가 있기 전에, 하나님은 사람에게 어떤 일이 일어날 것인지 보셨습니다. 하나님은 처리되어야 할 타락과 인간의 죄악을 보셨습니다. 그 회의에서 그 계획이 만들어졌습니다. 그리고 아버지와 아들 간에 이루어졌던 합의가 이루어졌습니다. 하나님 아버지는 아들에게 속한 모든 사람에게 용서와 화해와 회복과 새 생명, 새 본성(nature)을 주실 것을 말씀하셨습니다. 그 계약의 조건은 아들이 이 세상에 인성을 입고 오셔서, 인류의 죄를 스스로 담당하시는 것입니다. 그들을 대신하여 형벌을 받으시고, 그들을 대표하여 고난 받으시는 것입니다. 그것이 "창세 전에 이루어졌던" 조약이었습니다.[66]

---

64 Mark W. Karlberg, "the original State of Adam: tensions in Reformed Theology," *Covenant Theology in Reformed Perspective* (Eugene OR: Wipf and Stock Publishers, 2000), 103. Berkhof said, "Adam was created for 'a life of communion' with God. The covenant relationship itself was related to the inter-trinitarian covenant, the so-called Covenant of Redemption between the Father and the Son in eternity."

65 D. M. Lloyd-Jones, *God's Ultimate Purpose: An Exposition of Ephesians 1:1 to 1:23*, 55. "Later certain subsidiary arrangements were made. A covenant was made with Noah, with Abraham, with Moses, These are not **the original covenant, the covenant made with th Son**. They were temporary, but all these subsidiary covenants point to the great covenant."

66 D. M. Lloyd-Jones, *God's Ultimate Purpose: An Exposition of Ephesians 1:1 to 1:23*, 54.

제3장 | 삼위 하나님의 구원 사역 **73**

위와 같은 로이드 존스의 '은혜 언약' 기원을 생각해 볼 때 로이드 존스는 신학자들이 말하는 '타락 후 선택설' 입장[67]에 있다. 곧 삼위 하나님은 인간의 창조 이후에 일어날 인간의 타락을 보신다.[68] 그리고 그 타락의 문제를 해결하기 위한 구원의 계획을 협의하시는데, 그 와중에 그리스도 안에서 구원받을 자를 택하신다. 그에 따라 선택받지 못할 자도 정해지게 된다. 따라서 로이드 존스에게 있어서 삼위 하나님은 인간의 타락 이후에 어떤 죄인을 어떻게 구원할지 결정하신다. 이러한 구조로 로이드 존스는 타락과 선택의 관계를 이해한다. 또한 로이드 존스는 구속 언약과 은혜 언약을 동일시한다. 그 이유는 성자를 선택받은 백성의 대표자이면서 동시에 중보자로 보기 때문이다.[69]

---

[67] Heinrich Heppe, 『개혁파 정통 교의학』, 224-227. 헤페도 작정의 순서에 있어서 '타락 후 선택설' 입장을 취하며, 정통적인 순서를 보여준다. "(1) 인간의 창조, (2) 타락의 허용, (3) 인류의 얼마를 타락에서 구원으로 선택하고 나머지는 그들이 태어난 타락상황에 버려두는 결정, (4) 피택자들의 구원을 위해 그들의 중보자로 그리스도를 세상에 보내기로 한 결정, (5) 그들의 유효적 소명, 신앙의 부여, 칭의, 성화, 그리고 최후의 영화, 그 결정들이 이런 순서로 일어났으며, 이 순서가 그 내용 자체의 본질에 상응하기 때문에, 우리는 정당하게 이 견해를 고수하며 다른 것들을 거부한다." 반면 타락 전 선택설의 입장에서 베자는 그의 *Summa totius Christ*에서 신정 순서를 제시한다; Benjamin B. Warfield, 『구원의 계획』, 모수환 역 (경기: 크리스천다이제스트, 2012), 22-23. 타락 전 선택설(Supralapsarians)과 타락 후 선택설(Infra-lapsarians), 벤자민은 타락 후 선택설을 주장하면서, 두 차이점은 "하나님의 선택과 유기의 작정은 단지 아직 범죄하지 않은 인간들에 관계된 것인가, 아니면 이미 죄를 범한 인간들, 곧 전적으로 타락한 존재들로서 여겨지는 인간들에 관계된 것인가 하는 문제"라고 진술한다.

[68] Millard J. Erickson, 『복음주의 조직신학(하)』, 신경수 역 (경기: 크리스천다이제스트, 2000), 96.

[69] Herman Bavinck, 『개혁교의학3』, 278, 290. 그러나 바빙크는 구원 협약과 은혜 언약 사이에는 진실로 차이가 있다고 이해한다. 차이를 둔 이유는 구원 협약에서 그리스도는 보증인이요 머리인 반면 은혜 언약에서는 중보자로 보기 때문이다. 구원 협약은 그리스도에게 제한되어 그리스도가 선택한 백성의 자리에 서서 그들이 받을 형벌을 감당하고, 율법을 완수할 것을 요구한다. 은혜 언약은 그리스도를 통해 사람들에게까지 확대된다. 그리고 그리스도가 선택한 백성의 자리에서 완수하지 않았거나 완수할 수 없는 믿음과 회개를 그들에게 요구한다. 그럼에도 바빙크는 구원 협약과 은혜 언약 사이의 연관성과 통일성을 간과해서는 안 된다고 말한다. 구원 협약은 은혜 언약으로 확대된다. 구원 협약의 머리

③ 은혜 언약 정의

로이드 존스에게 있어서 은혜 언약은 자신의 사랑을 약속하심으로써 영원한 목적과 구속의 경륜을 수행하시는 삼위일체 하나님과 그의 백성 간의 협정이다. 이 약속은 언약의 중보자가 되시는 주 예수 그리스도께서 죄인을 대신하여 감당하신 속죄에 기초한 자신의 백성을 향한 완전하고도 무조건적인 구원이다. 그리고 그분의 백성들은 이 약속을 믿음으로 받는다. 이것은 하나님의 사귐의 약속이며 하나님께서 신자의 하나님이 되신다는 약속이며 하나님을 아는 지식과 그분과의 친밀한 교제에 진입하는 약속이다. 이 모든 약속은 예수 그리스도에 의해 가능해진 것이다.[70]

따라서 근본적으로 은혜 언약은 하나님과 중보자 예수님 사이에 체결된 것이다. 예수께서 인간의 죄를 대신 담당하시어 십자가에서 죽임을 당하사 그의 피로 그가 대신하고 대표하신 인간의 죄를 덮으시고(expiation) 하나님과 인간 사이에 참된 화해(propitiation)를 가져오신다. 이 화해는 원수 된 인간과 하나님 사이에, 인간과 인간 사이에, 인간과 피조물 사이에 화해이다. 그 화해는 예수께서 십자가를 지심으로써 체결된 것이다.[71]

는 동시에 은혜 언약의 중보자다. 곧 성자는 성부와의 관계에서는 백성의 머리로, 그러면서 성부와 백성 사이에서는 중보자로 서 계신다; Heinrich Heppe, 『개혁파 정통 교의학』, 554. 헤페는 은혜 언약의 계약 당사자로 "1. 피해자 하나님, 2. 가해자 인간, 3 중보자 그리스도"로 본다.

70 D. M. Lloyd-Jones, *God The Father, God The Son*, 227-228.
71 유태화, 『삼위일체론적 성령론』, 374.

④ 은혜 언약 범위

로이드 존스는 성경에는 항상 주 예수 그리스도를 중심으로 하는 오직 하나의 은혜 언약만 존재한다고 주장한다. 구약시대와 신약시대에도 동일한 은혜 언약만이 존재하였고, 이 은혜 언약에 의해서 모든 세대의 사람들이 똑같은 방식으로 구원받는다.[72] 구약시대나 신약시대에도, 그리고 이스라엘 민족 외의 민족들뿐만 아니라 이스라엘 민족조차도 오직 은혜 언약에 의해 동일한 방식으로 곧 주 예수 그리스도를 믿는 방식으로만 구원 받는다. 이 은혜 언약만이 로이드 존스가 이해한 유일한 하나님의 구원 방식이다.

> 항상 주 예수 그리스도를 중심으로 하는 오직 하나의 은혜 언약만 있습니다. 구약시대는 그리스도를 향해 나아가고, 신약시대는 그리스도를 계시하며 우리에게 사람이신 그리스도를 나타냅니다. 오직 그리스도만이 창세기 3장 15절 이하의 모든 것의 성취가 되십니다. 만유가 그리스도 안에 있습니다. 최초의 구속 언약은 분명하고도 완전하게 그리스도와 맺은 언약입니다.[73]

여기서 로이드 존스는 신약뿐만 아니라 구약시대에도 동일한 은혜 언약에 따라 동일한 방식으로 구원을 얻는다는 점을 아브라함의 예로 설명한다. 아브라함은 신자와 똑같은 방식으로 행위가 아니고 믿음으로 말미암아 구원을 얻었다. 아브라함은 자기의 구원이 후

---

72 D. M. Lloyd-Jones, *Atonement and Justification: An Exposition of Romans 3:20 to 4:25* (Edinburgh: The Banner of Truth Trust, 2012), 157.

73 D. M. Lloyd-Jones, *God The Father, God The Son*, 242.

에 육신을 입고 자기와 다윗의 자손(seed)으로 태어나실 하나님의 아들의 공로에만 전적으로 달려 있다는 것을 알았다. 로이드 존스는 이제 이것이 구약 전체를 비추는 것임을 강조한다. 따라서 구약시대나 신약시대나 구속적 은혜 언약(covenant of grace and redemption)은 하나(oneness)이다.[74]

⑤ 은혜 언약으로 들어가는 법

로이드 존스는 인간이 구원받는 유일한 길은 오직 믿음의 법을 통해서라고 주장한다. 모든 인간은 주 예수 그리스도와 그의 행하신 일을 믿음으로써만 구원을 받는다. 다른 구원의 길은 없다. 인간은 믿음을 통해서만 주 예수 그리스도에게 속할 수 있다. 주 예수 그리스도에게 속하지 않고서는 성부 하나님께로 나아감과 화해 그리고 사귐은 없다.

> 그런즉 자랑할 데가 어디뇨 있을 수 없느니라 무슨 법으로냐 행위로냐 아니라 오직 믿음의 법으로니라 그러므로 사람이 의롭다 하심을 얻는 것은 율법의 행위에 있지 않고 믿음으로 되는 줄 우리가 인정하노라(롬 3:27-28).

---

[74] D. M. Lloyd-Jones, *Atonement and Justification,* 166; Herman Bavinck, 『개혁교의학3』, 279. 또한 바빙크는 고전 15:45을 근거로, 타락 전의 아담은 이미 그리스도의 모형이었기 때문에 "은혜 언약은 비로소 노아와 아브라함에 의해서가 아니라, 그리고 비로소 아담과 맺은 은혜 언약에 의해서가 아니라, 이미 행위 언약 안에 그리고 이 언약을 통해서 마련되었다"고 주장한다. 행위 언약과 은혜 언약의 밀접한 관계를 설명한 것이다. 따라서 바빙크는 "모든 것을 알고 정하며, 행위 언약의 파기 또한 자신이 작정 가운데서 취했던 하나님은 아담의 창조와 행위 언약의 재정에 있어서 이미 그리스도와 그리스도의 은혜 언약도 고려했다"고 밝힌다. 이와 같은 바빙크의 은혜 언약의 확장에 비추어 봐도 로이드 존스가 주장하는 성경에 나오는 모든 언약에 대한 '은혜 언약'으로의 집약은 타당성을 확보한다.

로이드 존스에게 있어서 이 믿음이란 구원의 매개체에 불과하다. 구원받는 믿음이란 도구나 통로에 불과하지 자랑할 만한 공로가 아니라는 것이다. 믿음 때문에 '의롭다' 함을 입었다고 하는 것은 성경 어디에도 없다. 성경은 사람이 의롭다 함을 받는 것이 '믿음으로'(by faith) 혹은 '믿음을 통해서'(through faith) 된다고 말한다. 그러므로 믿음은 그리스도 안에 있는 하나님의 의가 신자의 것으로 되는 '도구'(instrument) 혹은 '통로'(channel)에 불과한 것이다. 결과적으로 "죄인을 구원하는 것은 믿음이 아니다. 죄인을 구원하는 것은 주 예수 그리스도와 그의 완벽한 공로이다."[75]

그러므로 삼위 하나님께서 체결하신 은혜 언약에 근거해서 죄인이 구원받는 길은 오직 믿음의 방식뿐이다. 주 예수 그리스도와 그의 사역을 믿을 때 구원을 받는다. 이 방식을 통해 죄인은 은혜 언약 안에 들어가는 백성이 된다. 이 방식은 성부가 성자와 성령으로 더불어 정하신 하나님의 방식이다.

(7) 요약

삼위 하나님은 '영원한 회의'에서 구원의 목적을 이룰 계획을 수립하셨다. 그 목적을 이루는 두 가지 원리는 계획과 선택의 원리이다. 성부의 주도적인 구원의 전체 계획과 새로운 백성의 선택은 삼위 하나님의 영원한 구원 목적을 이룰 수 있는 완벽하고 절대적인 원리이다. 이를 통해서만 하나님의 뜻은 아무 변경 없이 이루어질 수 있다. 이 두 가지 원리를 가지고 삼위 하나님은 구원하는 방식을 협의하여 정하신다. 구원받을 자들의 대표자로 성자를 세우시고 그분의

---

[75] D. M. Lloyd-Jones, *Atonement and Justification*, 120.

사역을 통해 새 백성을 창조하기로 삼위 간에 협의 결정하신다.

로이드 존스는 이것을 '은혜 언약'이라 불렀다. 성부와 성자를 통해 체결된 은혜 언약은 하나님이 정하신 구원을 위한 유일한 언약이다. 이는 성령의 주도적인 사역 안에서 종국적 완성을 볼 것이다. 이렇듯 삼위 하나님이 구원하는 일을 함께 연합하여 계획하시고 결정하셨다. 이러한 구원의 계획은 무엇보다도 삼위 하나님의 통일성을 돋보이게 한다.

5) 구원 속에 나타난 하나님의 영광

로이드 존스에게 있어 신자가 구원받은 최고의 목적은 하나님을 영화롭게 할 뿐만 아니라 그 영광이 만방에 펼쳐지고 널리 인정받게 하기 위함이다. 따라서 신자에게 진실로 '하나님의 영광'을 드러내 주는 것이 구원의 복음이다.[76] 이것이 성자 예수님이 이 땅에 오신 목적이다.

그러면 어떻게 예수 그리스도의 복음이 하나님의 영광을 명백히 드러내는가?

이에 로이드 존스는 복음을 통해 나타나는 하나님의 성품이 그 어떤 것보다도 하나님의 영광을 드러낸다고 말한다. 즉 구원의 전체 과정 속에서 드러나는 하나님의 성품이 하나님의 영광을 드높인다.[77] 그러므로 로이드 존스가 말한 복음을 통해 드러나는 하나님의 성품들에 대해 살펴본다.

76　D. M. Lloyd-Jones, *The Assurance of Our Salvation: Studies In John 17*, 48.
77　D. M. Lloyd-Jones, *The Assurance of Our Salvation: Studies In John 17*, 49.

(1) 하나님의 거룩과 의

예수 그리스도의 복음은 다른 어떤 것도 할 수 없는 방식으로 하나님의 '거룩하심과 의로우심'을 밝히 드러낸다. 전체적인 구원 계획과 그 체계는 거룩하시고 의로우신 하나님은 절대로 죄를 모른 척하실 수 없다는 사실을 장엄하게 선언한다. 복음은 인간의 죄와 타락의 심각성을 드러내 준다. 성자의 희생이 아니고서는 죄와 그 결과를 없이 할 수 없을 만큼 죄는 하나님께 심각한 것이다. 다시 말해 죄는 하나의 실체인데 이 죄를 간과하고 정당하게 처리하지 않고는 하나님과 인간의 진정한 화해와 교제는 있을 수 없다. 그래서 하나님은 그 거룩하심과 의로우심 속에서 하나님의 존재의 영광을 드러내신다.[78]

(2) 하나님의 자비와 긍휼

하나님의 구원 계획은 하나님의 자비와 긍휼을 드러내는 방식을 택한다. 하나님의 거룩하심과 의로우심만을 생각한다면 하나님께서는 온 세상과 세상의 모든 계획을 좌절시키고 영원한 고통 속으로 집어 던질 수 있으셨다. 또한 그렇게 하셨다 할지라도 거룩하심과 의로우심의 차원에서 생각하면 그것은 잘못된 점은 전혀 없었을 것이다. 그러나 복음은 하나님께서 그렇게 하지 않으셨다고 말한다. 오히려 그 정반대의 일을 하셨다. 왜 그런가?

로이드 존스는 그 이유를 하나님의 자비와 긍휼 때문이라고 한다.[79] 하나님의 자비와 긍휼로 죽을 수밖에 없는 죄인들이 살 길을 얻은 것이다.

---

[78] D. M. Lloyd-Jones, *The Assurance of Our Salvation: Studies In John 17*, 49.
[79] D. M. Lloyd-Jones, *The Assurance of Our Salvation: Studies In John 17*, 49-50.

(3) 하나님의 지혜

구원의 복음에는 하나님의 지혜가 드러난다. 하나님의 긍휼과 자비 때문에 하나님은 오히려 죄인을 위해 어떤 일을 하려 하신다.

하나님이 그 일을 어떻게 하고자 하시는가?

로이드 존스에 따르면 하나님은 그 기이한 지혜로 구원의 계획을 세우시고 실행에 옮기신다. 곧 하나님은 자기의 독생자를 세상에 보내신다. 그 독생자는 동정녀 마리아에게서 탄생하는 기적을 통해서 세상에 오신다. 예수님은 스스로 인성을 취하시고 사람으로 사신다. 이것이 바로 하나님의 지혜이다.[80] 복음은 '하나님의 지혜'의 풍성함을 죄인들로 알게 한다.

(4) 하나님의 사랑

구원의 복음은 하나님의 '사랑'을 드러낸 방식이다. 로이드 존스에게 있어서 하나님의 사랑은 특히 이 구원 문제에서, 하나님이 실제로 아들을 보내신 일에서, 성자를 천국의 왕궁에서 내보내신 일에서 밝히 드러났다고 보기 때문이다. 복되신 삼위일체 하나님의 생명의 본질은 아버지가 아들을 사랑하시고 성령을 사랑하시고 또 아들이 아버지와 성령을 사랑하시고 또 성령이 아버지와 아들을 사랑하시는 것이다. 삼위 간의 내적인 사랑의 관계는 영원한 신비이다.

로이드 존스는 그 완벽한 연합의 개념을 또한 그 완전한 복종과 절대적인 사랑이 어떤 것인지를 상상조차 할 수 없을 것이라고 한다. 그러나 하나님의 인류 구원의 계획과 그 실행 속에서 그 모든 것이 밝히 드러난다.

---

[80] D. M. Lloyd-Jones, *The Assurance of Our Salvation: Studies In John 17*, 50.

하나님이 세상을 이처럼 사랑하사 독생자를 주셨으니(요 3:16).

환언하여 영원한 삼위 하나님의 사랑은 삼위 하나님의 경륜적 사역 안에서 피조 세계에 밝히 드러난다.

따라서 로이드 존스는 하나님이 아들을 아끼지 않으시고 신자를 위해 이 땅에 보내신 사실 속에서 하나님의 사랑이 극명하게 드러난다고 강조한다.[81] "하나님이 그 아들을 아끼지 아니하시고"라는 이 말씀에 하나님의 사랑이 나타나 있다.

> 하나님이 그의 사랑하시는 아들 독생자 예수를 이 잔인하고 악한 세상에 보내셔서, 세상의 방식대로 사람으로 살게 하셨고, '죄인들이 하나님께 거역하는 것을' 친히 견뎌내게 하신 바로 이 부분에서 하나님의 사랑이 분명히 드러난 것입니다. 하나님은 그 백성의 모든 죄를 십자가에 달리신 그 사랑하시는 아들에게 짊어지게 하셨으며, 그렇게 함으로써 영원 전부터 영원 후까지 단 한 번도 서로 떨어져 본 적이 없는 성부와 성자가 분리되는 것을 감수하셨습니다. 이에 성자가 부르짖었습니다. '나의 하나님 나의 하나님 어찌하여 나를 버리셨나이까?' 하나님의 놀라운 사랑

---

[81] John Murray, 『존 머레이의 구속』, 장호준 역 (서울: 복있는사람, 2011), 36. 존 머레이도 성부 하나님이 성자를 보내신 사실(곧 십자가)이 신자를 향한 하나님의 사랑을 최고로 표현한 것이라 여긴다. "그리스도의 십자가를 하나님의 사랑을 극명히 드러낸 것으로 천거할 유일한 이유가, 십자가에 달린 하나님의 희생만이 우리의 죄에 대한 엄청난 요구를 만족시킬 수 있는 유일한 것이기 때문이라고 한다면, 그렇게 결론 내릴 수밖에 없지 않겠는가? '사랑은 여기 있으니 우리가 하나님을 사랑한 것이 아니요 하나님이 우리를 사랑하사 우리 죄를 속하기 위하여 희생 제물로 그 아들을 보내셨음이라'(요일 4:10)."

이 극적으로 표현되는 부분이 바로 여기입니다.[82]

성부와 성자는 영원한 사랑의 관계 속에서 항상 함께 하셨는데, 인간을 사랑하신 그 사랑으로 인해 성부와 성자 간의 단절도 감수하신다. 그리고 삼위 하나님의 사랑으로 인해 성자는 죄인들을 위해 십자가에서 죽으신다. 로이드 존스는 이와 같은 복음보다 삼위 하나님의 사랑을 더 잘 드러낸 곳은 없다고 지적한다.

(5) 하나님의 공의

이 구원의 계획은 '하나님의 공의'를 드러내 준다. 하나님은 하나님의 공의를 만족시키는 동시에 경건치 않은 자도 의롭다고 할 수 있는 어떤 구원의 방법을 찾으셔야만 한다. 로이드 존스에 따르면 이 구원의 계획이 기이한 것은 하나님께서 백성의 죄를 인하여 예수 그리스도를 심판하심으로써 백성을 용서하시기 때문에 하나님의 공의가 전혀 침해되지 않는다는 점이다. 그 사랑하시는 아들을 대신 처벌하심으로써 죄에 대한 공의의 처벌을 시행하신다.

그러므로 하나님은 여전히 의로우시다. 하나님의 구원 계획은 하나님의 거룩하심과 공의로우심과 절대적인 의로우심을 보여 주심으로써 하나님의 영광을 인간에게 드러내 준다.[83]

(6) 하나님의 능력

하나님의 구원 계획은 그 어떤 다른 방법보다도 인간에게 하나님

---

82 D. M. Lloyd-Jones, *The Assurance of Our Salvation: Studies In John 17*, 51.
83 D. M. Lloyd-Jones, *The Assurance of Our Salvation: Studies In John 17*, 52.

의 능력을 더욱 여실히 보여 준다. 로이드 존스는 하나님의 능력이 성육신 사건에서 명백히 드러난다고 본다.[84]

하나님이 자기의 독생자를 위하여 한 몸을 예비하시고, 그를 동정녀에게서 탄생하도록 하는 기적을 일으키신 것이다. 이것은 하나님의 큰 능력이다. 그뿐만 아니라 로이드 존스는 하나님께서 그의 모든 원수를 정복하시는 모든 일 속에서 하나님의 크신 능력이 나타났다고 한다.

> 하나님께 반대되었던 모든 것과 인간의 최고 유익에 반대되었던 모든 것과 이 세상의 최고 유익에 반대되었던 모든 것을 정복하시는 하나님의 완전한 능력을 우리가 분명히 보게 되는 때는 바로 우리가 그리스도 안에 계신 하나님을 뵈오며 하나님이 그리스도 안에서 이 구원 계획을 통하여 하신 모든 일을 우리가 바라볼 때라는 것입니다.[85]

창세기 3장 15절에서 아담은 여자의 후손이 뱀의 머리를 상하게 할 것이라는 약속을 하나님으로부터 받는다. 로이드 존스는 이 약속이 하나님의 인류 구원 계획 속에 있다고 말한다. 따라서 궁극적으로 하나님의 능력은 사탄과 그의 모든 군대를 격퇴시키는 위대한 능력이다. 그 하나님의 능력은 마침내 사탄을 불 못 속으로 집어던지실 것이며 따라서 모든 악이 소멸될 것임을 확실히 증거해 주고 있다.[86]

---

[84] D. M. Lloyd-Jones, *The Assurance of Our Salvation: Studies In John 17*, 52.
[85] D. M. Lloyd-Jones, *The Assurance of Our Salvation: Studies In John 17*, 52.
[86] D. M. Lloyd-Jones, *The Assurance of Our Salvation: Studies In John 17*, 53.

(7) 요약

구원의 복음은 삼위 하나님의 영광을 온전히 드러낸다. 그것은 복음을 통해 삼위 하나님의 성품을 드러내는 방식을 취한다. 주 예수 그리스도의 복음 안에서 하나님의 거룩과 의, 자비와 긍휼, 지혜, 사랑, 공의, 그리고 능력이 온전히 나타난다. 하나님의 영광을 드러내는 사역에서 삼위 하나님은 완벽한 통일성을 유지한다.

성부는 성자를 영화롭게 하시고, 성자는 성부를 영화롭게 하시며, 성령은 성자와 성부를 영화롭게 하신다. 하나님을 영화롭게 하는 방식은 각위께서 서로의 성품을 드러내는 방식이다. 결국 삼위 간의 구원의 계획은 삼위 하나님의 통일된 영광 곧 한 신성에 대한 영광을 보여준다. 이것은 삼위 하나님의 영광의 통일성이다.

성부 하나님의 구원 계획을 종합해 보면, 삼위 하나님의 경륜에 따라 성부는 영원한 회의에서 인간 구원 계획을 수립하셨다. 영원한 회의에 성자와 성령도 함께 참여하신다. 세상의 기초가 조성되기 전 어떤 피조물도 아직 존재하지 않은 영원 속에서 '인간의 창조 후 타락'을 미리 보신 성부는 성자 그리고 성령과 함께 머리를 맞대고 깊은 심연에 잠기셨다.

그리고 죄인을 구원하기 위한 성부의 모든 계획에 두 위격께서 동의하셨고 서로의 역할을 자발적으로 분담하시고 순종하셨다. 이것은 외적 사역을 하시는 삼위 하나님 모두의 뜻이었다.

여기서 로이드 존스의 구원관을 숙고해 보면 성부의 구원 계획 사역은 비록 질서와 순서에서 차이는 있지만 세 위격에 동등한 비중을 부여하지 않을 수 없다. 곧 구원 계획은 성자 없이 또는 성령 없이 이룰 수 있는 성부만의 사역일 수 없다. 성자의 자리는 성부만 못하지 않고 성령의 자리도 성부나 성자의 자리 못지않다.

로이드 존스는 경륜적 의미에서 성부 성자 성령 간에 주종 관계가 있다고 피력했지만 그 의미는 어느 위격이 다른 두 위격보다 우위에 있음이 아니다. 그에게 있어서 주종관계 설정은 단지 본질에 있어서 동일한 삼위 하나님이 사역에 있어서 질서를 따라 분담한 것에 지나지 않는다. 이것은 그가 삼신론적 사상을 배격하고 있음을 보여 준다.

따라서 구원의 목적과 방식에 있어서 삼위 하나님은 항상 연합하여 일하신다. 좀 멀리서 보면 한 분이 일하신 것처럼 보인다. 구원 계획의 단계 단계마다 삼위의 존재와 역할이 조화를 이루고 있다. 완벽한 하나됨(Oneness) 곧 통일성(Unity)을 보여준다.

삼위 하나님의 통일성에도 불구하고 로이드 존스는 세 위격의 독특성을 통일성 안으로 환원(reduction)시키지 않는다. 그리고 구원 계획의 사역에 있어서 한 위격도 배제하거나 무시하지 않는다. 언제나 성부와 성자와 성령은 고유한 이름과 역할로 등장하고 구분되게 존재한다. 이것은 그가 즐겨 사용하고 강조한 '영원한 회의'라는 표현을 통해서도 드러난다. 구원의 계획은 성부 혼자 골방에서 독립적으로 구상하고 결정하신 것이 아니라 세 위격이신 성부, 성자, 성령 세 분이 영원한 현존 안에서 함께 연합하여 구상하신 것이다.

따라서 삼위 하나님은 구원의 계획에 있어서 완벽한 통일성을 갖고 연합하여 사역하셨다. 그것은 한 하나님이 행하신 외적 사역임을 입증한다.

결론적으로 '삼위 하나님의 구원 계획 교리' 속에 나타난 통일성을 네 가지로 정리해 본다.

첫째, 성부 하나님은 성자, 성령 하나님과 함께 창세 전 영원한 회의를 통해 인간 구원의 일관된 계획을 수립하셨다. 영원 시점에 천지가 있기도 전에 오직 성부, 성자, 성령 하나님이 구원의 계획을 수립하셨고 그 내용을 구체적으로 합의하여 결정하셨다. 이는 삼위 하나님 서로의 의견 일치(consensus)가 이루어졌음을 의미한다. 삼위 하나님의 연합으로 구원 계획이 수립된 것이다.

둘째, 삼위 하나님은 구원의 목적에서 동일한 의견을 갖고 계셨다. 성부가 선택한 백성을 죄와 사망, 사단의 권세로부터 구원하는 것, 만물을 그리스도 안에서 재-통일하는 것 그리고 종국에는 성부 하나님께 모든 영광을 돌리는 구원의 목적을 공유하셨다. 삼위 하나님은 구원의 목적에서 통일성을 취하신다.

셋째, 삼위 하나님은 인간의 구원 방식에 있어서 하나됨을 이루셨다. 계획과 선택의 원리에 의해서 타락 중에 있는 죄인들 중 일부를 구원하여 새 백성을 만드시는 방식 그리고 새 백성의 대표자로서 성자를 세우는 방식에서 통일(unity)을 이루셨다. 특히 은혜 언약을 통해 구원하는 방식을 채택하신 것은 삼위 하나님의 사역의 통일성을 여실히 보여준다. 은혜 언약 안에는 성부와 성자와 성령의 역할과 관계가 설정되어 있다. 이것은 삼위 간의 의견 일치와 철저한 실행이 없었다면 이룰 수 없는 언약이었다. 고로 삼위 하나님은 구원 방식에서 통일성을 갖고 계신다.

넷째, 삼위 하나님은 인간을 구원하는 일을 통해 최종적으로 삼위 하나님의 영광을 드러내신다. 삼위 하나님 각 위께서 '하나님의 영광'을 드러내는 방식으로 구원하는 일을 행하신다. 따라서 삼위 하나님의 구원의 전체 사역 안에는 하나님의 영광이 계시된다. 삼위 하나님의 모든 사역 안에서 하나님의 영광을 드러내는 방식은 일치된 목적이 있음을 보여준다. 하나님의 영광은 성부의 명하신 일을 성자가 그대로 실행하는 곳에서, 그리고 성자와 그의 모든 사역을 계시하고 적용하는 성령의 사역 속에서 나타난다.

즉 성부, 성자, 성령의 영광을 드러내는 방식은 삼위 간의 사역의 완전한 통일성을 보여준다. 세 분이 동일한 일을 하고 계시고 동일한 영광을 드러내고 계신다. 삼위 하나님은 구원하는 일에 있어서 서로의 영광 곧 동일 신성의 영광을 드러내는 통일성을 보여준다.

2. 성자 하나님의 구원 성취

영원한 회의에서 삼위 하나님이 세우신 구원의 계획은 성자가 특별한 일을 감당하는 방식으로 결정되었다. 이 땅에 계실 때 성자는 그것을 "아버지께서 내게 하라고 하신 일"[87]로 규정하셨다. 성자는 영원한 회의에서 그 백성의 대표로 임명되시고 그들을 위해 특별한 사명을 맡으셨다. 그 사명은 십자가 대속을 통해 구원을 획득하는 것으로 요약된다.[88]

구원의 계획에서와 마찬가지로 구원하는 일 곧 성자의 구원 성취에 있어서도 삼위 하나님은 함께 일하신다. 분리됨이나 독립적인 행동 없이 성자는 구원의 성취를 성부로부터 성령 안에서 이루신다. 성

---

87 "아버지께서 내게 하라고 주신 일을 내가 이루어 아버지를 이 세상에서 영화롭게 하였사오니"(요 17:4).

88 John Murray, 『존 머레이의 구속』, 96. 그리스도의 십자가 '대속'을 통해 그리스도가 구속을 이루시고 획득하셨다. "그리스도가 자기의 목숨을 내어주기까지 우리를 사랑하셨고(갈 2:20), 그리스도께서 자기가 죽어야 할 자리에서 대신 죽으셨고, 그렇게 흘린 그분의 피로 말미암아 우리가 구속을 얻었다. … 구속이 무엇인가? 그것은 구속의 가능성을 뜻하는 것이 아니다. 우리가 구속받을 수 있게 되었다는 말이 아니다. 그리스도께서 구속을 이루시고 획득하셨다는 말이다." 또한 머레이는 '대속'을 구속의 성취라고 한다. "구속(redemption)의 성취, 혹은 흔히들 대속(atonement)이라고 하는 것은 기독교 신앙의 핵심이다," 19.

자의 성육신과 요단강 세례식, 지상에서의 사역과 삶, 그리고 십자가와 부활에 있어서 성부와 성령은 늘 함께 하신다. 삼위 하나님의 외적 사역에 항상 통일성이 유지된 것이다.

로이드 존스는 성자의 모든 외적 사역 가운데 성부와 성령의 존재를 나타내고자 성자의 전유적 사역 속에서도 늘 성부와 성령을 언급하려고 하였다. 비록 성부와 성령의 언급 없이 성자의 특별한 사역을 강해한 경우에서도 로이드 존스의 신앙 속에는 성부와 성령은 성자와 영원히 함께 하신다. 여기서 우리는 이러한 로이드 존스의 '삼위일체적 사고'를 품고 성자의 구원 성취 사역을 고찰해 본다.

1) 예수 그리스도의 성육신

성자의 성육신은 삼위 하나님의 구원 성취를 위한 첫 번째 사건이다. 이 사건은 삼위 하나님에 의한 기적이다. 이 기적을 통해 삼위 하나님의 사랑이 인간에게 나타나게 되고 인간을 위한 하나님의 구원이 실행된다. 무엇보다도 성자의 성육신 순간에 성부와 성령이 함께 사역하신다.[89] 삼위 하나님께서 연합하여 함께 이루신 기적이 성육신이다. 이러한 요점을 가지고 로이드 존스가 이해한 성육신 교리의 신비 속에 들어가 본다.

---

89 Heinrich Heppe, 『개혁파 정통 교의학』, 592. "성육신은 경륜적 사역, 즉 구원의 신적 경륜에 속하는 삼위 하나님의 사역이다. 그것이 현실적으로 실행된 방식은 성령에 의해 성부의 로고스에 작용되었다. … 그 발단에서는 그리스도의 성육신이 가장 거룩한 삼위일체 전체의 사역이지만, 결과적으로는 오로지 성자의 사역이다. 성자만이 인간의 육신을 입었으며, 성부는 성령을 통하여 축복된 동정녀의 본질로부터 그것을 성자 안에서 형성하였다."

(1) 그리스도의 자기 비움

삼위일체 하나님의 구원 계획에 따라 성자는 자발적으로 성부의 보내심에 복종하여 이 세상에 사람의 모양으로 오신다. 이것을 '하나님이 인간이 되셨다'하여 성육신(incarnation)[90]이라 부른다. 특히 로이드 존스는 성자 하나님이 인간이 되셨지만 죄는 없으시다는 성경의 증언을 강조한다.

> 성육신의 교리가 말하는 바는 복되신 삼위일체의 영원하신 두 번째 위격께서 시간 속으로, 세상 속으로 들어오셔서 사람의 본성을 입으시고, 아기로 태어나 사람으로서의 삶을 사셨다는 것, "죄 없는 육신의 모양으로"(롬 8:3) 나타나셨다는 것입니다.[91]

여기서 '예수'라는 이름으로 오신 이 분은 육신을 입고 오신 성자 하나님이시다. 이 사실을 로이드 존스는 하나님의 형체와 종의 형체를 동시에 지닌 분으로, 하나님의 본성을 가지시면서 동시에 인간의 본성을 가지신 분으로 묘사한다.[92] 이러한 로이드 존스의 견해는 전통적인 칼케돈 신조[93]에 정확하게 부합되는 사상이다.

---

[90] "이 일을 생각할 때에 주의 사자가 현몽하여 가로되 다윗의 자손 요셉아 네 아내 마리아 데려오기를 무서워 말라 저에게 잉태된 자는 성령으로 된 것이라"(마 1:20).
"천사가 대답하여 가로되 성령이 네게 임하시고 지극히 높으신 이의 능력이 너를 덮으시리니 이러므로 나실 바 거룩한 자는 하나님의 아들이라 일컬으리라"(눅 1:35).
[91] D. M. Lloyd-Jones, *God The Father, God The Son*, 253.
[92] D. M. Lloyd-Jones, 『빌립보서 강해』, 정상윤 역 (서울: 복있는사람, 2015), 196-197.
[93] J. Oliver Buswell, 『조직신학 2권』, 90-91. 버스웰은 칼케돈(AD 451)신조의 본질적인 내용을 다음과 같이 정리한다. "(1) 예수 그리스도는 한 인격체, 프로소폰(prosopon) 혹은 휘포스타시스(hypostasis)며, (2) 그분은 완전히 신적인 성질과 완전히 인간적인 성질, 곧 섞이지 않고 혼합되지도 않은, 나누이지도 분리되지도 않은 양성을 지니고 있었다."

이와 같은 성육신의 교리에서 로이드 존스의 깊은 이해가 있다. 바울은 하나님의 본체이신 영원한 아들 예수가 "자기를 비워 종의 형체를 가지고 사람들과 같이 되셨고 사람의 모양으로 나타나사 자기를 낮추시고 죽기까지 복종하셨으니 곧 십자가에 죽으셨다"고 전한다.[94] 여기서 로이드 존스는 "자기를 비우다"의 의미를 성육신을 통하여 삼위 중 제2위격의 신성을 버린 것으로 해석하지 않는다. 오히려 신성의 영광, 표지, 특권들을 잠시 동안 사양하신 것으로 본다. 비록 성자가 인성을 취하시고 이 땅에 오셨지만 그분은 여전히 삼위 하나님의 제2위격이시고 성부 하나님의 '영원 본체 중의 본체'이시다. 성부가 주신 자기 백성을 구원하기 위하여 잠시 신성의 영광만을 보류하시고 내려놓으신 것이다.

따라서 로이드 존스에 따르면 성육신하여 이 땅 위에서 사람으로 사셨을 때 그분의 신성은 인성의 베일에 가려 있었다. 신성의 일부 특성들을 사용하지 않으셨다. 그러므로 그분은 '구원의 일'을 이루기 위해 성령의 선물을 한량없이 받으셔야 했고 기도하셔야 했다.[95] 그분은 인간의 대표로서 인간을 대신하여 '구원의 일'을 감당하기 위해 오신 것이다.

---

[94] Heinrich Heppe, 『개혁파 정통 교의학』, 696. "비하의 상태는 중보자가 신성에 있어서는 본래 자기에게 속한 영광의 사용과 현시를 유보하고, 인성에 있어서는 죄인의 회복을 위한 모든 요구를 성취하고 수행하기 위하여 극도의 겸비로 하나님의 법에 복속(종)하는 것이다." 그리고 그리스도의 비하에서 구별할 수 있는 네 가지의 가장 본질적인 상태는 "그의 출생, 고통스러운 삶, 죽음, 그리고 음부 강하이다." 일시적으로 사망에게 주어진 하나님의 아들에 대한 권세가 완전히 드러나고 그의 비하가 완성되도록 하기 위하여, 그리스도의 육체는 장사되었고 그의 영혼은 음부로 내려갔다. 그러나 심지어 영혼과 육체의 분리에서도, 로고스의 인격은 그가 입은 인성과 '인격적 연합'을 유지하였다;" Louis Berkhof, 『조직신학(하)』, 권수경, 이상원 역 (경기: 크리스천다이제스트, 2000), 566-575.
[95] D. M. Lloyd-Jones, *God The Father, God The Son*, 287.

그는 자신의 하나님의 영원한 영광의 표를 벗으시고 낮아지셔서 "내가 여기 있나이다. 나를 보내소서"라는 말을 한 것입니다. 그는 사람이 되는 일을 자원하셨습니다. 그는 스스로 인성을 취하셨습니다. 그는 그의 지위의 특권과 그가 아버지와 가족의 고유한 관계에 속한 특권들을 버리고 사람이 되실 것을 스스로 자원하신 것입니다. 그래서 그는 동정녀의 태로 들어오셨던 것입니다. 그는 거기에서 한 온전한 태아가 되어가는 전체 과정을 통하여 "사랑하시는 자"였던 것입니다.[96]

여기서 무엇보다 중요한 점은 성자가 동정녀를 통해 인성을 취하신 것은 '죄 없는 인성'을 취하기 위함이란 것이다. 로이드 존스는 성육신을 성령이 사역하신 일이라고 단호히 말한다. 왜냐하면 성령의 사역만이 성자가 취하신 인성에 죄가 없는 것이 되도록 할 수 있기 때문이다. 성령은 마리아에게 임하여 그리스도의 인성이 죄 없고 타락의 결과에 영향을 전혀 받지 않은 몸이 되도록 하셨다. 성자는 마리아로부터 무언가가 취해져서 정결하게 되었고 모든 오염으로부터 자유롭게 되었다. 이것은 전적으로 성령이 사역하신 효과이다.[97]

요컨대 성자는 성부의 보내심을 통해 성령 안에서 마리아의 태를 빌어 인간이 되셨다. 따라서 삼위 하나님의 완전한 합작품이 성자의 성육신 사건이다.

---

96 D. M. Lloyd-Jones, *God's Ultimate Purpose: An Exposition of Ephesians 1:1 to 1:23*, 144.
97 D. M. Lloyd-Jones, *God The Father, God The Son*, 263.

(2) 그리스도의 신인(God-Man)

성육신하신 예수님은 하나님의 아들 곧 신성을 가진 존재이면서 동시에 인성을 입으신 분이다.[98]

인간의 이성으로 이해할 수 없는 이 신인(God-Man) 교리는 왜 필요한가?

다시 말해 왜 인성이 필요하며 또 반드시 신성도 가진 존재여야 하는가?

로이드 존스에게 있어서 인성이 필요한 이유는 다음과 같다.[99]

첫째, 인간의 죄에 대한 형벌을 경험하기 위해서는 반드시 인성이 필요하다. 인간의 죄로 인해 받아야 하는 벌은 반드시 인간이 받아야 한다. 하나님은 인간과 같이 몸과 영혼의 고통을 경험할 수 없다. 따라서 예수님은 사람이 되셔야 한다. 즉 인간이 지은 죄의 형벌은 인간만이 감당할 수 있고 감당해야 하는 죄의 대가이다. 그래서 인간의 대표로서 성자는 그 형벌을 담당하신 것이다.

둘째, 인간을 이해하는 대제사장이 되기 위해서 필요하다. 히브리서 저자는 예수 그리스도가 우리를 이해하는 대제사장이라고 증언한다. 그러한 대제사장이 되기 위해서는 성자는 반드시 사람의 본성을 가지시고 "모든 일에 우리와 똑같이 시험을 받으신 이로되 죄는 없으신 분"(히 4:15)이어야 한다. 그래서 로이드 존스는 예수님이 우리의 연약함을 지실 수 있는 이유는 그가 우리와 같이 되었기 때문이라

---

[98] Heinrich Heppe, 『개혁파 정통 교의학』, 617. "하나님의 은혜 언약이 선택받은 자를 위해 영원히 유효하기 때문에, 이 언약의 기초에서와 마찬가지로 그리스도의 인격 안에 두 본성이 영원히 연합되어 있으며, 양성과 그 속성들의 완전한 상태가 인격적 결합에서도 계속되고 타성에게 흡수되지 않는다는 것이 분명하다."

[99] D. M. Lloyd-Jones, *God The Father, God The Son*, 282-283.

고 주장한다.

셋째, 예수 그리스도가 믿는 자들의 본보기가 되기 위해서 필요하다. 로이드 존스는 예수 그리스도가 모든 사람들의 본보기가 아니라 믿는 자들이 따라가야 할 본보기라고 강조한다. 왜냐하면 신자는 "죄를 범하지 아니하시고 그 입에 거짓도 없으시며 욕을 당하시되 맞대어 욕하지 아니하시고 고난을 당하시되 위협하지 아니하신"(벧전 2:22-23) 예수님의 발자취를 따라가야 하기 때문이다. 신자는 주님을 따라가야 한다. 예수님은 그리스도인의 삶의 본보기이시다. 그러기 위해서는 성자 예수님은 '인성'을 취하신 사람이셔야 한다. 그분이 인간의 인성을 입으신 이유이다.

그렇다면 예수 그리스도에게 신성은 왜 또 절대적으로 필요한가? 로이드 존스는 예수 그리스도의 희생이 무한한 가치를 지니려면 그는 사람일 뿐 아니라 동시에 하나님이셔야 했다고 이해한다. 즉 예수 그리스도는 실패하지 않고, 그리고 실패의 가능성조차 없이 완전한 순종을 하나님께 바치기 위해서는 그는 반드시 하나님이셔야 했다.

로이드 존스에게 있어서 아담은 완전했으나 타락한 존재이다. 그래서 실패 없이 율법을 완벽하게 순종하고, 하나님의 진노를 감당하여 죄인을 율법의 저주로부터 자유롭게 하기 위해서는 반드시 신성이 인성과 결합해야 했다고 강조한다.

특별히 로이드 존스는 신인(God-Man)의 특성은 성자에게 성육신 이후로 영원하다고 말한다. 예수 그리스도는 십자가 죽음 후에 부활하셔서 승천하셨다. 로이드 존스에 따르면 여기서 놀라운 점은 인성을 입으신 신인(God-Man)의 존재로 영원한 하나님의 형언할 수 없는 영광을 다시 공유하신다는 점이다. 영원에서 삼위일체 하나님의 제2

위격으로 하나님이셨던 성자가 지상 사역을 완수하고 다시 보좌로 돌아가실 때 인성을 입으신 신인의 인격으로 돌아가셨다. 그리고 신인의 존재로 성자는 영원한 보좌에서 제2위격 하나님으로 존재하시고 사역하신다.

> 우리가 기억해야 할 놀라운 사실은 예수님이 이제는 신인(God-Man)으로 돌아가신다는 것입니다! 영원토록 예수님은 성자 하나님으로 완전무결한 신이셨습니다. 예수님은 삼위일체 하나님과 영광을 공유하셨습니다. 그러나 이제는 신인(God-Man)으로 돌아가십니다. 신인이신 예수님, 우리 인류의 대표자가 되신 분으로서 예수님이 아버지 하나님의 요청에 따라 일시적으로 내려놓으셨던 그 영광을 회복 받으십니다. 그래서 예수님은 신인으로서, 그리고 우리의 중보자로서 다시금 영원한 하나님의 형언할 수 없는 영광을 공유하십니다.[100]

그러므로 죄인의 구원을 위해서 영원하신 성자 예수님은 신인의 존재로 오셨고, 이제 영원토록 그러한 존재로 계신다. 죄인을 사랑하신 삼위 하나님의 기묘한 지혜와 사랑의 신비가 신인(God-Man) 교리 안에 있다.

(3) 그리스도의 신인(God-Man) 중보자

예수 그리스도는 성육신을 통하여 하나님과 인간 사이의 화해와

---

[100] D. M. Lloyd-Jones, *The Assurance of Our Salvation: Studies In John 17*, 79.

화목을 위한 유일한 중보자로 오셨다.[101] 죄와 타락으로 인해 하나님의 진노 아래 있는 죄인을 하나님과 화목하게 할 수 있는 유일한 길은 예수 그리스도밖에 없다. 성부 하나님은 하나님과 인간 사이의 중보자로 오직 예수 그리스도 한 분만을 세우셨다.[102] 사도 바울은 이를 진술한다.

> 하나님은 한 분이시요 또 하나님과 사람 사이에 중보자도 한 분이시니 곧 사람이신 그리스도 예수라(딤전 2:5).

따라서 신자가 하나님을 알고 하나님과 화목케 되는 것은 그리스도 안에서, 오직 그리스도 안에서만 가능하다. 사도 베드로도 같은 내용을 달리 표현한다.

> 다른 이로써는 구원을 받을 수 없나니 천하 사람 중에 구원을 받을 만한 다른 이름을 우리에게 주신 일이 없음이라(행 4:12).

---

101 Heinrich Heppe, 『개혁파 정통 교의학』, 636. "인격적 연합의 세 번째 효과는 '사역의 교제'로써, 특히 중보적 사역을 위한 양성의 협력을 가리키는데, 그것은 이 사역들이 양성의 독특한 효력에 의하여 신인의 인격으로부터 나오는 방식으로 이루어진다."

102 Heinrich Heppe, 『개혁파 정통 교의학』, 641. "성부와 성자의 영원한 협약에 따라, 성자가 중보자의 직책을 수행하기 위해 인간이 되었으며, 그러한 목적을 성취하도록 성부가 성령의 능력으로 그에게 기름 부었다. 그 결과, 성자는 하나님의 기름부음을 받은 자, 곧 그리스도로서 신과 인간의 중보자가 되었다. 그리스도는 세례를 받을 때 이 기름부음을 받았다. … 실로 예수의 인성은 세례 시에 중보자의 직책을 수행하는데 필요한 영적 기름부음을 받았다. 그리스도의 이 기름부음은 한편으로 '성부가 성령을 통하여 베푼 전체 인격(*persona*)의 엄숙한 임직 또는 보증'인 동시에, 다른 한편으로는 '충만한 성화 또는 특별한 은사들의 부여'였다."

이같이 사도 베드로도 중보자의 유일성을 진술한 것이다.[103] 여기서 예수 그리스도가 하나님과 인간 사이의 중보자로 오셨다는 것은 인류의 대표자로 오셨다는 의미를 내포한다. 사람이 아니라면 인류의 대표자가 될 수 없고, 인류의 대표자가 아니라면 모든 인간을 하나님과 화해시키는 중보자의 역할을 감당할 수 없다. 그래서 성자는 성육신하여 인류의 대표자요 중보자로 오셨다. 로이드 존스는 성자가 인류의 대표자로 오셔야만 하는 이유를 아담의 모형에서 찾는다. 아담은 완전한 인간이었으며 인간의 대표로서 행동하였다. 그러므로 그가 죄를 범하였을 때 인간 모두 범죄한 것이다.

이에 대한 해답은 무엇인가?

로이드 존스는 하나님 앞에서 인간을 대표해 줄 어떤 사람이 필요하다고 답한다.

> 우리의 얼굴을 다시 들게 하실 수 있는 유일한 분, 우리를 자유롭게 하실 수 있고, 우리를 하나님께로 이끌어 소개시켜 주실 수 있는 분이 필요합니다. 바로 그 일입다. 더도 덜도 아닌 바로 그 일입니다. 인류의 대표가 절대적으로 필요했습니다.[104]

다시 말해 모든 인류를 대표한 첫째 아담이 범죄한 것을 해결하기 위해 모든 신자를 대표하는 마지막 아담이 필요하기 때문에 성자는 모든 신자의 대표자로 오셨다.

---

103 D. M. Lloyd-Jones, *God The Father, God The Son*, 252.
104 D. M. Lloyd-Jones, *The Assurance of Our Salvation: Studies In John 17*, 104.

(4) 요약

성자의 성육신 사건은 삼위 하나님이 연합으로 이루신 사역이다. 성부 하나님은 영원한 은혜 언약 계획 아래서 성자를 보내셨다.[105] 그리고 성자는 자발적 순종으로 기꺼이 동정녀 마리아의 몸에 사람의 모양으로 오셨다. 이 일은 성령 하나님의 온전한 사역으로만 가능한 일이었다. 성부의 뜻에 따라 성령의 사역으로 성자는 죄 없는 인간의 모습으로 오신 것이다.[106]

성자는 신성의 본질은 유지하지만 신성의 영광을 베일에 가린 상태로 인간이 되셨다. 성자는 신인의 대표자와 중보자로 그의 백성을 구원하기 위해 이 땅에 오신 것이다. 이렇듯 성자의 성육신은 성부 없이 혹은 성령 없이 이루어질 수 없는 삼위 하나님의 연합 사역이다. 삼위 하나님은 성육신 사건을 통해 삼위 하나님이 한 하나님(God)이요 한 주(Lord)이신 것을 드러내셨다.

---

[105] "이에 내가 말하기를 하나님이여 보시옵서. 두루마리 책에 나를 가리켜 기록한 것 같이 하나님의 뜻을 행하러 왔나이다"(히 10:7). "내가 누구를 보내며 누가 우리를 위하여 갈꼬. 그 때에 내가 가로되 내가 여기 있나이다. 나를 보내소서"(사 6:8). "대저 **하나님(성부)의 말씀**은 능치 못하심이 없느니라"(눅 1:37). "천사가 대답하여 가로되 **성령이** 네게 임하시고 지극히 높으신 이의 능력이 너를 덮으리니 이러므로 나실 바 거룩한 자는 하나님의 아들이라 일컬으리라"(눅 1:35).

[106] Heinrich Heppe, 『개혁파 정통 교의학』, 642. "예수 그리스도의 직책은 그에게 주어진 사람들을 하나님과 화목하게 하시고 구원하기 위하여, 그가 성부의 뜻과 성령의 기름부음에 따라 자기를 자발적으로 헌신한 중보자 예수 그리스도의 기능으로서, 그는 홀로 그 기능을 양성에 의해 수행하였고 지금도 수행하고 있다. 그리스도의 양성이 그의 중보적 사역에서 협력하는데, 신의 본성(인격)은 신성의 절대적 특성이 아니라 그 비하에 적응하며 협력하고, 한편 인성은 본질적인 인간적 방식으로 그리한다."

2) 예수 그리스도의 십자가

로이드 존스에게 있어서 주 예수 그리스도의 십자가는 삼위 하나님의 구원 사역에 중심 역할을 한다. 로이드 존스는 십자가의 죽음과 부활의 의미를 크게 세 가지로 본다. 십자가를 통해 죄인을 위한 대속이 이뤄지고, 하나님의 율법이 완전히 지켜지며, 죄와 사망 그리고 마귀에 대한 완전한 승리가 성취된다. 여기서도 요점은 "성자의 십자가 사건 가운데 삼위 하나님이 절대적으로 함께 연합하여 사역하셨다"[107]는 점이다. 이제 로이드 존스가 성령 안에서 깨달은 주 예수 그리스도의 십자가 사건을 고찰한다.

(1) 대속 속죄의 성취

중요한 질문은 "우리 주님이 십자가에서 죽으셨을 때 정확히 무슨 일이 일어났는가?"이다. 로이드 존스는 이 질문에 십자가에서 대속적 속죄가 일어났다고 답한다. 예수 그리스도가 자기 백성이 범한 죄의 형벌을 백성을 대신해서 받았다는 것이다. 이를 통해 그 백성의 모든 죄 문제는 해결된다. 십자가의 피가 백성의 모든 죄책을 처리한 것이다.

> 성경의 가르침은 무엇입니까? 성경의 가르침은 속죄에서 대속적 요소가 가장 중요한 것임을 강조합니다. 성경은 주 예수 그리스

---

[107] "… '영원하신 **성령으로 말미암아**' 흠 없는 자기를 하나님께 드린 그리스도의 피가, 어찌 너희 양심으로 죽은 행실에서 깨끗하게 하고 살아계신 하나님을 섬기게 못하겠느뇨"(히 9:14). 여기서 "영원하신 성령으로 말미암아"(through the eternal Spirit)라는 뜻은 성자의 십자가 죽음 가운데 성령의 현존과 역사도 있었다는 것을 보여준다.

도가 자기 백성의 대리인이 되어, 백성이 율법을 어긴 것에 대한 형벌을 대리적으로 받으셨다고 말합니다. 이 견해에는 두 가지 주요 특징이 있습니다. 첫째, 이 견해는 예수 그리스도가 우리의 대리자로서 행하셨음을 강조하고 있으며, 둘째, 이 견해에는 형벌적 측면이 나타나 있습니다. 즉, 이 견해는 예수 그리스도가 우리의 대리자로서 우리를 대신해 율법이 선언한 형벌을 담당하셨다고 말합니다.[108]

더구나 십자가의 죽음은 죄책의 처리뿐만 아니라 하나님과의 화목도 가져온다. 로마서에서 하나님은 예수 그리스도를 화목제물로 세우셨다고 선언한다.[109] 십자가의 죽음을 통해 하나님은 그분의 백성과 다시 화목한 관계로 들어간다. 로이드 존스는 속죄 개념이 본래 그리고 그 자체에 있어서 화목으로 이끌어 준다고 말한다.

만일 속죄제물이 반드시 있어야 한다면 왜 그래야 하는가? 오직 하나의 대답만이 있을 뿐이다. 죄가 속해지기 전에는 하나님과 사람 사이에 진정한 관계가 성립될 수 없기 때문이다.[110] 이러한 속죄의 개념을 이해시키기 위해서 로이드 존스는 구약과 신약의 관계를 설명한다. 구약은 실체를 가리키는 일종의 그림자일 뿐이고 원형을 가리켜 보이는 모형들을 제시해준다.[111] 로이드 존스는 구약에서 제

---

[108] D. M. Lloyd-Jones, *God The Father, God The Son*, 317.
[109] "이 예수를 하나님이 그의 피로 인하여 믿음으로 말미암아(through faith) 화목제물로 세우셨으니 이는 하나님께서 길이 참으시는 중에 전에 지은 죄를 간과하심으로 자기의 의로우심을 나타내려 하심이다"(롬 3:25).
[110] D. M. Lloyd-Jones, *Atonement and Justification*, 77.
[111] D. M. Lloyd-Jones, *God The Father, God The Son*, 318.

사의 기능은 동일하게 신약에서도 적용이 되는 원리라고 본다.

그러면 구약의 제사장이 바치던 제사의 기능은 무엇이었는가?

이에 대해 로이드 존스는 네 가지로 답한다.

첫째, 번제와 속죄제의 목적은 하나님과 화목하게 하는 것이다.

둘째, 이 화목은 죄책의 속죄(expiation)에 의해 확보된다.

셋째, 이 속죄가 희생제물이 대리 형벌을 받음으로써 유효하게 된다.

넷째, 이 속죄제와 번제의 효과는 범죄자가 용서받아 하나님과의 관계를 회복하는 것이다.[112]

따라서 로이드 존스는 예수 그리스도께서 화목제물이 되어 죄인들을 대신해 대리 형벌을 받음으로써 죄인들은 하나님과의 관계가 회복된 것으로 여긴다. 성자의 대속적 속죄를 통해 죄인들은 하나님과 화목케 된다. 이것이 십자가의 일차적 성취 목적이다.

(2) 율법 순종의 성취

그러면 예수 그리스도께서 십자가에서 행하신 대속적 속죄의 진정한 가치는 무엇인가?

이 물음에 로이드 존스는 십자가의 죽음에서 성자의 순종이 두 가지로 나타난다고 대답한다. 하나는 수동적 순종이고 다른 하나는 능동적 순종이다.

아담 안에서 모든 인간은 율법을 지키는 데서 실패했다. 하지만 예수 그리스도께서 그 죄책을 십자가에서 처리하셨다. 예수 그리스도는 자신의 생명을 드림으로써 그 일을 처리하신 것이다. 성부 하나님께

---

112   D. M. Lloyd-Jones, *God The Father, God The Son*, 318-319.

서 십자가에서 드려진 화목제물 위에 백성의 죄짐을 지우셨다. 성자 하나님께서 수동적으로 그 짐을 감당하셨다. 성자 하나님께서 수동적으로 순종하신 것이다.[113]

또한 예수 그리스도는 능동적으로 순종하셨다. 주님은 자발적으로 율법 아래 나셨다. 그리고 그의 삶 가운데 율법의 일점일획도 다 완벽하게 지키셨다. 성자 하나님이 이 땅에 오신 목적은 율법을 완전하게 하고 완벽하게 지키기 위해서다. 십자가에 죽기까지 순종하신 것이다. 십자가의 죽음도 율법에 따라 죄의 형벌을 받고 죽으신 것이다. 율법을 완벽하게 순종하심으로 하나님의 의를 이루셨다. 이것은 성자의 능동적인 순종이다.

> 우리 주님은 자기의 삶 가운데 능동적으로 순종하셨습니다. 바울은 말합니다.
> "때가 차매 하나님이 그 아들을 보내사 여자에게서 나게 하시고 율법 아래에 나게 하신 것은"(갈 4:4-5).
> 주님은 율법에 완벽하게 순종하심으로써 이 일을 하셨습니다. 주님은 율법의 일점일획까지 행하셨습니다. 주님은 자신이 그렇게 하실 것임을 말씀하셨습니다.
> "내가 율법이나 선지자를 폐하러 온 줄로 생각하지 말라 폐하러 온 것이 아니요 완전하게 하려함이라"(마 5:17). "율법의 일점일

---

113 D. M. Lloyd-Jones, *God The Father, God The Son*, 335; Heinrich Heppe, 『개혁파 정통 교의학』, 662. "그리스도의 수동적 순종은 주로 그리스도의 수난과 죽음에서 나타난다. 그리스도는 본격적인 희생 제사를 드리고 저주받은 나무에 매달리기 이전부터 이 수난을 감당하였다. 이와 같이 그는 단지 육체의 고통뿐 아니라 영혼의 고통도 감내하였으며, 이 두 가지 고통으로부터 인간이 공로를 얻었다."

획도 결코 없어지지 아니하고 다 이루리라"(마 5:18)고 하신 말씀은 이미 살펴보았습니다. 주님은 그렇게 하셨습니다. 율법을 완벽하게 지키신 것입니다.[114]

그러므로 성자의 십자가는 성부의 보내심에 따른 수동적인 순종인 동시에 성부의 뜻과 율법의 모든 요구에 대한 성자의 능동적인 순종이다.[115] 환언하여 첫 아담이 능동적으로 율법에 불순종한 것과 대비하여 마지막 아담은 능동적으로 율법에 완전히 순종하여 하나님의 뜻을 철저히 이루셨다. 성자는 능동적인 순종으로 영원한 회의에서 협의 결정한 '구원하는 일'을 성취하신 것이다.[116]

(3) 부활 승리의 성취

주 예수 그리스도의 부활은 성부 하나님이 성령을 통하여 성자를 다시 살리신 사건이다. 십자가의 죽음에서도 성부와 성령은 함께 하셨지만 부활에서 성부와 성령은 확연히 자신을 드러내셨다.

그러한 성자의 부활 사건은 삼위 하나님의 구원 사역에서 중요한 위치와 의미를 차지한다. 로이드 존스에 따르면 하나님은 주 예수 그

---

114 D. M. Lloyd-Jones, *God The Father, God The Son*, 336.

115 Heinrich Heppe, 『개혁파 정통 교의학』, 655. "그리스도의 제사장직은 두 부분, 곧 만족과 중재이다. … 만족은 전적으로 그리스도가 한편으로는 선택받은 자를 위한 성부의 뜻 또는 위임에, 다른 한편으로는 그들이 율법을 범한데 대한 형벌에 자신을 복속시킴으로써, 곧 그의 완전한 율법의 성취(그의 능동적 순종, *oboedientia activa*)와 율법을 범한 것에 대한 온전한 형벌로서 십자가를 지심(그의 수동적 순종, *oboedientia passiva*)으로써 세상을 위해 자기를 바친 자발적 순종에 근거한다."

116 Heinrich Heppe, 『개혁파 정통 교의학』, 661. "… '능동적 순종'과 '수동적 순종'을 구별하는 가장 본질적 관심으로서, 그리고 이 둘의 전가 교리에 있어서, 일반적으로 그리스도의 두 가지, 곧 적극적인 것(성령, 의, 그리고 영생의 부여)과 소극적인 것(죄책과 형벌로부터의 면제)이 있다."

리스도의 부활을 통해서 특별한 것을 인간에게 말씀하신다. 로이드 존스는 로마서 4장 강해에서[117] 하나님께서 예수 그리스도의 부활에서 말씀하시는 것을 세 가지로 지적한다.[118]

첫째, 예수는 주님이다. 로이드 존스에 따르면 예수가 하나님이며 하나님의 아들이시며 영원한 아들이라는 점을 선언하는 것이 부활이다.

둘째, 예수는 인간의 범죄 때문에 내어 준 것이다. 그 아들을 내어 준 것은 하나님 아버지였고 하나님께서 그의 독생자를 죽음에 내어 주심은 인간의 범죄 때문이다. 인간이 죄를 범한 것의 대가로 받을 심판에 예수를 대신 내어 준 것이다. 그것이 죄를 처리하는 유일한 길이기 때문이다. 그리고 하나님은 거기서 인간의 죄악을 처리하셨다.

셋째, 예수는 신자를 의롭다 하시기 위해 살아나신 것이다. 부활은 하나님께서 자기 아들이 십자가에서 행하신 사역을 완전히 만족하신다는 사실을 천명한다는 의미이다. 즉 하나님의 아들이 인간 죄에 대한 완전한 심판을 담당하셨고 그가 완전히 열납되셨으며 하나님의 율법이 완전 충분하게 변호되었다고 선언한 것이 부활이다. 그런 의미에서 예수 믿는 자를 의롭다 하심을 분명하게 보는 곳은 그의 부활

---

117 "저에게 의로 여기셨다 기록된 것은 아브라함만 위한 것이 아니요 의로 여기심을 받을 우리도 위함이니 곧 예수 우리 주를 죽은 자 가운데서 살리신 이를 믿는 자니라. 예수는 우리 범죄 함을 위하여 내어 줌이 되고 또한 우리를 의롭다 하심을 위하여 살아나셨느니라"(롬 4:23-25).

118 Louis Berkhof, 『조직신학(하)』, 권수경, 이상원 역 (경기: 크리스천다이제스트, 2000), 580-581. 벌코프는 부활의 삼중적 의미를 든다. "1. 부활은 최후의 대적이 정복되고 죄 값이 지불되었으며 생명의 약속된 조건이 충족되었다는 성부의 선언이었다. 2. 부활은 그리스도의 신비적 몸의 지체들에게 장차 일어날 일 곧 칭의, 중생, 미래의 복된 부활을 상징했다(롬 6:4, 5, 9; 8:11; 고전 6:14; 15:20-22; 고후 4:10, 11, 14; 골 2:12; 살전 4:14). 3. 부활은 그들의 칭의, 중생, 최후의 부활과 도구적으로 연결되어 있다(롬 4:25; 5:10; 엡 1:20; 빌 3:10; 벧전 1:3)."

에서다.[119]

십자가 사건에 있어서 로이드 존스의 가장 본질적인 입장은 예수 그리스도께서 나무에 달려 자신의 몸으로 인간 죄의 형벌을 감당하심으로써 인간을 대속하기 위해 이 세상에 오셨다는 사실이다. 더불어 로이드 존스는 십자가 사건에서 성자는 강력한 전투를 수행하고 계셨다고 본다. 그러므로 부활을 볼 때 승리자를 보고 있는 것이다. 십자가에서 성자는 세 가지 원수에 대해서 승리하시고 부활하셨다.[120] 이 것은 성자의 적극적인 사역이다.

① 마귀 정복

로이드 존스에게 있어서 그리스도는 십자가에서 마귀와 그의 세력을 정복하셨다. 요한은 하나님의 아들이 오신 목적이 '마귀의 일'을 멸하기 위해서라고 진술한다.

> 하나님의 아들이 나타나신 것은 마귀의 일을 멸하려 하심이라 (요일 3:8).

이어서 성자는 이렇게 말씀하셨다.

---

119 D. M. Lloyd-Jones, *Atonement and Justification*, 241-244.
120 D. M. Lloyd-Jones, *God The Father, God The Son*, 340; D. M. Lloyd-Jones, *Acts Chapters 1-8. Vol.1*, (Wheaton, IL: Crossway, 2013), 48. "He used His enemies to carry out His own plan. Human malignity could not frustrate it. Our Lord's enemies thought that when they crucified Him and saw His body taken to a tomb, that would be the end of Him, but it was not Hell had let itself loose, man and devil had done their utmost, but God smashed it all. God raised Christ from the dead. He is over all, and He triumphed over all, even over all His enemies, even the devil and hell and everything else that was against Him. All are to be defeated: He has announced it by the resurrection."

이제 이 세상에 대한 심판이 이르렀으니 이 세상의 임금이 쫓겨
나리라(요 12:31).

여기서 로이드 존스는 이 세상의 임금은 마귀임에 틀림없다고
한다. 마귀뿐만 아니라 그의 추종 세력들도 정복당했다. 사도 바울은
성자가 "통치자들과 권세들을 무력화하여 드러내어 구경거리로 삼으
시고 십자가로 그들을 이기셨느니라"(골 2:15)고 선언한다.

그러면 어떤 의미에서 마귀와 그의 세력들은 쫓김을 당한 것일까?
로이드 존스는 이에 대해 "하나님의 율법에 완벽하게 순종하는 삶
과 모든 일에서 하나님을 영화롭게 함을 통해 우리 주님은 부수적으
로 마귀를 공격하고, 궁극적으로는 물리치고 계셨다"고 본다. 로이드
존스는 이것을 이렇게 요약한다.

> 처음에는 헤롯과 그 무리들을 통해 주님을 죽이려 했고, 다음에
> 는 광야에서 주님을 공격하고 유혹했습니다. 주님이 광야에서 마
> 귀를 물리쳤을 때, 마귀는 잠시 동안만 주님을 떠났다고 기록되
> 어 있습니다. 그는 다시 돌아와 겟세마네 동산에서 주님을 공격
> 했습니다. 십자가에서도 공격했습니다. 어디서나 주님을 공격하
> 고 있었던 것입니다. 하지만 주님은 마귀를 물리치셨으며, 그럼
> 으로써 그의 일도 멸하셨습니다.[121]

특히 십자가에서 그리스도는 어떻게 마귀와 그의 세력들을 구경
거리로 삼으셨을까?

121　D. M. Lloyd-Jones, *God The Father, God The Son*, 341.

로이드 존스의 추론은 이렇다. 즉 마귀는 그리스도가 육체적 고통으로 인해 죽음을 피하실 것이라고 생각했음에 틀림없다. 죄를 범하지 않고 율법을 영화롭게 하는 삶에 있어서는 아무런 문제가 없었지만 죽음 앞에서는 대속의 사명도, 순종도 실패할 것으로 마귀는 생각했다. 게다가 십자가 앞에서 그리스도는 아버지에 대한 믿음도 실패할 것으로 보았다.

특별히 죄가 지워지고 아버지와 아들 간의 분리가 일어나는 최후의 순간에는 믿음도 실패할 것이라고 추측했다고 본다. 그러나 그리스도는 십자가에서 그의 사명을 다 감당하시고 부활하셨다. 로이드 존스는 승리의 진술을 십자가 위에서 마지막에 "다 이루었다"고 하신 그리스도의 말씀에서 찾는다. 로이드 존스는 그것을 달리 표현하여 "나는 다 이루었다. 모든 일을 끝까지 해내었다"[122]고 설명한다.

그러므로 로이드 존스는 십자가의 승리는 최종적으로 부활을 통해 입증되었다고 본다.

> 성결의 영으로는 죽은 자들 가운데서 부활하사 능력으로 하나님의 아들로 선포되셨다(롬 1:4).

그리스도는 절대적인 순종과 믿음 그리고 다 이루심을 통해 원수의 모든 송사와 거짓말들을 최종적으로 멸하셨다고 피력한다. 그러므로 십자가 사건은 원수에 대한 최종적인 사건이 된다. 로이드 존스는 성부가 독생자를 십자가 죽음에 내어주신 내막을 다음과 같이 표현한다.

---

122 D. M. Lloyd-Jones, *God The Father, God The Son*, 342.

하나님은 독생자를 십자가의 잔인한 죽음에까지 내주셨습니다. 하나님은 "죄를 알지도 못하신 이를 우리를 대신하여 죄로 삼으신"(고후 5:21) 분이십니다. 그 일을 반역자들, 죄인들, 지옥밖에는 받을 것이 없는 자들을 위해 행하셨습니다. 십자가는 하나님의 사랑에 대한 최고의 표현입니다. 그렇기 때문에 다른 어느 곳보다도 십자가는 원수의 생명이 멸해지고 마귀의 일이 무력해지며, 마귀가 공개적으로 수치를 당하고 패주하게 된 장소였습니다.[123]

십자가의 죽음과 부활은 하나님의 사랑과 능력의 최고의 표현이다. 그 결과로 원수 마귀는 철저하게 패망하고 성자에 의해 정복당한 것이다. 두말할 것도 없이 이 일은 성부의 계획과 뜻 아래서 성령을 통하여 이루어진 성자의 사역이다. 삼위 하나님이 마귀 정복을 함께 이루셨다.

② 죽음 정복

로이드 존스는 그리스도가 마귀를 정복하셨을 뿐 아니라 죽음도 정복하셨다고 말한다. 죽음은 죄인된 사람들이 언제나 만나야 하는 원수 중 하나이다. 로이드 존스는 이것을 히브리서에서 찾는다.

> 자녀들은 혈과 육에 속하였으매 그도 또한 같은 모양으로 혈과 육을 함께 지니심은 죽음을 통하여 죽음의 세력을 잡은 자 곧 마귀를 멸하시며 또 죽기를 무서워하므로 한평생 매여 종노릇하는

---

[123] D. M. Lloyd-Jones, *God The Father, God The Son*, 342.

모든 자들을 놓아 주려 하심이라(히 2:14-15).[124]

여기서 로이드 존스는 하나님께서 마귀에게 어떤 권세를 행하도록 허락해 주셨는데, 그 중 하나가 죽음의 영역을 지배하는 권세라고 한다. 그 때문에 마귀는 "이 세상의 신(고후 4:4), 또는 공중의 권세 잡은 자, 불순종의 아들들 가운데서 역사하는 영(엡 2:2)"이라고 묘사된다. 아담 이후에 모든 인간은 죽음의 세력 아래 있게 되었는데 그 이유는 죄 때문이다.

> 사망이 쏘는 것은 죄요, 죄의 권능은 율법이라 우리 주 예수 그리스도로 말미암아 우리에게 승리를 주시는 하나님께 감사한다 (고전 15:56-57).

죄의 결과로 사망은 두렵고 끔찍한 것이 되었다. 죄인은 한 평생 사망의 두려움 가운데 매여 사는 존재로 전락한 것이다.

죄 때문에 마귀의 지배 아래, 그의 권세 아래 있게 된 죄인은 그리스도의 십자가를 통해 어떻게 해방되었는가?

로이드 존스는 그리스도가 율법을 만족시키셨기 때문에 신자는 자유롭게 되었다고 해석한다. 그리스도는 율법을 만족시키셨다. 그러므로 율법은 신자를 더 이상 정죄하지 않고 더 이상 사망 선고도 없다. 신자는 사망의 영토 곧 사탄과 죄의 영토에서 벗어난 것이다. 사망의 원수로부터 해방된 것이다. 따라서 신자는 더 이상 사망에서 오는 공포로 떨지 않는다. 그는 이제 사망의 영토 바깥에, 사탄의 영역

---

[124] D. M. Lloyd-Jones, *God The Father, God The Son*, 343.

바깥에 있기 때문이다. 결국 두 번째 원수인 사망도 정복된 것이다.[125]

결과적으로 성자는 십자가에서 율법에 완전히 순종하심으로 율법을 완전케 하셨다. 고로 율법의 정죄로부터 자유로워졌으며 이는 사망의 권능이 율법이기 때문에 자연적으로 사망으로부터도 자유로워졌음을 의미한다. 성자의 완전한 율법 순종으로 이제 그를 믿는 신자들은 사망의 영역에서 생명의 영역으로 옮겨진 '영역 변경'을 받은 것이다. 이 일은 오직 성자의 십자가 사건을 통해 이루어진 성취이다.

③ 죄 정복

로이드 존스는 세 번째 원수인 죄도 같은 방식으로 정복되었다고 주장한다.[126] 그리스도가 십자가에서 죽으심으로 신자는 죄의 지배와 영역에서 은혜의 지배와 영역으로 옮겨진 것이다.

죄는 자연인 안에서 그리고 정욕과 욕망과 악을 추구하는 성향 안에서 지배력을 발휘한다. 마귀는 외부에서 사람을 지배하고 죄는 말하자면 사람의 내부에서 그를 지배하여 사람은 죄의 지배 아래 있게 된다.[127]

그러나 그리스도가 십자가에서 죽으심으로 믿는 자는 죄의 지배에서 해방된다. 따라서 로이드 존스는 우리 안에 비록 죄의 잔재가 남아 있지만 결코 죄의 영역, 죄의 지배 아래 있지는 않다고 본다. 왜냐하면 믿는 자는 이제 죄에 대하여는 죽은 자요 하나님에 대하여는 산

---

[125] D. M. Lloyd-Jones, *God The Father, God The Son*, 344.

[126] John Murray, 『존 머레이의 구속』, 208. "유효한 부르심을 입고 거듭난 모든 사람들에게 죄는 더 이상 아무런 권세도 없다는 것이다. 부르심을 입고 그리스도와 연합한다(고전 1:9)는 것은, 곧 그리스도의 죽으심과 부활의 능력을 힘입어 그리스도와 연합한다는 말이다. 죄에 대하여는 죽고, 옛 사람은 십자가에 못 박혔으며, 죄의 몸은 멸하였고, 더 이상 죄의 지배를 받지 않는다(롬 6:2-6, 14)."

[127] D. M. Lloyd-Jones, *God The Father, God The Son*, 344.

자이기 때문이다. 즉 하나님 지배 아래 들어온 자이기 때문이다. 따라서 신자는 타락할 수는 있으나 더 이상 그는 죄의 영토에 속한 사람이 아니다. 다시 말해 신자는 원수의 말에 귀를 기울일 수는 있으나 그것이 그가 원수의 지배 아래 있다는 의미는 아니라는 것이다.[128]

(4) 요약

성자의 십자가 사역 곧 죽음과 부활 사건은 온전히 삼위 하나님의 연합 사역이었다. 성부는 성자를 궁극적으로 십자가 죽음과 부활을 통해 구원을 이루도록 보내셨다. 겟세마네 성자의 기도 속에서도 성부의 뜻은 성자의 십자가였다.[129] 성부는 성자가 십자가를 통하여 백성의 죄를 담당하고 율법을 완전히 마칠 것을 계획하시고 뜻하셨다. 그리하여 성자에게 한량없는 성령을 부어 주셨다. 인간을 대표하는 성자는 '한량없는 성령'이 없이는 온전히 십자가를 감당할 수 없었다.[130] 성령은 성자에게 십자가를 감당할 수 있는 믿음과 용기를 불어넣으셨다. 성부는 또한 성령을 통하여 십자가 죽음에서 성자를 다시 살리셨다.[131] 성자는 성령 없이 죽음에서 부활할 수 없었다. 그러므

---

128 D. M. Lloyd-Jones, *God The Father, God The Son*, 345.
129 "하나님(**성부**)이 죄를 알지도 못하신 자로 우리를 대신하여 죄를 삼으신 것은 우리로 하여금 저의 안에서 하나님의 의가 되게 하려 하심이니라"(고후 5:21).
130 "… '영원하신 **성령으로 말미암아**(through the eternal Spirit)' 흠 없는 자기를 하나님께 드린 그리스도의 피가, 어찌 너희 양심으로 죽은 행실에서 깨끗하게 하고 살아계신 하나님을 섬기게 못하겠느뇨"(히 9:14). 이같이 그리스도의 십자가는 영원하신 성령으로 말미암아 성취된 것이다. 성령 없이 십자가는 감당할 수 없었다. 성부는 성자에게 성령으로 충만함을 주었고, 십자가를 감당할 **믿음과 능력**을 성령으로 그리스도에게 주셨다. "사자가 하늘로부터 예수께 나타나 힘을 돕더라"(눅 22:43).
131 "예수를 죽은 자 가운데서 살리신 이(성부)의 영(성령)이 너희 안에 거하시면 그리스도를 예수를 죽은 자 가운데서 살리신 이(성부)가 너희 안에 거하시는 그의 영(성령)으로 말미암아 너희 죽을 몸도 살리시리라"(롬 8:11).

로 주 예수 그리스도의 십자가 사건은 삼위 하나님의 연합 사역이다.

3) 예수 그리스도의 세 가지 사역

그리스도는 사람과 하나님을 화해시키기 위해서 중보자로 오셨다. 이를 위해서는 두 가지 일이 필요한데, 하나는 하나님과의 화해(reconciliation) 그리고 다른 하나는 타락하기 전 상태로의 회복(restoration)이다.

그리스도의 사역은 화해와 회복의 사역이다. 이 사역을 위해 그리스도의 직무는 세 가지 기능으로 나뉜다. 곧 그리스도는 선지자요 제사장이요 왕이다.[132] 이것을 그리스도의 삼중직(triple office)이라 부른다.[133] 이러한 삼중직 수행을 통해서 그리스도는 자기 백성을 대표하여 죄의 무지와 죄책 그리고 죄의 지배를 도말하신다.[134] 물론 그리

---

132 Heinrich Heppe, 『개혁파 정통 교의학』, 647. "우리는 그리스도의 중보자직을 세 직분, 곧 선지자, 제사장, 그리고 왕직으로 구별해야 한다. 이것들은 기름부음에 의해 임명되는 구약의 선지자, 제사장, 그리고 왕직에서 예표적으로 나타나는데, 그것은 이미 기름부음을 받았다는 의미의 이름 그리스도에 언급되어 있다. 그것은 이 세계가 필요한 신적 조명, 화해, 그리고 인도, 죄로 인해 야기되었으며, 그리스도에 의해 만족된 필요에 기초하고 있다. 마지막으로, 그것은 처음에 교사로 와서 대제사장의 제사를 완성하였으며 지금은 왕으로 활동하는 그리스도의 활동 과정에 반영되어 있다."

133 D. M. Lloyd-Jones, *God The Father, God The Son*, 290-291; Calvin, John, 『영한 기독교강요 II』, 편집부 역 (서울: 성문, 1993), 515-533; Louis Berkhof, 『조직신학(하)』, 594-598.

134 Heinrich Heppe, 『개혁파 정통 교의학』, 648. 헤페는 타락의 결과로 죄인은 영적인 무지, 하나님으로부터 소외, 하나님께 돌아갈 없는 무능력에 빠졌다고 본다. 따라서 길 잃은 양을 구하기 위해 온 그리스도는 이 삼중적 비참을 제거하기 위하여 삼중적 치유를 제시하였다고 본다. "그는 선지자로서 무지를 추출하였고(마 23:10), 제사장으로서 하나님과 그의 생명으로부터의 소외를 스스로 담당하여 해결하였고(엡 2:13), 왕으로서 하나님에게로 돌아오지 못하는 무기력에 생명력을 가득 불어넣었다(시 23:3-4; 139:24; 계 7:17)."

스도의 세 가지 사역 가운데도 삼위 하나님은 늘 동행하시며 함께 사역하신다. 이제 죄인들을 위한 그리스도의 주요 사역을 살펴본다.

(1) 선지자의 사역: 죄의 무지 처리

그리스도는 선지자이다.[135] 죄인이 죄의 무지(ignorance of sin)로부터 해방되기 위해서는 선지자이신 그리스도가 필요하다. 타락과 그 결과로 인해 죄인은 무지의 상태에 빠져있다.[136] 사도 바울은 "그러므로 내가 이것을 말하며 주 안에서 증언하노니 이제부터 너희는 이방인이 그 마음의 허망한 것으로 행함같이 행하지 말라 그들의 총명이 어두워지고 그들 가운데 있는 무지함과 그들의 마음이 굳어짐으로 말미암아 하나님의 생명에서 떠나 있도다"(엡 4:17-18)라는 말로 죄인의 무지 상태를 진술한다.[137]

구약은 그리스도가 선지자로 오신다고 전한다.

> 네 하나님 여호와께서 너희 가운데 네 형제 중에서 너를 위하여 나와 같은 선지자 하나를 일으키시리니 너희는 그의 말을 들을 지니라(신 18:15).

---

[135] Calvin, John, 『영한 기독교강요 II』, 515-519. "성부가 명령한 직책에 세 부분이 있다. 그는 선지자와 제사장과 왕으로서 주어졌다;" Heinrich Heppe, 『개혁파 정통 교의학』, 648-653.

[136] Heinrich Heppe, 『개혁파 정통 교의학』, 650. "그리스도의 선지자직은 그가 자기에게 전적이며 완전하게 알려진 하나님의 뜻을 자기 백성에게 계시하여 주는 것으로서, 일부는 직접 자기 자신을 통하여, 일부는 간접적으로 그의 종들을 통하여 외적으로 계시할 뿐 아니라, 성령을 통하여 내적으로도 그리한다."

[137] D. M. Lloyd-Jones, *God The Father, God The Son,* 291.

구약 속에서 선지자는 "예언을 하는 것 외에도 사람들에게 경고와 훈계와 책망을 전하고 율법과 하나님의 약속을 상기시켰다."[138]

신약 복음서도 예수 그리스도를 "그 선지자"로 지칭한다.

> 이는 참으로 세상에 오실 그 선지자라 하더라(요 6:14).

온 민족이 이 선지자 곧 하나님의 말씀을 전할 선생을 기다리고 있었던 것이다. 그리스도도 자신을 선지자로 표현했다.

> 그러나 오늘과 내일과 모레는 내가 갈 길을 가야 하리니 선지자
> 가 예루살렘 밖에서는 죽는 법이 없느니라(눅 13:33).

자신이 예루살렘 근처에서 돌아가실 것을 말씀하신 것이다. 모든 선지자도 예루살렘에서 돌에 맞아 죽었다.[139]

그리스도는 어떤 식으로 선지자 기능을 담당하셨을까?

로이드 존스는 이것을 세 개로 구분한다.

첫째, 예수 그리스도는 성육신하여 이 세상에 들어오시기 전에도 이 기능을 수행하셨다. 로이드 존스는 세상에는 복음이 아닌 빛도 있다고 본다. 성경은 중생한 사람이건 중생하지 않은 사람이건 모든 사람 안에 있는 빛이 하나님과 그리스도로부터 왔다고 말한다. 모든 빛은 그리스도로부터 나왔다. 로이드 존스는 "어떤 빛도, 어떤 지식도, 어떤 이해도 그리스도와 관계없이는 오지 않는다"고 말한다. 또한

---

138 D. M. Lloyd-Jones, *God The Father, God The Son*, 292.
139 D. M. Lloyd-Jones, *God The Father, God The Son*, 293.

"선지자들에게 주어진 모든 지식, 모든 빛과 교훈, 그리고 모든 능력은 그리스도로부터 왔다"[140]고 이야기한다.

둘째, 예수 그리스도는 성육신 하신 후 이 세상에서도 선지자로서의 직무를 수행하셨다. 로이드 존스는 "주님이 주신 모든 가르침은 선지자로서 행하신 것"이라고 이해한다.

> 하나님 아버지에 대한 교훈, 산상수훈에서 행하신 율법 해설, 그리고 하나님의 사랑과 은혜로운 계획, 본성과 인격에 대한 가르침은 예수님의 선지자적 기능을 수행하신 것입니다. 무엇보다도 우리 주님은 우리에게 주님 자신에 대하여 말씀해 주셨습니다. 또 우리 주님은 자신의 삶과 본을 통해 우리를 가르치셨습니다. 우리는 주님이 사신 것처럼 살아야 하고, 주님의 자취를 따라야 합니다.[141]

셋째, 예수 그리스도는 승천하신 이후 성령을 통해 말씀하신다. 성령은 무엇이든지 그리스도의 지시를 받아 말씀하시며, 또한 직접적인 계시를 하신다. 그리고 그리스도는 성령을 통해 교회를 인도하시면

---

140 D. M. Lloyd-Jones, *God The Father, God The Son,* 294; Heinrich Heppe, 『개혁파 정통 교의학』, 651. "선지자의 직책은 종의 형체를 입기 전이나 후에나 불변하며, 성부와 성령과 함께 최고의 교사였고 지금도 그러하며, 지상에 존재했던 모든 선지자에게 성령과 함께 영감을 준 그분에 의하여 종의 형체를 가지고 수행되었다. 수태의 첫 순간부터, 하나님의 아들 신-인 신성은 신성을 가지고 있으므로 가르칠 필요가 없으며 신성을 통하여 그 안에 스스로 가르치면서 선지자의 직무를 수행하였으며, 인간의 지혜를 형성하기 위해 가르쳤고, 인간의 입을 열도록 가르치기에 적합하도록 만들어졌다."

141 D. M. Lloyd-Jones, *God The Father, God The Son,* 294-295; Heinrich Heppe, 『개혁파 정통 교의학』, 652. "선지자직의 공적 수행을 그리스도는 요한에게 세례 받고 성부의 천상적 음성에 의해 공표되었을 때 성취하기 시작하였다: 이는 내 사랑하는 아들이요, 내가 기뻐하는 자라, 너희는 저의 말을 들으라(마 3:17; 17:5)."

서 선지자적 기능을 행사하신다. 심지어 그리스도는 믿는 자들 안에서도 성령을 통해 영적인 것들을 가르치시며 선지자적 기능을 수행하신다.[142]

결론적으로 로이드 존스는 "죄는 무지와 어두움"이라고 말한다. 그리스도가 빛으로 오셨는데 죄인들이 그 빛을 받아들이지 않으면, 자기들의 죄에 대해 핑계할 수 없게 된다. 무지와 죄의 어둠 가운데 길을 잃은 사람들에게 모든 지식과 교훈을 가져다주는 분이 선지자 그리스도이다. 주 예수님은 세상의 빛이요 선생이요 그리스도로 오셨다.[143]

그리고 구약과 신약을 통해 선지자로 사역하신 그리스도는 성령을 통해 그 직무를 감당하셨음이 분명하다. 구약에서 성부는 선지자를 보내셨다. 성자는 성령을 통해 선지자로 말하게 하셨다. 신약에서도 성부는 성자를 선지자로 보내시고 한량없는 성령의 기름부음을 주셨다. 성령의 충만함이 없었다면 그리스도는 선지자 직분을 감당할 수 없었을 것이다. 선지자의 지혜와 총명 그리고 능력은 성부로부터 성령을 통해 주어진 것임에 확실하다.

(2) 대제사장의 사역: 죄의 책임 처리

그리스도는 제사장이다. 죄인은 죄책(guilt of sin)으로부터 해방될 필요가 있다. 그래서 제사장이 필요하다.[144] 제사장은 하나님 앞에서

---

142 D. M. Lloyd-Jones, *God The Father, God The Son,* 295; Heinrich Heppe, 『개혁파 정통 교의학』, 653.

143 D. M. Lloyd-Jones, *God The Father, God The Son,* 296.

144 D. M. Lloyd-Jones, *God The Father, God The Son,* 291; Louis Berkhof, 『조직신학(하)』, 599-605; Heinrich Heppe, 『개혁파 정통 교의학』, 653-685; Calvin, John, 『영한 기

사람을 대표하는 존재이다. 반면에 선지자는 사람에게 하나님을 대표하는 존재이다. 선지자는 하나님 메시지를 가지고 사람에게 나아간다. 그리고 제사장은 사람을 대신해서 하나님께 나아간다.[145]

성경은 제사장직에 대해서 무엇이라 말하는가?

제사장의 본질과 기능은 무엇인가?

로이드 존스는 다음과 같이 정리한다.[146]

첫째, 제사장이 사람의 대표가 되기 위해서는 사람 가운데서 택한 자라야 한다(히 5:1).

둘째, 제사장은 하나님에 의해 선택되고 임명된다.

> 이 존귀는 아무도 스스로 취하지 못하고 오직 아론과 같이 하나님의 부르심을 받은 자라야 할 것이니라(히 5:4).

셋째, 제사장은 하나님께 속한 일들에 대해 사람을 위해 활동한다. "대제사장마다 사람 가운데서 택한 자이므로 하나님께 속한 일에 사람을 위하여"(히 5:1) 섬긴다.

넷째, 제사장은 죄를 위해 예물과 제사를 드린다(히 5:1).

요약하면 로이드 존스에게 있어서 제사장은 두 가지 직무를 수행하는 중보자이다.

첫째, 제사장은 제사를 통해 화목하게 한다. 둘째, 제사장은 사람

『독교강요 Ⅱ』, 529-533.

145 D. M. Lloyd-Jones, *God The Father, God The Son*, 297.

146 D. M. Lloyd-Jones, *God The Father, God The Son*, 299.

들을 대신해 중재의 역할을 한다.¹⁴⁷ 여기서 화목이 의미하는 것은 "손상된 거룩함의 요구를 만족시키는 것이다. 곧 하나님 자신의 거룩함이 손상되었을 때 이를 만족시키기 위해 드려지는 것을 말한다."¹⁴⁸

그렇다면 여기서 예물과 제사의 기능은 무엇인가?

로이드 존스는 성경이 말하는 예물과 제사의 기능을 "화목과 배상과 하나됨"으로 보며, 관련된 용어들을 다음과 같이 정의한다.¹⁴⁹

첫째, 화목(propitiation, 속죄).

침해된 거룩함의 요구들을 만족시키는 것을 의미한다. 곧 비위를 맞추고 달래는 것을 뜻한다.

둘째, 배상(expiation, 속죄).

속죄한다는 말은 죄책을 소멸시키고, 벌을 받으며, 무엇인가에 대해 배상(보상)하는 것을 의미한다. 죄가 속죄되면 그 죄는 제거되고 지워지고 소멸되어 없어진다.

셋째, 하나됨(atonement, 속죄).

속죄한다(atone)는 것은 한데 모으기(set at one)를 의미한다. 이 단어 자체가 '하나되기'(at-one-ment)라는 의미이다. 전에 나뉘었던 두 사람이 함께 이끌려 하나로 만들어진다는 뜻이다. 그러므로 화해(reconciliation)란 이전에 분리되었던 두 무리가 우호 관계를 회복하는

---

147   D. M. Lloyd-Jones, *God The Father, God The Son*, 303; Heinrich Heppe, 『개혁파 정통 교의학』, 655. "그리스도의 제사장직에서 그의 만족과 중보가 구별되어야 한다. 제사장직은 그리스도가 우리의 유일한 최고의 제사장으로서 단번에 자신을 제사드림으로 우리를 하나님과 화해시키고, 지금도 우리를 위해 그에게 중보하는 일이다. 그 두 부분은 봉헌과 중재이다."

148   D. M. Lloyd-Jones, *God The Father, God The Son*, 300.

149   D. M. Lloyd-Jones, *God The Father, God The Son*, 301-302.

것이다. 성경에 있는 화해의 교리는 어떻게 하나님과 죄인이 한데 모여 '하나됨'이 이루어질 수 있는지를 말해 준다.

따라서 예수 그리스도가 죄악된 사람과 하나님 사이의 화해를 확실히 하기 위해 제사장으로서 하셔야 할 세 가지 필수적인 일이 있다.[150] 그것을 로이드 존스는 다음과 같이 정리한다.[151]

첫째, 진노하신 하나님을 만족시켜 드려야 한다(화목).

둘째, 죄책으로 인해 마땅히 받아야 할 형벌에 대해 대신 고난 받고 죽임을 당할 무죄한 누군가가 필요하다(배상).

셋째, 진노하신 분과 진노케 한 자 사이에 생명의 공동체가 이루어져야 한다(하나됨). 성경은 주 예수 그리스도가 이 모든 일을 이루셨다고 증언한다.

로이드 존스는 예수 그리스도와 구약에 묘사된 제사장 사이에는 한 가지 커다란 차이가 있다고 본다. 구약의 제사장은 자신이 바칠 제물인 양이나 다른 동물을 구해야 했다. 하지만 주 예수 그리스도의 경우에는 제사장과 제물이 하나였다.

예수 그리스도는 제사장이다. 그가 무엇을 드렸는가?

자기 자신, 자기 생명, 자기 몸을 제물로 드렸다.

히브리서에서는 예수 그리스도를 제사장으로 묘사한다(히 3:1; 4:14;

---

150 Heinrich Heppe, 『개혁파 정통 교의학』, 653-654. "그리스도의 제사장직은 성부에 의해 임명된 제사장으로서 그가 자기에게 준 사람들의 죄를 대신하여 심지어 십자가에 죽기까지 자기를 낮추는 순종을 통하여 성부 하나님을 완전히 만족시키고, 또한 계속 우리를 위해 하나님과 중재하는 일이다." 헤페는 제사장의 직무를 세 가지로 요약한다. "1. 성부에게 받은 임무의 자발적 수행, 또는 대속 제물이 되기 위한 그리스도의 자발적 자기 헌신, 2. 그의 죽음, 3. 선택받은 자를 대신한 자기의 희생제사가 열납되도록 하는 그의 유효적 중재."

151 D. M. Lloyd-Jones, *God The Father, God The Son*, 302.

5:5; 6:20; 7:26; 8:1 등). 그리스도는 사람이셨고 그의 사역은 제사를 드리는 것이었다. 동시에 주님은 사람들을 위하여 간구하고 계신다. 로이드 존스에 따르면 예수 그리스도는 히브리서 5장의 제사장의 자격요건을 만족시키시며, 제사장의 직분을 스스로 취하신 것이 아니라 하나님이 그를 불러 임명하셨다. 그리스도는 하나님께 속한 일들에 대해 사람의 대표가 되셔서 예물과 제사를 드린다. 그뿐만이 아니다. 제사장으로서 제사를 드린 후 주님은 자기 백성들을 대신해 간구하신다.[152]

여기서 로이드 존스는 제사장은 사람 가운데서 택한 자라야 하기 때문에 성자의 성육신이 반드시 필요했다고 본다. 성육신을 통해 그리스도는 사람을 대표하고 대언하는 대제사장이 되셨다.

> 제사장은 반드시 '사람 가운데서 택한' 자라야 하기 때문에 성육신이 꼭 필요했습니다. 그래서 주님은 사람이 되셨고, 말씀이 육신이 되셨습니다. 그가 스스로 인성을 취하신 것은 우리의 체질을 아시는 우리의 대표자가 되시기 위함이었습니다. 주님은 우리의 연약함을 동정하셨으면서도 죄는 없으시며, 모든 일에 우리와 똑같이 시험을 받으셨지만 죄는 없으셨기에 주님은 우리를 대표하고 대언하는 대제사장이십니다.[153]

요컨대 그리스도는 성부 하나님에 의해 선택받은 제사장으로 오셨다. 그는 죄인들을 대신하여 속죄의 제사를 드렸는데, 그 제물은 다

---

152 D. M. Lloyd-Jones, *God The Father, God The Son*, 303-304.
153 D. M. Lloyd-Jones, *God The Father, God The Son*, 305.

름 아닌 자기 자신이었다. 그는 모든 죄인들을 대표하여 희생양이 되셨고, 자신의 피를 성부 하나님께 드리는 제사를 드렸다. 성부의 보내심은 성령을 통한 성자의 성육신으로 시작되었고, 성자는 성령의 충만함 가운데 제사장의 직분을 온전히 그리고 철저하게 완수할 수 있었다. 이를 통해 성자는 율법에 완전히 순종하신 것이다. 고로 삼위 하나님의 걸작이 그리스도의 제사장 직무였다.

(3) 중보적 왕의 사역: 죄의 지배 처리

그리스도는 중보적 왕이다. 죄인은 죄의 지배(dominion of sin)로부터 해방될 필요가 있는데, 오직 왕이신 그리스도만이 죄인을 자유롭게 하신다.[154]

삼위일체의 두 번째 위격이신 예수 그리스도는 창조의 시작으로부터 언제나 만물에 대한 하나님의 통치권을 공유하셨다. 로이드 존스는 성육신하신 예수 그리스도는 중보적 왕권(mediatorial kingship)이라는 특별한 왕권을 가지고 계신다고 본다. 이 중보적 왕권은 중보자로서 가지는 왕권인데, 그는 이렇게 정의한다.

> 중보적 왕권의 정의는 하나님의 영광을 위해 그리고 하나님의 구원 목적을 시행하기 위해 하늘과 땅에 있는 모든 것을 다스리는 주님의 권세를 말합니다.[155]

---

[154] D. M. Lloyd-Jones, *God The Father, God The Son,* 291; Heinrich Heppe, 『개혁파 정통 교의학』, 685-695; Calvin, John, 『영한 기독교강요 Ⅱ』, 519-529; Louis Berkhof, 『조직신학(하)』, 650-656.

[155] D. M. Lloyd-Jones, *God The Father, God The Son,* 368.

로이드 존스는 의심의 여지없이 성자의 중보적 왕권의 기원이 창세 전 영원한 협의에서 임명된 것으로 본다. 성자 하나님이 타락과 죄의 결과로부터 세상을 구원하실 책임을 스스로 취하신 것은 그때이다. 그 순간부터 중보적 왕으로서의 사역이 성자에게 위임되었다. 왕국이 성자에게 넘겨졌고 성자는 중보적 왕이 되셨다.

만약 그리스도의 중보적 왕 임명이 영원 전에 이루어졌다면, 왕으로서의 사역은 언제부터 시작되었을까?

이 물음에 로이드 존스는 "타락 직후부터 다스리기 시작하셨다"고 답한다. 그에 대한 근거로, 로이드 존스는 "하나님이 여자의 후손에 대한 약속을 그때 주셨기" 때문이라고 한다. 이것이 절대로 태어나신 후가 아닌, 타락 후로 보는 이유이다. 따라서 아담은 그리스도의 중보적 왕의 사역으로 인해 멸망하지 않고 구원받은 것으로 로이드 존스는 생각한다.

> 하나님은 여자의 후손에 대한 약속을 주셨습니다. 이 사실은 우리 주님이 이미 중보적 왕으로 임명되었다는 것을 보여 줍니다. 하나님은 타락을 미리 알고 계셨으며, 예수님도 사전에 임명하셨습니다. 발표는 에덴동산에서 이루어졌지만, 그 사실은 이미 확증되었으며, 우리 주님은 말하자면 이미 오신 것이었습니다. 묘사하자면, 우리 주님은 이미 아담과 하나님 사이에 서 계셨으며, 아담이 그 자리에서 멸망하지 않도록 구원하신 것입니다.[156]

따라서 아담에 대한 약속하심 이래로 그리스도는 구약 역사 전 과

---

156   D. M. Lloyd-Jones, *God The Father, God The Son*, 368.

정 속에서 사사들과 왕들을 통하여 이미 중보적 왕으로서의 기능을 하고 계셨다. 그러나 로이드 존스에 따르면 그리스도가 중보적 왕이심이 분명하고 공개적으로 선포된 것은 승천하실 때였다. 사도행전에서 베드로는 이렇게 선언한다.

> 그런즉 이스라엘 온 집은 확실히 알지니 너희가 십자가에 못 박은 이 예수를 하나님이 주와 그리스도가 되게 하셨느니라(행 2:36).

하나님이 예수 그리스도를 주와 그리스도로 만드셨다는 공적인 선포이다.[157] 여기서 주요한 요점은 중보적 왕권이 그리스도의 통치, 그리스도의 지배를 의미한다는 점이다. 그래서 로이드 존스는 그리스도의 통치가 인식되고 기쁘게 여김을 받는 곳이면 어디나 그리스도의 나라며 그곳에서 그리스도는 왕이시라고 이해한다.

로이드 존스는 그 통치 영역을 두 가지로 나눈다.

첫째, 그리스도는 그의 백성과 교회를 왕으로서 통치한다. 그리스도는 그를 믿는 신자 모두의 마음에서 다스리신다. 그리스도는 자신의 말씀과 성령을 통해 그의 나라를 통치하신다. 그리스도가 교회의 머리이심을 말하는 모든 구절은 그리스도가 왕이심을 보여 주는 것이다. 따라서 로이드 존스는 "그리스도의 왕권은 영적인 방법으로 행사된다"고 주장한다.

둘째, 그리스도의 중보적 왕권은 모든 만물을 통치하는 것에서 나타난다. 그리스도는 직접 "하늘과 땅의 모든 권세를 내게 주셨다"(마 28:18), 그리고 "만민을 다스리는 권세를 아들에게 주셨음이로소이다"

---

[157] D. M. Lloyd-Jones, *God The Father, God The Son*, 369.

(요 17:2)라고 말씀하셨다. 로이드 존스에 따르면 이 중보적 왕권은 새 하늘과 새 땅이 나타날 때까지 곧 "피조물도 썩어짐의 종노릇 한 데서 해방되어 하나님의 자녀들의 영광의 자유에 이르게"(롬 8:21) 될 때까지 지속될 것이다.[158]

이와 같이 그리스도는 영원 전 영원한 회의에서 중보적 왕으로 성부에 의해 지명 받으셨고, 성경 전체를 통하여 말씀과 성령을 통하여 그의 교회와 만물을 통치하시고 다스려 오셨다. 그리스도의 왕의 직분조차도 삼위 하나님의 공동 사역임이 드러난다.

(4) 요약

성자는 그 백성을 '죄의 무지'로부터 자유롭게 하기 위하여 성부의 보내심을 받았다. 그리고 '성령의 한량없는 충만함'[159]을 통해 선지자의 직무를 감당하신 것이다.

그리고 성자는 백성을 대표하여 모든 '죄의 책임'을 도말하기 위하여, 성부의 보내심을 받아 제사장으로 사역하셨다. 그는 성부와 백성 사이의 중보자로서 그 일을 감당하셨는데, 자신을 화목제물로 드리심으로 화해 사명을 완수하셨다.[160] 그는 성부로부터 성령으로 기름부음 받은 제사장으로 대제사장의 직무를 이루셨다. 그뿐만 아니라

---

158 D. M. Lloyd-Jones, *God The Father, God The Son*, 369-370.
159 로이드 존스에 따르면, 성자는 이 땅에 육신을 입고 오셨으며, 지상 사역동안 신성의 영광을 베일에 가린 채, 곧 잠시 유보한 채 계셨다. 따라서 그리스도의 구속사역 성취를 위해서는 성령의 한량없는 충만함이 절대적으로 필요했고, 성부에게 기도해야만 했다(본서 제4장-2.-3) 기도의 책임 참조).
160 "… '**영원하신 성령으로 말미암아**' 흠 없는 자기를 하나님께 드린 그리스도의 피가 어찌 너희 양심으로 죽은 행실에서 깨끗하게 하고 살아계신 하나님을 섬기게 못하겠느뇨" (히 9:14).

영원한 회의에서 성자는 성부로부터 중보적 왕으로 선택받고 지명 받으셨으며, 아담의 타락 이후부터 아담으로 시작하여 성부의 택함 받은 백성 모두를 '죄의 지배'로부터 구원하셨다. 물론 이러한 중보적 왕의 직무도 모두 성령을 통해 이루셨다.[161]

따라서 죄의 무지와 죄책, 그리고 죄의 지배로부터 자유롭게 하는 그리스도의 삼중직(선지자 제사장 중보적 왕)은 모두 삼위 하나님의 연합 사역일 수밖에 없음이 확실하다.

4) 예수 그리스도의 구원하는 방식 성취

삼위 하나님은 영원한 회의에서 성부가 택한 백성을 구원하는 방식을 정하셨다. 그 방식은 성부와 성자 간에 맺은 은혜 언약으로 요약된다. 성자는 자기 백성의 대표로서 특별한 임무를 감당함으로써 이 언약을 성취한다.

로이드 존스는 성자의 그 특별한 임무를 십자가 사건으로 본다. 구원받는 복음의 요체는 그리스도의 십자가이다. 성자 하나님께서 성육신을 통해 이 땅에 오신 이유도 자기 백성을 죄로부터 구원하기 위함이다. 이는 십자가를 통해 이뤄진다.

그러므로 그리스도의 십자가 죽음과 부활은 영원한 회의에서 삼위 하나님이 체결한 은혜 언약이 성취되었음을 알리는 사건이다. 성자가 구원하는 방식을 십자가에서 성취하신 것이다. 은혜 언약의 성취는 삼위 하나님의 공동 사역이다. 이런 관점을 가지고 은혜 언약 본

---

161 특히, 성령을 통한 성자의 중보적 왕의 사역은 그리스도의 부활 승천 후 본격적으로 이뤄진다.

질이 무엇이며, 그것은 어떻게 성취되었는지, 그로 인한 결과는 무엇인지에 대해 로이드 존스의 견해를 따라 자세히 살펴본다.

(1) 은혜 언약의 본질

은혜 언약의 본질은 하나님과의 연합과 교제이다.[162] 이를 위해 로이드 존스는 모든 인간과 아담의 관계를 '대표적 관점'으로 본다.[163] 곧 하나님께서 아담을 모든 인류의 대표요, 머리로 세우셨다는 것이다.

만일 아담이 복종하면 아담 개인으로 큰 축복을 누릴 뿐만 아니라 그의 모든 후손도 그 축복을 누릴 것이라는 점을 명백히 다짐 받았다. 그는 동시에 만일 죄를 짓는다면 그에게서 나올 모든 사람은 아담에게 임할 파국과 비참에 휩쓸려 들어갈 것이라는 것도 분명하게 들었다. 그래서 아담은 모든 사람의 대표요 머리가 된다. 이와 똑같은 방식으로 성부 하나님은 성자를 마지막 아담으로 세우시고 백성(a race: 예수 믿는 이들)의 머리와 대표로 지명하셨다.[164]

---

[162] Mark W. Karlberg, *Covenant Theology in Reformed Perspective* (Eugene OR: Wipf and Stock Publishers, 2000), 103. "The essence of the covenant is union and communion with God. The form of the covenant refers to the way or principle of inheritance, whether it be by works of by faith."

[163] Mark W. Karlberg, *Covenant Theology in Reformed Perspective*, 102. Abraham Kuyper 는 하나님의 형상대로 지은 받은 아담은 하나님과 언약적 관계에 있었다고 한다.
"He suggests that the essence of the covenant relationship reflects the nature of the triune God. The idea of Adam being made in the image of God is to be understood covenantally. According to Romans 5, observes Kuyper, Adam was in a covenant relationship with God. As image of God Adam was to move from the condition of *posse non pecare et mori* (the possibility not to sin and die) to the condition of *non posse peccare et mori* (not possible to sin and die); there was to be movement from glory to higher glory)."

[164] D. M. Lloyd-Jones, *Assurance: An Exposition of Romans 5* (Edinburgh: The Banner

여기서 그리스도를 마지막 아담으로 세우신 구조 곧 아담-기독론은 구속사를 이해하는 결정적인 것이다. 왜냐하면 구약이 오실 그리스도를 바라보고, 신약은 오신 그리스도를 회상하고 축하하는 구조를 강조하는 구속사 신학은 바로 이 아담-기독론 구조 안에서 가장 잘 파악될 수 있기 때문이다.

첫 사람 아담의 타락으로 죄가 이 세상에 들어왔다면, 둘째 아담 그리스도로부터 생명이 이 세상에 들어온다.[165] 두 아담 사이에는 평행선이 그어져 있다.

로이드 존스는 첫째 아담과 마지막 아담과의 유사성을 다음과 같이 요약한다.

첫째, 하나님은 아담을 인간의 머리와 대표로 지명하셨다. 그리고 같은 방식으로 하나님은 주 예수 그리스도를 신자의 머리와 대표로 지명하셨다.

둘째, 그가 인류와 인간성의 머리라고 하는 것은 양편에 다 해당된다.

---

of Truth Trust, 2012), 218. "The first is that Adam is our representative as Christ is our representative. But not only that; Adam was also the head of the race as Christ is the head of a race. Furthermore, there is **this union**, this mystical union which we have been considering, the teaching concerning our being in the loins of Adam, and as believers our mystical union with the Lord Jesus Christ;" Lewis B. Smedes, 『바울의 그리스도와의 연합 사상』, 126-131. 스미디즈도 로이드 존스같이 두 아담 구조로 본다. "그리스도와 아담은, 인류의 두 상충되는 역사의 시작(the beginnings of two conflicting histories of man)을 각각 대표한다." 스미디즈는 상황기독론 입장에서 두 아담으로 인해 인류의 "상황"이 변화되었음을 밝힌다. "아담 안에 있는 것은, 그 삶과 역사가 아담이 행한 것에 의하여 근본적으로 영향을 받는 인류의 한 구성원이 되는 것이다. 우리는 우리가 그리스도 안에 있다는 것이 그 삶과 역사가 근본적으로 그분의 죽으심과 부활의 구속적인 행위들에 의해서 결정된 새로운 인류의 한 구성원이 되는 것이라는 사실을 알고 있기 때문에 이러한 사실을 알 수 있다."

165 유태화, 『삼위일체론적 성령론』, 333-334.

첫 사람은 땅에서 났으니 흙에 속한 자이거니와 둘째 사람은 하늘에서 나셨느니라(고전 15:47).

첫 사람 아담은 산 영이 되었다 함과 같이 마지막 아담은 살려주는 영이니라(고전 15:45).

아담은 '첫째 아담'이요 '첫째 사람'이었고, 주 예수 그리스도는 '두 번째 사람'이요 '마지막 아담'이다. 그리스도는 '둘째' 아담이 아니라 '마지막 아담'이다.

셋째, 아담과 그리스도는 하나님과 언약을 맺고 있으므로 각자는 언약적 머리이다.

네가 어떤 조건들을 지키는 한 나와 교제의 삶을 계속해서 누릴 수 있다. 저 나무의 열매를 먹어서는 안 된다. 그것은 금지조항이다. 만일 네가 그것을 먹으면 정녕 죽으리라.[166]

그것은 하나의 언약이었다. 정확히 같은 방법으로 하나님은 자기 아들과 언약을 맺으셨다. 언약은 만일 그가 백성들의 죄를 담당하시면 그는 그들을 구원하고 그들은 그의 백성이 될 것이라는 것이다.

만일 그리스도가 율법에 복종하여 하나님께 만족을 드리고 이

---

166 D. M. Lloyd-Jones, *Assurance: An Exposition of Romans 5*, 223-224; Mark W. Karlberg, *Covenant Theology in Reformed Perspective*, 103. "According to Berkhof, the covenant relationship as a personal bond of union and communion between God and the creature finds its suprime example in the Godhead, the very source of life and blessing."

백성들의 죄를 지시고, 그들이 담당할 벌을 담당하시면 그들은 해방되고 하나님 앞에서 의롭다고 선언될 것입니다.[167]

하나님께서 그의 아들과 맺은 구속 언약은 그러하다. 똑같은 구조 안에서 아담과 그리스도는 언약적 머리로 세워진 것이다.

넷째, 아담과 그리스도는 각자 그의 모든 자손을 대표한다.

사망이 사람으로 말미암는도다. 아담 안에서 모든 사람이 죽은 것 같이 그리스도 안에서 모든 사람이 삶을 얻으리라 (고전 15:21-22).

각자는 그의 모든 자손을 대표한다. 로이드 존스는 본문의 두 번째 "모든 사람"을 예수 그리스도를 믿는 모든 사람으로 해석한다. 그리스도를 믿는 자들만 그리스도의 자손이다.

다섯째, 각자 자기가 한 일의 효과와 열매들을 자기 자손에게 물려 주었다. 아담의 죄와 그 결과들은 인간 모두에게 예외 없이 이르렀다. 그리스도의 순종과 의는 그를 믿는 모든 자에게 미쳤다.[168]

이와 같은 공통점에서 아담이 오실 자의 표상 혹은 모형이 되는 것이라고 로이드 존스는 설명한다. 아담과 마지막 아담 예수 그리스도는 하나님께 지명을 받았다. 또 각자는 한 족속의 머리였다. 그리고 그들은 언약의 머리요 그 자손을 대표했다. 각자는 자기 자신의 행위의 효과와 결과들을 그의 자손들에게 끼쳤다. 이와 같이 두 아담 사이

---

167 D. M. Lloyd-Jones, *Assurance: An Exposition of Romans 5*, 223-224.
168 D. M. Lloyd-Jones, *Assurance: An Exposition of Romans 5*, 223-224.

에 평행선이 있다.[169]

　하나님께서는 언제나 언약을 통해서 사람을 상대하시고 언약 안에서 사람을 대표할 누구를 세우는 것이다. 아담은 첫 번째 대표이고 예수 그리스도는 두 번째 대표이다.[170]

(2) 은혜 언약의 성취

　로이드 존스에게 있어서 성자는 갈보리 십자가에서 흘린 자신의 피로 은혜 언약을 성취하셨다. 성자 하나님은 성육신을 통해 이 땅에 오셔서 율법에 완벽하게 순종하시고, 최종적으로 십자가 위에서 피 흘리심을 통해서 은혜 언약을 완벽하게 성취하셨다.

　로이드 존스는 창세 전 삼위 간의 구원 계획 속에서 구원방식으로 세워진 은혜 언약이 이제 '예수 그리스도의 피'로써 날인(seal)되고 비준(ratification)되었다고 해석한다.

　나는 누구입니까? 나는 새 언약에 속한 피조물입니다. 그리스도 안에서 우리는 더 이상 옛 언약에 속해 있지 않습니다. 새롭고 더 좋은 언약이 있습니다. 제가 어떻게 그것을 압니까? 그것에 관해 무슨 증서라도 있단 말입니까? 그 증서에 날인(seal)이 되었습니까? 예, 그렇습니다. 날인이 되었습니다. 그것은 '예수 그리스도의 피'입니다. 그것은 히브리서 9장의 가르침입니다. 모든 언약과 약속은 언제나 그의 피로써 날인(seal)되어 있고 비준(ratification)되어 있다고 말하고 있습니다. 그것은 새 언약이 그리스도의 피

---

169 D. M. Lloyd-Jones, *Assurance: An Exposition of Romans 5*, 224-225.
170 D. M. Lloyd-Jones, *Assurance: An Exposition of Romans 5*, 181.

로써 보증되고 비준되었다는 것입니다.[171]

여기서 좀 더 나은 이해를 위해서 구약의 교훈이 필요하다. 구약 성경에서 '피'란 '희생 죽음'을 의미하는 데, 로이드 존스는 희생 죽음의 목적을 네 가지 원리로 말한다. 그 목적이 '예수 그리스도의 피'에도 동일하게 적용된다고 본다.[172] 그 원리들은 다음과 같이 정리된다.

첫째 원리, 하나님과 화목하기 위한 것이다.

둘째 원리, '화목'이란 속죄 혹은 죄인의 죄책을 도말함으로써 보증된다.

셋째 원리, 가해자에 의해 또한 가해자를 위해 대체된 희생물에 대한 여러 가지의 심판으로 인해 이루어진다.

넷째 원리, 희생제사의 효력은 범죄자 용서와 하나님 은총의 회복이다. 이 원리들에 따라 예수 그리스도를 믿는 자들은 그 피로 인하여 모든 죄책이 도말되며 하나님의 용서함을 받고 하나님과 화목하게 되고 하나님의 은총 속에 들어간다. 성육신하신 그리스도의 십자가 피로 인해 그의 백성의 화해와 회복이 성취된 것이다.

(3) 은혜 왕국 완성

로이드 존스는 인류의 전체 구도를 두 왕국의 관점에서 보고 있다. 아담의 죄로 시작된 죄의 왕국이 있다. 그 왕국은 죄가 다스리는 왕국이다. 죄의 왕국은 죄가 통치하는 왕국이고, 이 왕국은 아담의 범죄와 함께 시작되었다. 또 다른 한 왕국은 은혜의 왕국이다.

---

[171] D. M. Lloyd-Jones, *Atonement and Justification*, 92-93.
[172] D. M. Lloyd-Jones, *Atonement and Justification*, 88-89.

은혜의 왕국은 '은혜'가 다스리는 왕국이고, 영원한 회의에서 성부와 성자 간의 은혜 언약 체결로 시작되었고, 성자의 은혜 언약 성취와 함께 완성되었다.

로이드 존스는 그의 강해 설교에서 '은혜'를 의인화하여 다스리고 통치하는 인격처럼 표현한다. 그러나 그의 사상 속에서 은혜 왕국의 왕은 은혜 언약의 당사자인 주 예수 그리스도인 것을 알 수 있다. 여기서 로이드 존스가 갖고 있는 은혜 왕국 사상을 살펴본다.

① 은혜 왕국의 개국

로이드 존스에게 있어서 이 은혜 왕국은 영원 전 삼위 간의 회의에서 죄의 문제를 해결하기 위해 성부와 성자가 구속 언약을 체결하면서 시작되었다. 은혜 언약이 체결된 순간 은혜가 권좌에 오른 것으로 간주한다.

이러한 주장의 근거로 로이드 존스는 베드로전서 말씀으로 시작한다. 성자 예수님은 "창세로부터 미리 알리신바 된 자나 이 말세에 너희를 위하여 나타나신바 된 자"(벧전 1:20)이다.

여기서 로이드 존스는 그 왕국이 설립되고 개국된 것이 '창세 전'이었다고 해석한다. 성부와 성자와 성령 사이에서 열린 영원한 회의에서 '은혜'가 그 권좌를 받았다. 그 나라가 개국된 것이다. 창조 계획과 함께 죄의 문제가 야기되고 그것을 어떻게 처리하느냐 논의하는 중에 '은혜'가 가입되고 즉위하여 권좌를 차지하였다고 본다. 즉 이것은 삼위 하나님의 신적 결정이었다. 이 결정이 내려진 순간 모든 사람이 멸망하지는 않게 되었고, '은혜'가 권좌에 올라 은혜 왕국이 개국되었다는 논리적 주장이다. 이런 의미에서 은혜 언약(구속 언약)은 위

대한 취임이었다.[173]

로이드 존스의 "은혜 왕국" 개념은 죄인을 향한 삼위 하나님의 말로 형용할 수 없이 풍성한 '은혜'를 강조하기 위함이다. 그들의 구원은 전적인 삼위 하나님의 '은혜'이고, 그 은혜는 실패함 없이 하나님의 뜻을 완수할 것임에 틀림없다. 그 은혜의 중심에 주 예수 그리스도의 피 흘림이 있다. 성자 예수님의 십자가 피 흘림은 삼위 하나님의 '은혜'의 확실함과 변치 않음을 외치고 있다.

② 은혜 왕국 왕의 대관식

'예수 그리스도의 피'로 은혜 언약이 성취되었다. 로이드 존스는 이것을 은혜 언약이 날인(seal)되고 비준(ratification)된 것으로 보았다. 이것이 의미하는 바는 성자의 '왕의 대관식'(the King's Coronation) 같은 것이다. 곧 영원한 회의 속에서 은혜 언약(구속 언약)과 동시에 은혜 왕국의 보좌에 오른 성자가 이제 하늘과 땅의 모든 피조물 앞에서 왕으로 즉위되었음을 공식적으로 알리는 행사와 같다.

은혜 왕국의 통치는 영원 전부터 시작되어 역사의 전 과정을 통하여 진행되어 왔지만, 이제 은혜 언약의 성취와 함께 더 큰 불가항력적 권능(irresistible power)을 가지고 하늘과 땅의 모든 피조물과 일들을 다스리게 된 것이다.[174]

③ 은혜 왕국 백성이 되는 방식

은혜 왕국은 은혜 언약을 통해서 세워진 나라이다. 따라서 은혜 왕

---

173 D. M. Lloyd_Jones, *Assurance: An Exposition of Romans 5*, 320.
174 D. M. Lloyd_Jones, *Assurance: An Exposition of Romans 5*, 345.

국의 백성이 되기 위한 유일한 방식은 믿음의 법을 통해서이다. 누구든지 주 예수 그리스도와 그의 모든 사역(특히, 십자가의 피 흘림)을 믿음으로써만 들어오는 나라이다.

믿음을 통해서 죄의 왕국에서 은혜의 왕국으로 들어올 때, 옛 사람의 모든 죄와 죄책은 주 예수 그리스도께 전가(轉嫁) 되고, 주 예수 그리스도의 의(義)는 그에게 전가되어 새사람이 된다. 이것이 죄인을 구원하는 하나님의 방식이다.[175]

(4) 요약

영원한 회의에서 성부로부터 백성의 대표자로 지명 받으시고 성육신 하신 예수님은 십자가에서 피 흘려 죽으심으로 은혜 언약을 성취하셨다. 이 예수님의 피는 '은혜 언약이 성취되었음'을 공식적으로 인정하고 비준한 것이다. 곧 영원한 회의에서 은혜 언약 체결을 통해 은혜 왕국의 권좌에 앉으신 성자는 십자가 피로 인해 온 세상 앞에서 왕의 대관식을 치르신 것이다.

따라서 은혜가 통치하는 세상을 여셨다. 이 사역은 성부로부터 시작하여 성령을 통해 이뤄졌다. 이제 누구든지 주 예수 그리스도의 피를 믿으면 은혜 왕국의 백성이 된다.

성자 하나님의 구원 성취를 종합해보면 다음과 같다.

성경에 계시된 성자 예수님의 사역을 통해 영원 전부터 함께 사역하신 삼위 하나님의 연합 사역이 시공간 세계에서도 동일하게 나타났음을 알 수 있다. 성자 예수님의 성육신, 요단강에서의 세례, 지상에서의 삼중 사역, 그리고 십자가의 죽음과 부활 사건 속에서, 성부도 등장

---

[175] D. M. Lloyd-Jones, *Atonement and Justification*, 177.

하시고 성령도 계시된다. 그리고 각 위는 성자의 모든 사역의 원인과 실행의 역할을 감당하신다.

성자는 성부의 계획에 따라 행동하시고, 성령 안에서 그 일을 완수하신다. 성부 없이는 성자의 모든 사역은 의미가 없어지고, 성령 없이는 성자의 사역은 효과적으로 수행될 수 없는 구조이다.

예를 들어, 성자 예수님은 죽음에서 부활하셨다. 성경은 그것을 성부 하나님의 일로 돌린다. 그뿐만 아니라 부활은 부활의 영이신 성령에 의해서 실행되었다.[176] 그리고 성자는 부활하신다. 완벽한 연합 사역이다. 이것은 성자의 부활 사역 가운데 나타난 삼위 하나님의 통일성을 증명한다. 부활 사건은 한 하나님의 사역이다. 이와 같은 삼위 하나님의 연합 사역 구조는 성자의 모든 사역 가운데 드러난다.

또한 성자의 요단강 세례에서처럼, 성자의 주요 사역 가운데 성부와 성령은 같은 장소에 동시적으로 그 존재를 계시한다.[177] 이것은 성부 성자 성령이 모양이나 양태에서만 세 위격이 아니고, 세 분이 세 양식으로 존재함을 증명한다. 성부 하나님은 아버지의 이름으로 존재하시고, 성자 하나님은 주 예수 그리스도의 이름으로 존재하시며, 성령 하나님은 하나님의 영, 아들의 영, 그리고 부활의 영으로 존재하신다. 세 분이 함께 존재하신다. 이것은 또한 성부 성자 성령이 경륜에서뿐만 아니라 내재에서도 같은 구조로 함께 존재했음을 입증한다.

---

176 "예수를 죽은 자 가운데서 살리신 이(**성부**)의 영이 너희 안에 거하시면 그리스도 예수를 죽은 자 가운데서 살리신 이(**성부**)가 너희 안에 거하시는 그의 영(**성령**)으로 말미암아(by his Spirit that dwell in you) 너희 죽을 몸도 살리시리라"(롬 8:11). 성부가 성자를 살리셨다. 또한 그 부활은 성령을 통해 이뤄진 것이다.

177 "예수(**성자**)께서 세례를 받으시고 곧 물에서 올라오실 때 하늘이 열리고 하나님의 **성령**이 비둘기 같이 내려 자기 위에 임하심을 보시더니 하늘로서 소리가 있어 말씀하시되 이는 내(**성부**) 사랑하는 아들이요 내 기뻐하는 자라 하시니라"(마 3:16-17).

이제 로이드 존스의 '삼위 하나님의 구원 성취 교리' 가운데 나타난 통일성을 네 가지로 정리해 본다.

첫째, 그리스도의 성육신은 삼위 간의 협력 사건이다. 성부께서 성자를 동정녀 마리아에게 잉태하게 하시고, 성령은 그 일을 실행하신다. 그리고 성자는 그 중심에 있다. 성부 없이, 성령 없이, 성자의 성육신은 없다. 그리스도의 성육신은 삼위 하나님의 연합과 통일성을 밝히 보여주는 사건이다.

둘째, 그리스도의 십자가는 삼위 간의 공동 작업이다. 성부의 뜻에 따라 성자가 십자가에서 죄인 대신 형벌을 받는다. 성령은 성자가 십자가를 감당할 수 있는 믿음과 능력을 제공한다.[178] 그리고 그리스도는 십자가를 감당한다. 그리스도의 십자가도 성부 없이, 성령 없이는 이룰 수 없는 성자의 사역이다. 그리스도의 십자가는 성자의 독특한 사역이지만, 달리 말하면 십자가는 삼위일체 하나님의 십자가이다. 십자가 안에 성부와 성자와 성령이 계신다. 십자가 안에서 삼위 하나님의 거룩과 사랑, 지혜와 능력을 본다.

셋째, 그리스도의 삼중 사역 속에 통일성이 있다. 그리스도는 이 땅에서 선지자의 사역, 대제사장의 사역, 그리고 중보적 왕의 사역을 수행하셨다. 그 일은 지금도 성령을 통해 이 땅에서 진행되고 있다. 그리고 각 사역 중에 성부와 성령은 함께 하셨다. 그뿐만 아니라 구약 시대에는 성부께서 그의 사자들을 통해 그 세 가지 사역을 하셨다. 선지자를 세우시고, 왕을 세우시며, 대제사장을 세우는 일을 하셨다. 그

---

[178] "하나님의 보내신 이는 하나님의 말씀을 하나니 이는 하나님이 **성령을 한량없이** 주심이니라"(요 3:34). "… **'영원하신 성령으로 말미암아'** 흠 없는 자기를 하나님께 드린 그리스도의 피가 어찌 너희 양심으로 죽은 행실에서 깨끗하게 하고 살아계신 하나님을 섬기게 못하겠느뇨"(히 9:14).

리고 각 사역은 성자의 말씀과 성령을 통해 이루셨다. 삼위 하나님이 함께 참여하신 것이다.

넷째, 은혜 언약 성취에 있어서 삼위 하나님의 협력이 드러난다. 성자는 십자가 피를 통해 은혜 언약을 성취했다. 그리고 성부는 성자의 은혜 언약 성취를 비준하고 인증했다. 또 성령은 은혜 언약 성취로 공개된 은혜 왕국에 새 백성을 들어오게 하는 방식으로 참여했다. 삼위 어느 한 분도 은혜 언약 성취에서 빠질 수 없다. 은혜 언약은 인간을 다루시는 삼위 하나님의 하나된 사역인 것이다.

3. 성령 하나님의 구원 적용

삼위 하나님은 영원한 회의에서 구원의 큰 설계도를 그리셨는데, 이제 성령 하나님을 통해서 완성하실 시간이다. 성령은 성자가 성취하신 구원을 그 백성에게 적용하는 사역을 하신다.[179] 다시 말해 성 삼위일체 하나님의 제3위격이신 성령 하나님은 성부의 구원 계획에 따라 성자가 성취하신 구원을, 곧 은혜 언약을 각 개인에게 적용시켜 완성하는 직무를 감당하신다. 그리고 성령의 핵심사역은 그리스도인을

---

[179] John Murray, 『존 머레이의 구속』, 124. 존 머레이는 성령의 구원 적용 사역이 단번에 끝나는 것이 아니라, 점진적으로 정점에 이른다고 밝힌다. "그리스도가 인간 역사에서 단번에 이루신 구속에서, 그리고 영화롭게 된 하나님의 자녀들이 온전한 자유를 누리는 구속의 정점에 이르기까지 이 구속이 점진적으로 적용되는 것을 보면, 이런 풍성함이 더 잘 드러난다." 그뿐만 아니라 구속의 과정에는 단계들과 순서가 있고, "각 단계들은 각각 고유한 역사이고 어느 하나도 다른 것을 통해서 정의될 수 없으며, 하나님의 은혜의 역사 가운데서 각각 고유한 의미와 기능과 목적을 가진다"고 강조한다.

그리스도와 연합되게 하는 사역이다.[180]

로이드 존스는 이러한 성령의 사역이 없다면, 성부와 성자의 사역은 아무 효력 없이 끝날 것이라고 강조한다. 진실로 성령이 맡으신 사역은 성부와 성자가 각자 전유하신 사역만큼 동등한 가치를 지닌다.

로이드 존스만큼 삼위 하나님의 구원 사역 중에서 성령의 사역을 부각시키고 중요시한 신학자도 찾기 힘들 것이다. 그는 성령의 절대적인 사역과 철저한 주권을 강조한 목사이다. 여기서 삼위일체적 관점에서 성령의 적용하는 사역을 고찰한다. 즉 성령은 어떻게 죄인을 그리스도인이 되게 하는지, 그리고 어떻게 구원하는 방식 곧 은혜 언약을 적용하여 완성하는지 또 이러한 사역을 통해 어떻게 성자를 영화롭게 하는지를 살펴본다.

1) 성령이 죄인을 그리스도인 되게 하는 방편

로이드 존스는 하나님께서 죄인을 그리스도인 되게 하고, '그리스도 안에' 있게 하기 위하여 사용하시는 방편들이 있다고 한다.[181] 로이드 존스가 말하는 방편은 말씀의 방편, 성령의 방편, 그리고 믿음의

---

[180] 김광열, 『그리스도 안에 있는 구원과 성화』 (서울: 총신대출판부, 2000), 28. 김광열은 신자를 그리스도와 연합시키는 일이 성령의 구원적용 사역의 핵심이라고 주장한다. "성령의 사역의 핵심은 그리스도인들을 그리스도와 연합케 하는 사역이라고 볼 수 있다. 그러한 의미에서도 그리스도와의 연합은 구원의 적용사역에 있어서 핵심적인 원리가 된다. 구원이란 한마디로 말한다면 성령님의 구속적용의 사역이며, 다시 말하면, 성령 안에서 그리스도와 연합이라고 요약될 수 있으며, 구원론에서 논의되는 모든 영적 축복들은 바로 그 연합의 함축적인 내용들에 대한 나열과 분석 및 설명이 되는 것이다."

[181] Millard J. Erickson, 『복음주의 조직신학(하)』, 191-203. 여기서 에릭슨은 구원의 방편에 대한 1. 해방신학적 견해(모든 사람들의 해방) 2. 성례주의적 견해(성례통한 구원) 3. 복음주의적(행위 아닌 믿음 구원) 견해를 밝힌다.

방편이다. 특별히 로이드 존스는 에베소서 1장 13절 말씀을 중심으로 이 주제를 다룬다. 사도 바울은 "그 안에서 너희도 진리의 말씀 곧 너희의 구원의 복음을 듣고 그 안에서 또한 믿어 약속의 성령으로 인치심을 받았다"(엡 1:13)고 선언한다.

(1) 말씀의 방편

먼저 그리스도인이 되게 하는 것은 '진리의 말씀, 곧 구원의 복음'을 통해서다. 여기서 복음은 예수 그리스도의 인격과 그의 사역을 의미한다. 곧 좋은 소식은 예수 그리스도에 관한 좋은 소식으로서 그리스도가 누구시며 그가 무엇을 행하셨는가를 말하는 것이다. 이 복음의 말씀을 통하여 죄인은 그리스도인이 된다.[182] 로이드 존스는 이것이 '하나님의 방식'이라고 강조한다. 그리고 로이드 존스는 진리의 말씀으로 그리스도인이 된 자는 그 복음을 인식하는 사람이라고 말한다.[183]

한층 더 나아가 그는 다음과 같이 설명한다. 디모데가 "하나님은 모든 사람이 구원 받기를 원한다"(딤전 2:4)라고 말할 때 로이드 존스는 여기에서 사도 바울이 말하는 것을 "진리의 지식에 이르는 것"으

---

182 이우제, "성령의 능력에 사로잡힌 설교자 로이드 존스의 설교 연구," 「복음과 실천신학」 제11호, (2006, 봄), 22-30. 이와 관련하여 이우제는 '설교의 수위성'(supremacy)을 말한다. 즉, 사람에게 가장 필요한 것은 하나님의 말씀을 듣는 것, 곧 복음을 듣는 것이다. 이를 통해서만 죄인이 구원받기 때문이다. 그 필요를 채워 줄 수 있는 곳은 교회뿐이다. 따라서 "교회가 말씀에 우선권을 둘 때만이, 사람을 하나님 앞에 세우는 일, 육신보다 영혼에 관심을 두는 일, 유한한 시간 보다 영원을 중시하는 일을 감당할 수 있게 된다. 이것이 교회가 세상 끝날 까지 사수해야할 우선순위이다." "형제들아 너희 가운데서 성령과 지혜가 충만하여 칭찬 듣는 사람 일곱을 택하라 우리가 이 일을 저희에게 맡기고 우리는 기도하는 것과 **말씀 전하는 것**을 전무하리라"(행 6:3-4).

183 D. M. Lloyd-Jones, *God's Ultimate Purpose: An Exposition of Ephesians 1:1 to 1:23*, 234.

로 이해한다. 따라서 그리스도인을 "진리를 아는 지식을 가진 사람"이라고 정의한다. 그리스도인은 자기에게 오는 신령한 모든 것은 바로 그 말씀으로 말미암아 온다는 것을 안다. 하나님은 그 말씀을 방편으로, 그 말씀으로 말미암아 신자 안에 이 일을 행하신다.[184]

요컨대, 로이드 존스는 성령은 항상 말씀과 함께[185] 사역하신다고 주장한다. 따라서 성령은 구원에 이르는 지식, 진리를 아는 지식으로 죄인을 그리스도인 되게 하신다.

(2) 성령의 사역

진리의 말씀이 그리스도인이 되는 진수가 되는 방편이지만, 그 말씀만으로는 그리스도인이 될 수 없다. 로이드 존스에 따르면 그리스도인이 되기 위해서는 진리의 말씀에 더불어 성령의 사역이 있어야 한다.[186] 말씀의 진리를 사람에게 적용하시는 분은 성령이다. 성령에 의해 사용되지 않는 어떤 말씀도 누군가를 그리스도인이 되게 할 수

---

[184] D. M. Lloyd-Jones, *God's Ultimate Purpose: An Exposition of Ephesians 1:1 to 1:23*, 236.

[185] 이우제, "성령의 능력에 사로잡힌 설교자 로이드 존스의 설교 연구," 33-34. 이우제는 로이드 존스의 '말씀과 함께'(*cum verbo*) 성령을 강조하는 입장은 '말씀'에 치중한 루터보다는 칼빈의 전통에 따른다고 강조한다. 곧 로이드 존스는 칼빈과 같이 '말씀과 성령' 양편을 강조하는 균형 잡힌 입장을 취하고 있다고 본다. 그는 '말씀과 함께'의 실례로, 바울이 두아디라성의 자주 장사 루디아에게 말씀을 전할 때, 성령께서 그 마음을 열어 주신 말씀을 청종하게 하신 부분을 지적한다. "두아디라성의 자주 장사로서 하나님을 공경하는 루디아라 하는 한 여자가 들었는데 주께서 그 마음을 열어 바울의 말을 청종하게 하신지라"(행 16:14).

[186] 이우제, "성령의 능력에 사로잡힌 설교자 로이드 존스의 설교 연구," 30-32. 이우제는 말씀과 함께 성령의 사역과 역사가 꼭 필요한 이유가 성령이 그리스도를 증거하는 영이기 때문이라고 한다. "성령의 사역 안에서 행하는 능력 있는 설교 사역의 핵심 골자는 단지 성령의 능력에 대한 개인적인 경험이나, 그의 은사를 직접적으로 추구하는 것이라기보다는 성령을 통하여 예수 그리스도를 추구하기 위함이라고 말할 수 있다. 그에게 성령이 설교에서 중요한 이유는 성령께서 다름 아닌 예수 그리스도를 증거하는 영이기 때문이다."

없다. 예를 들어, 구원의 복음이 모든 사람에게 일반적으로 선포된다. 그러나 모든 사람이 그 말씀을 받아들이는 것은 아니다.

로이드 존스는 그 차이를 결정하는 것이 '능력'과 '많은 확신으로' 어떤 사람을 그리스도인 되게 하는 성령의 사역이라고 단언한다.[187] 로이드 존스는 말씀과 함께 일하는 이러한 성령의 사역을 윌리엄 쿠퍼(William Cowper, 1731-1800)의 시로 부연한다.

> 성령이 말씀에 호흡하신다.
> 그리하여 진리는 보여지는 것이다.[188]

이와 같이 로이드 존스는 성령의 사역을 절대적 진수로 본다. 복음의 말씀 앞에서 성령이 인간 마음에서 그 마음을 열게 하시고 믿게 만드신다. 인간을 살리고, 그 안에 생명의 원리를 주시는 이는 성령이다. 성령은 하나님이 주시는 선물이다. 그 선물이 있어야만 사람은 믿게 된다. 이러한 성령의 작용을 떠나서는 말씀에 대하여 죽은 자로 있으며 말씀을 보지 못한다. 그러나 성령이 말씀에 생명을 불어 넣어 그 진리를 인간에게 밝혀준다.[189]

---

187 D. M. Lloyd-Jones, *God's Ultimate Purpose: An Exposition of Ephesians 1:1 to 1:23*, 237.
188 D. M. Lloyd-Jones, *God's Ultimate Purpose: An Exposition of Ephesians 1:1 to 1:23*, 239.
189 D. M. Lloyd-Jones, *God's Ultimate Purpose: An Exposition of Ephesians 1:1 to 1:23*, 239.

(3) 믿음의 방편

성령은 사람 안에 '믿음'을 일으킨다. 이 믿음은 새로운 원리와 새로운 성향이 마음에 심기어져 나오는 것인데, 로이드 존스는 이것을 그리스도인 되게하는 중요한 방편으로 본다. 믿음을 가진 자는 자신의 소망과 자신의 확신과 자신의 신뢰를 모든 방면에서 주 예수 그리스도에게 두게 된다. 이것이 그로 그리스도인 되게 한다.[190] 여기서 말하는 믿음은 스스로 지어낸 인간적인 믿음이 아니라 성령에 의해 창조된 믿음이다.

그러면 성령은 이러한 믿음을 어떻게 창조하는가?

성령은 진리의 말씀 앞에서 사람의 의지를 억압하지 않고 설득하여 매력적으로 보이게 한다. 그는 사람을 강압적으로 다루지 않으신다. 그래서 사람은 믿음을 갖게 한다. 그 믿음이 진리에 대해서 마음을 열고, 받아들이며, 간절한 사모함으로 소망하게 만든다. 로이드 존스에 따르면 이러한 성령의 사역으로 믿음을 가진 자는 '말씀의 순전한 젖'밖에는 바라는 것이 없게 된다. 이 새로운 생명의 원리가 모든 것을 다르게 만든다고 강조한다.[191]

---

190 D. M. Lloyd-Jones, *God's Ultimate Purpose: An Exposition of Ephesians 1:1 to 1:23*, 240; Lewis B. Smedes, 『바울의 그리스도와의 연합사상』, 229-230. 스미디즈는 믿음이 없이는 신자는 그리스도와의 연합에 들어갈 수 없다고 강조 한다. "'믿음'은 그리스도께서 우리와 함께 들어가시는 연합 안에 있는 우리의 의식적이며 의지적인 삶을 지적해 주는 단어이다. 믿음이 없이는 연합은 존재하지 않는다. 그리스도와의 연합이 없이는 '거기 계시며 우리 안에 계시는' 그리스도의 실재는 존재하지 않는다. 믿음 안에서 반응하는 사람들이 없다면, 그리고 그리스도와 연합된 삶을 사는 사람이 없다면, 주 되신 그리스도에 대한 모든 이야기는 의미 없는 것이 되고 말 것이다. 그리스도가 주시라는 말씀 자신이 대표가 되시고 다스리는 머리가 되시는 새로운 상황을 창조하신 그리스도를 의미한다." 다음에 살펴보겠지만 '그리스도인이 된다'는 것은 신자의 '그리스도와의 연합'이 그 본질이다.

191 D. M. Lloyd-Jones, *God's Ultimate Purpose: An Exposition of Ephesians 1:1 to 1:23*, 240.

이러한 논리적 설명을 통해 로이드 존스는 성령의 사역이 먼저이고 그 다음 순서가 믿음이라고 한다. 성령의 사역으로 그리스도인이 된 신자는 그리스도와 연합한 자가 된다. 여기서 중요한 점은 믿음의 역할이다. 곧 "믿음은 성령의 역사로 생긴 그리스도와의 연합이 유지되고, 발전되고, 강화되도록 돕는다"는 점이다.[192]

로이드 존스에게 있어서 그리스도인의 믿음은 말씀의 방편을 통한 성령의 사역으로 생기지만, 그 믿음이 없이는 그리스도인이 될 수 없다. 왜냐하면 신자는 기본적으로 믿는 자를 의미하기 때문이다. 그리스도인은 오직 믿음이 활성화될 때에만 구원의 은총들을 인식하게 되고, 그 안에서 기뻐하고 소망하게 된다.[193]

(4) 요약

성령은 성부가 창세 전 영원한 회의에서 선택한 자만을 그리스도인 되게 한다. 그리고 성자가 성취한 은혜 언약 안에서만 사역한다.[194] 따라서 성령은 성부가 선택한 자에게 성자의 말씀을 방편으로 사역하여 믿음을 일으키고 중생케 한다. 그리고 그리스도와 연합으로 이끈다. 그리스도인 되게 하는 성령의 사역은 온전히 삼위 하나님의 전체 뜻에 일치된 사역이다. 그러므로 죄인은 성부로부터 택함 입고 성자로 말미암아 성령을 통하여 그리스도인이 된다.

---

192 D. M. Lloyd-Jones, *Great Doctrines of The Bible Vol. 2: God The Holy Spirit* (Wheaton, IL: Crossway, 2012), 111.
193 D. M. Lloyd-Jones, *God The Holy Spirit*, 111-112.
194 "모든 일을 그 마음의 원대로 역사하시는 자(**성부**)의 뜻을 따라 우리가 예정을 입어 그 안에서 기업이 되었으니 이는 그리스도(**성자**) 안에서 전부터 바라던 우리로 그의 영광의 찬송이 되게 하려 하심이라. 그 안에서 너희도 진리의 말씀 곧 너희의 구원의 복음을 듣고 그 안에서 또한 믿어 약속의 **성령**으로 인치심을 받았다"(엡 1:11-13).

2) 성령의 구원하는 방식 적용

우리는 성령의 그리스도인 되게 하는 사역을 영원한 회의에서 결정된 '구원하는 방식 곧 은혜 언약'의 관점에서 바라볼 수 있다. 개인이 경험하는 구원의 체험보다 영원한 삼위 하나님의 입장에서 신자의 구원을 바라보는 것은 그리스도인이 받은 은혜의 풍성함을 더해 준다.

성부와 성자는 그 백성을 실제적으로 구원하기 위해 오순절에 성령을 보내신다. 성령은 성자가 성취한 은혜 언약을 그 백성에게 적용하기 위하여 오신 것이다. 오순절에 오신 성령은 특별한 의미를 갖는다. 이는 은혜 언약의 성취와 함께 은혜왕국이 공개적으로 개방되었으며, 이제 그 백성이 현실에서 그 왕국으로 들어오기 시작한 것이다. 결과적으로 성령으로 인해 은혜 언약 안에 들어온 백성은 그리스도와 연합한 자가 된다. 영원한 회의에서 이미 결정된 그리스도와의 연합은 현실에서 이제 실제가 된다.

로이드 존스는 성령의 인침 혹은 성령세례를 그리스도와의 연합을 인치는 사건으로 여긴다. 성령으로 인침 받은 백성은 큰 확신 가운데 하나님의 자녀인 것과 그의 사랑을 깨닫게 된다. 그리고 기꺼이 하나님의 뜻에 순종하는 삶을 살게 된다.

이러한 맥락에서 삼위 하나님이 영원한 회의에서 정하신 '구원하는 방식 곧 은혜 언약'을 적용하는 성령의 사역을 살펴본다.

(1) 은혜 언약 적용자로 오신 방식: 오순절 성령 강림

예수 그리스도가 부활하여 승천하시고 10일이 지난 오순절 날, 그가 보내신 성령이 사람들 위와 안에 임하였다.

로이드 존스는 이 사건을 삼위 하나님의 구원 계획 하에서 일어난 매우 특별한 사건이라고 본다. 오순절 사건은 은혜 언약이 완성되고, 적용되기 시작하였음을 알리는 사건이다. 이 사건을 통하여 모든 신자가 연합되고 하나가 되는 일이 일어나고, 예수 그리스도의 교회가 탄생한다. 이 사건은 독특한 것으로 결코 반복될 수 없는 단번에 영원히 일어난 일로 간주한다.[195] 게다가 오순절 날은 성령이 그리스도인 안에 자신의 주거(住居)를 회복하시고 그리스도인 안에 내주를 시작하신 역사적인 날이다.[196]

로이드 존스가 말하는 오순절 사건의 특징 몇 가지는 다음과 같다.

첫째, 성령 주어짐의 포괄성이다. 성령의 은사는 더 이상 유대인만의 것이 아니라 모든 민족을 위한 것이다. 그리고 특별한 사람만을 위한 것이 아니라 남녀노소 지위고하를 막론하고 주어지는 특징이 있다. 그리고 한 번 교회와 신자 안에 오신 성령은 영원히 떠나지 않으신다.

"하나님이 말씀하시기를 말세에 내가 내 영을 모든 육체에 부어 주리니"(행 2:17). 그 강조하는 것은 확장입니다. 성령의 부어짐이 보다 더 일반적으로 일어날 것이라는 점입니다. 또한 그것은 모든 민족에게 부어지리라는 사실을 강조하고 있습니다. 여기서 강조점은 일반성(generality)입니다. 넘치는 충만함, 광범위함, 값없음 그리고 은사의 부어짐이 강조됩니다. 그뿐만 아니라 그것은

---

195 D. M. Lloyd-Jones, *God's Ultimate Purpose: An Exposition of Ephesians 1:1 to 1:23*, 40-41.
196 유태화, 『삼위일체론적 성령론』 (서울: 대서, 2006), 83.

더 이상 유대인에게만 국한되지 않는다는 사실을 강조합니다. 하나님은 하나님의 영을 모든 사람에게 부어 주실 것입니다. 우리가 꼭 기억해야 하는 포괄성(all-inclusiveness)이 있습니다.[197]

여기 포괄성을 강조하는 로이드 존스의 해석 속에서 은혜 언약이 앞으로 어떤 형태로 이루어질 줄을 예측할 수 있다. 다시 말해 은혜 언약은 민족의 구분 없이, 개인의 특징에 상관없이 누구에게나 제시되고 적용될 것이다.

다음으로 로이드 존스가 오순절 사건의 진수로 여기는 요소는 '하나됨,' '연합'이다. 로이드 존스는 오순절 이전의 사도들도 분명 신자였고 히브리서 11장에서 언급한 구약의 믿음의 영웅들도 모두 신자였지만 그들은 분리된 신자들이었다고 본다. 그러나 오순절 사건을 통해서 신자들이 그리스도의 한 몸의 지체로 결합되고 하나가 되었다. 아브라함, 이삭, 그리고 야곱, 다윗과 같은 구약의 신자들과 신약의 신자들이 모두 그리스도 안에서 하나가 되었다. 로이드 존스는 구약과 신약의 모든 신자가 하나가 되어 그리스도의 몸의 지체가 된 것을 오순절 날 가장 중요한 사건으로 본다.[198]

여기서 로이드 존스는 '하나됨'의 개념을 "성령으로 세례를 받아 한 몸이 되었다"는 성경 구절로 설명한다. "우리가 유대인이나 헬라인이나 종이나 자유인이나 다 한 성령으로 세례를 받아 한 몸이 되었고 또 한 성령을 마시게 하셨느니라"(고전 12:13). 로이드 존스는 이 본문을 오순절 날 모든 사람이 한 성령으로 세례를 받고 한 몸으로 되

---

197 D. M. Lloyd-Jones, *God The Holy Spirit*, 33-34.
198 D. M. Lloyd-Jones, *God The Holy Spirit*, 35.

었다고 해석한다. 그리고 고넬료의 집에서, 사마리아와 에베소에서, 모든 사람은 유대인이나 이방인이나 한 몸으로 세례를 받은 것이다. 로이드 존스가 여기서 강조하는 것은 '하나됨'(unity)이다. 교회 안에 하나됨(unity)이 있다는 것과 그 하나됨은 이 모든 사람이 오순절에 한 몸으로 세례 받음으로써 생겨났다.[199]

이 하나됨의 특징을 통해서 앞으로 은혜 언약으로 구원받게 될 사람들이 어떤 방식으로 구원받게 될지 추론해 낼 수 있다. 새로운 방식, 곧 그리스도의 몸의 지체가 되는 방식, 그리스도와 연합되고 하나 되는 방식으로 언약 백성이 될 것이다.

셋째, 오순절 날 성령의 강림을 통해 교회가 시작된다. 로이드 존스는 오순절 날은 교회가 그리스도의 몸으로서 공적으로 출발한 날이라고 본다. 구약에서도 교회에 대해 말할 수 있지만 그것은 오순절 이후의 교회와는 완전히 다르다. 성령으로 말미암아 하나됨이 형성된 것이다. 사도 베드로가 고넬료 가정에서 복음을 전할 때 성령이 고넬료와 그의 권속들에게 내려온 것을 보게 된다.

> 베드로와 함께 온 할례받은 신자들이 이방인들에게도 성령 부어 주심으로 말미암아 놀라니(행 10:45).

베드로는 이 사건을 예루살렘 성도들이 오순절 날 성령 받은 사건과 동일한 것으로 간주한다.

> 그런즉 하나님이 우리가 주 예수 그리스도를 믿을 때에 주신 것

---

[199] D. M. Lloyd-Jones, *God The Holy Spirit*, 36.

과 같은 선물을 그들에게도 주셨으니 내가 누구이기에 하나님을 능히 막겠느냐(행 11:17).

로이드 존스는 베드로의 증언을 해석하면서, 하나님은 고넬료 가족이 성령으로 세례를 받아 이 동일한 몸에 들어오고 유대인들과 함께 교회를 형성하게 될 것을 선포하고 계셨다고 말한다. 이것은 에베소서의 주제와도 일맥상통하다고 본다. 그에 의하면 "오래전부터 감추어졌던 비밀은 이방인들이 공동 상속자가 되어 하나님의 나라에 들어가고, 세례를 받아 한 몸이 되며, 이 땅에서 주님이 그들을 통해 일하시게 될 것이다."[200]

특히 교회 형성 과정 속에 나타난 성령의 사역을 보면 오순절 사건 이후로 하나님께서 어떻게 구원의 일을 완성해 나가실지를 알 수 있다. 은혜 언약의 완전한 성취와 함께 시작된 은혜 왕국의 확장은 교회를 통해서 이루어 질 것이고, 이 교회는 유대인뿐 아니라 모든 이방인들도 함께 참여하게 될 것이다.

결론적으로 오순절에 성령이 모든 육체에 부어지고, 신자들이 그리스도의 몸에 연합되고, 교회가 형성되었다. 이 오순절 사건의 목적은 나사렛 예수가 하나님의 아들이고 세상의 구주라는 사실을 최종적으로 증거하는 것이다. 은혜 언약을 성취하신 성자가 아버지의 약속하신 성령을 파송하여 그의 은혜 왕국의 문을 활짝 열고 모든 열방 속에서 그의 백성을 들어오게 한다.[201] 따라서 이제 성령이 교회를 통하

---

200 D. M. Lloyd-Jones, *God The Holy Spirit*, 37.
201 D. M. Lloyd-Jones, *God The Holy Spirit*, 40; 유태화, 『삼위일체론적 성령론』 (서울: 대서, 2006), 295. 여기서 유태화는 '예언의 영'과 '새 언약의 영'을 구분한다. 욜 2:28-32과 행 2:18의 '예언의 영'은 사역적인 측면을 가리킨다. 반면, 새 언약의 영은 중생케 하는

여 성자의 구속 사역을 완성시켜 나간다.

(2) 은혜 언약 적용하는 방식: 그리스도와 연합

성령이 죄인을 중생케 하여 은혜 언약 안에 있는 약속들과 복들에 참여하게 하는 방식은 신자를 그리스도와 연합시키는 방식이다.[202] 신자는 거듭나는 순간, 그리스도 안에 있게 되고 그리스도와 연합하여 하나가 되는 위치에 있게 된다. 그리스도의 구속 사역으로 얻게 된 하늘의 모든 신령한 복은 그리스도와의 연합을 통해서 신자에게 들어온다. 그리스도의 구속 사역을 통한 모든 열매는 이 연합을 통해 신자에게 주어진다. 어떤 사람이든 그리스도와 연합하지 않는 한, 그는 주 예수 그리스도의 사역으로부터 어떤 축복도 얻을 수 없다. 그는 에베소서 말씀으로 그 연합의 중요성을 강조한다.

> 하나님 곧 우리 주 예수 그리스도의 아버지께서 그리스도 안에서 하늘에 속한 모든 신령한 복을 우리에게 주신다(엡 1:3).

그는 이 말씀을 해석하면서, "이 모든 복들, 하늘에 속한 이 모든 영적인 복들은 그리스도 안에서 우리의 것이 되며, 그렇지 않고는 우

영이다. "새 언약의 영은 중생케 하시는 영으로서 성령세례와 함께 그리스도인 안에 내주하시는 구원론적인 성령을 지시한다. 다시 말하여 인간의 영혼을 썩지 아니하는 말씀으로 새롭게 하여 거듭나게 하시고 그 마음에 거주하심으로써 신자의 삶을 하나님의 형상으로 바꾸시는 사역을 하시는 분이 바로 새 언약의 영으로서 성령이라는 것이다."

[202] Lewis B. Smedes, 『바울의 그리스도와의 연합사상』, 167. 스미디즈는 신자의 '그리스도와 연합'에 대해 "그리스도인은 세례로 말미암아 그리스도께서 죽으시고 다시 부활하셨을 때 시작된 생명의 새 질서의 한 구성원이 되는 것"이라고 전한다. 로이드 존스의 경우라면, 여기서의 세례는 성령으로 거듭나게 되는 '중생'을 의미한다.

리에게 아무것도 주어지지 않는다"[203]고 말한다. 그러므로 그리스도 와의 연합은 성령이 하시는 독특한 최상의 사역이다.

이와 같은 연합에 관해서 칼빈도 "그리스도인과 그리스도 사이의 실존적이고 신비적인 연합이 없다면, 그리스도께서 십자가에서 이루신 모든 일이 그리스도인과 하등 상관없는 일이 된다"고 강조한다. 그리고 그리스도와의 신비적 연합을 형성하는 분은 성령이라고 지목하였다.[204]

그러면 신자가 그리스도와의 연합으로 얻게 된 것은 무엇인가?

로이드 존스는 두 가지 요소로 본다. 하나는 언약적(객관적) 결과이고 다른 것은 영적(주관적) 결과이다.

첫째, 언약적 결과이다.[205] 로이드 존스는 인류 전체를 언약적 관점에서 보고 있다. 하나님은 아담을 인류의 머리와 대표로 지정하셨다. 따라서 아담과 인류는 언약적으로 결합된 관계이다. 아담의 모든 행위와 그 결과는 인류 전체에게 미친다. 아담이 죄를 범했기에 인류도 죄를 범한 것이고, 그가 타락하였기에 전 인류도 타락한 것이다. 아담의 죄가 인류에게 전가된 것은 언약적으로 결합되어 있었기 때문

---

203 D. M. Lloyd-Jones, *God The Holy Spirit*, 101-102.
204 유태화, 『삼위일체론적 구원론』, 89; Bavinck, Herman, 『개혁교의학3』, 박태현 역 (서울: 부흥과개혁사, 2011), 649.
205 Millard J. Erickson, 『복음주의 조직신학(하)』, 134-135. 에릭슨은 이것을 "본성상 법적"(judicial)이라고 달리 표현한다. 우리와 그리스도의 연합의 첫 번째 특징은 본성상 법적이라는 것이다. "아버지께서 율법 앞에서 우리를 평가하거나 판단하실 때, 그는 우리만을 보지 않는다. 우리는 그의 눈으로 볼 때 그리스도와 하나이다. 하나님은 신자들을 항상 그리스도와의 연합 가운데서 보시고 그 둘을 함께 판단하신다. 따라서 그는 '예수는 의롭지만 인간은 불의하다'라고 말씀하시지 않는다. 그는 둘을 하나로 보시고 사실상 '그들은 의롭다'라고 말씀하신다. 이것은 새로운 법적 실체, 즉 말하자면 형성된 법인에 대한 정확한 평가이다. 신자들은 그리스도께로, 그리스도는 신자들에게로 통합되었다. 각각의 모든 자산들은 이제 상호간에 소유되도록 되었다. 법적인 관점에서, 이 둘은 이제 하나이다."

이다.[206]

　마찬가지로 로이드 존스는 신자와 예수 그리스도도 동일한 방식에서 언약적으로 결합되어 있다고 본다. 이런 관점에서 보면 예수 그리스도가 십자가에 죽었을 때 신자도 죽었고, 그가 장사되었다 살아났을 때 신자도 살아났으며, 성자가 영광을 받고 하나님 우편에 좌정했을 때 신자도 하늘에 앉아 있는 것이다.[207] "은혜의 모든 유익들은 그리스도의 인격 안에 교회를 위하여 마련되어 있다. 모든 것이 완성되었으며, 하나님과 화목하게 되었고, 인간 편에서 아무것도 덧붙여지지 않는다."[208]

　로이드 존스는 그리스도와의 연합으로 신자의 위치가 변화되었을 뿐 아니라 구원의 과정 속에서 예수 그리스도의 사역으로 성취되고 획득된 모든 것도 현세에 있어서 신자에게 모두 동일하게 이미 성취되고 획득된 것으로 해석한다. 즉 그리스도 안에 있는 모든 것이 신자의 연합으로 인해 신자의 것이 되었다.

206　김광열, 『그리스도 안에 있는 구원과 성화』, 33-34. 김광열도 '그리스도와의 연합'의 성격에 '언약적 성격'이 있다고 강조한다. "그리스도와 그의 백성들 사이의 연합은, 언약적으로 결속되어진 연합이다. 그리스도와 그의 백성들 사이의 결속력은 세상의 동창회 모임적인 결속력이나 종친회 성격의 결속력과는 다른 성격을 지니는데, 그것은 바로 하나님과 맺어진 은혜 언약의 행정 속에서, 그는 그 언약의 머리와 대표자로, 그리고 그 신자들은 그 언약의 회원으로 연결되는 연합의 성격을 지니는 것이다." 그는 '그리스도와의 연합'의 성격을 "1. 영원한 연합 2. 언약적 연합 3. 육체적 연합(성육신 사건) 4. 공동체적 연합 5. 성령의(으로) 연합 6. 전포괄적 연합 7. 종말론적 연합"으로 본다.

207　D. M. Lloyd-Jones, *God The Holy Spirit*, 114; John Owen, 『성도의 견인』, 94. "예수 그리스도와의 연합은 그가 우리를 위해 하신 것을 우리도 함께 하는 것이다. 즉, 그가 죽으셨으므로 우리도 그와 함께 죽었으며, 그가 다시 사셨으므로 우리도 그와 함께 다시 살아났다. 또한 우리는 그와 함께 거룩한 곳에 들어갈 것이다."

208　Herman Bavinck, 『개혁교의학3』, 649.

"너희는 하나님으로부터 나서 그리스도 예수 안에 있고 예수는 하나님으로부터 나와서 우리에게 지혜와 의로움과 거룩함과 구원함이 되셨으니"(고전 1:30). 이 일은 이미 일어났습니다. 물론 이 일이 실제적이고 경험적 측면에서 아직 다 이루어진 것은 아닙니다. 그러나 신자는 이미 그리스도 안에서 최종적으로 구속되었습니다. 바로 이 사실이 바울이 로마서 8장에서 칭의에서 영화로 넘어가서, 부르심 받은 신자는 이미 영화롭게 되었다고 전하는 이유입니다. 그래서 연합은 파기될 수 없는 것입니다. 그리스도 안에 있는 모든 것이 연합으로 인해 신자의 것이 되었습니다.[209]

결과적으로 로이드 존스의 언약적 관점으로 봤을 때 성자가 신인(God-Man)으로 행하신 모든 일은 신자에게 영적으로 모두 해당되는 것으로 여겨진다. "그리스도가 죽은 자 가운데서 일으킴을 받으실 때 육체적으로 그리스도에게 일어났던 그 일과 영적으로 신자에게 해당되는 일이 유사하다"는 것이다.[210]

연합의 두 번째 결과는 영적인 것이다.[211] 로이드 존스에 따르면

---

209 D. M. Lloyd-Jones, *God The Holy Spirit,* 114-115.

210 D. M. Lloyd-Jones, *God's Way of Reconciliation: An Exposition of Ephesians 2* (Grand Rapids: Baker Books, 1995), 83; 김광열, 『그리스도 안에 있는 구원과 성화』, 35. 김광열은 이것은 "전 포괄적 연합"이라고 지칭한다. "그리스도와의 연합은, 그분이 온전한 인성을 입으셔서, 성령의 끈으로 하나님의 백성들과 연결된 사실에 기초하므로, 그분이 구속사역의 모든 순간들이(죽음, 장사되심, 부활, 승천, 재림 등) 의미하는 바들을 이 연합을 통하여 모든 하나님의 백성들과 함께 공유케 된다는 뜻에서, 전 포괄적 성격의 연합인 것이다."

211 Millard J. Erickson, 『복음주의 조직신학(하)』, 135. 에릭슨도 "신자들과 그리스도의 연합은 영적(spiritual)이라 한다. 그리스도와 성령 사이에는 종종 인식되는 것보다 더 가까운, 밀접한 관계가 존재한다." "우리와 그리스도의 연합은 성령에 의해서 야기될 뿐만 아니라, 이것은 또한 영들의 연합이다. 이것은 삼위일체 안에서와 같이, 한 본질 안에 있는 인격들의 연합이 아니다. 이것은 어떤 면에서 그들의 어느 한 쪽도 압도하지 않는 영들의

이 연합은 신자와 그리스도가 교제를 나눈다는 것을 의미한다. 또한 이것은 신자가 "그와 같은 형상으로 변화하여 영광에서 영광에 이르게"된다는 의미다. 즉 그리스도와의 연합으로 신자는 그리스도의 형상으로 변화하여 그와 같이 된다. 그리고 이것은 신자가 예수 그리스도의 고난에, 죽으심에 동참하게 된다는 것도 의미한다. 이 연합은 이처럼 신비한 영적 연합이다.[212]

(3) 은혜 언약 보증하는 방식: 성령 인침

로이드 존스는 은혜 언약을 보증하는 방식이 성령의 인침이라고 이해한다. 쉽게 말해 신자가 그리스도와의 연합으로 얻게 된 모든 복락, 장래에 받을 기업 곧 은혜 언약으로 약속된 기업을 하나님께서 보증하시는 방식이 성령으로 인 쳐주는 것이다. 에베소서에서 사도 바울은 성령으로 인 치시는 이유를 밝히고 있다.

> 그 안에서 너희도 진리의 말씀 곧 너희의 구원의 복음을 듣고 그 안에서 또한 믿어 약속의 성령으로 인치심을 받았으니, 이는 우리 기업의 보증이 되사 그 얻으신 것을 속량하시고 그의 영광을 찬송하게 하려 하심이라(엡 1:13-14).

여기서 사도 바울은 성령의 인침이 신자의 기업을 보증한다고 밝힌다. 먼저 이해할 것은 '성령의 인침'의 의미이다.

연합이다. 이것은 신자들을 물리적으로 더 강하거나 혹은 더 지적으로 만들어주지 않는다. 오히려, 연합이 만들어 내는 것은 사람 속에서의 새로운 영적인 활력이다."
212　D. M. Lloyd-Jones, *God The Holy Spirit*, 115-116.

성령의 인이란 무엇인가?

로이드 존스는 성령의 인침이 의미하는 것을 네 가지로 정리한다.

첫째, 성령의 인(Sealing)은 신자가 하나님의 백성임을 입증하고 보증한다. 성령의 인은 '신자가 하나님의 택하심 받은 백성인 것'을 인증하는 하나님의 방법이다. 로이드 존스에 따르면 이 방법을 통하여 신자가 그리스도인이라는 것이 자신과 타인에게 나타난다.

> 우리 안에 성령이 임재하시는 것은 증거가 됩니다. 성령이 우리 안에 계시다는 것은 하나님이 그리스도를 통해 성령을 우리에게 주셨다는 것을 의미하기 때문입니다. 우리가 하나님의 백성이기 때문에 성령을 우리에게 주셨고, 그는 우리 안에 거하시며, 우리 안에서 역사하십니다. 성령은 다른 누구에게도 주어지지 않습니다. 세상은 성령을 받지 못합니다. 그러므로 인으로서의 성령은 우리가 그리스도인이라는 사실을 우리 자신에게 뿐 아니라 다른 사람들에게도 나타내 줍니다.[213]

둘째, 성령의 인(Sealing)은 신자가 하나님의 소유임을 보장한다. 성령은 신자가 정말로 하나님의 백성이며 하나님의 소유라는 보장이다. 성령은 어떻게 이 일을 하는가? 성령의 인 치시는 사역을 통해서 성령이 신자 영에게 그리고 신자 영으로 더불어 신자가 하나님의 자녀라는 것을 증언한다. 또한 이를 통해 신자는 자신이 하나님의 소유된 백성임을 알게 된다.

셋째, 성령의 인(Sealing)은 신자의 구원을 안전하게 만든다. 로이

---

[213] D. M. Lloyd-Jones, *God The Holy Spirit*, 256-257.

드 존스에 따르면 신자 안에 계신 성령은 신자의 궁극적 구원에 대한 완벽한 보장이다. 구원은 영화까지도 포함된 궁극적 완성을 의미하는데, 성령에 의해 인침을 받는다는 것은 그 일이 신자에게 일어나리라는 보증이다. 이것을 로이드 존스는 로마서 말씀으로 설명한다.

> 우리 곧 성령의 처음 익은 열매를 받은 우리까지도 양자 될 것 곧 우리 몸의 속량을 기다리느니라(롬 8:23).

그는 여기서의 속량을 신자의 영뿐 아니라 육체까지도 포함하는 전인이 완전하게 되는 최종적인 구원으로 본다. 로이드 존스에게 있어서 성령에 의해 인 치심을 받는다는 것은 그 일이 신자에게 일어나리라는 보증인 것이다.

넷째, 성령의 인(Sealing)은 체험적 측면을 포함한다. 로이드 존스에 따르면 성령의 인침은 분명히 체험적인 일이다. 인의 전체 요점은 신자 자신이 그것을 알 수 있도록, 누릴 수 있도록, 신자의 궁극적 구속과 완성에 대해 확신과 복된 안전감을 가질 수 있도록 하는 것이다. 그러므로 성령의 인침은 자신과 타인도 알 수 있는 체험적 사건이다.[214]

그러면 '성령으로 인침'에서 '인침'의 본질은 무엇인가?

로이드 존스는 성령으로 '인침'은 그리스도인이 이 세상에서 가질 수 있는 가장 높은 차원의 체험이라고 주장한다.[215] 그것은 거룩한 체

---

214 D. M. Lloyd-Jones, *God The Holy Spirit*, 257-258.
215 D. M. Lloyd-Jones, *God's Ultimate Purpose: An Exposition of Ephesians 1:1 to 1:23*, 270.

험이다. 이러한 체험을 하면 신자는 자신이 받을 기업에 대한 확신을 얻는다. 그리고 자신이 '하나님의 자녀'인 것을 의식하여 하나님 아버지에게 '아바 아버지'라 울부짖게 된다. 이런 의미에서 아버지의 약속하신 성령이란 '양자의 영'이며, '자권(Sonship)의 영'이다. 신자가 하나님의 자녀란 사실이 아니고, 하나님의 자녀인 것을 확신 있게 인식하는 것이다.

로이드 존스는 믿음의 선진들 중에 토마스 굿윈과 존 프라벨, 조나단 에드워즈의 경험을 들어서 성령의 인침 체험을 들려준다.

> 사람의 영혼에 찾아와서 압도적으로 하나님은 그의 하나님이며 그는 하나님의 것임을 확신케 하며, 또한 하나님께서 영원 전부터 그를 사랑하심을 확신케 하는 빛이 있다. 그것은 보통 믿음의 빛 이상의 빛이다(토마스 굿윈).

> 더 높이 올라갔다. 결국에 그의 생각들은 도도한 홍수같이 되었다. 그의 마음은 하늘 기쁨과 하늘에 있는 그의 기업에 대한 충만한 확신에 가득 차 그 밖의 세상은 마치 없는 듯하였다(존 프라벨).

> 언제나처럼 경건한 묵상과 기도를 하면서 걸었다. 그때 나는 특이한 생각을 하게 되었다. 하나님과 사람 사이의 중보자이신 하나님의 아들의 영광, 그의 놀랍고 위대하고 충만하고 순전하고 꿀같이 단 은혜와 사랑, 온유하고 자애로운 겸손들이 아주 특별하게 생각되었다. 한 시간 동안 나는 그만 눈물을 홍수같이 흘렸

고 엉엉 소리 내어 울어버리게 되었다(조나단 에드워즈).[216]

이러한 성령의 인침은 언제 일어나는가?

사람이 믿을 때 동시에 일어나는가 아니면 믿은 다음에 일어나는가?

로이드 존스의 견해는 후자다. 믿는 것 곧 중생의 사건과 성령의 인침 사건을 다른 사건으로 본다.[217] 시간적 간격이 있을 수도 있고 없을 수도 있지만, 보통은 시간적 간격이 있다는 것이다.[218] 그는 자신과 같은 견해를 가지는 신학자로 토마스 굿윈, 존 오웬, 찰스 시므온, 찰스 하지를 든다. 그러면서 로이드 존스는 이 '성령의 인침'이 믿은 뒤에 일어나는 것이며 믿음에 첨가되어야 하는 일임을 역설한다.[219]

여기서 로이드 존스가 말하는 성령의 인침은 거룩한 체험이다. 그렇지만 기만적인 체험들도 있다고 강조하면서 성령의 거룩한 체험인지 아닌지를 가늠할 수 있는 시금석을 제시한다. 성령으로 인침은 다음과 같은 공통점이 있다.

첫째, 성령의 인침을 받으면 가장 먼저 나타나는 결과는 신자 자신이 하나님의 자녀라는 직관적이고 직접적인 복된 확신을 가진다.[220]

둘째, 성령의 인침은 신자 마음에 하나님의 사랑을 부어 준다. 성

---

216 D. M. Lloyd-Jones, *God's Ultimate Purpose: An Exposition of Ephesians 1:1 to 1:23*, 274-276.

217 D. M. Lloyd-Jones, 『성령세례』, 정원태 역 (서울: 기독교문서선교회, 2004), 31. 로이드 존스는 사도행전 19:6을 해석하면서, "중요한 요점은 차이가 있다는 것, 즉 믿는 것과 성령으로 세례 받는 것 사이에는 분명한 구분선이 있다"고 주장한다.

218 D. M. Lloyd-Jones, 『성령론』, 홍정식 역 (서울: 새순출판사, 2000), 165-184.

219 D. M. Lloyd-Jones, *God's Ultimate Purpose: An Exposition of Ephesians 1:1 to 1:23*, 250.

220 D. M. Lloyd-Jones, *God's Ultimate Purpose: An Exposition of Ephesians 1:1 to 1:23*, 279.

령의 인침을 경험하면 하나님의 사랑이 신자 마음에 '부은바' 되어 하나님의 사랑으로 신자가 충만하여 흘러넘치게 된다.

> 소망이 부끄럽게 아니함은 우리에게 주신 성령으로 말미암아 하나님의 사랑이 우리 마음에 부은바 됨이니(롬 5:5).

성령의 인침은 하나님의 사랑을 믿는 것을 넘어서 하나님의 사랑이 마음에 부어지는 경험이다.[221]

셋째, 성령의 인침은 말로 할 수 없는 영광스러운 즐거움으로 성자를 사랑하고 즐거워하게 한다. 로이드 존스는 베드로를 예로 든다.

> 예수를 너희가 보지 못하였으나 사랑하는도다. 이제도 보지 못하나 믿고 말할 수 없는 영광스러운 즐거움으로 기뻐한다(벧전 1:8).

로이드 존스는 여기서 그들이 예수 그리스도를 사랑하고 '말로 할 수 없는 영광스러운 즐거움으로 기뻐하며' 그를 즐거워하는데, 이것이 인침의 또 다른 결과라고 한다.[222]

넷째, 성령의 인침은 언제나 겸손하고 경외스러움과 하나님의 거룩한 사랑으로 인도한다. 성령으로 인침을 받으면 그 사람은 경외심으로 충만해진다. 그는 하나님의 임재 앞에(the Majesty of God) 있는 것

---

[221] D. M. Lloyd-Jones, *God's Ultimate Purpose: An Exposition of Ephesians 1:1 to 1:23*, 279-280.
[222] D. M. Lloyd-Jones, *God's Ultimate Purpose: An Exposition of Ephesians 1:1 to 1:23*, 280.

이다. 로이드 존스는 그는 필연적으로 겸손하게 된다고 강조한다.[223]

그러나 로이드 존스에 따르면 성령의 인침은 항상 압도적인 체험이 아닐 수는 있다. 그 강도(强度)에 있어서는 다양하다. 그럼에도 로이드 존스는 그 체험이 어떤 때는 불확실하게 느껴질 수 있다는 의미는 아니라고 한다. 그것은 언제나 확실하다. 항상 틀림없는 효과를 발한다. 왜냐하면 그것은 하나님께서 행하시는 일이기 때문이다.[224]

성령의 인침이 신자가 받을 기업의 보증이라는 성경 말씀에 대한 해석은 중요하다.

> 그 안에서 너희도 진리의 말씀 곧 너희의 구원의 복음을 듣고 그 안에서 또한 믿어 약속의 성령으로 인치심을 받았으니, 이는 우리 기업의 보증이 되사 그 얻으신 것을 속량하시고 그의 영광을 찬송하게 하려 하심이라(엡 1:13-14).

여기서 로이드 존스는 인침과 보증에는 차이가 있다고 말한다. 인침은 신자가 기업 무를 자라는 것을 자신에게 확신시켜 주는 것이고, 보증은 그 일 자체에 대해 확신을 주는 것이다. 또한 보증은 신자가 받을 것을 부분적으로 실제로 주는 것이다. 결국 신자가 그 모든 것을 받으리라는 확신을 가중시켜 준다.[225] 여기서 보증에는 두 가지 측면

---

223 D. M. Lloyd-Jones, *God's Ultimate Purpose: An Exposition of Ephesians 1:1 to 1:23*, 288.
224 D. M. Lloyd-Jones, *God's Ultimate Purpose: An Exposition of Ephesians 1:1 to 1:23*, 286.
225 D. M. Lloyd-Jones, *God's Ultimate Purpose: An Exposition of Ephesians 1:1 to 1:23*, 306.

이 있음을 알 수 있다.

첫째, 보증의 서약적 측면이다. 성령께서 신자 안에 거하신다는 사실은 앞으로 신자에게 완전무결하게 일어날 일에 대한 보증이요 서약이다. 신자의 몸마저 구원받을 날이 임박하고 있는데, 신자 안에 계신 성령의 임재는 그 날에 받을 하나님의 복락에 대한 보증이다. 왜냐하면 성령이 신자 안에 계시기 때문에 신자의 완전한 구원은 틀림없다는 것이다.

둘째, 보증의 계약금, 분할금 측면이다. 신자 안의 성령은 서약만이 아니라 신자가 받을 기업에 대한 일종의 계약금이다. 이것은 신자가 받게 될 하늘의 모든 신령한 복락들의 첫 맛보기이다. 성령의 인침은 장차 올 큰 수확의 처음 익은 열매를 맛보기 하는 체험이다.

> 성령께서 우리 안에서 일하시는 것, 특히 인침은 우리를 기다리고 있는 큰 수확의 처음 익은 열매입니다. 그렇지 않으면 그것을 '첫 맛보기'라고 생각할 수도 있습니다. '처음 익은 열매'는 특별한 것입니다. 그것을 우리가 취한다면 우리는 앞으로 우리가 얻을 것에 대한 맛보기를 한 것입니다. 그것은 우리의 미각을 돋우어 줍니다. 우리 마음을 기쁘게 하고 동하게 하는 무엇입니다. 다른 말로 하여, 사도가 가르치는 바는 우리 안에 계신 성령께서 우리 그리스도인들이 누리고 있어야 하는 것이 무엇일지를 알게 하여 주신다는 것입니다. 곧, 하늘을 맛보기로 체험하도록 하신다는 것입니다!²²⁶

---

226 D. M. Lloyd-Jones, *God's Ultimate Purpose: An Exposition of Ephesians 1:1 to 1:23*, 307-308.

그러면 그리스도인이 된 신자가 이와 같은 성령의 인침을 어떻게 경험할 수 있을까?

이에 로이드 존스가 제안하는 세 가지가 있다.

첫째, 성경을 연구하고 약속들에 대하여 탐구해야 한다. 로이드 존스는 사도 베드로의 말처럼 "보배롭고 지극히 큰" 약속들을 연구해야 한다고 강조한다. 성경을 읽고 연구할 것을 권한다.

둘째, 자신이 바른 것을 구하고 있다는 것을 확신해야 한다. 로이드 존스는 무엇보다 성령의 인침을 받기 위해서, 신자는 주님을 구해야 한다고 강조한다. 그분이 주실 복락보다 그분 자체를 구하고 갈구하고 사모해야 한다. 주님이 신자에게 구원의 여러 복락들을 주신 이유가 이를 통해 주님을 더 알도록 하기 위함이었다. 신자는 주님 자체를 구해야 한다. 하나님을 추구할 것을 강권한다.

셋째, 길을 예비하기 위하여 할 수 있는 모든 일을 행하는 것이다. 로이드 존스는 누구보다도 귀한 손님이신 주님을 맞이하기 위해서는 정결해야 한다고 강조한다.

> 그러므로 땅에 있는 너희 지체를 죽이라(골 3:5).

이와 같이 죽을 몸에 남아 있는 죄와 싸워서 죄로부터 정결할 것을 권한다.[227]

---

[227] D. M. Lloyd-Jones, *God's Ultimate Purpose: An Exposition of Ephesians 1:1 to 1:23*, 296-297.

(4) 요약

은혜 언약을 적용하는 자로 오신 성령은 오순절에 성부와 성자로부터 보냄을 받았다. 그는 말씀을 방편으로 하여 하나님의 백성을 구원에 이르도록 사역하신다. 성령은 죄인 안에서 그리스도에 대한 믿음을 일으킨다. 그 믿음은 신자로 하여금 주님을 의지하고 사랑하고 소망하게 만든다. 성령의 사역으로 그리스도인이 된 신자들은 그리스도와 연합한 자가 되며, 그리스도에게 속한 하늘의 신령한 모든 복락을 누리는 상속자가 된다. 이러한 하늘 기업의 보증으로 하나님은 신자를 성령으로 인 쳐주신다.

요컨대 성령은 성부의 보내심에 따라 이 땅에 오셔서 성자가 이루신 구원 곧 은혜 언약으로 그의 백성을 이끈다. 이와 같이 은혜 언약을 적용하는 일에 있어서 삼위 하나님은 함께 연합으로 사역하셨다.

3) 성령이 성자를 영화롭게 하는 방식

예수 그리스도께서 하늘로 승천하신 후에 아버지가 약속하신 것 곧 성령을 보내주셨다. 그러면 성자에 의해 파송되어 이 땅에 오신 성령 하나님의 목적은 무엇인가?

이에 대해 로이드 존스는 "성령의 임무와 사역은 성자를 영화롭게 하는 것"이라고 답한다.

성령은 창세 전 영원한 회의에서 성자의 구원 사역을 완성하는 자로 임명되셨다. 오순절 날 그 성령이 파송되어 오셨다. 그분은 구원의 일을 완성시키는 방식으로 성자를 영화롭게 하신다. 성자는 성부를 영화롭게 하셨고, 오순절에 오신 성령은 성자를 영화롭게 하신다. 성령은 기본적으로 구원하는 일 곧 은혜 언약의 적용을 통해 성자를 영

화롭게 하신다. 로이드 존스는 성자를 영화롭게 하는 방법을 세분화하여 구분한다.[228]

(1) 주 예수 그리스도와 인격

무엇보다도 성령은 주 예수 그리스도와 그의 인격을 드러낸다. 로이드 존스는 오직 성령만이 그리스도의 인격(the Person of Christ)을 나타내실 수 있다고 본다. 따라서 많이 배운 사람이든 못 배운 사람이든 어떤 사람이 그리스도의 인성을 알게 된 것은 성령이 사역하였기 때문이다.[229]

(2) 주 예수 그리스도의 사역

성령은 주 예수 그리스도의 사역을 계시한다. 로이드 존스에 따르면 신자가 예수 그리스도의 십자가 대속 사건을 이해하여 자신의 죄 때문에 성자가 돌아가셨다는 것을 깨닫는 것은 성령의 사역 때문이다. 그래서 성령의 조명(Illumination of the Holy Spirit)을 받지 않으면 어느 누구도 십자가의 진정한 의미를 깨달을 수 없다.[230]

---

[228] D. M. Lloyd-Jones, *The Assurance of Our Salvation: Studies In John 17*, 88; 이우제, "성령의 능력에 사로잡힌 설교자 로이드 존스의 설교 연구," 32. 이우제에 따르면 성령은 그리스도를 증거하고 그를 영화롭게 하는 영으로서, 이 목적을 위하여 성령세례로 설교자를 능력으로 무장시킨다. "증거의 영으로서 성령을 그리스도를 영화롭게 하신다. 성령은 그리스도를 돌출시키신다. 그러므로 로이드 존스가 말하는 성령의 사역에 중심점을 둔 설교는 설교자가 성령세례의 주목적(핵심 목적)인 주 예수 그리스도와 그의 인격과 그의 사역을 증언할 수 있는 능력으로 무장되는 것을 의미한다."

[229] D. M. Lloyd-Jones, *The Assurance of Our Salvation: Studies In John 17*, 91.

[230] D. M. Lloyd-Jones, *The Assurance of Our Salvation: Studies In John 17*, 92.

(3) 주 예수 그리스도의 가르침

성령은 신자에게 주 예수 그리스도의 가르침도 밝혀준다. 요한복음에서 성자는 이렇게 선언한다.

> 내가 아직도 너희에게 이를 것이 많으나 지금은 너희가 감당치 못하리라. 그러하나 진리의 성령이 오시면 그가 너희를 모든 진리 가운데로 인도하시리니 그가 자의로 말하지 않고 오직 듣는 것을 말하시며 장래 일을 너희에게 알리시리라(요 16:13).

로이드 존스는 이 말씀을 달리 표현한다.

> 지금은 너희가 나의 말을 잘 이해하지 못하지만, 성령님께서 내가 너희에게 말해 준 것들을 생각나게 해주실 것이다. 성령께서 오시면 내가 한 이야기들을 너희들이 밝히 이해할 수 있도록 도와주실 것이다.[231]

곧 성령의 조명 아래서만 신자는 예수 그리스도의 가르침과 사역을 바르게 이해할 수 있다는 것이다. 성령이 마음의 눈을 뜨게 해주셔야만 한다. 그것이 유일한 길이라고 강조한다.

왜 자연인은 예수 그리스도의 사역과 가르침을 이해하지 못하는 것인가?

로이드 존스의 평가는 그의 사역과 가르침은 영적인 것이기 때문이다. 인간 이성의 눈으로는 결코 이해할 수 없는 것이다. 성령의 기적

---

[231] D. M. Lloyd-Jones, *The Assurance of Our Salvation: Studies In John 17*, 93.

적인 사역만이 신자의 영적인 눈을 열어서 예수 그리스도의 구속 사역을 참으로 이해할 수 있게 한다. 따라서 로이드 존스는 신자가 바랄 유일한 소망은 "성령께서 기름을 부어 주시고, 신자의 눈에 영적인 안약을 발라 주셔서 그 복되신 진리를 향하여 신자의 눈이 뜨게 되는 것뿐"이라고 강조한다.[232]

(4) 주 예수 그리스도의 말씀에 죄 인식

성령은 죄를 깨닫게 하는 예수 그리스도의 말씀을 신자에게 적용시켜 준다. 로이드 존스에 따르면 누군가 자신이 죄인인 것을 깨닫지 못한다면, 그것은 그가 죄인이 아니라서가 아니라 오직 죄를 깨닫게 하는 성령의 사역이 없기 때문이다. 성령은 죄인으로 하여금 죄를 깨닫게 하시고 그 죄를 미워하게 하신다.[233]

(5) 하나님의 자녀 확신

성령은 신자가 하나님의 용서를 받았으며 하나님의 자녀가 되었다는 확신을 준다. 성령은 죄인을 불러 그리스도인이 되게 하고, 예수 그리스도 안에 속하게 한다. 그뿐만 아니라 신자 안에 내주하시는 성령은 친히 신자의 영과 더불어 그가 하나님의 용서를 받은 하나님의 자녀가 되었음을 증거한다. 성령의 증거하는 사역을 통해서 신자는 구원의 확신을 갖게 된다. 로이드 존스는 성령이 신자가 하나

---

[232] D. M. Lloyd-Jones, *The Assurance of Our Salvation: Studies In John 17*, 93.

[233] D. M. Lloyd-Jones, *The Assurance of Our Salvation: Studies In John 17*, 93; David Martyn Lloyd-Jones, *Acts Chapters 1-8. Vol.1* (Wheaton, IL: Crossway, 2013), 63. "The Holy Spirit makes each of us realize that we are guilty. We see the relevance of the Gospel to us. We realize that we must die and that we cannot escape."

님께 속해 있다는 것을 확증하기 위하여 도장을 찍어 주신다고 주장한다.[234]

(6) 그리스도인의 성화

성령은 신자 안에서 신자를 거룩하게 하고 완전케 한다. 로이드 존스는 신자가 계속적인 성령의 사역으로 거룩하고 완전한 자로 자라게 된다고 본다. 이것은 성령의 성화 사역이다. 이것은 구원의 과거, 현재, 미래의 요소 중에 현재형에 해당한다. 사도 바울은 말한다.

> 항상 복종하여 두렵고 떨림으로 너희 구원을 이루라. 너희 안에서 행하시는 이는 하나님이시니 자기의 기쁘신 뜻을 위하여 너희로 소원을 두고 행하게 하신다(빌 2:12).

게다가 동일한 성령은 신자의 기도도 도와준다.

> 이와 같이 성령도 우리의 연약함을 도우시나니 우리가 마땅히 빌 바를 알지 못하나 오직 성령이 말할 수 없는 탄식으로 친히 간구하시느니라(롬 8:26).

그리고 신자가 삶에서 지속적으로 성령의 열매를 맺게 하는 이도 성령이다.

> 오직 성령의 열매는 희락과 화평과 오래 참음과 자비와 양선

---

234 D. M. Lloyd-Jones, *The Assurance of Our Salvation: Studies In John 17*, 93-94.

과 충성과 온유와 절제니 이 같은 것을 금지할 법이 없느니라
(갈 5:22-23).[235]

(7) 주 예수 그리스도의 증인

성령은 신자로 하여금 예수 그리스도를 증거하는 삶을 살 수 있도록 인도한다. 로이드 존스는 오순절에 임한 성령이 신자에게 권능을 주어 담대하게 복음을 증거하게 하셨다고 여긴다. 1세기의 무식하고 평범한 몇 명 어부들이 고대 세계를 뒤집어 놓을 수 있었던 것은 오순절 날 그들이 성령으로 권능을 받았기 때문이다.[236]

(8) 요약

성부로부터 성령을 받은 성자는 오순절 날에 성령을 파송하셨다. 이 땅에 강림하신 성령은 은혜 언약의 적용자로 오셨다. 그분의 사역을 통해 죄인들은 그리스도와 연합한 자로 인도함 받는다. 성령의 사역은 그리스도와 그의 사역을 알리고 '구속의 은혜'를 적용하는 것이다. 결과적으로 성령은 그리스도를 영화롭게 하는 방식으로 자신의 임무를 완수하신다.

특히, 여기서 삼위 하나님이 서로를 영화롭게 하는 방식은 은혜 언약을 완성시키는 삼위 하나님의 통일성과 일맥상통한다.

성령 하나님의 구원 적용 사역을 정리하면 다음과 같다.

성부는 영원한 구원 계획에 따라 성자로 말미암아 성령을 오순절 날에 세상에 파송하신다. 이 땅에 강림하신 성령은 아버지의 뜻에 따

---

235 D. M. Lloyd-Jones, *The Assurance of Our Salvation: Studies In John 17*, 94.
236 D. M. Lloyd-Jones, *The Assurance of Our Salvation: Studies In John 17*, 95.

라 택함 받은 죄인들이 그리스도와 연합되게 하신다. 성령의 사역은 정확하게 그리스도의 사역 범위를 넘지 않는다. 딱 그만큼만 하신다.

성령의 사역은 성자가 구원한 백성들을 실제적으로 그리스도와 연합시키는 것이다. 성부는 영원한 구원 계획에서 '신자와 그리스도의 연합'을 계획하셨고, 성자는 그러한 일을 성취하셨으며, 이제 성령은 그 일을 실행하신다. 이로 보건대 영원한 구속적 은혜 언약의 내용인 '신자의 그리스도와 연합'은 성부, 성자, 그리고 성령의 통일된 사역이다. 성령의 사역을 통해 삼위 하나님의 은혜 언약 사역이 완성된다.

좀 더 살펴보면 성부는 택함 받은 백성에게 그리스도의 말씀(그리스도와 그의 사역)을 듣게 하신다. 성령은 그 말씀과 함께 사역하여 그들 안에서 믿음을 창출하고 활성화시킨다. 이 믿음은 성부가 주신 것이다. 이에 따라 신자는 믿음으로 그리스도에게 나가며, 그와 연합된 관계를 누린다. 삼위 하나님은 역할은 분명히 다르지만 '죄인을 살려서 그리스도와 연합하게 하는 사역'에 함께 일하신다. 삼위 하나님의 사역은 하나(oneness)이다.

요컨대 로이드 존스의 '삼위 하나님의 구원 적용 교리' 가운데 나타난 삼위 하나님의 통일성을 세 가지로 정리해 본다.

첫째, '그리스도인이 되게 하는 방식'은 삼위 간의 통일된 사역이다. 성부는 그리스도의 말씀의 방편을 통하여 신자에게 믿음의 선물을 주신다. 성령은 그 말씀을 통해 신자 안에서 믿음이 작동되도록 일하신다. 이렇듯 믿음을 통한 구원하는 방식에서 삼위 하나님은 일관된 방식으로 함께 연합하여 일하신다.

둘째, 삼위 하나님은 신자를 '그리스도와 연합시키는 방식'에서 함께 일하신다. 성취된 은혜 언약을 택하신 백성에게 적용하기 위하여 성자는 성부께 성령을 받아 파송하신다. 성령이 강림하여 오신다. 오신 성령은 신자와 그리스도를 연합시키는 방식으로 은혜 언약을 적용하신다. 성자와 성령의 일치된 사역이 돋보인다.

셋째, 성령은 '성자를 영화롭게 하는 방식'에서 성부와 성자의 뜻에 철저하게 일치함을 보여준다. 성령은 자신의 뜻을 이루기 위해 이 땅에 강림하신 것이 아니다. 오직 성자와 그의 사역을 온전히 적용하기 위하여 오셨다. 그 사역은 그리스도의 사역 범위와 정확히 일치한다. 그 범위에 미달하지도 넘어서지도 않는다. 성자의 사역이 성부의 뜻과 정확히 동일한 것처럼, 성령의 사역은 정확하게 그리스도의 사역과 일치한다. 환언하여 이것은 삼위 간의 은혜 언약 사역의 통일성이라 할 수 있다.

4. 소결론

본장에서 삼위 하나님의 구원 사역을 경륜적 구조 안에서 고찰한 결과, 로이드 존스의 삼위일체적 구원관 속에서 두 가지 측면의 통일성을 발견할 수 있었다.

첫째, '구속적 은혜 언약'의 계획과 성취 그리고 적용에서의 통일성이다. 다시 말해 삼위 하나님이 영원한 회의에서 구상하신 원대한 '구원 계획'이 삼위 하나님의 연합 사역으로 시공간에서 완벽하게 성취되고, 적용되었다는 점이다.

예를 들어 설계자가 구상한 설계도면대로 멋진 빌딩이 완벽히 지어지고, 설계 용도에 맞게 빌딩이 잘 사용되는 경우와 같다. 환언하여 삼위 하나님의 은혜 언약 계획이 그 계획과 일치하게 피조 세계에서 완벽히 완성된 것이다. 이것은 은혜 언약 사역의 통일성이다. 또한 '경륜 전체'의 통일성이다.

둘째, 삼위 하나님의 경륜을 따라 이뤄진 사역들이다. 곧 구원의 계획, 구원의 성취, 그리고 구원의 적용 각 사역에서 삼위 하나님은 항상 연합하여 각 위에 전유된 사역들을 이루셨다.

성부는 성자나 성령 없이 구원 계획을 구상하지 않으셨고, 성자는 다른 두 위격과 연합하여 함께 구원의 방식 곧 은혜 언약을 성취하셨다. 성령도 성부로 인해서 성자로 말미암아 모든 사역을 할 수 있었다. 이것은 '경륜 안'에서 통일성이다.

삼위 하나님의 경륜에서 나타난 이와 같은 두 가지 측면을 합하여 '경륜적 통일성'(Economic Unity)이라 정의한다. 이것은 삼위 하나님이 경륜 전체와 경륜 안에서 함께 연합하여 사역한 것을 의미한다. 또한 이 통일성은 삼위 하나님이 모든 외적 사역에서 '한 하나님'으로 사역하였음을 명확히 한다.

여기 경륜적 '통일성'이 중요한 이유가 있다. 무엇보다도 이 통일성은 세 위격이신 성부, 성자, 그리고 성령이 한 신성을 공유함을 의미하기 때문이다. 세 위격의 통일성의 근거는 당연히 한 신성, 한 영광, 한 영원성의 한 하나님이다. 게다가 이 통일성은 세 위격의 독특함을 서로 조화롭게 만들고 유기적으로 작용하도록 한다. 세 위격은 다를지라도 분리되거나 나뉘지 않는다. 단지 한 본성 안에서 구분될 뿐이다. 인간이 영혼과 몸이 합하여 한 인격을 이루는 것처럼, 삼위 간의 통일성은 세 위격의 완벽한 조화를 돕는다.

그리고 삼위 하나님의 경륜적 통일성은 삼위 하나님의 내재적 존재도 입증한다. 성부와 성자와 성령으로 계신 하나의 하나님은 영원히 그런 구조로 존재한다고 말할 수밖에 없다. 피조세계에서의 세 위격의 현존은 동일하게 세 위격의 영원한 현존을 반영하는 것이다.

반면에 삼위 하나님의 경륜적 통일성에도 제한점이 있다. 세 위격의 존재와 사역의 구분이 무시되거나 배격되지 않도록 주의해야한다. 통일성으로 인해 세 위격의 독특성과 사역의 전유성(Appropriation)이 경시되면, 자칫 삼위 하나님은 구분할 수 없는 '양태론적 하나님'으로 전락할 수 있다.

그리고 로이드 존스도 강조한 것처럼 삼위 하나님이 경륜적 사역에 구심적 역할과 기능을 하는 통일성을 의식하면서 한편으로는 위격의 구분도 항상 염두에 두어야 한다. 그러한 균형과 조화로운 관점 안에서 삼위 하나님의 경륜적 사역을 바로 이해할 수 있다. 그렇지 않고 통일성과 삼위성의 균형을 깬 사고는 성경적 삼위일체론에서 살짝 빗겨나갈 공산이 크다. 여기 로이드 존스의 삼위 하나님의 구원 사역 안에 있는 '통일성' 연구를 마무리하면서 한 가지 짚고 넘어갈 점이 있다.

왜 구속 언약(은혜 언약) 체결은 성부와 성자 두 분이서만 하셨을까?

다시 말해 성령은 그 언약 가운데서 제외 되었는가?

삼위 하나님의 '경륜적 통일성'에 비춰보면 언약 체결 과정 중에서 분명 '성령'의 역할 내지는 언급이 있어야 하는데, 로이드 존스의 '구속 언약(은혜 언약)' 내용 속에서는 찾아보기 힘들다.

로이드 존스 입장에서 생각하면 삼위 하나님 세분이 '구속 언약'을 협의할 때 표현에 있어서는 '성령'을 비록 언급하지 않았지만, 삼위를 늘 의식하면서 구속 언약을 다루었음을 짐작할 수 있다. 그럼에도 그의 삼위 하나님의 통일성에 비춰볼 때 주요 발원점이라 할 수 있는 '구속 언약'과 성령의 관계가 명확하게 해명되지 않은 것 또한 사실이다. 그래서 우리는 두 가지 추론을 통하여 구속 언약 속에서 삼위의 통일성 곧 성령의 위치를 찾아볼 수 있다.

첫째, 내재적-경륜적 통일성에 따른 추론이다.

비록 로이드 존스는 구속 언약이 성부와 성자 사이에 체결된 언약으로 보았지만, 본 연구 결과에 따르면 성령은 성자의 구속 성취에서 다른 두 분과 공동으로 사역하셨다. 그뿐만 아니라 성령은 오순절 날 성부와 성자의 파송으로 이 땅에 오신 후에도 실제적으로 구속을 이루는 데 두 위격의 하나님과 연합으로 사역하셨다.

그러므로 "존재론적 삼위일체는 또한 경륜적 삼위일체에서 자신을 반영한다"는 신학 공리에 근거하면, 삼위 하나님의 구속 성취와 적용 속에 연합하여 늘 참여하셨던 성령은 영원 전 구속 언약 체결 때도 두 위격과 동등한 관계 속에서 참여하셨다고 추론해 볼 수 있다. 게다가 삼위 하나님이 영원한 회의에서 구속의 계획(성부), 성취(성자), 그리고 적용(성령)으로 사역을 분담하셨다는 로이드 존스의 주장은 삼위 모두가 언약 체결 회의에 참여한 것을 전제로 한 것임에 틀림없다.[237]

둘째, 십자가 중심적 추론[238]이다.

하나님의 역사 전체를 놓고 볼 때, "예수 그리스도 안에서 발생한 하나님의 구속 사건이 역사의 구심점 역할을 한다. 그리스도 예수의 십자가와 부활을 기점으로 그 이전의 역사와 그 이후의 역사가 십자가를 향하여 견인되어 그것 안에서 새로운 의미를 형성하여 통합의

---

[237] D. M. Lloyd-Jones, *God's Ultimate Purpose: An Exposition of Ephesians 1:1 to 1:23*, 52-53; Herman Bavinck, 『개혁교의학2』, 400.

[238] 이 추론은 유태화의 "만족설이 남긴 과제 - 구속의 삼위일체적 이해를 모색하며-," 「조직신학연구」, 제13호 (2010), 241-261을 참조하여 실마리를 찾고, 그의 전개 방식에 따라 결론을 도출한 것임을 밝힌다.

길로 몰입하게 된다."[239] 특별히 십자가에서 성부와 성자는 서로 능동적으로 사역하셨다. 십자가는 "아버지가 아들을 내어 준 사건인 동시에, 그리스도가 자신을 내어 준 사건"이다.

그러면 먼저 성령은 십자가 사건 속에서 어떤 위치를 차지할까?

추론은 이 질문에서 시작한다. 십자가에서 시작하여 종국에 구속 언약에서의 '성령'의 자리를 찾는 순서는 다음과 같다.[240]

① 십자가 사건 가운데 성령이 참여하신다. 십자가에서 그리스도가 자신을 흠 없이 '하나님께' 바친 그 일이, 히브리서 기자는 "영원하신 성령으로 말미암아" 이루어진 사실이라고 밝힌다. 따라서 성부와 성자의 사이에 성령이 함께 하셨다.[241]
② 성령은 성부와 성자 사이에 이뤄진 십자가 사건의 진정한 의미를 이해한다. 이는 성령이 십자가 사건에 현존하신 때문이다. 그는 아들을 내어주는 성부와 아버지로부터 버려짐을 당하는 성자 사이에 사랑의 연대로서 현존한다. 성부 하나님의 사랑과 성자 하나님의 자발적인 사랑의 섬김과 성령 하나님의 사랑의 사역 결과로 우리를 위한 구원 사건이 십자가에서 완성된다. 구원은 성부와 성자와 성령 하나님 안에서 발생한다.[242]

---

239 유태화의 "만족설이 남긴 과제 - 구속의 삼위일체적 이해를 모색하며-," 「조직신학연구」, 제13호 (2010), 250.
240 유태화, "만족설이 남긴 과제-구속의 삼위일체적 이해를 모색하며-," 250, 254-259.
241 "… **'영원하신 성령으로 말미암아'** 흠 없는 자기를 하나님께 드린 그리스도의 피가 어찌 너희 양심으로 죽은 행실에서 깨끗하게 하고 살아계신 하나님을 섬기게 못하겠느뇨" (히 9:14).
242 유태화, "만족설이 남긴 과제 - 구속의 삼위일체적 이해를 모색하며-," 252-253.

③ 또한 성자는 자신이 영광(십자가)을 받은 후에 신자에게 성령이 파송될 것을 말씀하신다(구속 언약 가운데 성부의 약속).[243]

④ 그리고 성부는 성자의 부활 승천 후 십자가 사건을 승인하여 성령을 파송하신다(구속 언약 가운데 성부의 약속 실행). 이를 통해 십자가 사건의 효력이 신자 안에 실제적으로 적용되는 일이 일어난다.[244]

⑤ 이에 따라 파송된 성령은 신자 안에서 신앙을 창조하신다.[245]

⑥ 그리고 성령은 신자에게 십자가 안에 있는 하나님의 지혜와 능력을 조명한다. 이 성령의 증언이 신자 안에 일깨워져야 십자가가 하나님의 구원의 지혜와 능력이라는 사실이 알려진다.[246]

⑦ 신자는 신앙을 통하여 십자가 사랑과 공의를 깨닫는다. 하나님의 깊은 것까지 통달하시는 성령만이 십자가의 진정한 의미를

---

[243] "명절 끝날 곧 큰 날에 예수께서 서서 외쳐 가라사대 누구든지 목마르거든 내게로 와서 마시라. 나를 믿는 자는 성경에 이름과 같이 **그 배에서** 생수의 강이 흘러나리라 하시니 이는 그를 믿는 자의 받을 성령을 가리켜 말씀하신 것이라(예수께서 아직 영광을 받지 못하신 고로 성령이 아직 저희에게 계시지 아니하시더라)"(요 7:37-30). 여기서 유태화는 "그 배에서"에 생수의 강(성령)이 나온다는 말씀에서 성령은 "신자의 배"가 아닌 "그리스도의 배"라고 주석적 이해를 바탕으로 해석한다. 곧 성자가 성령을 파송하는 것을 의미한다.

[244] "하나님이 오른손으로 예수를 높이시매 그가 약속하신 성령을 받아서 너희 보고 듣는 이것을 부어주셨느니라"(행 2:33). 유태화는 그리스도가 십자가 죽음을 통해 아버지께 성령을 파송할 권리를 획득했다고 전한다. "그리스도는 자신의 구속사역에 근거하여, 아버지께 성령을 청구하여 파송하실 권리를 획득한다." 곧, "이는 예수의 인성에 거주하여 그리스도인 모두를 위한 교두보를 마련하였던 성령이, 중보자 그리스도가 구속을 완성하자, 비로소 신자들 안에 자신의 주거를 정하기 위해서 파송된다."

[245] 유태화, "만족설이 남긴 과제 – 구속의 삼위일체적 이해를 모색하며–," 259-260.

[246] 유태화, "만족설이 남긴 과제 – 구속의 삼위일체적 이해를 모색하며–," 260. 성령은 "사랑과 공의의 사건으로서 십자가의 핵심적인 비밀을 우리에게 일깨움으로써, 그 은혜에 참여하게 하는 분은 성령 하나님이다. 그러므로 성령은 우리의 신앙의 창조자이다. 십자가의 이 신비에 도달하는 유일한 길은 성령의 조명(illumination)을 통하는 길 밖에는 달리 없다."

가장 잘 아신다.[247]

⑧ 동시적으로 신자는 성령을 통하여 그리스도와 연합된다.

⑨ 이에 따라 신자는 구속함을 받는다.

이런 추론에 의하면 성부와 성자 사이의 구속 언약을 체결할 때 성령이 참여하셨다. 곧 성령은 십자가를 통해 드러난 하나님의 사랑과 공의를 사람에게 깨닫게 하고 구원으로 인도할 참 증인이다. 십자가 구속의 참 증인과 적용자로서 성령은 영원 전 성부와 성자의 구속 언약에 참여한 것이다.

다음 장에서는 '삼위 하나님의 경륜적 구원 사역'에 두드러지게 나타난 세 가지 원리를 볼 것이다. 세 가지 원리는 '하나님의 주권 원리,' '인간의 책임 원리,' 그리고 '그리스도와 연합 원리'이다. 이것은 삼위 하나님의 경륜적 사역을 지배하고 있는 원리들이다.

---

247 John Calvin, 『영한 기독교강요Ⅲ』, 12-13. 칼빈은 성령의 교통하심이 없이는 아무도 하나님의 아버지로서의 사랑과 그리스도의 은혜를 맛볼 수 없다고 한다. "without which no one can taste either the fatherly favor of God or the beneficence of Christ;" "오직 비밀한 가운데 있는 하나님의 지혜를 말하는 것이니 곧 감추었던 것인데 하나님이 우리의 영광을 위하여 만세전에 미리 정하신 것이라 이 지혜는 이 세대의 관원이 하나도 알지 못하였나니 만일 알았더라면 영광의 주를 십자가에 못 박지 아니하였으리라 … 오직 하나님이 성령으로 이것을 우리에게 보이셨으니 성령은 모든 것 곧 하나님의 깊은 것이라도 통달하시느니라"(고전 2:6-10).

제4장

삼위 하나님의 구원 사역 가운데 나타난 원리들

▶ 「자전거」, 페달과 기어를 이어주는 체인, 2016.

로이드 존스의 '삼위 하나님의 구원 사역' 속에서 드러난 세 가지 원리는 하나님의 주권 원리와 인간의 책임 원리 그리고 그리스도와 연합 원리이다. 이 세 원리는 "경륜적 통일성"과 함께 삼위 하나님의 통일성을 보여준다. 각 위격의 전유 사역 속에서 공통적으로 나타나고 있는 지배적 원리들이다.

로이드 존스의 마음속에는 항상 하나님의 영광, 하나님의 뜻, 하나님의 방식이 최우선 자리를 차지하고 있다.[1] 그는 신자들과 피조물의 구원을 보는 시각도 인간 편이 아닌 하나님 편에서 먼저 보도록 강권한다. 구원은 시작부터 끝까지 전적으로 삼위 하나님의 사역이다. 따라서 구원의 전 과정 속에는 "하나님의 주권 원리"가 흐르고 있다. 로이드 존스의 구원관 전체 속에는 하나님의 주권성이 아주 밝게 두각을 나타낸다.

다음으로 로이드 존스는 삼위 하나님의 구원 사역 속에 인간의 자리를 마련해 준다. 먼저 하나님이 일하시고 살며시 물러서신다. 그리고 바로 그 자리에 인간을 세우신다. 하나님은 신자들이 하나님의 복락들을 누리길 기대하신다. 그리고 영원한 사랑의 눈빛으로 인간을 보시고 함께 동행하고 동역하는 복을 주시길 원하신다. 이러한 하나님의 깊은 은혜로 마련된 자리에 선 인간은 말할 수 없는 영광스러운 즐거움과 큰 기쁨으로 '주어진 일'을 감당하도록 부름 받는 것이다. 이에 따라 인간은 율법의 관계가 아닌 사랑의 관계 속에서 '주어진

---

[1] Szabados Adam, "Two Evangelical Approaches to Evangelism and Mission: Differences between D. Martyn Lloyd-Jones and John R. W. Scott," 16. 애덤은 로이드 존스를 하나님의 영광을 유일의 가장 중요한 요소로 여기는 목회자로 평가한다. "Martyn Lloyd-Jones saw **the glory of God** as the single most important factor in evangelism, and viewed the sinfulness and weakness of human nature with high seriousness. He was convinced of the inability of all human efforts without the power of the Holy Spirit."

일'을 할 수 있는 능력을 선물 받고서 자발적으로 구원 사역에 동참하게 된다. 우리는 이것을 '인간의 책임 원리'라 정의한다.

끝으로 결정적인 원리가 하나 더 있다. 삼위 하나님은 죄로 타락한 인간을 구원하는 길을 성자이신 예수 그리스도 안에서 마련하신다. 성부는 성자에게 만물을 다스리는 권한을 위임하시고, 성자의 성육신, 십자가와 부활을 통하여 죄인을 구원하시기로 계획하신다. 성자는 성부가 주신 백성을 사랑하셔서 그 일을 기쁨으로 성취하신다.

만물을 주 예수 그리스도 안에서 재-통일하는 것이 삼위 하나님의 구원 목적이다. 이렇게 삼위 하나님의 구원을 해석한 로이드 존스는 구원의 시작과 끝이 주 예수 그리스도이심을 확신한다. 신령한 하늘의 복락들은 주 예수 그리스도 안에 있다. 삼위 하나님은 주 예수 그리스도를 통하여 구원의 모든 복락이 신자에게 주어지도록 작정하셨다.

그러므로 주 예수 그리스도를 떠나서는 구원이 없다. 오직 한 길은 주 예수 그리스도이다. 로이드 존스는 신자가 구원받은 근본적 원인과 이유를 예수 그리스도로 본다. 그와의 관계 곧 그리스도와의 온전한 연합만이 구원이요 구원에 이르는 길이다.

로이드 존스가 이해한 구원의 모든 과정과 단계는 그리스도와의 연합에 기초한다. 그리스도와의 연합이 구원의 시작이요 끝이다. 우리는 이것을 '그리스도와 연합 원리'로 설정한다. 은혜 언약의 핵심도 그리스도와의 연합이다. 이 원리를 파악하지 못하면 로이드 존스가 이해한 전체 구원의 큰 그림을 볼 수 없다. 또 하나님의 주권성과 인간의 책임 관계성 안에 있는 '하나님의 은혜'도 온전히 이해할 수 없다. 우리는 '그리스도와 연합 원리'를 통해서 하나님의 주권과 인간의 책임의 바른 관계를 더 깊이 이해할 수 있다.

결과적으로 '그리스도와 연합 원리' 안에서 하나님의 주권이 세워지고, 인간의 책임이 유효한 가능성으로 다가온다. 동시에 '그리스도와 연합 원리' 안에 하나님의 깊은 주권이 숨겨져 있고, 인간의 참된 자리가 베일에 가려져 있다. 세 원리는 서로 구분되지만 상호 유기적 관계 속에 작용하는 것을 볼 수 있다. 즉 서로의 관계를 하나로 묶어 주는 무언가가 존재한다.

이제 세 가지 원리가 로이드 존스의 경륜적 구원관 속에 어떻게 스며들어 있는지 고찰해 본다.

1. 하나님의 주권 원리

로이드 존스의 삼위일체적 구원관 속에서 '하나님의 주권'이 지배적 원리이다. 그가 언급하는 구원의 크고 작은 교리들 안에는 하나님의 주권이 항상 분명하게 나타난다.

먼저 '하나님의 주권'이 의미하는 뜻을 알아야한다.

'하나님의 주권'이란 무엇인가?

> 하나님의 주권이란 하나님의 사랑과 은혜와 의, 그리고 인간의 운명과 자연의 법칙들을 다스리시는 하나님의 통치권을 의미하며, 모든 영역과 모든 관계에서 자신의 통치권을 행사하시는 하나님을 말한다. 그리고 그 주권은 두 가지, 곧 하나님의 주권적 의지와 주권적 능력으로 설명된다.
> 하나님은 주권적 의지로 세계와 이성적 피조물의 모든 것을 계획하시고 지도하신다. 그리고 주권적 권능(혹은 전능)으로는 하

나님이 친히 의지하신 것을 집행하신다.[2]

달리 표현하면 하나님의 주권은 하나님의 위대하심이요 하나님의 왕권이요 하나님의 신성이다.

'하나님이 주권자'라는 말의 성경적 의미는 무엇인가?

그것은 하나님이 하나님이라는 선언이다. 그것은 그분이 지존자이며 "하늘의 군대에게든지 땅의 사람에게든지 그는 자기 뜻대로 행하시나니 그의 손을 금하든지 혹시 이르기를 네가 무엇을 하느냐고 할 자가 아무도 없도다"(단 4:35)라는 선언이다. 또한 그것은 그분은 전능하며 하늘과 땅의 모든 권세의 주인이라는 선포이다. 아무도 하나님의 계획을 좌절시키지 못하고, 그분의 목적을 막지 못하며, 그분의 뜻을 거스르지 못한다(시 115:3). 그것은 그분이 "모든 나라의 주재"(시 22:28, 통치자)이시며, 자신의 선한 뜻을 따라 나라를 세우고, 제국을 무너뜨리며, 왕조의 길을 정하신다는 공포이다. 그리고 그것은 그분이 "유일하신 주권자이시며 만왕의 왕이시며 만주의 주"(딤전 6:15)라는 외침이다. 이것이 성경이 말하는 '하나님이 주권자'라는 의미이다.[3]

---

[2] 신복윤, "개혁주의 신학의 특성들 (1) 하나님의 절대 주권,"「신학정론」15(1) (1997. 5), 14-15. 신복윤은 칼빈주의의 근본 원리를 '영원 자존성,' '예정론,' 혹은 '하나님의 영광'도 아닌 '**하나님의 주권**'(Sovereignty of God)으로 본다. 곧 이것은 "자연계와 도덕적 세계를 지배하시는 하나님의 절대적 주권"을 의미한다. 따라서 "하나님은 최고의 입법자요 통치자일 뿐만 아니라, 도덕적 영역과 진리, 과학, 예술, 정치, 경제, 사회의 모든 영역을 지배하시며, 그리고 사랑과 은사를 실시함에 있어서도 자존하신 지배자이다."
[3] Arthur W. Pink, 『하나님의 주권』, 전의우 역 (서울: 요단출판사, 2014), 22-23.

그러면 삼위 하나님의 구원사역 속에서 '하나님의 주권'은 어떻게 실행되는가?

하나님의 주권이 행사되는 방식은 네 가지로 정리할 수 있다.

첫째, 하나님은 주권적으로 능력을 행하신다. 하나님은 자신의 능력을, 자신이 원하는 방법으로, 자신이 원하는 때에, 자신이 원하는 곳에 사용하신다.

둘째, 하나님은 주권적으로 자비를 베푸신다. 누구에게 자비를 베풀지는 하나님이 결정하신다.

셋째, 하나님은 주권적으로 사랑하신다. 곧 하나님이 누구든지 자신이 사랑하기로 선택하는 자를 사랑하신다.

넷째, 하나님은 주권적으로 은혜를 베푸신다. 은혜란 자격 없는 자에게, 곧 지옥에 가야 마땅한 자에게 베푸는 호의이다. 공의는 호의를 베풀지 않으며, 사람을 차별하지도 않는다. 그러나 공의의 요구가 완전히 충족된 후에는 은혜가 온다.

은혜란 하나님에게 공로 없이 받는 과분한 호의다. 구원은 은혜를 받으며, 하나님이 주시는 값없는 선물이다. 따라서 하나님은 자신이 원하는 자에게 구원을 베푸신다.[4]

요약해 보면 하나님의 주권(Sovereignty)이란 완전한 자유 가운데서 하나님이 원하시는 일을 하나님의 뜻에 따라 하나님의 방식대로 하나님이 정하신 때에 하나님이 집행하시는 것으로 정의할 수 있다. 그리고 구원에 있어서는 그 대상도 하나님이 정하신다.

---

4 Arthur W. Pink, 『하나님의 주권』, 25-36.

이와 같은 '인간 구원'에 대한 '하나님의 주권'을 웨스트민스터 신앙고백은 더 명확하게 펼쳐 보인다.

> 하나님은 생명에 이르도록 예정되어 있는 사람들을 창세 전에 자신의 영원하고 변함없는 목적과 그리고 그 뜻의 은밀한 계획과 선하시고 기쁘신 뜻을 따라서 오직 그의 거저 주시는 값없는 은혜와 사랑에 근거하여 그리스도 안에서 선택하시어 영원한 영광에 이르게 하셨으며(엡 1:4, 9, 11; 롬 8:30; 딤후 1:9; 살전 5:9), 모두 그의 영광스런 은혜를 찬미케 하셨다(엡 1:6, 12; 전 3:14). 그리고 하나님께서 택한 자들을 영광에 이르도록 작정하신 것처럼, 그는 그의 영원하고 가장 자유로운 뜻과 의사에 의하여, 그것을 위한 모든 방법(수단)들을 미리 정하셨다(벧전 1:2; 엡 1:4-5, 엡 2:10; 살후 2:13).[5]

이렇게 삼위 하나님은 주권을 가지고, 죄인을 위한 경륜적 사역 전체를 진행하셨다. 로이드 존스의 구원 교리 안에 나타난 '하나님의 주권'의 예들을 살펴본다.

1) 구원 목적의 주권

구원 목적에서 만큼 하나님의 주권이 잘 드러나는 곳도 없을 것이다.

---

[5] 유태주, "청교도의 웨스트민스터신앙고백과 한국교회 개혁,"「신학과 사회」제23집 2호 (2010), 134.

하나님이 인간을 구원하는 목적은 무엇인가?

인간과 더불어 만물도 구속하시는 목적은 무엇인가?

첫째로 죄로 타락한 인간을 구원하여 자기 백성으로 새롭게 창조하시는 것이다. 이러한 과정 속에서 하나님이 원하시는 것은 삼위 하나님의 영광이 모든 만물 가운데 드러나고 하나님이 찬송 받는 것이다. 구원은 궁극적으로 신자를 위한 것이 아니다. 하나님의 영광을 위한 것이다. 하나님은 구원을 통해서 하나님 자신을 변호하고 온 우주에 하나님 자신을 드러내려고 하신다. 그분은 영원한 자신의 영광을 나타내고 계신다.[6]

또한 성부는 창세 전 영원한 회의에서 모든 피조세계에 대한 통치권과 권세를 성자에게 위임하셨다. 성자는 만물 위에 주인이 되신 것이다. 성자 하나님의 다스림 안에 있었던 피조 세계는 완벽한 조화 가운데 있었다.

그러나 천사의 타락, 인간의 타락, 그리고 피조물의 타락으로 완벽한 조화는 깨지고, 자체 내에 불화와 상호간의 불화가 만연해졌다. 이 불화를 회복하고, 다시 성자 곧 주 예수 그리스도 안에서 완전한 화해와 화합을 이루는 것이 구원의 목적이다. 인간의 구원과 만물의 회복에 있어서 그 중심은 주 예수 그리스도시다. 그분이 이 큰 구원을 이루시고, 다시 만물을 통일하시며, 홀로 영광 받도록 결정하셨다.

모든 백성을 다시 모으고 구원하신 후에 성자는 모든 것을 성부에게 드리신다. 이 모든 구원하는 일의 시작과 끝은 성부 하나님께 돌려진다. 그분이 최종적인 영광을 받으시고 경륜적 삼위 하나님의 역사

---

[6] D. M. Lloyd-Jones, *The Final Perseverance of th Saints: An Exposition of Romans 8:17-39*, 216.

를 마치실 것이다.

결론적으로 삼위 하나님께서 구원의 일을 통하여 영광 받으시기로 결정하셨다. 구원의 목적은 하나님의 영광이다. 이것이 하나님의 주권적 뜻이다. 다른 어느 피조물도 구원의 일에 있어서 공로, 칭찬, 관심, 영광을 받아서는 안 된다. 그러한 일은 구원의 궁극적 목적에 위배되는 것이고 하나님의 주권을 훼손하고 강탈하는 것이다.

> 죄의 주요한 요소는 하나님의 이름에 마땅히 드려야 하는 하나님의 영광을 그에게 드리지 않는 것과 같이, 구원에 있어서 주요한 요소는 구원이 우리로 하여금, 하나님의 영광을 깨닫게 한다는 것입니다. 죄의 진면목은 우리가 하나님께 마땅히 돌려야 하는 영광을 돌리지 아니하는 것입니다. 사람은 본래 하나님을 영화롭게 하는 존재로 지음을 받았습니다.
> 구원의 제일 되는 일은 하나님의 영광이 그 구원을 통하여 우리에게 나타난다는 것입니다. 우리는 구원에 관하여 생각할 때에는 언제나 하나님의 영광의 차원에서 생각을 하여야 합니다. 잘못된 복음전도는 우리가 받는 큰 이익에 관하여만 강조를 하는 것입니다. 즉, 우리가 여러 국면에서 구원을 받는다는 것만을 강조하는 것입니다. 이 모든 것에 계시되어 있는 하나님의 영광에 대하여는 전혀 말이 없습니다. 그러한 복음전도는 잘못된 것입니다. 우리는 구원이 하나님의 영광을 가장 위대하고 가장 높게 나타내었다는 점을 강조하여야 하는 것입니다.[7]

---

[7] John Owen, 『성도의 견인』, 조은화 역 (서울: 생명의말씀사, 2013), 40. "하나님의 목적들은 영원하며, 한없이 지혜롭고, 하나님 외에 그 어떤 것에도 영향을 받지 않는 하나님의 자유로운 의지의 행동이다." 존 오웬은 철저히 하나님의 목적에 있어서 주권성을 강조

따라서 로이드 존스는 어떤 구원관(view of salvation)이든지 하나님의 영광을 위하여 그 관점이 얼마나 자리를 내주고 있는가를 알아보는 것은 궁극적인 시금석이 된다고 말한다. 그 구원관이 참으로 성경적인 것이라는 증거는 모든 영광을 하나님께 드리는 것에 있다.[8]

2) 구원 계획의 주권

로이드 존스가 무엇보다도 강조하는 것은 구원이 삼위 하나님의 '계획'에 의해서 이루어졌다는 점이다. 그 계획은 인간이 존재하기 전에, 천지가 창조되기 전에, 이미 오래전에 만들어졌다. 오직 성부 성자 성령 삼위 하나님만 참여하신 영원한 회의에서 구원이 계획되었다.

구원은 그 계획에 따라서만 진행되고 있다. 구원의 계획 속에는 모든 과정의 일과 그 일들이 일어날 시점까지 들어있다. 삼위 하나님의 전지성과 전능성, 무한한 지혜 속에서 계획된 구원은 그 계획의 절대성과 확실성을 보장한다.

로이드 존스는 성부의 구원 계획의 완벽성을 특히 강조한다. 신약의 용어 '계획이나 목적'은 하나님이 구속 사역에서 자의적이거나 우연하게가 아니라 확고한 계획, 불변하는 목적을 따라 일하는 것을 가리킨다. 곧 그것은 하나님의 절대적 주권을 의미한다.[9]

한다; D. M. Lloyd-Jones, *God's Ultimate Purpose: An Exposition of Ephesians 1:1 to 1:23*, 132.
8   D. M. Lloyd-Jones, *God's Ultimate Purpose: An Exposition of Ephesians 1:1 to 1:23*, 225.
9   Herman Bavinck, 『개혁교의학2』, 428; D. M. Lloyd-Jones, *The Assurance of Our Salvation: Studies In John 17*, 57-58.

구원은 하나님의 아이디어일 뿐만 아니라, 우리는 여기에서 그것이 시종일관 완벽하게 계획되어 있는 것을 보게 됩니다. 여기에서 우리는 이 시간의 세계 속에서 어떤 신자든지 알 수 있는 가장 깊은 확신과 위로의 원천에 이르게 된 것입니다. 이 구원에는 우연적인 것이나 우발적인 것이나 수정이 불가피한 것이 전혀 없다는 사실보다 우리에게 더 큰 위안과 확신을 주는 것이 어디 있겠습니까?

하나님의 구원 계획은 완벽합니다. 하나님께서는 세상이 창조되기 이전인 영원 전부터 인류 구원을 계획하셨습니다. 그리고 그 계획은 하나님 마음속에 영원히 들어 있습니다. 그러므로 여기에 우연이 들어갈 자리는 전혀 없습니다. 구원 계획이 수정되거나 변화되거나, 어떤 국면에서 달라질 필요가 전혀 없습니다.[10]

결론적으로 성부 하나님은 창세 전에 완벽한 구원 계획을 세우셨다. 창세 전에 단 한 사람도 태어나기 전에 삼위 하나님의 협의로 결정된 것이다. 구원에 있어 모든 일은 절대적으로 완전하고 적절한 시기에, 단 한 순간의 지체도 없이 일어난다. 이것은 구원이 삼위 하나님의 절대적인 주권에 의해서 이루어짐을 나타낸다. 창세 후 인간의 어떤 반응을 보고 구원이 결정된다든지 도중에 인간이나 환경의 변화에 의해 계획이 수정되는 일은 있을 수 없다. 처음부터 인간과 환경, 어느 피조물의 조건을 보고 구원이 계획된 것이 아니기 때문이다.

따라서 하나님의 구원 계획이 도중에 수정되거나 인간의 반응에 변하도록 또는 인간의 반응을 미리 반영하여 이루어졌다고 주장한다

---

[10] D. M. Lloyd-Jones, *The Assurance of Our Salvation: Studies In John 17*, 57-58.

면, 그것은 창세 전에 구원을 계획하신 하나님의 주권적 뜻에 위배된다. 로이드 존스에 따르면 하나님은 전지성, 전능성, 영원성 안에서 마음속에 전체적인 구원 계획을 이미 확고히 세우신 것이다.[11]

3) 작정 원리의 주권

로이드 존스는 전능하신 창조주 하나님은 창조주로서, 심판장으로서, 주권적인 주님으로서의 권리를 갖고 계신다고 말한다. 하나님은 어떤 일을 당신이 원하시는 대로, 하고 싶은 대로 행하실 절대적인 자유권과 권리를 갖고 계신다는 것이다. 이러한 하나님의 자유권과 권리에 따라 하나님은 어떤 일이 일어나도록 미리 정하신다.

피조물과 관련된 하나님의 사역은 하나님의 내적(ad intra) 사역과 외적(ad extra) 사역으로 나뉜다. 전자는 일반적으로 작정이라는 명칭으로 지칭되고, 모두 하나이며 영원한 하나님의 경륜 안에 포함된다. 이 작정은 신적 존재의 순수 내재적 사역과 창조와 재창조의 외적 사역 사이의 연관을 수립한다.[12]

이와 같은 하나님의 작정은 세 가지 특징을 가진다.

첫째, 하나님의 작정 안에 포함되어 하나님이 존재 밖에서 실현되도록 정해진 그 모든 생각들은 하나님 안에 영원히 현존하는 충만한 지식에서 나온다.

둘째, 하나님의 모든 작정은 하나님의 절대적 주권에 기초한다.

---

11 D. M. Lloyd-Jones, *The Assurance of Our Salvation: Studies In John 17*, 61.
12 D. M. Lloyd-Jones, *God's Sovereign Purpose: An Exposition of Romans 9*, 202; Herman Bavinck, 『개혁교의학2』, 424.

셋째, 작정의 개념 가운데 포함된 것은 때가 되면 실현될 것이다. 구원의 전 역사 속에서 어떤 사건들이 절묘한 타이밍에 일어나는 것은 창세 전에 미리 정하셨기 때문이다. 작정은 하나님의 절대적 주권을 드러낸다. 하나님이 "어떤 사람들은 구원하시기로 결정하셨고, 어떤 사람들은 멸망과 저주를 받도록 보내시기로 작정하신다."[13]

로이드 존스에게 있어서 어떤 일이 일어나는 것은 어떤 우발이나 필연성(결정론)에 의한 것이 아니라 확실성, 하나님에 의해서 산출되는 일의 확실성 때문이다. 하나님의 작성 원리에 대해 반대자들은 그것은 운명론 내지 결정론이 아니냐고 반문한다.

결정론은 "모든 것이 다 정해져 있으며, 사람도 전적으로 자유가 없다"는 주장이다. 그러나 로이드 존스의 구원 관점에서 본다면 하나님의 작정으로 인한 구원은 '자유의지'가 배제된 결정론이 아니라 하나님의 자유로운 의지와 결정 안에서 보장되는 확실성에 기인한다.[14]

여기서 '확실성'은 하나님이 자유로운 의지로 결정하신 뜻과 목적을 그의 전능성과 전지성, 그리고 무한한 지혜로 반드시 이루신다는 진리에 근거한다. 하나님의 자유의지에는 어느 것도 손상이 없다. 로이드 존스는 타락한 인간에게는 자유의지란 없다고 단언한다. 단지 죄의 지배 아래 속박된 타락한 의지만 있을 뿐이다.[15]

> 성경적 '확실성'의 교리입니다. 어떤 우발이나 필연성에 의한 것이 아니라 확실성, 하나님에 의해서 산출되는 일의 확실성입니

---

13 Herman Bavinck, 『개혁교의학2』, 424-425; D. M. Lloyd-Jones, *God's Sovereign Purpose: An Exposition of Romans 9*, 204.
14 D. M. Lloyd-Jones, *God's Sovereign Purpose: An Exposition of Romans 9*, 207.
15 D. M. Lloyd-Jones, *God's Sovereign Purpose: An Exposition of Romans 9*, 281.

다. 사람의 의지를 결정하는 것이 무엇인가하는 것입니다. 그 질문을 던지는 순간 둘 중에 하나에 귀착됩니다. 그것이 하나님의 뜻이든지, 아니면 순전히 우발적이거나 하나의 내분비선의 문제든지, 성장 등의 문제이든지 할 것입니다.

어떤 경우에서도 여러분은 자유의지를 가질 수 없습니다. 사람이 타락한 이후에 그러한 것은 존재하지 않았습니다. 자유의지를 가졌던 오직 한 사람이 있었다면 그는 아담이었습니다. 그가 그 자유의지를 가지고 무슨 일을 했는지를 우리는 알고 있습니다. 그 후부터 우리는 모두 죄 가운데 태어났습니다. 우리는 "죄악 가운데 잉태되었습니다." 사람이 그리스도인이 되는 것은 하나님의 의지와 뜻과 선택 때문입니다.[16]

그러므로 신자가 구원받은 것은 하나님의 자유로운 선택에 따른 미리 정하심에 의한 것이다.

> 이방인들이 듣고 기뻐하여 하나님의 말씀을 찬송하며 영생을 주시기로 작정된 자는 다 믿더라(행 13:48).[17]

따라서 어떤 사람을 구원하시겠다고 하시는 하나님의 의지와 결정이 사람을 구원하는 것이다. 하나님은 어떤 사람들만 구원하시기로 작정하시고 마음을 정하셨다.[18] 결국 타락한 모든 인간의 의지와 결정

---

16 D. M. Lloyd-Jones, *God's Sovereign Purpose: An Exposition of Romans 9*, 207-208, 216.
17 D. M. Lloyd-Jones, *God's Sovereign Purpose: An Exposition of Romans 9*, 276.
18 D. M. Lloyd-Jones, *God's Sovereign Purpose: An Exposition of Romans 9*, 216.

은 '구원'에 있어서 어떤 영향도 없다. 본인의 의지의 결단으로 자신이 구원받았다고 말하는 것은 하나님의 미리 정하심을 따라 일어나게 하신 하나님의 뜻에 위배된다.

4) 선택 원리의 주권

하나님은 선택의 과정을 통해서 자신의 위대한 목적과 뜻을 이루신다. 로이드 존스에 따르면 이 선택의 원리만이 하나님의 목적과 뜻을 온전히 완수할 수 있기 때문이다. 야곱과 에서가 아직 태어나기도 전에, 어떤 선이나 악을 행하기도 전에 하나님은 야곱을 택하셨다. 로이드 존스는 이것을 하나님의 자유로운 선택권이라고 한다.[19] 하나님의 절대적이고 주권적인 선택권이다. 하나님은 그 방식으로 자기 백성을 선택하시고 창조하시며 구원을 이루신다.

로이드 존스에 따르면 선택의 원리는 절대적으로 어느 누구에게 구애받지 아니하는 주권적인 것이다. 하나님의 선택은 인간의 어떤 것에 전혀 매이지 않는 선택이다. 하나님 자신의 성품과 자신의 영원한 뜻에 의해서만 결정된다. 또한 하나님의 선택은 택하는 일뿐만 아니라 거절하는 일도 수반한다. "내가 야곱은 사랑하고"라는 말씀뿐만 아니라 "내가 에서는 미워하였다"라고 말씀하신다. 하나님께서는 사람 자체보다는 사람의 죄악된 상태를 미워하신다.[20]

따라서 하나님의 선택하시는 주권은 어느 누구에 의해 영향 받지도 방해 받지도 않는다. 로이드 존스의 논리에 따르면 엄밀한 의미에

---

[19] D. M. Lloyd-Jones, *God's Sovereign Purpose: An Exposition of Romans 9*, 125-126.
[20] D. M. Lloyd-Jones, *God's Sovereign Purpose: An Exposition of Romans 9*, 130.

서 인간에게는 자유로운 선택권이 없다. 야곱이 믿음으로 구원받은 것은 절대적인 하나님의 자유로운 선택에 의한 것이다. 야곱이 하나님의 사역 없이 홀로 자유로운 의지로 하나님을 믿기로 선택한 것이 아니다. 그에게는 공로가 없다. 하나님이 야곱의 선이나 악을 보고 선택하신 것이 아니기 때문이다.

모든 신자 경우에도 마찬가지다. 모든 신자가 구원 받은 것은 그의 선이나 악, 선택에 의한 것이 아니다. 오직 택하심을 통하여 구원하시는 하나님의 주권적 선택에 의한 것이다.

그리고 에서의 경우는 하나님의 선택을 받지 못했다. 하나님은 자유로이 누구를 선택하고 누구를 물리치실지 결정할 수 있는 주권이 있다. 하나님은 자유로이 에서는 선택하지 않으셨다. 하나님께 누군가가 왜 에서는 선택하지 않으셨냐고 비난한다면 그것은 하나님의 선택하는 주권에 대한 도전이다. 피조물은 창조주의 선택에 대해 잘잘못을 가릴 권한이 없다. 선택하심은 하나님의 절대적인 권한이요, 주권이다.

로이드 존스는 사람이 하나님께 대한 관계는 마치 진흙덩이가 그 진흙으로 토기를 만드는 사람에 대한 관계와 같다고 본다. 로이드 존스는 세상에 이 무능한 물질 덩어리가 그것을 그릇으로 만든 사람에게 "어째서 나를 이렇게 만들었느냐?"라고 한다면 이보다 더 무모한 일이 어디 있느냐고 반문한다. 즉 "내가 야곱은 사랑하였고 에서는 미워하였다"는 말씀 앞에 "하나님이 무슨 권한으로 그렇게 합니까?" 묻는 사람과 똑같은 입장이라는 것이다.[21]

결과적으로 로이드 존스는 타락한 인간이 하나님께 왜 나는 선택

---

21 D. M. Lloyd-Jones, *God's Sovereign Purpose: An Exposition of Romans 9*, 196.

하지 않았냐고 질문하는 이유는 그 근저에 악한 정신을 담고 있기 때문이라고 해석한다.²² 피조물인 불신자는 창조주 하나님께 자신의 불신앙과 그 결과에 대해 뭐라 말할 권한이 없다.

5) 언약 속에 나타난 주권

성경에서 언약은 하나님의 은혜의 주권적인 행위이다. 하나님께서 어떤 일을 스스로 행하시겠다고 약속하신 것이다. 로이드 존스는 은혜 언약을 하나님과 인간 사이에 쌍무적인 협약이 아니고, 일방적인 하나님의 주권적인 약속으로 본다.

하나님께서는 어느 인간과 상의하고 협의하신 것이 아니다. 그러므로 하나님께서 이스라엘을 택하시고 하신 모든 약속은 본질적으로 하나님의 주권적인 행위이다. 하나님은 이스라엘을 선택하시고 스스로 그 백성에게 맹세하셨다. 그는 이스라엘을 인류 구원의 통로로 사용하시겠다고 약속하셨다.²³

그리고 로이드 존스가 구속 언약을 다른 말로 은혜 언약이라고 부르는 이유 중 하나는 하나님의 주권적인 '은혜'를 강조하기 위함이다. 구속 자체가 하나님의 계획과 실행에 의해 이루어지는 하나님의 일방적 약속이기 때문에 그리고 죄인에게 값없이 풍성하게 필요한 구원을 주시는 하나님의 선물이기 때문에 '은혜' 언약이 된다.

신자들이 하나님의 구원하는 방식인 은혜 언약에 따라 그리스도 안에서 받는 모든 복락이 선물이며 은혜이다. 구원에 있어서 인간의

---

[22] D. M. Lloyd-Jones, *God's Sovereign Purpose: An Exposition of Romans 9*, 191.
[23] D. M. Lloyd-Jones, *God's Sovereign Purpose: An Exposition of Romans 9*, 53-54.

어떤 공로도 필요치 않다. 어떤 조직이나 교회도 필요치 않다.

그러므로 로이드 존스는 구원의 통로인 '믿음'조차도 구원의 원인이나 이유가 될 수 없다고 주장한다. 믿음은 그리스도 안에 있는 하나님의 의가 신자의 것으로 되는 '통로'(channel)에 불과한 것이다. 죄인을 구원하는 것은 믿음이 아니다. 죄인을 구원하는 것은 주 예수 그리스도와 주 예수 그리스도의 완벽한 공로이다.[24] 이런 이유로 하나님의 은혜 아닌 어떤 것이든 그것이 인간 구원에 기여한다고 주장한다면 그것은 하나님의 주권적 은혜에 대한 도발이요 훼손이다.

6) 구원 얻는 방식의 주권

삼위 하나님은 죄인이 구원 얻는 방식을 결정하셨다. 인간은 오직 주 예수 그리스도를 믿는 방식으로만 구원을 받는다.

인간이 어떻게 구원받을 수 있는가?

그 방법을 정하신 분이 삼위 하나님이시다. 인간이 철학적으로 상상하여 낸 그 외의 모든 방법은 인간을 구원하지 못한다. 왜냐하면 그것은 하나님이 정하신 방법과 길이 아니기 때문이다. 성경은 하나님께서는 천하 인간에게 구원받을 만한 다른 이름을 주신 적이 없다고 선언한다. 구원은 하나님과 그의 보내신 분 예수 그리스도를 아는 것이다. 하나님은 그 방법을 알려 주셨다. 모든 인간은 주 예수 그리스도와 그의 행하신 일을 믿음으로써만 구원을 받는다.

로이드 존스가 끊임없이 강조하는 것은 인간이 구원 얻는 "하나님

---

[24] D. M. Lloyd-Jones, *Atonement and Justification: An Exposition of Romans 3:20 to 4:25*, 120.

의 방식"이다. 하나님의 방식은 오직 하나, 주 예수 그리스도를 믿는 믿음의 방식이다. '하나님의 방식'으로만 인간은 구원을 얻는다. 다시 말해 하나님은 그리스도 안에서 세상과 화해하고 계셨다. 이것이 구원을 위한 하나님의 방식이다. 그리스도인은 오직 유일한 구원의 길이 하나님이 제시하신 방식뿐임을 믿는다.[25]

따라서 하나님의 주권은 인간을 구원하는 방식을 정하신 것에서 나타난다. 하나님의 방식으로만 인간은 구원을 얻는다. 구약이나 신약에서, 또한 유대인이나 이방인이나, 남녀노소 지위고하를 막론하고 구원받는 방식은 하나님이 정하신 '동일한 방식'뿐이다.[26] 이 방식에 다른 인간의 행위를 첨부해서도 안 되고 이 방법 외에도 다른 방법이 있다고 주장해서도 안된다. 그 모든 다른 방식들은 구원의 방식을 정하신 하나님의 주권에 대한 모독이다.

7) 구원 서정의 주권

삼위 하나님은 구원의 계획 속에서 그 목적을 이루는 상세한 국면들의 순서를 정하셨다. 그 순서는 미리 아심, 미리 정하심, 부르심, 의롭다 하심, 영화롭게 하심이다. 모든 단계들마다 계획되었고 작정되었던 것이 성취되는 것이다. 로이드 존스는 사도 바울이 이 순서를 의도적으로 놓았다고 본다.[27]

---

[25] D. M. Lloyd-Jones, *Atonement and Justification: An Exposition of Romans 3:20 to 4:25*, 245.

[26] D. M. Lloyd-Jones, *Atonement and Justification: An Exposition of Romans 3:20 to 4:25*, 129.

[27] D. M. Lloyd-Jones, *The Final Perseverance of th Saints: An Exposition of Romans 8:17-*

로이드 존스에게 있어서 주어진 순서는 하나님의 마음에 있던 순서로서 하나님이 뜻하시고 계획하신 것을 실제로 옮기시는 방식으로 해석한다. 순서도 중요하지만 여기서 로이드 존스가 강조한 요점은 하나님이 구원을 이루는 방식을 결정하셨다는 점이다. 곧 각 단계와 논리적 순서까지도 하나님의 자유로운 주권에 의해 결정되었다.

> 모든 단계들마다 계획되었고 작정되었던 것이며 성취되는 것입니다. 부르심이 중심을 차지하고 있습니다. 부르심의 저 편에는 미리 아심과 미리 정하심이 있습니다. 이 편에는 의롭다 하심과 영화롭게 하심이 있습니다. 사도가 그 단계들을 그런 순서로 놓은 것은 의심할 여지없이 의도적으로 된 것입니다. 주어진 순서는 하나님의 마음에 있던 순서인 것입니다. 그것은 하나님께서 뜻하시고 계획하신 것을 실제로 옮기시는 방식인 것입니다. 그것은 아주 한정된 순서이며 논리적인 순서입니다.[28]

하나님의 주권적 관점에서 바라볼 때 구원의 서정 가운데 있는 각 단계들의 순서도 중요하다. 로이드 존스는 논리적으로 볼 때 어떤 순

39, 232; John Murray, 『존 머레이의 구속』, 124. 존 머레이도 바울이 의도적으로 구원의 순서를 정하였다고 말한다. "바울이 따라가는 순서-부르심, 칭의, 영화-는 실제로 하나님이 정하신 순서라고 생각할 만한 충분한 이유가 있고, 어렵지 않게 찾아볼 수 있다. 바울이 본문에서 전반적으로 제시하는 이 순서가 시사하는 바가 큰 것으로 봐서, 이 논리적 배열 순서는 전적으로 의도적인 것이라고 결론 내릴 수 있다."

28 D. M. Lloyd-Jones, *The Final Perseverance of th Saints: An Exposition of Romans 8:17-39*, 232; John Murray, 『존 머레이의 구속』, 133. "이런 여정을 주의 깊게 살펴보면, 구원의 지배적인 원리가 모든 측면에서 역사하고 있음을 알 수 있다. 그것은 바로 주권적이고 유효하게 역사하시는 하나님의 은혜다. 구원의 시작과 성취는 물론 적용 역시 우리 주님으로 말미암는다."

서와 관계가 맞는지 곧 하나님의 주권이 더 우선시 되는 순서는 무엇인지 찾는다.

(1) 그리스도와의 연합이 중생보다 논리적으로 앞선다

그리스도와의 연합은 성령의 중생 사역을 통해서 이루어진다. 시간적으로 중생과 그리스도와의 연합은 동시에 일어난다. 그러나 로이드 존스는 논리적 순서에서 중생보다 그리스도와의 연합을 앞에 둔다. 중생은 그리스도와의 연합의 결과로 얻어진다고 보기 때문이다.

> 연대기적으로, 즉 시간의 순서를 고려하여 보면 두 가지 일이 동시에 일어난다는 데에는 의심의 여지가 없습니다. 그리스도께 연합하는 그 순간 우리는 거듭납니다. 그리스도께 결합하는 순간 우리는 이 생명의 원리를 받습니다. 엄밀한 시간적 관점에서 본다면 어느 하나가 다른 하나보다 더 먼저 일어났다고 볼 수는 없습니다. 그러나 논리적으로는 대체로 연합을 중생보다 앞에 놓아야 합니다. 이 둘을 약간 다른 순서로 다룬 이유는, 저처럼 부르심의 개념으로부터 출발한다면, 효력 있는 부르심을 강조한 후에는 중생을 언급해야 하고, 그 다음에 신자와 그리스도의 연합이 중생의 원인임을 말해야 하기 때문입니다.[29]

이것은 구원의 적용 곧 예수 그리스도의 사역으로 성취된 모든 구원의 복락이 예수 그리스도와의 연합에 기인하여 주어진다는 의미

---

[29] D. M. Lloyd-Jones, *God The Holy Spirit*, 102.

이다. 예수 그리스도와의 연합이 없다면, 중생뿐 아니라 이후의 믿음, 칭의, 성화, 영화 등 모든 복락은 얻을 수 없다. 따라서 예수 그리스도와의 연합이 논리적으로 중생보다 앞선다. 신자가 마지막 아담인 예수 그리스도 안에 있을 때 하늘의 신령한 모든 복락은 주어지기 시작한다. 예수 그리스도가 모든 복의 근원이다.

(2) 칭의가 중생에 논리적으로 앞선다

로이드 존스의 로마서 해석에 따르면 하나님은 경건치 않은 자를 의롭다고 여겨주신다. 여기서 경건치 않은 자는 중생하지 않은 자이다. 이것은 칭의가 중생에 앞선 순서를 가진다는 의미이다. 중생을 통해서 신자는 거룩함으로 옷 입혀진다. 곧 경건한 자가 되는 것이다. 하지만 하나님은 사람의 어떤 선이나 성례(세례)나 공로, 내적 자질, 더구나 '거룩함'을 보고서 의롭다 하시는 것이 아니다.

따라서 로이드 존스는 하나님은 인간의 의(義)를 보고 의롭다고 하시지 않는다고 강조한다. 성경 말씀에 따르면-곧 하나님이 불경한 자를 의롭다 하신다는 말씀-의(義)가 죄인을 의롭게 만드는 것이 아니다. 하나님이 먼저 죄인을 경건하게 만드신 다음에 의롭다 하시지 않으신다. 행함이 없고 여전히 불경건할 때에 의롭다 함을 얻는 것이다.[30]

그러므로 로이드 존스에게 있어서 하나님이 죄인을 의롭다고 칭하시는 것은 죄인이 중생했기 때문이 아니라 '그리스도의 의'로 인하여 선언하신 것이다.

---

30 D. M. Lloyd-Jones, *Atonement and Justification: An Exposition of Romans 3:20 to 4:25*, 173.

우리를 구원하는 것이 우리의 중생이 아니라는 것을 분명히 해야겠습니다. 우리를 구원하는 것은 우리가 다시 낳았다는 사실이 아닙니다. 우리를 구원하는 것은 그리스도의 의입니다. 하나님께서는 불경건한 자를 의롭다 하십니다. 불경건한 자는 중생되어 있지 않습니다. 우리가 의롭다하는 선언을 받은 것은 우리가 경건치 않을 때입니다. 하나님은 맨먼저 우리를 중생시키지 않습니다. 우리가 중생해야 의롭다고 여기는 것이 아닙니다. 하나님은 철저하게 경건치 않은 자를 그리스도의 의로 인하여 의롭다 하십니다.[31]

특히 로이드 존스는 칭의와 중생의 순서 문제에 있어서 로마 교회의 잘못된 교리를 염두에 두고 있다. 로이드 존스는 로마 교회에서는 세례를 통해 의롭다함을 받는다고 해석하면서, 그것은 '성례'로 인한 칭의로써 성경의 가르침과 정반대라고 말한다. 로이드 존스에 따르면 로마 교회 교훈은 세례(영세)받음으로 인하여 의롭게 되고 경건하게 된다. 곧 의가 신자 속으로 주입되고 옮겨진다는 것이다. 그리고 사람은 세례로 인해 의롭게 되기 때문에 의롭다 함을 받는다. 그러나 로이드 존스는 이런 교훈은 사람이 성화(성결)되었으니 의롭다 함을 받는다고 보고, 사도 바울의 교훈과 정반대라고 말한다. 그래서 그는 신자가 여전히 경건치 않을 때에 의롭다 하심을 받은 것이라고 강조한다.[32]

---

31 D. M. Lloyd-Jones, *Assurance: An Exposition of Romans 5*, 134.

32 D. M. Lloyd-Jones, *Atonement and Justification: An Exposition of Romans 3:20 to 4:25*, 173.

물론 시간적으로 칭의와 중생은 동시에 일어난다. 그럼에도 로이드 존스는 논리적으로 칭의가 중생에 앞선다고 주장한다.

왜 그렇게 주장하는 것일까?

그것은 인간의 구원에 있어서 인간의 공로를 철저하게 배제하기 위해서이다. 하나님은 인간의 상태를 보고 그를 선택하시고 구원하신 것이 아니다. 구원은 처음부터 끝까지 삼위 하나님의 주권적 사역의 결과이다. 구원의 계획과 실행 그리고 적용에 있어서 삼위 하나님은 자유롭게 주권을 가지시고 일하신다.

(3) 중생이 믿음에 앞선 순서를 갖는다

영적으로 죽은 상태에 있는 죄인을 하나님께서 살리시지 않으면 죽은 상태에서는 믿음을 기대할 수 없다. 따라서 로이드 존스에 따르면 하나님께서 성령을 통하여 죄인을 중생시키신 후에 새롭게 태어난 자는 믿음을 행사할 수 있다. 그러므로 믿음은 중생의 결과이다. 중생이 믿음에 앞선다.

로이드 존스에게 있어서 구원은 하나님의 행위이다. 그는 중생 교리보다 더 영광스러운 것은 없다고 한다. 중생은 명백히 성령을 통한 신자 안에서의 하나님의 사역이다. 사람은 아무도 스스로 태어나지 못한다. 마찬가지로 신자는 믿기 때문에 다시 나는 것이 아니다. 다시 낳음을 입었기 때문에 믿게 되는 것이다. 다시 태어나는 중생은 하나님께서 신자 속에 생명의 씨를 넣는 것을 의미한다.[33]

여기서 로이드 존스가 중생을 믿음 보다 앞에 놓인 것으로 해석하

---

33 D. M. Lloyd-Jones, *The Final Perseverance of th Saints: An Exposition of Romans 8:17-39*, 341.

는 것은 구원이 하나님의 전적인 은혜로 이루어지는 주권적 사역임을 강조하기 위해서이다. 예수 그리스도에 대한 믿음을 먼저 놓게 되면, 자칫 인간의 어떤 공로나 선행, 심지어 믿음 때문에 죄인이 구원받는 귀결로 다다를 수가 있다.

따라서 로이드 존스는 이러한 인간의 공로 요소를 사전에 차단하기 위하여, 죽은 자를 살리는 하나님의 중생의 사역이 아니라면 인간의 믿음조차도 전혀 나올 수 없는 요소라는 것을 강조한다. 엄밀히 말하면 믿음으로 구원받는 것이 아니라 하나님의 살리는 사역으로 구원받는 것이다. 이러한 논리적 순서에서는 하나님의 절대적인 주권성이 강조된다. 어느 누구도 자신의 믿음 때문에 구원받았다고 자랑해서는 안된다. 그것은 하나님의 온전한 은혜를 가로채는 죄를 짓는 것이다.

(4) 중생이 양자됨에 앞선다

로이드 존스에 따르면 창세 전 타락한 인류들 중 어떤 사람들이 하나님 앞에서 하나님의 아들로 서게 하는 것이 하나님의 원초적 계획이요 목적이었다. 그 계획을 실행하기 위하여 얼마를 선택하셨다. 그 선택하심을 받은 사람이 하나님 앞에 서기 위해서는 먼저 거룩함을 입어야 했다. 타락한 사람이 거룩함을 입지 않은 상태에서 하나님 앞에 설 수는 없기 때문이다.[34]

따라서 하나님의 자녀 곧 '양자'가 되기 전에 거룩함을 입기 위한 '중생'의 일이 먼저 일어나야 한다. 그에 따르면 그리스도 안에서 새로운 사람이 된 그리스도인의 성품은 양자로 받아들여짐에 의하여 결

---

34 D. M. Lloyd-Jones, *God's Ultimate Purpose: An Exposition of Ephesians 1:1 to 1:23*, 108-110.

정되는 것이 아니다. 오히려 그것은 중생에 의하여 결정되는 것이다.

　신자가 거듭난 사람들이기 때문에 하나님의 자녀들이 된다. 그리고 신자가 '신의 성품에 참여한 사람들'이 되고 성령이 신자 안에 들어와 계시기 때문에, 위에서 난 사람이기 때문에, 새로운 피조물이기 때문에 하나님의 자녀들이 된 것이다. 신자는 이러한 것을 받고 나서 하나님의 자녀가 된다.[35]

　결론적으로 중생은 주 성령 하나님의 주권적인 사역이다. 주권적인 성령의 사역이 아니고서는 죄인은 하나님의 아들이 될 수 없다. 거룩함이 없이 하나님의 존전에 나갈 수 있는 죄인은 세상에 없다.

　중생 후 양자가 되는 순서에서 하나님의 주권이 온전히 행하여짐을 볼 수 있다. 따라서 로이드 존스의 논리에 따르면 중생이 양자됨, 상속자, 기업 무를 자의 지위에 앞서는 것이 구원의 논리적 순서가 된다.

(5) 중생이 부르심에 앞선다

　로이드 존스는 영원의 관점에서 보면 중생이 부르심에 앞선다고 본다. 중생한 자들이 일반적인 부르심에 반응하는 것이다. 쉽게 말하면 부르심이 효력 있게 되는 것은 그들이 중생한 자들이기 때문이다. 그러므로 논리적으로 보면 중생이 유효적 부르심에 앞서서 일어난다.

　사람들에게 일반적 부르심이 주어졌을 때, 그들은 두 집단으로 나뉘진다. 그 부르심이 어떤 사람에게는 유효하지만 다른 사람들에게는 그렇지 않다.

---

[35] D. M. Lloyd-Jones, *God's Ultimate Purpose: An Exposition of Ephesians 1:1 to 1:23*, 110.

무엇이 그러한 구분을 만드는가?

무엇이 일반적 부르심을 효력 있게 만드는가?

로이드 존스의 답은 중생이다. 그는 영원의 관점에서 논리적 순서를 본다. 그 관점에서 보면 중생한 자들이 일반적 부르심에 반응하는 것이다. 곧 부르심이 효력 있게 되는 것은 그들이 중생한 자들이기 때문이다.[36]

하지만 경험적인 순서 또는 시간적 이해 순서로 보면 일반 부르심이 모두에게 주어지고, 그중 구원받을 자들에게는 유효한 부르심 곧 성령의 특별한 사역이 있다. 그 사역에 따라서 사람은 중생의 경험을 하고 신자가 되는 것이다. 그러나 로이드 존스는 영원의 관점으로 구원의 순서를 보기를 선호한다.

이러한 영원의 관점에서 로이드 존스는 구원의 순서를 다음과 같이 구성한다.

> 첫 번째이자 근본적인 문제는 그리스도와의 연합이며, 신자는 궁극적으로 그리스도와 연합함으로써 구원받습니다. 따라서 그리스도와의 연합에서 출발합니다. 그래서 칭의를 그 다음에 놓고, 또 그 때문에 중생이 뒤를 잇습니다. 중생을 통해 믿음이 도출되고, 거기서 양자됨이 나옵니다. 그 다음에 회심을 놓을 수 있습니다. 여기에는 회개(돌이킴)와 믿음이 포함됩니다. 다음은 성화이고, 그 다음은 견인입니다.[37]

---

36 D. M. Lloyd-Jones, *God The Holy Spirit*, 74.
37 D. M. Lloyd-Jones, *God The Holy Spirit*, 61.

로이드 존스의 구원 순서

① 그리스도와의 연합
② 칭의
③ 중생
④ 믿음
⑤ 양자됨
⑥ 회심(회개와 돌이킴, 그리고 믿음)
⑦ 성화
⑧ 견인
⑨ 영화

이와 같은 로이드 존스의 접근법은 구원의 순서를 하나님의 마음에서 시작하는 것이다. 거룩하심 가운데 타락의 결과로 죄 가운데 있는 사람들을 내려다보시며 구원의 계획을 생각하고 계신 하나님의 입장에서 접근하는 방식이다. 로이드 존스는 여기에 객관적이고 논리적인 구원의 순서가 있다고 본다.[38] 주관적 관점보다는 영원의 관점 곧 영원 전 하나님의 계획 속에 설계된 논리적 순서를 강조한 것은 구원의 순서에서조차 하나님의 주권을 우선적으로 변호하려는 그의 신학 태도 때문이다.

---

38 D. M. Lloyd-Jones, *God The Holy Spirit*, 60.

8) 요약

삼위 하나님의 구원 사역 전체는 '하나님의 주권 원리'가 지배적 원리이다. 삼위 하나님은 '타락한 죄인들'을 구원함에 있어서 주권적으로 모든 일을 진행하셨다. 삼위 하나님이 구원의 목적도 정하시고, 그의 선하시고 기쁘신 뜻에 따라 구원받을 자도 선택하시며, 자신의 방식과 자신의 때에 그들을 구원하고 계신다. 그분은 주권자이시다.

하나님은 "모든 일을 그 마음의 원대로 역사하시는 분이시다."[39] 삼위 하나님의 지혜와 능력, 그리고 사랑은 영원하시고 절대적이다. 따라서 그분이 하시는 일에 어떤 세력이나 권세도 대항할 수 없고 지체하게 만들거나 변경시킬 수 없다. 주권자의 의지와 결정은 그대로 이루어진다. 그분의 계획은 '이미 이뤄진 현재'가 된다. 신자의 구원이 보장되는 것도 이러한 '확실성' 때문이다.

이와 같이 하나님의 주권 사상을 강하게 주장한 신학자는 칼빈일 것이다. 그는 말하길 "영원, 영원부터서 그 자신의 지혜로 그가 하시고자 한 바를 작정하셨고, 그리고 지금은 그 자신의 능력으로 그가 작정하신 바를 실행하시는 만물의 중재자이시오 통치자이시다. 그러기에 하늘과 땅과 무생물들뿐만 아니라 인간들의 생각과 뜻까지도 하나님의 섭리에 의해서 통치되어 그들은 그들의 정해진 목적에로 정확하게 인도된다."[40]

---

[39] J. Oliver Buswell, 『조직신학 1권』, 권문상, 박찬호 역 (서울: 웨스트민스터, 2005), 257.

[40] John Murray, 『칼빈의 성경관과 주권사상』, 나용화 역 (서울: 기독교문서선교회, 1976), 85; John Calvin, 『영한 기독교강요 I』, 편집부 역 (서울: 성문, 1993), 404-405. "but we make God the ruler and governor of all things, who in accordance with his wisdom has from the farthest limit of **eternity decreed** what he was going to do, and

칼빈은 하나님의 의지는 만물의 최고의 제일 원인이라서, 어떤 것도 그의 명령이나 허용에 의하지 않고서는 발생하지 않는다고 힘써 말한다. 이런 취지 아래서 주권자이신 하나님은 인간의 행위뿐 아니라 마음의 동기에도 작용하신다.

> 하나님의 손은 외적 행위를 유발시키실 뿐만 아니라, 내적 성정까지도 지배하시며, 또한 하나님은 그가 작정하신 모든 것들을 인간의 손으로 행하시되 반드시 먼저 인간의 마음속에서 그들의 행위를 유발시키는 바로 그 의지를 작동하신다.[41]

이런 맥락에서 존 머레이도 하나님의 주권은 구원 문제에서 두드러지게 나타나는데, 특히 선택과 유기에서 동일한 궁극성을 가지고 주권이 발휘되고 있다고 강조한다. 선택과 유기 안에 있는 하나님의 선하신 뜻의 순수한 주권의 동등한 궁극성(the equal ultimacy of the pure sovereignty of God's good pleasure)을 단언한다.[42] 쉽게 말해 선택에 있어

---

now by his might carries out what he has decreed. From this we declare that not only heaven and earth and the inanimate creatures, but also the plans and intentions of men, are so governed by his providence that they are borne by it straight to their appointed end."

41 John Murray, 『칼빈의 성경관과 주권사상』, 85.
42 John Murray, 『칼빈의 성경관과 주권사상』, 87-92. 여기서 존 머레이는 칼빈의 "선택과 유기에서의 하나님의 동등한 주권성"을 다음과 같이 진술한다. "인간들 사이에 존재하는 차별은 하나님이 그의 영원한 계획 가운데서 기쁘게 만든 주권적 차별에서 그것의 설명을 찾으며, 차별의 국면에서 유기자의 간과와 거부, 그리고 부과된 이질의 운명은 구원에 이르도록 택정된 자들의 선택과 상호 관련이 있다고 하는 칼빈의 입장이다. 최고의 궁극적 원인으로서의 하나님의 주권적 의지는 선택에서와 마찬가지로 유기의 경우에서도 엄격하게 군림한다. 그래서 선택과 유기의 동등한 궁극성(equal ultimacy)이라는 공식적 문구가 이러한 정확한 사실을 포괄적으로 의미해 주는 것이다."

서 하나님의 자비가 궁극적 원인이요 그것이 하나님의 주권적 행위였다면, 동등하게 유기에 있어서도 하나님의 공의가 궁극적 원인이요 그것도 하나님의 주권적인 의지의 행동으로 이뤄졌다는 것이다. 결국 인간의 축복과 저주, 구원과 지옥은 삼위 하나님의 주권으로 발생되고, 완성된다는 의미이다. 곧 구원의 전 과정이 하나님의 주권 발휘인 것이다.

그러므로 구원은 전적인 하나님의 주권 행위로써, 구원의 전 과정 속에서 하나님의 일관된 주권성이 나타난다. 이것은 원리의 통일성이다. 하나님의 주권 원리가 모든 구원의 단계 속에서 일관되게 작용하고 있기 때문이다. 하나님의 주권 원리는 '로이드 존스의 구원관을 이끄는' 지배적 원리이다. 로이드 존스의 삼위일체 구원관 속에서 나타난 '하나님의 주권 원리'를 간략하게 정리한다.

첫째, '구원 목적'에 하나님의 주권성이 나타난다. 인간과 모든 피조물의 궁극적인 구원 목적은 삼위 하나님의 영광이다. 삼위 하나님은 구원을 위한 영원한 회의에서 그 목적을 결정하셨다. 고로 하나님의 영광을 찬탈하는 어떤 구원관도 하나님의 주권에 위배된다. 모든 영광은 하나님께 돌려 져야 한다.

둘째, '구원의 계획' 속에 철저한 하나님의 주권이 발견된다. 창세 전에, 한 사람도 태어나기 전에, 삼위 하나님은 구원을 계획하셨다. 그 계획은 전적으로 삼위 하나님의 자유로운 뜻과 선택에 의해 이뤄졌다. 이 계획은 삼위 하나님의 결정 외에 외부의 어떤 조건이나 환경도 고려된 것이 아니다. 그래서 하나님의 구원 계획이 나중에 인간의 반응이나 환경, 조건에 의해서 수정되거나 변화되는 일은 있을 수 없다. 하나님은 전지성, 전능성, 영원성 속에서 그의 계획을 확실히 이루신다.

셋째, '은혜 언약'은 하나님의 주권을 드러낸다. 성경의 언약은 쌍무적 언약이 아니고 일방적 언약이다. 하나님은 주권적으로 선택한 백성과 언약을 맺으신다. 언약의 계획과 방식, 성취와 적용은 삼위 하나님의 절대적 주권에 의한 것이다. 인간의 믿음, 행위, 반응에 따라 은혜 언약의 내용이 바뀌는 것이 아니다. 인간의 믿음조차도 은혜 언약의 내용에 변화를 줄 수 없다. 은혜 언약은 전적인 하나님의 은혜로 이뤄진 언약이다. 그러므로 하나님의 은혜 아닌 어떤 것이든 인간 구원에 도움이 된다고 주장해서는 안 된다. 은혜 언약은 삼위 하나님의 주권적 행위에 의해서 이루어진 것이다.

넷째, 죄인이 '구원받는 방식'은 하나님이 주권적으로 정하신 방식 밖에 없다. 인간은 오직 주 예수 그리스도를 믿음으로써만 구원을 얻는다. 이 방식을 정하신 것은 하나님의 주권적 뜻이다. 이 방식이나 이 길 외에 천하 인간에게 구원받을 다른 방식을 주신 일이 없다. 그러므로 오직 주 예수 그리스도를 믿는 방식 외에 다른 구원의 길을 제시하는 사람은 하나님의 주권에 도전하는 자이다.

다섯째, '선택의 방식'은 하나님의 주권을 드러낸다. 하나님은 선택의 과정을 통해서 자신의 뜻을 이루신다. 이 방식만이 온전히 그 뜻을 이룰 수 있기 때문이다. 하나님의 자유로운 선택은 인간의 어떤 조건이나 반응에도 매이지 않는다. 어떤 신자도 하나님의 선택 이전에 자신의 믿음이나 행동으로 선택받은 것이 아니다. 어떤 선이나 악을 행하기 전에 하나님의 주권적 선택이 먼저 일어났다.

여섯째, 모든 일은 하나님의 주권적 '작정'에 의해 일어난다. 하나님은 어떤 일이 일어나도록 할 수 있는 절대적 권리와 자유가 있다. 그에 따라 하나님은 어떤 일이 일어나도록 미리 정하신다. 구원의 전 역사 속에서 사건들이 절묘한 타이밍에 일어나는 것은 작정하신 계획 때문이다. 이것은 구원의 완전한 완성에 대한 확실성을 보장한다. 따라서 참 신자가 타락으로 은혜에서 떨어져 나갈 수 있다는 것은 어불성설이다. 하나님의 작정은 반드시 그의 계획을 이룬다.

일곱째, 하나님의 주권은 '구원의 순서' 속에도 나타난다. 하나님이 영원 전에 인간 구원을 계획하셨다면, 틀림없이 어떤 시기에 어떤 논리적 순서에 따라 일어날지도 정하셨음이 확실하다. 로이드 존스는 하나님의 마음속에 계획하고 작정하신 논리적 '구원의 순서'가 있다고 본다. 논리적 순서를 정하신 방식은 무엇보다도 하나님의 주권을 드러낸다.

2. 인간의 책임 원리

로이드 존스의 삼위일체 구원관 속에는 하나님의 주권 원리와 함께 '인간의 책임' 원리가 커다란 기둥을 이루며 그의 구원관을 떠받치고 있다.

로이드 존스에게 있어서 타락한 인간이 구원받는 유일한 근거는 하나님의 주권적 은혜이다. 삼위 하나님의 은혜가 아니고서는 어떤 인간도 구원에 이를 수 없다. 구원은 하나님의 주권적 사역이다. 그리고 죄인이 구원받는 방식은 예수 그리스도를 믿는 믿음의 법에 따른다. 그럼에도 예수 그리스도를 구원자와 주님으로 믿는 것은 분명 인간의 행위임에 분명하다.

그렇다면 이 믿음의 행위는 인간의 자유로운 의지의 결정인가?

다시 말해 인간은 자신 외에 어떤 것으로부터도 영향을 받지 않고 결정할 수 있는 자유의지가 있는가?

그 자유의지의 작용으로 믿기로 결정하고 구원에 이른 것인가?

이 질문에 대해 로이드 존스는 타락한 인간에게는 자유의지란 전혀 없다고 단호하게 말한다. 그는 말하길, "나에게 '자유의지'에 대해서 말하지 마시오. 그러한 것은 존재하지 않는다. 타락한 인간 속에 자유의지 같은 것은 전혀 없다. 성경이 그것을 가르치고 있으며, 프로이드도 같은 것을 가르치고 있고, 심지어 이 모든 사람도 그렇게 가르치고 있다"고 강조한다.[43]

여기서 로이드 존스가 타락한 인간에게 '자유의지'가 없다고 주장한 이유는 인류의 대표인 아담이 죄로 타락하였을 때 그의 모든 영과 혼과 육이 타락하였고 그에 따라 의지도 타락하였기 때문이다. 로이드 존스에 따르면 인류 역사상 자유의지를 가졌던 유일한 한 사람은 아담이다. 그가 죄의 지배를 받는 죄의 종이 되었다. 그 이후로 모든 사람은 죄 가운데 태어났다. 사람은 '죄악 중에 잉태'되었다. 모두가 죄의 종이다. 그러므로 로이드 존스는 종에게 자유란 없다고 설명한다.[44] 아담 안의 모든 사람에게는 오직 '타락한 의지'만 존재한다.

따라서 하나님의 주권으로 이뤄지는 구원의 과정 속에서 인간에게 '자유의지'란 존재하지 않게 되었고, 인간은 '하나님의 방식'을 따라야 하는 책임만 부여받은 존재가 되었다.[45] 로이드 존스의 이러한 논리 구조 때문에 그의 '삼위 하나님의 구원 사역' 교리 속 곳곳에 인

---

43 D. M. Lloyd-Jones, *God's Sovereign Purpose: An Exposition of Romans 9*, 207; Martin Luther, 『인간에게 자유의지는 있는가?』, 조주석 역 (서울: 나침반, 1991), 15-46. 루터는 여기서 에라스무스의 '자유의지론'에 반박하여 인간에게 '자유의지'는 없다고 논증하고 있다.

44 D. M. Lloyd-Jones, *God's Sovereign Purpose: An Exposition of Romans 9*, 208.

45 D. M. Lloyd-Jones, *God's Ultimate Purpose: An Exposition of Ephesians 1:1 to 1:23*, 90; Peter A. Lillback, 『칼빈의 언약사상』, 249-252.

간의 자유가 아닌 '인간의 책임 원리'가 나타남을 볼 수 있다.

여기서는 책임 원리가 두드러지게 나타난 그의 교리들만 선별하여 살펴본다.

1) 죄의 책임

로이드 존스에게 있어서 누군가 구원을 받지 못하고 지옥에 간다면 그것은 자신의 죄에 대한 책임 때문이다.

> 만일 사람이 구원을 받으면, 그것은 전적으로 하나님의 긍휼 때문입니다. 또한 만일 사람이 정죄를 받았다면 그것은 그 자신의 책임입니다.[46]

여기서 로이드 존스는 모든 사람이 죄인이 된 원인을 아담의 죄에서 찾는다. 모든 사람은 아담의 죄의 결과로 말미암아 정죄를 받았다는 것이다. 그 근거를 로마서 5장에서 찾는다.

> 그러므로 한 사람으로 말미암아 죄가 세상에 들어오고 죄로 말미암아 사망이 왔나니 이와 같이 모든 사람이 죄를 지었으므로 사망이 모든 사람에게 이르렀느니라(롬 5:12).

---

[46] D. M. Lloyd-Jones, *God's Sovereign Purpose: An Exposition of Romans 9*, 203; Aurelius Augustinus, 『아우구스티누스 자유의지론』, 성 염 역 (서울: 분도출판사, 1998). 19. 어거스틴은 마니교를 상대로 하는 논쟁에서, "악의 기원을 인간의 자유의지에서 기원한다"고 주장한다. 따라서 죄짓는 개개인의 책임, 악을 행하는 데 있어서 의지가 자율적인 역할을 하는 사실을 강조한다. 또는 그는 '의지의 자유선택'이란 인간의 고유 능력이며, 그에 따른 범죄에서 인간의 책임을 강조한다.

로이드 존스의 해석에 의하면 인간 모두는 아담 안에서 죄를 지었다. 아담의 죄가 모든 사람에게 전가된 것이다. 그래서 모두는 정죄를 받는다. 모든 사람은 죄 가운데 태어난다. 다시 말해 원죄를 가지고 태어나는 죄인이다. 그래서 인간은 죄에 대한 책임을 져야 하는 존재이다.

로이드 존스는 아담의 죄로 인해 인간은 "타락한 인성"을 갖게 되었다고 본다. 이것은 창조된 인성이 아니라 창조 후에 아담의 타락으로 인해서 생긴 '타락한 인성'이다. 이에 따라 하나님이 일부러 어떤 사람을 지옥에 보내기 위해 만드셨다는 사상은 거짓말이다. 성경은 그렇게 말하지 않는다. 사람이 지옥에 가는 것은 아담과 하와의 원죄의 결과로 나타난 타락한 인성 때문이다.

게다가 인간은 자신의 의도적인 죄와 불순종의 결과로 저주를 당한다. 아담이 행한 범죄를 우리 스스로도 그 일을 행하였다. 따라서 우리는 스스로 지은 자범죄에 대해서도 책임을 져야 하는 죄인이다.

로이드 존스에 따르면 아담은 인간 대표로서 범죄했다. 바꿔 말하면 인간 모두 다 범죄한 것이다. 모든 자는 일부러 죄를 짓기로 마음먹는다. 누가 죄를 지으라고 강압하지 않는다. 스스로 그 죄를 짓고 싶어 한다. 모두가 양심을 거슬려 나갔다. 율법을 어기고 나갔다. 사람이 범죄했을 때 그것은 의도적으로 범죄한 것이다.

이와 같이 사람은 의도적으로 죄를 짓는다. 더 나아가 로이드 존스는 복음을 거부하는 사람들은 자신 스스로가 의도적으로 복음을 받아들이지 않는 것이라고 한다. 그들은 복음의 선물을 싫어한다. 곧 예수 그리스도를 믿지 않는 죄에 대한 책임이 자신에게 있다.[47]

---

[47] D. M. Lloyd-Jones, *God's Sovereign Purpose: An Exposition of Romans 9*, 200-203.

그러므로 로이드 존스에 따르면 모든 인간은 원죄와 자범죄에 대해 책임을 가진다. 만일 사람이 구원을 받지 못하면 그것은 자신의 죄에 대한 책임 때문이다.

2) 믿음의 책임

로이드 존스에게 있어서 믿음은 사람 안에서 짜내는 어떤 것이 아니라 하나님이 주시는 선물이다. 신앙은 전적으로 영적인 것이며 하나님이 주시는 것이다.

> 신앙을 가지고 있는 사람은 그리스도인뿐입니다. 여러분은 믿음을 가질 수도, 그리스도인이 될 수도 없습니다. 그것은 불가능합니다. 믿음은 사람 안에 있는 본성적인 어떤 것이 아닙니다.[48]

따라서 모든 신자에게는 짜 넣어진 믿음이 있다. 그럼에도 로이드 존스는 믿음에는 약한 믿음과 강한 믿음이 있다고 한다. 로이드 존스는 강한 믿음의 예를 아브라함에게서 든다. 로마서 4장의 해석을 통하여 아브라함은 약하게 내버려두지 않고, 믿음에 강해질 뿐 아니라 믿음으로 더 강해졌다고 한다. 결국 믿음은 신자를 강하게 하고, 그리고 강하기 때문에 더욱더 믿음을 가진다.[49]

---

48 D. M. Lloyd-Jones, *Atonement and Justification: An Exposition of Romans 3:20 to 4:25*, 232.
49 D. M. Lloyd-Jones, *Atonement and Justification: An Exposition of Romans 3:20 to 4:25*, 220; John Calvin, 『영한 기독교강요 Ⅲ』, 64-65. 칼빈은 처음에는 비록 작은 믿음일지라도, 그것이 신자의 마음에 스며들어 차츰 하나님께 가까이 가게 한다면, 그것도 참 믿음이라고 말한다.

여기서 우리는 믿음의 요소에 약함과 강함이 있다는 점에서 인간의 책임 원리를 찾을 수 있다. 곧 하나님의 선물로 믿음을 갖게 된 신자는 자신이 받은 믿음으로 '강해질 책임'이 부과된다. 믿음의 조상 아브라함은 믿음이 약해지지 않고, 더욱 믿음에 강해져서 하나님께 영광을 돌렸다. 마찬가지로 하나님은 모든 신자도 아브라함처럼 강한 믿음의 사람이 될 것을 기대하고 계신다.

그렇다면 어떻게 신자는 아브라함처럼 강한 믿음을 소유할 수 있을까?

그 방법은 무엇인가?

이에 로이드 존스가 제시하는 답은 "하나님께 영광을 돌리는 것"이 그 방법이다. 신자는 하나님께 영광을 돌림으로써 믿음이 강하여진다. 로이드 존스는 아브라함이 현실의 문제 앞에서 낙담하지 않고 믿음이 강하여져서 하나님께 영광을 돌렸다고 한다. 바꿔 말하면, 그가 하나님께 영광을 돌렸을 때, 그의 믿음이 더욱 강해진 것으로 이해한다. 아브라함의 강한 비결은 무엇인가?

> 아브라함은 자기 몸과 사라 나이에서 오는 어려움만을 보지 않았고, 또한 약속의 성취에 머뭇거리지 않았으며, 그 두 가지 것에 낙심치 않고 대신 하나님을 바라고 그를 우러러 보았던 것입니다. 그것이 바로 신앙의 참 비결입니다.[50]

신자도 하나님께 영광을 돌릴 때 신자는 강하여지며, 그의 믿음도

---

[50] D. M. Lloyd-Jones, *Atonement and Justification: An Exposition of Romans 3:20 to 4:25*, 221.

더욱 강해진다.

따라서 신자가 고통과 고난 앞에서 낙담하고 좌절하는 이유는 하나님께 영광을 돌리지 않고 자신의 약함과 환경의 문제를 보기 때문으로 해석한다. 여기서 로이드 존스는 하나님께 영광을 돌리는 것이 무엇인지 정의한다. 그것은 하나님께 눈을 돌리고 하나님이 누구이며 어떠한 분이신지를 생각하는 것이다. 로이드 존스에 따르면 아브라함은 하나님의 모든 영광스런 속성을 숙고하였는데 그것이 하나님을 영화롭게 하는 방법이었다.

아브라함은 무엇보다도 하나님의 속성 곧 하나님의 '영원성,' 하나님의 '편만성,' 하나님의 '전능성,' 하나님의 '의와 공평과 진리, 거룩, 불변성, 영존하심' 등을 묵상하고 궁구하였다. 그리고 아브라함은 묵상하여 깨달은 하나님의 속성을 자신에게 다음과 같이 적용하였다.

> 첫째, 하나님은 그런 분이기 때문에 결단코 약속을 생각 없이 허술하게 또는 가볍게 하지 않습니다.
> 둘째, 하나님은 자기 마음을 바꾸지 않습니다. 하나님은 빛들의 아버지로서 변함도 없으시고 회전하는 그림자도 없으시며(약 1:17) 영원토록 동일하신 분이십니다. 그러므로 하나님께서는 약속하신 것을 가장 확실하게 이루실 것입니다. 하나님은 거짓이 있을 수 없습니다. 결코 자기를 속이지 않으십니다.
> 셋째, 하나님은 그가 약속하시기 전에 현실의 문제를 아셨습니다. 하나님은 아브라함과 사라에 관한 모든 것, 그의 나이와 몸의 조건을 아십니다. 이런 것들을 보심에 있어서 어떤 문제점도 없습니다. 하나님은 전능자이고 주께 어려운 일이란 없습니다. 하나님께는 능치 못한 것이 없습니다. 따라서 아브라함에게 있어서 중요한

점은 오직 하나님께서 말씀하셨고 약속하셨다는 것입니다.[51]

그러므로 믿음을 강하게 하는 두 가지 동인이 있는데, 하나는 '하나님을 아는 것'이다. 그리고 두 번째 요소는 아는 것을 '적용'(application)하는 것이다. 믿고 아는 바를 시험해 보지 않고서는 결코 강한 믿음이 되지 않는다.

> 믿음이란 궁극적으로 하나님에 대한 진리를 아는 것이며 모든 대가를 지불하고서라도 그분을 신뢰함으로써 하나님께 영광 돌리는 것입니다. 그것이 바로 신앙입니다.[52]

여기서 더욱 나아가 로이드 존스는 구체적으로 믿음을 강하게 하는 방법을 제안한다.

> 첫째는 깊고 철저한 성경 지식과 신지식(神知識)을 갖는 것입니다. 둘째는 거룩함으로 하나님께 순종하는 것입니다. 이것이 자신의 믿음을 강하게 하는 방법입니다.[53]

결론적으로 신자는 자신의 믿음을 강하게 해야 할 책임이 있다. 하나님을 알고 하나님께 영광을 돌리며 그와 그의 말씀에 전적으로 의

---

51 D. M. Lloyd-Jones, *Atonement and Justification: An Exposition of Romans 3:20 to 4:25*, 223-225.
52 D. M. Lloyd-Jones, *Atonement and Justification: An Exposition of Romans 3:20 to 4:25*, 225, 228-229.
53 D. M. Lloyd-Jones, *Atonement and Justification: An Exposition of Romans 3:20 to 4:25*, 225, 234-235.

지하는 것이 그 비결이다. 그것은 무엇보다도 하나님을 인격적으로 아는 것을 의미한다.

> 기도하고 그분의 존전 앞에서 시간을 보내고, 그분을 기다리고 하는 일 등을 의미하는 것입니다. 하나님을 더욱 많이 생각하고, 하나님을 알고, 그에 대한 진리를 깨달아야 합니다. 그렇게 함으로써 신자는 놀랍게도 자신의 믿음이 강해지고 있다는 것을 알게 될 것입니다.[54]

하나님의 얼굴을 구하고 그에게 영광을 돌리지 않는다면 신자의 믿음은 약하여 질 것이다. 따라서 신자가 환난과 난제 앞에서 믿음이 약해지면 실족하며 낙망하게 된다. 낙심하고 좌절하는 것은 결국 불신앙이라고 결론지을 수 있다.

하나님은 신자에게 믿을 수 있는 능력을 주신다. 곧 믿음을 심어 주신다. 그리고 신자가 하나님을 의지하고 그분께 영광 돌리길 기대하신다. 신자는 믿음으로 강해져서 하나님께 영광을 돌려야한다. 그것이 믿음의 책임 원리이다.

3) 기도의 책임

신자는 기도해야 하는가?

이 질문에 대해, 로이드 존스는 먼저 성경의 가르침을 살펴야 한다

---

[54] D. M. Lloyd-Jones, *Atonement and Justification: An Exposition of Romans 3:20 to 4:25*, 235.

고 말한다. 그에 따르면 성경이 기도에 대해서 매우 탁월한 위치를 부여하고 있고, 경건한 성도일수록 기도하는데 더 많은 시간을 들이기 때문에 신자는 기도해야 한다. 신자는 물론 교회도 기도가 어느 정도의 자리를 차지하는 지를 보면 그 교회가 진정한 교회인지 아닌지 알 수 있다. 기도는 최고의 테스트이다.[55]

특히 로이드 존스는 예수 그리스도가 지상에 계실 때 기도하지 않고는 어떤 일도 진행할 수 없었다고 말한다. 사도 바울은 예수님이 지상에 계시는 동안에는 하나님으로서의 능력들을 사용하시지 않았다고 전한다. 예수님은 사람으로 사셨기 때문에 기도가 그분께 필수적인 일이 되었다.

> 예수님은 기도하지 않고는 어떤 일도 진행하실 수 없었습니다.[56]

그러므로 로이드 존스는 신자가 기도해야 할 책임에 대해서 여섯 가지 진수로 정리한다.

첫째, 기도는 하나님과 자녀 사이의 관계 표현이기 때문이다.[57] 로

---

[55] David Martyn Lloyd-Jones, *Acts Chapters 1-8. Vol.1* (Wheaton, IL: Crossway, 2013), 166. "Prayer is the best test of an individual, and it is also the best test of a church. A church can be flourishing: She can be successful in terms of organizations, she can be tremendously active and appear to be prosperous; but if you want to know whether she is a real church or not, examine the amount of prayer that takes place. Prayer is the inevitable conclusion of true doctrine. The first Christians started with the apostles' teaching, and that led to prayer!"; John Calvin, 『영한 기독교강요III』, 705-714.

[56] D. M. Lloyd-Jones, *The Assurance of Our Salvation: Studies In John 17*, 31-32.

[57] David Martyn Lloyd-Jones, *Acts Chapters 1-8. Vol.1* (Wheaton, IL: Crossway, 2013), 169. "But now prayer means that you and I can go into the presence of God and that we have communion with God. We do not just go on our knees and offer up some pious hopes and fears and aspirations and our own thought. No, we are going to have

이드 존스에 따르면 기도는 의무나 책임에 앞서서 그리스도인에게 자연스러운 것이고 거의 본능적인 것이다. 아버지와 아들이 서로 말하고 듣는 것이 자연스러운 것처럼, 신자가 하나님의 자녀로 태어난 순간부터 하나님 아버지와 마음을 나누고 이야기하는 것도 자연스러운 일이다. 그래서 건전한 성도는 하나님께 요구할 내용을 가장 먼저 말하지 않는다.

> 오히려 자신들의 마음을 확증시키며, 하나님과의 관계를 지속하면서 하나님과의 접촉을 확실케 하고, 교통을 확실케 하는 일을 맨 먼저 합니다. 특별히 우리 주님께서 친히 그렇게 하셨습니다.[58]

이런 맥락에서 어떤 사람이 기도하지 않는다면 그는 하나님을 모르는 사람이거나 하나님을 자기 아버지로 알지 않는 사람임에 틀림없다고 주장한다. 문제는 그가 도덕적이지 않다는 데 있는 것이 아니고 선한 사람이 아니라는 데 있는 것도 아니다.

> 그러나 만일 그가 기도하지 않는다면, 그 사람의 고통의 본질은 하나님을 자기 아버지로 알고 있지 않다는데 있습니다. 하나님을 가장 잘 아는 사람들은 하나님께 거의 모든 것을 알리는 사람들이기 때문입니다.[59]

---

communion with the living God! We are entering into His very presence. The first thing about prayer is that we realize that."
58   D. M. Lloyd-Jones, *The Assurance of Our Salvation: Studies In John 17*, 33-34.
59   D. M. Lloyd-Jones, *The Assurance of Our Salvation: Studies In John 17*, 33-34.

둘째, 하나님은 기도하는 사람들을 통해서 하나님의 일을 하시기로 작정하셨기 때문이다. 로이드 존스에게 있어서 기도의 방법을 통해서 일하시는 것이 하나님의 방식이다. 하나님은 그 방식을 주권적으로 작정하셨다. 기도의 방식을 정하신 분이 바로 하나님이시다. 따라서 하나님의 주권과 기도는 서로 상충하는 것이 아니라 서로 협력하는 관계이다.

> 하나님은 이런 일들을 이런 방식으로 하기로 작정하셨습니다. 그러므로 절대로 하나님의 전능성이 문제로 제기되어서는 안 됩니다. 이와 똑같은 방식으로 그것이 절대로 하나님의 주권에도 영향을 끼치지 못합니다. 그것은 하나님의 주권을 드러내시는 하나님의 방법들 중 하나입니다. 하나님의 주권과 기도 사이에는 상충되는 것이 전혀 없습니다. 왜냐하면 기도하는 사람들을 통하여 이 세상에서 하나님의 일을 하기로 작정하신 분이 바로 하나님이시기 때문입니다. 하나님의 주권과 우리의 기도는 전혀 상충되지 않고, 오히려 함께 역사합니다.[60]

그러므로 신자는 기도의 방식을 통하여 하나님의 뜻이 이뤄지도록 동참해야 할 책임이 있다. 그 방식이 하나님의 주권을 드러내는 방식으로 정해졌기 때문이다.

셋째, 기도의 최상의 목적은 하나님을 영화롭게 하고 크게 높이는 데 있어야 한다. 하나님은 기도를 통하여 자신의 일을 성취하시고 거룩한 성품들을 드러내길 원하신다. 따라서 신자는 기도의 궁극적

---

60 D. M. Lloyd-Jones, *The Assurance of Our Salvation: Studies In John 17*, 36-37.

인 목적을 하나님의 영광에 두어야 한다. 로이드 존스에 따르면 신자가 간구나 요청에 앞서 하나님을 경배함으로 시작해야 하는 이유가 여기에 있다. 기도는 인격적인 관계이다. 신자는 "그 인격을 좋아하기 때문에 기도하는 것이고, 그 인격을 향하여 당신의 존경심을 보여주기 원해서 기도하는 것이고, 그분 앞에 있는 것이 즐거워 기도하는 것이다. 그것이 바로 기도의 진수이다."[61]

넷째, 하나님은 친히 이미 알고 계시는 것들에 대해서 듣기를 좋아하신다. 그러므로 신자는 하나님께서 이미 하신 말씀과 약속들을 아뢰면서 기도해야 한다. 하나님 아버지는 그 자녀들이 이런 것들에 대해 종알종알 말하는 것을 듣기 좋아하신다. 하나님은 자녀가 하나님께 말하기를 원하신다. 하나님이 이미 알고 계시는 것들에 대해서 하나님께 말씀드리기를 두려워하지 말아야 한다. 따라서 로이드 존스는 다음과 같이 말하면 안 된다고 강조한다.

> 하나님은 전지하십니다. 하나님은 모든 것을 아시기 때문에 저는 그저 조용히 하나님 안에서 기다리고 있어야만 합니다.[62]

그는 이것이 옳지 않다고 본다.

다섯째, 기도의 목적은 하나님의 뜻에 순종하기 위해 하나님의 뜻을 찾는 것이다. 따라서 신자는 하나님의 뜻을 변경하거나 수정하기 위해 기도하는 것이 아니라 하나님의 뜻을 발견하여 자신의 뜻을 거기에 맞추기 위해서 기도해야 한다.

---

61 D. M. Lloyd-Jones, *The Assurance of Our Salvation: Studies In John 17*, 37.
62 D. M. Lloyd-Jones, *The Assurance of Our Salvation: Studies In John 17*, 37-38.

하나님의 마음을 바꾸겠다는 것은 곧 하나님을 모독하는 것입니다. 하나님의 뜻은 언제나 완전합니다. 하나님은 사랑하시는 아버지이십니다. 신자는 오히려 하나님의 뜻을 발견하기 위해서 하나님께 기도로 나아가며, 또한 하나님의 뜻이 옳다는 것을 분명히 알고 그 뜻을 즐겁게 나의 뜻으로 삼기 위하여 하나님께 나아가는 것입니다. 이것이 기도의 목적입니다.[63]

그러므로 로이드 존스는 성취되어야만 하는 것은 오직 하나님의 뜻이기 때문에 신자가 요구 사항들과 소원들을 하나님께 아뢰되 언제나 하나님의 뜻에 완전하게 절대적으로 복종해야 한다고 주장한다. 그 뜻을 복종해야할 책임이 있다.

여섯째, 기도에 있어서 간절한 요청과 주장과 요구는 완전히 합법적이다. 로이드 존스에 따르면 하나님은 전지전능하시지만 하나님의 사람들은 요구사항을 하나님께 자세히 아뢰었을 뿐만 아니라 간절히 부탁하기까지 하였다. 특히 로이드 존스는 하나님의 약속에 근거해서 논리적으로 주장했던 그들의 기도 방식을 높이 평가한다.

우리가 하나님께 간구하는 것은 완전히 옳은 것입니다. 우리 주 예수님도 하나님께 그렇게 간구하셨습니다. 예수님이 친히 올린 이 위대한 기도(요 17장) 속에서 예수님은 이러한 요구 사항들을 제시하시면서 하나님께 주장을 하셨습니다. 예수님은 하나님이 친히 하셨던 약속들을 붙들고 하나님께 요구 사항을 아뢰셨으며 하나님의 속성을 따라 그 요구 사항을 들어주실 것을 주장하셨

---

[63] D. M. Lloyd-Jones, *The Assurance of Our Salvation: Studies In John 17*, 38.

습니다. 저는 우리 하나님 아버지께서 이러한 기도를 기뻐하신다고 믿습니다. 만일 우리가 바르고 참된 방법으로 기도하기만 한다면, 무슨 일이 일어나든지, 기도는 항상 우리를 하나님께 더 가까이 친밀하게 나아가도록 이끌어 줄 것입니다.[64]

그러므로 신자는 하나님의 약속들을 붙잡고 필요한 요구사항을 간구하는 자세를 취해야 한다. 하나님은 그러한 자녀의 기도를 기뻐하신다.

결론적으로 로이드 존스는 신자는 주 예수 그리스도의 기도 모범을 따라야 한다고 설득한다. 예수님은 죄와 싸우시되 피 흘리기까지 싸우셨다. 예수님은 고통스럽게 부르짖으며 피땀을 흘리며 기도하셨다. 그리고 예수님은 그 경건한 경외심 때문에 기도 응답을 받으셨다. 로이드 존스가 강조하는 것은 "예수님은 실로 하나님의 독생자이시지만 그렇게 기도하셨다"[65]는 점이다. 신자도 그렇게 기도해야 한다. 기도에 책임이 있다. 기도는 하나님의 일을 이루시는 하나님이 정하신 "하나님의 방식"이다.

4) 성화의 책임

성화의 교리에서만큼 신자의 책임이 강조되는 것도 없다. 신자가 '거룩해지는 것'은 하나님의 사역(God's work)이다. 그러나 로이드 존스는 하나님이 신자를 통하여 이 큰 일을 성취하신다고 강조한다. 이

---

[64] D. M. Lloyd-Jones, *The Assurance of Our Salvation: Studies In John 17*, 39.
[65] D. M. Lloyd-Jones, *The Assurance of Our Salvation: Studies In John 17*, 40.

것이 하나님께서 신자의 '성화'를 행하시는 방식이다.[66]

로이드 존스는 로마서 6장 12-14절 강해를 통해서 성화 교리의 주요 원리를 다음과 같이 정리한다.

첫째 원리, 죄가 아직도 신자 몸에 남아 있다. 로이드 존스는 신자의 영혼(soul), 객체적 인격(person)은 이미 구원을 받았지만, 육체적 몸(body)은 완전한 구원을 기다리고 있는 상태라고 본다. 그리고 인격과 영혼은 죄와 완전히 관계가 끊어졌지만, 죽을 몸 안에는 죄가 남아있는 것으로 여긴다. 로이드 존스는 신자 자신과 썩어 없어질 몸의 구분을 기본 전제로 한다. 그 죽을 육체적 몸에 죄가 여전히 남아 있다. 이 구분이 성화 교리 이해의 열쇠라고 말한다.[67]

둘째 원리, 죄는 다만 신자 몸에만 남아 있다. 로이드 존스에 따르면 몸에 남아 있는 죄를 억제하지 못하면 그것은 신자의 몸을 지배하고 통치하려고 한다. 따라서 신자는 죄가 자신의 몸을 지배하려고 애쓸 때, 결코 그렇게 되지 않도록 막아야 한다. 신자는 몸에서 왕 노릇

---

[66] D. M. Lloyd-Jones, *The New Man: An Exposition of Romans 6* (Edinburgh: The Banner of Truth Trust, 2012), 157.

[67] D. M. Lloyd-Jones, *The New Man: An Exposition of Romans 6*, 151-153. 로이드 존스는 사람을 보이지 않는 영혼(soul)과 보이는 육(body)으로 구성된 것으로 본다. 즉 이분설 입장에 서 있다. 영화교리에서는 사람을 몸(body)과 혼(soul)과 영(spirit)으로 언급하기도 한다. 그러나 로이드 존스는 (1) 사람을 영과 혼과 육의 세 실체로 구분한 적이 없고, 단지 중간상태에서 일시적으로 분리될 수 있는 영혼과 육의 두 실체로만 언급한다. (2) 그리고 영(spirit)과 혼(soul)을 상호 교차적(동격)으로 사용한다. 따라서 그를 이분설 입장으로 봐야 한다. 그는 *The Final Perseverance of th Saints: An Exposition of Romans 8:17-39*, 85-87에서 "그리스도인 신자가 죽으면 영(spirit)으로 그리스도와 함께 있게 되는 것입니다"라고 말한 후, 같은 문맥에서 계 20장을 강해하면서, 그 신자의 영을 "어떤 영혼들(souls)"로 언급한다. 그들(souls)이 그리스도와 천년 동안 왕 노릇한다고 해석한다(로이드 존스는 또한 '무천년설' 입장이다). 즉 영(spirit)과 혼(soul)을 동격으로 보고, 혼용하여 사용한 것이다; Millard J. Erickson, 『복음주의 조직신학(중)』, 신경수 역 (경기: 크리스천다이제스트, 2000), 88-90.

하려는 죄와 싸워서 막고 제지하여야만 한다. 그렇지 못하면 죄는 몸에서 왕 노릇하고 신자의 몸을 지배할 것이다.

로이드 존스에 따르면 죄는 몸의 본능을 사욕으로 바꾼다. 본능들은 그 자체로서는 선(goodness)하다. 자연적인 본능에는 아무런 죄가 없다. 그러나 죄는 자연적인 본능들을 비정상적인 정욕과 사욕으로 바꾸려고 노력한다. 그것은 신자를 넘어뜨리려고 애쓰고, 몸을 지배하려고 한다. 그럼에도 신자는 그렇게 해서는 결코 안 된다.

> 죄는 내내 그렇게 하려고 할 것이나 신자는 그것을 막고 제지하여야 하며, 싸워야 하는 것입니다.[68]

여기서 로이드 존스에 따르면 죄는 다시 신자의 주인이 되어 지배할 수 없지만, 그의 몸을 지배하려고 안간힘을 쓰고 있다. 죄가 신자의 몸을 잠시 지배할 때, 그것을 배교라고 부른다.[69] 이런 논리에서 보면 배교할 수 있는 것은 참된 그리스도인에게만 있을 수 있는 일이다.

그러므로 신자는 이 땅에 사는 동안 자신의 몸에 남아 있는 죄를

---

68 D. M. Lloyd-Jones, *The New Man: An Exposition of Romans 6*, 153.

69 Millard J. Erickson, 『복음주의 조직신학(하)』, 180. 에릭슨은 히 6:6의 타락한 자들이 진정한 신자들이라고 해석하지만, 로이드 존스는 이들은 진정한 신자들은 아니었고, 단지 파도에 휩쓸려서 '영적 경험들'을 한 비신자라고 본다. 에릭슨은 이런 맥락 속에서 "신자들에게 주어진 경고들과 명령들의 논지는 무엇인가?" 물으면서, 그 대답은 "그것들은 하나님께서 구원받은 개인이 넘어지지 않을 것을 확실하게 하시는 방편들"이라고 한다. 즉 마당 둘레의 울타리 역할과 하나님의 자녀 훈련이라고 말한다. 곧 "하나님은 그들이 배교하지 않을 것을 확실하게 하심으로써 이 일을 행하신다. 할 수 있으나(can, 히 6장) 하지 않을 것(will not, 요 10장)이라는 사실"이다. 따라서 에릭슨은 "이것은 개인의 자유를 보존한다. 신자들은 그들의 믿음을 포기할 수 있지만, 마음대로 그렇게 하는 것을 선택하지는 않을 것"이라고 결론 내린다. 로이드 존스는 참 신자는 신앙을 버릴 수 없다(can not)고 강조한다. 왜냐하면 믿음의 주권은 하나님께 있고, 삼위 하나님의 경륜이 신자의 구원을 "확실하게" 할 것이기 때문이다.

인식하고 죄를 억제하고 물리쳐야 할 책임을 갖는다.

셋째 원리, 성화의 교리는 신자가 실천에 옮겨야 하는 무슨 일이다. 왜냐하면 성화는 위로부터 주어지는 선물이 아니라 신자에게 '무엇을 하라, 하지 말라'와 같은 권면과 명령의 형식으로 주어지기 때문이다. 이 명령과 권면은 신자에게 적극적인 의지의 행동을 요청하는 부르심이다.

넷째 원리, 성화는 단번에 이루어지는 갑작스런 구원의 체험이 아니다. 왜냐하면 신자가 죽을 몸 안에 있는 동안, 죄는 몸 안에 계속 남아 있을 것이고 몸이 죽기까지 남아 있다. 그러한 신자는 죽기 전까지 죄로부터 영 단번에 구출되는 갑작스런 체험을 못할 것이기 때문이다.[70]

다섯째 원리, 하나님은 신자에게 성화할 수 있는 능력을 주셨다. 로이드 존스에 따르면 불신자는 죄와 싸워서 이길 수 없다. 오히려 불신자는 죄의 왕 노릇 아래 있으며 죄의 지배를 받고 있는 죄의 노예이다. 그러나 신자는 죄로부터 해방된 사람이다. 그는 하나님 앞에서 산 자이고, 성령이 그 속에서 역사하고 있다. 또한 그리스도의 마음이 신자 속에 있으며, 그는 하나님의 영원한 계획 속에 있는 사람이다.

로이드 존스는 신자가 구원받았을 때 죄를 이길 수 있고 억제할 수 있는 능력이 그 속에 이미 주어졌다고 본다. 신자 안에 '능력'이 주어졌기 때문에 성화의 권면과 명령이 주어진 것이다. 성경은 신자에게 "세상에 있는 자보다 너희 안에 있는 자가 더 크다"고 선언한다. 그러므로 신자는 핑계도 댈 수가 없다.

---

[70] D. M. Lloyd-Jones, *The New Man: An Exposition of Romans 6*, 153-157.

신자는 홀로 자신의 힘으로 싸워서는 안 됩니다. 신자는 하나님의 아들이기 때문에, 하나님의 성령은 신자 안에, 그리스도의 마음이 신자 안에 있기 때문에, 하나님의 계획 자체가 신자 안에서 진행되고 있습니다.[71]

따라서 신자는 죽을 몸에서 죄가 왕 노릇하게 할 필요가 없다. 하나님은 신자에게 죄를 정복할 능력을 주셨다. 신자는 죄가 왕 노릇하지 못하도록 적극적으로 막아야 한다. 그래서 사도들도 "마귀를 대적하라. 그리하면 그가 너희를 피하리라"(약 4:7), "너희 대적 마귀가 우는 사자같이 두루 다니며 삼킬 자를 찾나니 너희는 믿음을 굳게 하라"(벧전 5:8-9)고 권면하였다. 그렇게 하면 신자는 대적 마귀를 정복하고 물리칠 것이다. 신자는 죄로 자기 죽을 몸에 왕 노릇하게 할 필요가 없다. 이는 하나님이 거룩한 소원을 신자 안에 두시고 그의 기쁘신 뜻대로 행사하고 있기 때문이다. 또한 하나님은 신자에게 대적할 힘을 주셨다.[72]

여기서 로이드 존스는 성화의 구체적인 사항으로 로마서 6장 13절 말씀을 든다.

> 또한 너희 지체를 불의의 무기로 죄에게 내주지 말고 오직 너희 자신을 죽은 자 가운데서 다시 살아난 자 같이 하나님께 드리며 너희 지체를 의의 무기로 하나님께 드리라(롬 6:13).

---

71 D. M. Lloyd-Jones, *The New Man: An Exposition of Romans 6*, 161.
"you are the man who is 'alive unto God;' you are the man in whom the Spirit of God is working; you are the man in whom **God's great purpose** has been set moving."

72 D. M. Lloyd-Jones, *The New Man: An Exposition of Romans 6*, 162.

즉 자신의 의지로 자기 지체들을 죄가 아닌 하나님께 드려서 의의 무기로 사용되게 하라는 권고이다.

결과적으로 로이드 존스가 주목하는 점은 성경이 신자에게 어떤 일은 행하고 저런 일은 행하지 말라고 호소하고 있다는 것이다. 즉 신자 자신이 의지의 행사를 하라는 점이다. 신자에게 가장 필요한 것은 바로 이 점을 인식하는 것이다.[73]

이런 맥락에서 로이드 존스는 신자가 행해야할 일을 소극적인 부분과 적극적인 부분으로 구분한다.

첫째, 소극적으로 신자는 자신의 지체들을 죄에게 주지 않아야 한다.

> 또한 너희는 너희 지체를 불의의 무기로 죄에게 내주지 말라 (롬 6:13).

로이드 존스의 해석에 따르면 여기서 지체들(members)은 몸의 부분들로서 모든 사람이 가지고 있는 힘과 기능과 성향을 의미한다. 몸의 지체들을 내어 주어서는 안 되며, 죄가 마음대로 할 수 있도록 해서는 안 된다. 즉 지체들이 죄에 대하여 도구로 사용되지 않도록 하라는 말이다. 사도는 "너희에게 있는 어떤 것이든지 죄에 대하여 도구로 사용되지 않도록 하라"고 명령한다. 여기서 도구란 죄로 하여금 자기 목적을 수행하고 그 통치를 확정하게 할 수 있는 어떤 것을 의미한다.

그러면 신자의 지체들이 죄의 도구로 사용되도록 해서는 안 되는 이유는 무엇인가?

---

[73] D. M. Lloyd-Jones, *The New Man: An Exposition of Romans 6*, 165.

로이드 존스에 따르면 그 이유는 죄와 마귀와 어둠과 악에 속한 모든 것의 궁극적인 목적이 불의로 인도하는 것이기 때문이다. 로이드 존스는 불의를 "영원하시고 영원토록 의로우신 하나님께 대한 반대하는 모든 것"으로 정의한다. 그러므로 불의는 바르지 못하고 정직하지 못하고 진실하지 못하고 아름답지 못하다. 그것은 꼬이고 부패되고 어리석고 추한 것이다. 그 자체가 악이다. 불의는 언제나 악과 추함과 어리석음의 결과로 인도한다.

따라서 신자는 몸의 어떤 기능이든지 죄의 도구로 이용되도록 허용해서는 안 된다. 신자의 힘, 에너지, 말, 욕구, 마음, 생각, 상상력, 감정 등 이 모든 것은 신자의 부분들이고 인격의 표현이다. 신자는 몸의 지체들 모두에 대하여 책임을 져야 한다.[74]

둘째, 적극적으로 신자는 자신과 자신의 지체들을 하나님께 드려야 한다.

> 또한 너희 지체들을 불의의 무기로 죄에게 내주지 말고 오직 너희 자신을 죽은 자 가운데서 다시 살아난 자 같이 하나님께 드리며 너희 지체를 의의 무기로 하나님께 드리라(롬 6:13).

신자는 먼저 자기 자신을 드려야 한다. 그리고 자기 지체들도 하나님께 드려야 한다. 로이드 존스는 여기서 강조하기를, 신자 자신을 죄에게 드리지 말라고 말하지 않는 이유가 있는데, 그것은 신자는 자기 자신을 죄에게 드릴 수 없기 때문이다. 곧 신자는 이미 죄에 대하여 죽은 자라는 것이다.

---

[74] D. M. Lloyd-Jones, *The New Man: An Exposition of Romans 6*, 167-168.

신자가 죄에 대하여 죽은 것 같이, 또한 죄에 대하여 영 단번에 죽은 것 같이, 죽음은 결코 반복되지 않을 것이며, 그와 같이 신자도 죄에 대하여는 영원히 죽은 자요, 사망이 다시는 되풀이 되지 않을 것입니다.[75]

여기서 신자가 죄와 사망에 대하여 죽은 자인 것은, 신자가 예수 그리스도 안에 있기 때문이요 은혜의 왕 노릇 아래 있기 때문이다. 따라서 로이드 존스는 그리스도인이 할 수 없는 일이 있는데, 그것은 자신을 죄에게 드릴 수 없다는 사실이다.

그러나 신자는 자신을 하나님께 드릴 수 있다. 그리고 드려야 한다.

> 너희 자신을 죽은 자 가운데서 다시 살아난 자 같이 하나님께 드리며 너희 지체를 의의 무기로 하나님께 드리라(롬 6:13).

로이드 존스에 따르면 자신을 죄에게는 드릴 수 없지만, 하나님께는 드릴 수 있다. 그것은 주 예수 그리스도가 신자를 위하여 행하신 일 때문이다. 다시 말해 그리스도인들은 자신을 하나님께 맡기고 하나님께 자기의 의지를 굴복시키고 하나님으로 하여금 자신을 사용하도록 내맡기는 것이 가능하다.

로이드 존스는 그리스도인밖에는 자신을 하나님께 드릴 수 있는 자가 아무도 없다고 강조한다. 불신자는 그렇게 할 수 없다. 왜냐하면 그는 죄와 허물로 이미 죽어 있기 때문이다.

---

[75] D. M. Lloyd-Jones, *The New Man: An Exposition of Romans 6*, 170.

다시 말해 신자는 하나님의 무기로 사용될 수 있지만, 불신자는 의의 무기로 사용될 수 없다. 하나님은 그의 원대한 의의 계획과 체계에서 신자만을 사용하신다.

더욱이, 신자는 자신을 하나님께 드린 후에 자신의 지체들을 하나님께 드려야 한다. 로이드 존스가 보기에 이것은 성화 문제에 있어서 가장 중요한 요지다. 로이드 존스는 많은 사람들이 율법폐기론자(Antinomians)로 빠지는 이유는 구체적인(in detail) 지체들을 드리는 것을 저버렸기 때문이라고 말한다. 그래서 로이드 존스는 사도의 권면을 다시 풀어서 이렇게 말한다.

> 네가 가진 모든 것을 이편에 주어 하나님의 군대에 등록시켜라.
> 또한, 가진 모든 힘들을 악과 죄와 불의를 멸하고 빛과 영광과 진리의 나라를 이룩하는 데 필요한 하나님의 무기로 쓰이게 하라.[76]

그는 이것이 사도의 명령이라고 피력한다.

결론적으로 신자는 죄가 죽을 몸을 지배하지 못하게 하고 각 지체들이 죄의 도구로 사용되도록 허용해서는 안 된다. 신자는 자신을 하나님께 드리도록 부르심 받았고 자신이 가지고 있는 모든 기능들이 하나님 편에서 의의 도구들로 사용되도록 행해야 한다. 신자만이 그렇게 의의 도구로 사용하도록 부르심 받았고, 죄와 악과 싸울 수 있는 능력을 받은 자이다. 신자는 하나님과 그분의 영광을 위하여 믿음의 선한 싸움을 감당해야 할 책임 있는 존재이다. 로이드 존스는 이러한

---

76 D. M. Lloyd-Jones, *The New Man: An Exposition of Romans 6*, 170-173.

책임이 신자의 특권이라고 강조한다.[77]

5) 사역의 책임

로이드 존스에게 있어서 신자는 반드시 사역에 책임 있는 존재로 태어난다. 여기서 사역이란 영적이고, 하나님과 하나님의 나라와 밀접히 관계된 일을 의미한다. 그러나 불신자는 하나님과 그분의 나라와 영광에 진심으로 관심이 없다. 주 예수 그리스도의 복음 안에 있는 신령한 복락들과 믿음 소망 사랑에 관심과 관계가 없다. 따라서 그러한 사역에 어떠한 책임감도 못 느낀다.

로이드 존스는 이러한 원리를 마태복음 25장 열 처녀 비유로 설명한다. 신랑이 왔을 때 지혜로운 처녀들은 기름을 준비하였기 때문에 잔치에 참여하게 되고, 어리석고 미련한 다섯 처녀들은 기름이 없어 잔치에 못 들어가게 된다. 로이드 존스는 여기서 나타난 '기름'을 '행위'로 해석하는 것은 잘못된 해석이라고 본다. 그렇게 해석하는 것은 '행위로 말미암아 의롭다 하심을 얻는다'는 결론을 낳기 때문이다.

이러한 결론은 사도행전 3장 끝에서 "사람이 의롭다 하심을 얻는 것은 믿음으로만 되는 것"이란 성경의 가르침과 정면으로 반대된다. 따라서 로이드 존스는 지혜로운 처녀들이 준비한 '기름'을 누리고 있는 '영적 은사들이나 관심'으로 해석한다. 불신자는 보이는 이익이나 쾌락에 관심이 있지만, 신자는 하나님에 대한 사랑, 하나님을 기쁘게 해 드리는 것 등 영적인 것에 관심이 있다. 그러한 것이 결여된 자들이 불신자요 어리석은 처녀라는 것이다.

---

[77] D. M. Lloyd-Jones, *The New Man: An Exposition of Romans 6*, 176.

불신자는 모두 기독교의 모든 복락들을 탐하는 자들입니다. 그러나 그들은 그 밖의 어떤 것도 원하지 않습니다. 그들은 어떤 책임도 원치 않습니다. 그들은 믿음에는 진정한 관심이 없습니다. 그들은 그것을 생각 밖에 둡니다.[78]

그러므로 불신자는 영적인 일에 관심이 없을 뿐 아니라 그러한 사역에 어떠한 책임도 원치 않는다. 그들은 그러한 죽은 믿음이나 잠시적인 믿음, 거짓된 신앙고백자로서 교회 구성원일 수 있다. 가시적인 교회 안에는 참 신자와 거짓 신자가 섞여 있는 것이다.

그러나 로이드 존스에 따르면 신자는 책임 있는 존재로 태어날 뿐 아니라 사역에 있어서 책임을 져야 한다. 성경에는 신자에게 직책이나 기능이 주어진다고 진술한다(계 1:20; 3:16; 고전 9:14, 16, 19-20, 27). 로이드 존스는 성경에 나오는 '경기장에서 달리고 있는 사람들'을 예로 든다. 로이드 존스는 여기서 다루는 요점이 참 신자냐 거짓 신자냐의 문제가 아니라 사역의 성공 여부 문제라고 해석한다.

"운동장에서 달음질하는 자들이 다 달아날지라도 오직 상 얻는 자는 하나인 줄을 너희가 알지 못하느냐?" 그러므로 그는 하나의 전도자로서 성공하고 상 얻기를 결심하였다는 것을 말하고 있는 것입니다. 그는 전도자와 사도와 목회자로서의 그의 모든 일들과 수고가 결국 소용없이 되는 일이 일어나지 않기를 간절히 바란다는 것입니다. 다른 말로 해서 그는 철저한 실패를 하지 않으려

---

78 D. M. Lloyd-Jones, *The Final Perseverance of th Saints: An Exposition of Romans 8:17-39*, 309-310.

고 하였으며, 어떠한 상이든지 받기를 원하였던 것입니다.[79]

그러므로 신자는 모든 사역에 책임이 있다. 자신의 모든 사역이 소용없는 일이 되지 않고, 하나님 앞에서 칭찬받을 수 있도록 사역에 임해야 한다.

다른 예로, 로이드 존스는 고린도전서 3장을 든다. 어떤 신자는 자신이 행한 일들이 실패로 돌아가는 사람이 있고, 다른 신자는 성공할 것이다. 하나님의 존전에 서게 될 때 부끄러움을 당하는 신자도 있고, 상급을 받는 신자도 있게 될 것이다. 로이드 존스는 신자, 특히 교회 모든 사역자는 이 점을 명심해야 한다고 강조한다.

> "공력이 그대로 있으면 상을 받고 누구든지 공력이 불타면 해를 받으리니 그러나 자기는 구원을 받되 불 가운데서 얻은 것 같으리라"(고전 3:13-14).
> 어떠한 사람들은 자기들이 행한 일이 실패로 돌아가는 사람들이 있을 것입니다. 그리고 어떠한 보상도 얻지 못할 것입니다. 상을 얻지 못하는 사람은 '헛수고'를 한 것이고 전도자로서의 상을 얻지 못하는 것입니다.[80]

결론적으로 구원받은 신자, 특히 교회에서 직책과 직임을 받은 사역자는 주어진 사역에 대한 책임 있는 존재로 부르심 받았다. 따라서

---

[79] D. M. Lloyd-Jones, *The Final Perseverance of the Saints: An Exposition of Romans 8:17-39*, 295.

[80] D. M. Lloyd-Jones, *The Final Perseverance of th Saints: An Exposition of Romans 8:17-39*, 296.

자신의 사역에 책임 있는 행동을 해야 한다.

6) 요약

로이드 존스의 삼위일체적 구원관에는 '하나님의 주권 원리'와 함께 '인간의 책임 원리'가 부각된다. 그는 성경을 신자가 그 안에서 발견하고 권고 받는 진리를 실천해야 하는 절대기준으로 본다. 그래서 그의 모든 강해 설교도 '교리와 실천'[81]으로 이뤄져 있다. 최소한 그는 그렇게 실행하려는 사고 구조를 갖고 있다. 그의 구원 교리 각 단계마다 '하나님의 순서' 다음에 바로 '인간의 자리'를 둔다.

"하나님이 이렇게 말씀하셨다. 그러니(therefore) 우리는 그에 따라 그렇게 살아야 한다."

이것이 로이드 존스의 전체 설교 화법이라고 할 수 있다. 그 인간의 자리는 스스로 독립적으로 결정하는 자리가 아니고, 주님에 의해 마련되고 기대되는 자리이다.

로이드 존스는 아담의 타락 이후에 인간에게 '자유의지'는 존재하지 않는다고 강조했다. '타락한 의지'만 존재한다. 그럼에도 로이드 존스의 전체 구원관에 비춰 본다면 신자가 새롭게 얻게 된 의지는 그리스도 안에서 얻게 된 '은혜의 의지'이다. 성경에서 드러난 신자에게 요구되는 형식은 '책임과 의무'이지만, 그 내용은 '은혜 받은 자에게

---

[81] Iain H. Murray, *Lloyd-Jones Messenger of Grace* (Edinburgh: The Banner of Truth Trust, 2008), 50. 로이드 존스는 기독교가 교리와 실천의 균형을 반드시 유지해야 한다고 강조했다. "There should be an awareness that Christianity is both a body of truth and doctrine, and a life to be experienced. If balance is lost between these two things, either in direction of the over-intellectual or the over-experimental, a departure from New Testament will follow."

기대되는 의지의 행동'이다.

로이드 존스의 '죄의 왕국과 은혜의 왕국' 개념에 비춰 봤을 때도 삼위 하나님의 은혜로 구원받은 신자는 그리스도의 은혜 왕국 안에서 '새로운 의지'인 '은혜의 의지'를 부여 받는다. 죄의 왕국에 있는 모든 사람이 '타락한 의지, 죄의 의지, 종의 의지'를 소유하고 있다면, 은혜의 왕국에 있는 모든 신자는 '회복된 의지, 은혜의 의지, 자녀의 의지'를 갖는다.

그러므로 불신자의 '타락한 의지' 측면에서 죄의 책임을, 신자의 '회복된 의지, 은혜의 의지, 자녀의 의지' 측면에서는 믿음의 책임, 기도의 책임, 성화의 책임, 그리고 사역의 책임을 다루었고, 그것을 다 합하여 '인간의 책임 원리'로 설정했다.

이러한 인간의 책임 원리가 로이드 존스의 삼위일체 구원관 속에 일관되게 작동하고 있다. 이것도 삼위 하나님의 구원 사역을 지배하는 원리의 통일성이다.

로이드 존스의 삼위일체 구원관 속에서 나타난 '인간의 책임 원리'를 간략히 정리하면 다음과 같다.

첫째, 로이드 존스는 모든 인간은 죄의 책임이 있다고 일관되게 주장한다. 모든 인간은 아담 안에서 죄를 지었고 죄책을 갖는다. 그뿐만 아니라 타락한 인성을 받은 인간은 오염되고 부패하여 수많은 죄를 짓는다. 하나님의 법에 따라 인간은 책임을 져야 하는 존재이다. 따라서 자신이 정죄 받아 지옥가게 된 것이, 하나님의 작정 때문이라고 말하는 것은 틀린 것이다. 모든 인간은 자신의 죄 때문에 지옥에 간다. 복음에 불순종하는 죄에 대한 형벌을 받는 것이다.

둘째, 로이드 존스는 신자를 자신의 믿음을 강하게 할 책임 있는 존재로 본다. 신자는 낙담하였을 때도 하나님께 영광을 돌리는 방식으로 자신의 믿음을 강하게 할 수 있다. 믿음은 하나님의 선물이지만 신자는 그 믿음을 말씀으로 강화하고 자라게 할 책임이 있다. 하나님은 모든 신자에게 믿음을 주셨을 뿐 아니라 강하게 할 능력도 주셨다. 그리고 그것을 기대하신다.

셋째, 로이드 존스는 기도가 하나님의 방식이라고 본다. 하나님은 자기 뜻대로 모든 일을 계획하시고 이루신다. 그러한 하나님의 주권은 하나님의 뜻을 이루는 방식도 정하신다. 그것이 기도의 방식이다. 따라서 기도의 방식은 하나님의 주권을 훼손하는 것이 아니라 하나님의 주권을 보호하고 드러낸다.

지나친 하나님의 주권 강조로 인해, 기도하지 않는 것은 하나님의 주권에 위배되는 죄이다. 하나님의 뜻은 기도하는 방식을 통해 일하신다. 신자는 기도할 책임을 가진다.

넷째, 로이드 존스는 일관되게 성도의 성화 책임을 말한다. 로이드 존스에 따르면 신자가 구원받은 것은 영혼이다. 그러나 그리스도는 영과 혼 그리고 몸을 구원하신다. 이 땅에 있는 동안 몸은 아직 구원받지 못한 상태이고, 이 몸에 죄가 남아 있다. 이 죄와 싸우고 의를 이루는 것이 성화이다. 성화는 모든 신자의 책임임에 틀림없다.

로이드 존스는 인간의 책임을 결코 간과하지 않는다. 교리는 반드시 적용되어야 한다고 강조한다. 성경에서 발견한 교리에 따라 인간이 뭔가를 행하는 것은 성화적 측면이다.

따라서 로이드 존스가 매 설교마다 성화를 강조한다고 여겨도 될 정도로 그는 일관되게 인간의 책임성을 강조한다. 로이드 존스의 구원관에서 볼 때 오직 하나님의 주권성만을 강조하고 인간의 역할이나 책임을 말하지 않는 것은 이단적이고 비성경적이다.

다섯째, 로이드 존스는 신자를 사역에 책임 있는 존재로 여긴다.

구원받은 신자는 영적인 일에 관심을 갖게 되고, 영적 은사와 직분을 얻게 된다. 자연스럽게 그에 따라 책임감을 느낀다. 하나님의 구원 사역이나 교회 직분, 그리고 영적 은사에 책임을 느끼지 못하는 것은 구원받은 표지라 할 수 없다. 불신자는 영적인 일에 관심도 없고 어떤 책임감도 갖지 않는다.

따라서 로이드 존스는 참 신자는 반드시 영적 일에 관심과 책임을 느끼며, 아름다운 사역의 열매를 맺어 하나님 앞에서 칭찬받도록 해야 한다고 강조한다.

3. 그리스도와 연합 원리

로이드 존스의 삼위일체 구원관에서 '하나님의 주권 원리'와 '인간의 책임 원리'를 서로 상합시켜 끌어올리는 원리가 있다. 그것은 '그리스도와 연합 원리'이다. 그의 삼위일체적 구원관을 자전거에 비유한다면, 하나님의 주권 원리는 전체 동력을 주는 '페달'(pedal), 인간의 책임 원리는 뒷바퀴에 힘을 부여하는 '기어'(gear), 그리고 그리스도와 연합 원리는 둘 사이에 연결하여 역동적으로 움직이게 하는 '체인'(chain)이라 할 수 있다.

신자의 그리스도와의 연합 원리는 로이드 존스에게 있어서 삼위 하나님의 구원 경륜을 풀어가는 마스터 키(master key) 원리이다.

이에 따라 로이드 존스는 삼위 하나님의 영원한 구속 계획과 실행 그리고 적용하는 전 과정을 '그리스도와 연합 원리' 안에서 풀어 간다. 로이드 존스에게 있어서 '그리스도와 연합 원리'는 구원의 시작이요 끝이다.[82] 은혜 언약을 달리 말하면 죄인이 그리스도와 연합으로 구원받는 역사이다. 죄인의 구원이란 성령 안에서 그리스도와의 연합으로 요약된다.[83] 따라서 로이드 존스는 신자와 그리스도의 연합 원리가 기독교 진리 중에 가장 영광스럽고, 가장 심오하고, 가장 위안을 주는 진리 중 하나라고 말한다.[84]

이와 같은 '그리스도와의 연합'을 삼위 하나님의 구원 경륜의 중심으로 볼 때 그리스도와의 연합은 시간적으로 크게 3단계로 나눌 수 있다.

첫째, 가장 앞서는 연합은 창세 전에 영원한 하나님의 작정에서 언급된 '그리스도와의 연합'이다(엡1:3-4).[85]

둘째, 그러한 하나님의 작정은 역사 속에 찾아오신 그리스도의 성육신 사건을 통해 구체화된다. 곧 인류의 역사 속에서 객관적인 성취

---

82 John Murray, 『존 머레이의 구속』, 247. "그리스도와의 연합은 전체 구원 교리의 중심이다."

83 John Murray, 『존 머레이의 구속』, 235-237. "구원 과정 전체가 그리스도와의 연합의 한 단계에서 시작할 뿐 아니라, 구원은 다름 아닌 이 연합의 다른 단계들이 실현되는 것이기 때문이다. 신약성경에서 빈번하게 등장하는 '그리스도 안에서'라는 짧은 표현이 말하는 것이 바로 연합이다. '그리스도와의 연합'을 말할 때 생각하는 것이 바로 '그리스도 안에서'라는 말이 뜻하는 것이다;" 김광열, 『그리스도 안에 있는 구원과 성화』, 28-33. "성부가 불쌍하고 곤궁한 인간들을 부요하게 하기위해 부어주신 은혜들을 우리가 어떻게 받는가? 첫째로 우리는 그리스도가 우리 밖에 머물러 계시고 그분이 우리에게 떨어져 계시는 한, 그분이 고난당하신 모든 것과 인류의 구원을 위해서 하신 일들은 우리에게 아무런 소용도 없고 가치도 없는 채로 있게 되는 것을 이해해야만 한다. (중략) 그분이 소유하신 모든 것은 우리가 그분과 한 몸이 될 때까지는 우리에게 아무것도 아니기 때문이다."

84 D. M. Lloyd-Jones, *The New Man: An Exposition of Romans 6*, 30.

85 John Murray, 『존 머레이의 구속』, 237. "우리가 그 원천에까지 구원을 최대한 거슬러 가보면 '그리스도와의 연합'이 자리하는 것을 볼 수 있다. 그리스도와의 연합은 나중에 덧붙여진 것이 아니라 애초부터 거기에 그렇게 있었다;" Anthony A. Hoekema, 『개혁주의 구원론』, 류호준 역 (서울: 기독교문서선교회, 2001), 94-96. "그리스도와의 연합은 그 뿌리를 하나님의 택정하심에 두고 있다"(엡 1:3-4).

를 이루셨다.

셋째, 그리스도가 객관적으로 성취하신 구속사역을 근거로 하여, 오늘 신자들은 성령의 구속적용 사역을 통하여 실존적으로 그리스도와의 연합을 경험하게 된다. 이와 같이 신자는 근본적으로 그리스도와 연합한 자를 의미한다.[86]

이제 삼위 하나님의 경륜적 사역 가운데 나타난 신자의 '그리스도와 연합 원리'에 대하여 살펴본다.

1) 구원 계획 속에 나타난 그리스도와 연합

창세 전 영원한 회의에서 성부는 죄인을 구하는 모든 일을 그리스도 안에서 계획하시고 행하셨다. 성부는 그리스도를 새 인류의 머리와 대표로 정하시고 죄인들 중 얼마를 그리스도와 연합시킴으로 구원의 역사를 시작하셨다.

로이드 존스는 성부가 창세 전 얼마간의 죄인들을 부르시고 택하신 것은 '그리스도 안'에서 행해진 것이라고 강조한다.[87]

여기서 '그리스도 안'이란 '그리스도와 연합'을 의미한다.[88] 따라서

---

[86] Lewis B. Smedes, 『바울의 그리스도와의 연합사상』, 89-204. 스미디즈는 '신자의 그리스도와의 연합'에 대한 바울의 표현을 '그리스도 안에 있는 존재,' '그리스도와 함께한 존재,' '신자 안에 있는 그리스도'로 구분한다.

[87] D. M. Lloyd-Jones, *God's Ultimate Purpose: An Exposition of Ephesians 1:1 to 1:23*, 17-18; Louis Berkhof, 『조직신학(하)』, 695. "구속의 경륜에서 그리스도와, 성부께서 그에게 주신 자들과의 언약적인 연합이 있었다."

[88] 김광열, 『그리스도 안에 있는 구원과 성화』, 32. 김광열은 "그리스도와 연합"이란 용어가 성경에서 갖는 두 가지 표현에 주목한다. 첫째는 "'누구든지 그리스도 안에 있으면' (고후 5:17)과 같이 신자가 그리스도 안에 있다는 점만을 나타내주는 표현들과, '내가 그리스도와 함께 십자가에 못 박혔나니, … 내 안에 그리스도께서 사신 것이라'(갈 2:20)와 같이, 그리스도께서 우리 안에 계신 것으로 표현되는 구절들, 곧 한쪽의 관점에서만 표현

논리적으로 볼 때 성부는 어떤 죄인들을 그리스도와 연합시킨 후에 그들을 택하시고 부르신 것이다. 이런 관점에서 보면 성부의 구원 계획의 시작은 '그리스도와 연합'이라 할 수 있다.

> 하나님의 은혜로운 모든 목적은 처음부터 끝까지 그리스도에 의해서(by), 그리스도 안에서(in), 그리스도를 통하여(through) 시행됩니다. 하나님이 그의 주권적인 뜻(His sovereign will) 안에서, 그의 무한하신 은혜로 말미암아서, 그의 긍휼의 풍성함을 따라서, 그의 뜻의 비밀을 따라서 우리의 구원을 위해 계획하시고 실행하신 모든 것을 그리스도 안에서 행하셨습니다. 우리는 창세 전에 '그리스도 안에서' 부르심을 받았고 택하심을 받았습니다.[89]

또한 성부 하나님의 구원의 위대한 목적은 만물을 그리스도 안에서 재-통일 시키는 것이다. 이 점에 대해 로이드 존스는 해석하기를, 모든 것이 그리스도 안에서 함께 연합되고 하나를 이루는 것이다. 신자가 그리스도와 연합된다. 그리고 서로 다른 배경의 신자들도 그리스도 안에서 서로 연합된다. 또 만물도 그리스도 안에서 서로 연합되고 하나가 된다.

로이드 존스는 이것이 성부 하나님의 장엄한 목적이요 목표라고 한다. 그리스도 안에서 만물이 연합되고 하나가 되는 것이 하나님의

되는 구절들이 있다." 두 번째 표현은 "'내 안에 거하고 나도 그 안에'(요 6:56)와 같이, 위의 두 개념들이 함께 나타나는 경우이다." 그러나 그는 위의 두 개념은 상호 교체적으로 사용될 수 있는 개념이라고 주장하면서, 그 이유는 우리가 그 안에 있을 때, 그분도 우리 안에 거하시는 것이고, 그 반대도 성립되기 때문이라고 한다.

89 D. M. Lloyd-Jones, *God's Ultimate Purpose: An Exposition of Ephesians 1:1 to 1:23*, 17-18.

꿈이다. 따라서 "내가 그리스도 안에, 그리스도가 내 안에 거하는 것" 곧 그리스도와의 연합은 구속 경륜에 속한다.

> 여기서 위대한 주제는 하나님께서 유대인들뿐만 아니라 이방인들에게도 자신을 계시하셨다는 것입니다. '중간에 막힌 담'은 사라졌습니다. 하나님께서 '둘로 하나를 이루셨습니다.' 새로운 창조가 있습니다. 새로운 무엇이 존재하게 된 것입니다. 그것은 교회라고 불리는 것입니다. 하나님의 일은 하나님께서 그의 온전한 계획을 이행하시고 그에게 반대되는 모든 것을 멸하시게 되는 때가 온전히 차게 될 때까지 점점 증가되어 나아갑니다. 모든 것은 그리스도 안에서 함께 연합되고 하나를 이루는 것입니다.[90]

특히 로이드 존스는 그리스도와의 연합이 교회를 통해서 이뤄지게 하는 것이 하나님의 방식이라고 한다. 그리스도와 연합된 각각의 신자들 곧 나라와 인종과 배경이 서로 다른 사람들이 교회 안에서 서로 연합하고 하나가 된다. 로이드 존스는 이것이 하나님이 그리스도와의 연합으로 구원을 이루시는 하나님의 계획이라고 강조한다.

> 하나님의 목적은 그리스도의 교회를 통하여 그 교회 안에서 가장 명확하게 밝혀집니다. 모든 나라를 그리스도 안에서 함께 모으는 것입니다. 교회 안에는 다른 사람들, 다른 민족들, 세계 다른 지역들에서 온 사람들, 다른 체험을 하고 있는 사람들, 외모도 다

---

[90] D. M. Lloyd-Jones, *God's Ultimate Purpose: An Exposition of Ephesians 1:1 to 1:23*, 19-20; 유태화, 『삼위일체론적 구원론』, 92.

르고 심리나 다른 모든 생각할 수 있는 방면에서 다 다른 사람들이 함께 있습니다. 그럴지라도 모든 것은 '그리스도 안에서' 하나입니다.[91]

결론적으로 성부 하나님이 구원을 계획할 때 '그리스도와 연합'의 원리는 구원하는 일의 기초가 되며 시작이 된다. 그뿐만 아니라 원대한 구원의 목적에서도 '그리스도와 연합' 원리는 중추가 되는 개념이다. 성부는 만물이 그리스도와 연합되게 함으로 세상을 다시 조화롭고 질서 있게 창조하신다.

2) 구원 성취 속에 나타난 그리스도와 연합

성자는 이 세상에 성육신하시고, 순종의 삶과 십자가 죽음, 그리고 부활을 통하여 자기 백성을 구원하는 일을 성취하신다. 그리스도가 행하신 일은 백성을 대신하여 이루신 것이다. 곧 그는 자기 백성의 머리요, 대표로서 그 일을 하신 것이다. 이 말은 그의 행하신 모든 일에 그의 백성이 연합되어 있다는 것을 뜻한다.[92]

---

91 D. M. Lloyd-Jones, *God's Ultimate Purpose: An Exposition of Ephesians 1:1 to 1:23*, 20; 유태화, 『삼위일체론적 성령론』, 275-276. "한 새 사람을 지어"(엡 2:15), 여기서 새 사람은 교회를 지칭한다. "서로가 서로를 향하여 적대시하던 유대인과 이방인이 서로를 하나로 경험하는 유기적인 공동체인 교회를 그렇게 묘사한 것이다. 그 사실은 또한 성령론적인 근거에서 새롭게 설명된다. 서로를 적대시하던 유대인과 이방인이 하나가 되는 것이, 한편으로는 기독론적인 이유 때문이며, 다른 한편으로는 그리스도 안에서 하나가 되는 현재적인 경험으로서 성령론적인 현실 때문이라는 것이다."

92 Anthony A. Hoekema, 『개혁주의 구원론』, 96-99. 후크마는 그리스도와의 연합의 근거를 그리스도의 "구속 사역"에 둔다; John Murray, 『존 머레이의 구속』, 237. "그리스도의 죽음과 부활과 승천에서 하나님의 백성들이 그분과 연합해 있다는 사실이 드러난다(롬 6:2-11; 엡 2:4-6; 골 3:3-4);" Louis Berkhof, 『조직신학(하)』, 695. 벌코프는 "그리스도

그래서 만약 죄와 허물로 죽어있던 백성과의 연합이 없었다면 그리스도의 모든 사역은 아무 의미도 없었을 것이다. 하나님의 진노 아래 있었던 자기 백성에게 어떤 선한 영향도, 도움도 되지 않았을 것이다. 그러므로 그리스도의 구원 성취 사역 속에는 반드시 '그리스도와 연합'된 백성이 포함되어야 한다. 이것은 성부와 성자의 구속 언약 속에서 미리 정하신 삼위 하나님의 구원 방식이다.

그러므로 그리스도인은 실제적인 의미에서 '그리스도와 연합'하여 있는 사람이요 그리스도 안에 있는 사람이다. 그는 그리스도께 속하여 있는 사람이다. 그리스도와 연합되지 않은 사람은 그리스도의 구원 성취 사역으로부터 어떤 유익도 얻을 수 없다.

그렇다면 신자가 그리스도와 연합한다는 것은 어떤 의미인가?

신자는 그리스도와의 연합 결과로 그리스도가 하신 일에 동참하게 된다. 로이드 존스는 연합의 결과를 세 가지로 본다. 신자는 그리스도와의 연합으로 그리스도의 죽음과 장사지냄 그리고 부활에 동참한 존재가 된다.[93]

안에서 객관적으로 실현된 생명의 연합"이 있다고 강조한다. "객관적 의미에서 교회는 그리스도와 함께 십자가에 못 박혔고, 그리스도와 함께 죽었으며, 그리스도와 함께 죽은 자 가운데서 부활하였고, 그리스도와 함께 천상에 앉게 되었다."

93 D. M. Lloyd-Jones, *God's Ultimate Purpose: An Exposition of Ephesians 1:1 to 1:23*, 31; Lewis B. Smedes, 『바울의 그리스도와의 연합사상』, 143-168. 스미디즈는 신자는 세례를 통하여, 그리스도의 공동체의 일원이 되고, 이것은 곧 그가 (과거의) 그리스도의 죽음과 부활에 참여한 자가 됨을 의미한다고 말한다. 이것은 "한 사람의 역사에 있어서 역할과 위치에 대한, 성경적-혹은 히브리식 사고 방식"이라고 설명한다. 시간의 간격이 있지만 그것은 별로 관련이 없다고 한다. 그는 그 이유와 근거로 "하나님께서 신자를 그리스도의 죽음과 부활이 초래한 창조적인 효과들과 동일시하신 까닭에 신자는 세례로 말미암아 그리스도와 함께 죽고, 함께 부활한다"고 전한다.

(1) 그리스도의 죽음과 연합

첫 번째 결과로 신자는 그리스도의 죽으심에서 함께 연합되었다.

> 그러므로 그리스도 예수와 합하여 세례를 받은 우리는 그의 죽으심과 합하여 세례를 받은 줄을 알지 못하느뇨(롬 6:3).

그리스도가 십자가에서 죽었을 때 신자도 동일하게 죽은 것이다.[94] 로이드 존스는 이것을 아담과의 관계 속에서 찾는다. 아담이 죄를 지었을 때 모든 인류도 죄를 지었다고 성경은 증언한다. 이와 똑같은 방식으로 그리스도와 연합된 신자는 그리스도가 죽었을 때 그와 함께 죽은 것이다. 이와 같은 평행선을 로이드 존스는 다음과 같은 논리로 설명한다.

> 아담은 실제적인 죄를 지었으나, 우리는 모두 그 안에서 죄를 지었으며, 그와 함께 죄를 지었습니다. 이제 여기서는 우리가 그리스도와 연합되었고 그리스도인은 그와 함께 죽은 것입니다. 그가 행하신 것은 신자도 행한 것입니다. 왜냐하면 우리가 그의 죽으심에 있어서 함께 세례를 받았기 때문이며, 그와 함께 죽었기 때문입니다. 우리가 아담과 함께 죄를 지었을 때, 우리는 주 예수 그리스도와 함께 죽었습니다.[95]

---

[94] D. M. Lloyd-Jones, *The New Man: An Exposition of Romans 6*, 36; Lewis B. Smedes, 『바울의 그리스도와의 연합사상』, 147-149.

[95] D. M. Lloyd-Jones, *The New Man: An Exposition of Romans 6*, 43.

그리스도가 십자가에서 죽었다는 것은 무슨 의미인가?

이 질문에 로이드 존스는 먼저 그리스도가 십자가에서 죽었을 때 죄에 대하여 죽었다고 해석한다. 따라서 그리스도와의 연합으로 동일체가 된 신자도 그와 함께 죄에 대하여 죽은 것으로 이해한다. 그리스도가 친히 죽으셨을 때 죄와의 관계에 대하여 완전히 죽으셨다. 그리스도와의 연합(union with Him) 때문에 그리스도가 죄에 대하여 죽었을 때 신자도 그와 함께 죄에 대하여 죽었다.[96]

특히 로이드 존스는 그리스도께서 죽었을 때 죄에 관한 모든 것 곧 죄의 체제와 죄의 권세, 죄의 통치에서 죽었다고 본다. 이것은 죄와의 모든 관계를 청산하고 끝냈음을 의미한다. 동일한 방식으로 그리스도와 연합된 신자는 죄의 체제, 죄의 권세, 죄의 통치와의 모든 관계가 이미 끝난 존재이다. 그 모든 일은 과거에 완료된 사건들이다.

> 이것은 그리스도와 연합된 결과입니다. 신자는 그의 죽으심에서 연합되었습니다. 그러므로 그리스도가 죄에 대하여 가지고 계시던 관계는 역시 신자에게 그대로 적용되는 것입니다. 그것은 죄의 왕 노릇과 맺고 있는 신자의 관계에 대하여 관계하고 있는 것 전부입니다.[97]

결론적으로 로이드 존스는 "주님과 함께 신자가 죽은 것은 아담이 죄를 지었을 때 모든 사람이 죄를 지었다고 말하는 것이 진리인 것과 똑같이 신자에게도 진리"라고 주장한다. 죄와 구원의 관계에서 로이

---

[96] D. M. Lloyd-Jones, *The New Man: An Exposition of Romans 6*, 43-45.
[97] D. M. Lloyd-Jones, *The New Man: An Exposition of Romans 6*, 46.

드 존스는 철저히 연합 원리를 따르고 있는 것을 볼 수 있다.[98]

모든 인류가 아담과 연합되어 있었던 것과 같이 모든 신자는 그리스도와 연합되어 있다. 머리와 몸은 동일체다. 따라서 하나로 취급된다. 머리가 하는 모든 일에 몸도 머리와 함께 동참하는 원리이다.

(2) 그리스도의 장사지냄과 연합

두 번째 결과로서 신자는 그리스도의 장사(葬事)지냄에서 함께 연합되었다. 이것은 신자가 그리스도와 연합하여 그의 죽으심에 참여하였다면 그리스도의 장사지냄에도 동일한 방식으로 동참하였다는 의미이다.

그러면 그리스도가 장사지냄 받았다는 것은 무슨 의미인가?

로이드 존스는 일반인의 장례를 예로 들어 설명한다. 죽은 사람을 장례 지낸다는 것은 그 사람이 완전하게 철저하게 죽은 것을 증거한다. 만약 죽음에 대해 조금의 의심이 있다면 죽은 자를 장례 지낼 수 없을 것이다.

마찬가지로 그리스도가 장사 지냄을 받았다는 것은 그의 죽음이 철저하게 이뤄졌다는 것을 증거하는 것이다.

그것이 확증하는 것은 무엇인가?

로이드 존스는 그리스도의 장사지냄을 통하여 그리스도가 죄의 통치와 죄의 영역으로부터 완전히 벗어나신 것을 확증했다고 해석한다. 장사되는 사람은 이 세상에 대하여 가진 모든 관계를 끊는다. 곧 그리스도가 장사되셨을 때, 그가 이 세상에서 가진 삶에 대한 모든 관계 즉 율법 아래 속하고 죄의 체계와 권세 안에 들어오셨던 삶의 관

---

[98] D. M. Lloyd-Jones, *The New Man: An Exposition of Romans 6*, 44.

계가 종결되었다. "그리스도가 죄인을 구원하기 위해 자원하여 고의적으로 가지셨던 죄의 통치와 죄의 영역으로부터 완전히 벗어난 것이다. 그것이 그의 장사가 포함하는 사실이다."[99]

결론적으로 로이드 존스는 그리스도와 연합 원리에 의해서 신자도 그리스도가 장사 되었을 때 동일하게 장사 되었으며, 죄의 체제와 죄의 법칙 그리고 죄의 권세와 죄의 왕 노릇과의 관계가 완전히 끊어졌다고 밝힌다. 장사지냄은 그것을 확증하는 최종적인 증거이다.[100]

(3) 그리스도의 부활과 연합

세 번째 결과로 신자는 그리스도의 부활에서 함께 연합되었다. 로이드 존스는 그리스도의 부활에서 무엇보다도 그 일이 일어난 방식에 관심을 둔다. 부활은 성부 하나님께서 큰 능력으로 그리스도를 죽은 자 가운데서 살리셨다는 것이다.

> 신자가 맨 먼저 붙잡아야 하는 것은 하나님이 자기의 영원한 영광의 권능으로 그리스도를 죽은 자 가운데서 살리셨다고 하는 사실입니다. 부활이 선포한 제일 첫 번째 되는 것은 행사되고 나타낸바 된 하나님의 엄청난 능력입니다.[101]

하나님의 영광이 가장 두드러지게 나타난 사건이 부활사건이다. 그뿐만 아니라 로이드 존스는 그리스도를 살리신 바로 그 능력이 신

---

99 D. M. Lloyd-Jones, *The New Man: An Exposition of Romans 6*, 47.
100 D. M. Lloyd-Jones, *The New Man: An Exposition of Romans 6*, 46-47.
101 D. M. Lloyd-Jones, *The New Man: An Exposition of Romans 6*, 49.

자들도 살리셨다고 강조한다.¹⁰² 그렇게 부활은 하나님의 크신 권능으로 그리스도를 살리신 사건이다.

그렇다면 그 부활의 의미는 무엇일까?

로이드 존스는 부활의 의미를 두 가지로 정리한다.

첫째, 그리스도는 죄와 사망의 권능과 왕 노릇에 의하여 붙잡혀 있을 수 없었다. 부활은 하나님의 크신 능력으로 죄와 사망의 권세가 폐하고, 죄의 왕 노릇이 실패한 것을 보여준다. 죄와 지옥의 권세도 하나님의 아들이신 그리스도를 사망 안에 묶어둘 수가 없었다. 따라서 로이드 존스는 "그리스도의 부활은 그리스도께서 죄와 그 통치를 완벽하게 이기셨다고 하는 궁극적인 증거이며, 죄에 대한 관계를 청산하셨다고 하는 궁극적인 증거"라고 강조한다.¹⁰³

둘째, 부활은 그리스도가 죄의 체제 밖으로 나왔을 뿐만 아니라 다른 체제, 새 영역, 새 관계를 향하여 살아나신 것이다. 로이드 존스에 따르면 로마서 6장 3절에서 말하는 "새 생명"이 바로 그것을 뜻한다. 여기서 새 생명은 죄의 체제와 다른 체제, 새 영역, 새로운 통치를 포함한다.

그리스도는 자기 백성을 구원하기 위하여 육신의 모양으로 이 땅에 오셨다. 그것은 스스로 율법 아래로 죄의 권세 아래로 들어오신 것을 의미한다. 율법을 주신 자가 스스로 율법 아래 들어오셨다. 그는 율법 아래 있고 율법에 복종해야 하는 체제 속으로 들어오신 것이다. 이 체제는 죄가 왕 노릇하는 체제요 율법의 체제이다. 죄인을 위해 스스로 그 아래 처하신 것이다.

---

102 Lewis B. Smedes, 『바울의 그리스도와의 연합사상』, 149-151.
103 D. M. Lloyd-Jones, *The New Man: An Exposition of Romans 6*, 49-50.

그러나 로이드 존스는 그것이 오직 "잠정적인 관계"였다고 강조한다. "부활이 드러낸 진리는 그리스도가 취하신 죄와 율법에 대한 잠정적인 관계, 죄인의 구원을 위하여 들어오셨던 이 체제는 끝이 났다는 점"이다.[104] 그리스도는 부활을 통하여 율법의 체제, 죄의 체제에서 나오신다. 그리고 자신의 영원한 체제로 다시 돌아가셨다.

결론적으로 그리스도와 연합된 신자는 그리스도가 못 박혔을 때 그와 함께 못 박혔고, 그리스도가 죽었을 때 그와 함께 죽었고, 그리스도가 땅에 묻혔을 때 그와 함께 장사지내게 된 사람이다. 그리고 그리스도가 부활하였을 때 그와 함께 부활하였고, 그리스도가 하늘 보좌에 앉혀졌을 때 그와 함께 하늘 보좌에 앉혀진 사람이다.

> 그리스도께서 십자가에 못 박히실 때 우리도 그와 함께 십자가에 못 박혔다는 것을 말하며, 그가 죽을 때 우리도 죽었고, 그가 장사 지낸 바 되었을 때에 우리도 그와 함께 장사 지낸 바 되었다는 것을 말하며, 그가 부활하실 때에 우리도 그와 함께 부활하였다는 것을 말하는 것입니다. 그는 하늘보좌에 앉힌바 되었습니다. 바울은 이 에베소서의 제2장에서 "또 함께 일으키사 그리스도 예수 안에서 함께 하늘에 앉히시니"라고 말합니다. 우리는 그리스도와 함께 이 순간에 하늘에 앉아 있습니다.[105]

또 그리스도는 모든 복락의 유일무이한 중보자이기 때문에 하늘

---

104 D. M. Lloyd-Jones, *The New Man: An Exposition of Romans 6*, 51.
105 D. M. Lloyd-Jones, *God's Ultimate Purpose: An Exposition of Ephesians 1:1 to 1:23*, 32.

에 속한 모든 신령한 복락은 그리스도와 연합이 되었을 때 받을 수 있다. 그리스도와 연합을 통하지 않고서는 하나님과 하나님의 모든 복락으로 인도될 수 없다.

"그리스도는 복락들이 오는 유일한 통로요 독점적인 통로이다."[106] 따라서 신자가 누리는 모든 복락, 성취하고 체험한 모든 좋은 것들은 그리스도로 말미암아 오는 것이다.

그리고 신자가 그리스도와 연합될 때 그리스도는 머리가 되고 신자들은 몸의 지체들이 된다. 몸의 모든 지체에 존재하는 생명 전체가 머리로부터 오는 것처럼 신자들의 모든 생명의 근원은 머리되신 그리스도로부터 온다. 따라서 그리스도는 신자들의 머리요 생명이다. 이것은 온전히 신자가 그리스도와 연합하여 있기 때문에 가능한 진리이다.

요컨대 성자가 성육신하여 이 땅에서 순종의 삶을 살 때, 십자가의 고난과 죽음을 경험할 때, 그리고 장사지낸바 되고 사흘 만에 부활할 때, 승천하여 하늘 보좌에 앉을 때, 신자는 그리스도에게 연합되어 그와 함께 이 모든 일에 동참한 것이다. 그러한 그리스도와 연합 방식이 삼위 하나님께서 결정하신 방식이다. 따라서 구원의 성취에서 그리스도와 신자의 연합 원리는 성경에 있어서 한 나라의 헌법과도 같은 근간 원리이다.[107]

---

106 D. M. Lloyd-Jones, *God's Ultimate Purpose: An Exposition of Ephesians 1:1 to 1:23*, 59.

107 John Murray, 『존 머레이의 구속』, 239. "그리스도와의 연합은 창세 전에 성부 하나님의 선택에 뿌리를 박고 있고, 하나님의 자녀들이 영화롭게 되는 것으로 결실한다."

3) 구원 적용 속에 나타난 그리스도와 연합

성령은 '신자를 그리스도에게 연합시키는 방식'으로 성자가 이룬 은혜 언약의 복락들을 신자에게 가져다준다. 이 일은 성령의 독특한 사역이다. 오직 성령만이 신자를 그리스도와 연합하게 하신다.

"성령의 핵심 사역은 신자를 그리스도와 연합케 하는 사역이다."[108]

성자가 십자가의 피로 이룬 구원의 모든 복락은 그와의 연합을 통해서만 신자에게 적용된다. 만약 어떤 사람이 그리스도인이 되었다는 것은 근본적으로 그가 그리스도와 연합된 자라는 것을 의미한다. 누구든지 그리스도와 연합이 없이 그리스도인이 될 수 없다.

> 거듭남을 인하여, 중생함을 인하여 주 예수 그리스도와 연합하였으며, 그의 생명 안에 동참하는 사람들이 되었으며, 그로부터 오는 모든 복락들을 함께 누리게 되었습니다.[109]

---

[108] 유태화, 『삼위일체론적 구원론』, 305; Anthony A. Hoekema, 『개혁주의 구원론』, 99-109; Louis Berkhof, 『조직신학(하)』, 696. 벌코프는 그리스도와 신자 사이에 "성령의 사역에 의해 주관적으로 실현된 생명의 연합이 존재한다"고 말한다; 김광열, 『그리스도 안에 있는 구원과 성화』, 28. 김광열은 그런 의미에서도 그리스도와의 연합은 구원의 적용사역에 있어서 핵심적인 원리가 된다고 강조한다. "구원이란 한마디로 말한다면 성령님의 구속적용의 사역이며, 다시 말하면, 성령 안에서 그리스도와의 연합이라고 요약될 수 있으며, 구원론에서 논의되는 모든 영적 축복들은 바로 그 연합의 함축적인 내용들에 대한 나열과 분석 및 설명이 되는 것이다."

[109] D. M. Lloyd-Jones, *God's Ultimate Purpose: An Exposition of Ephesians 1:1 to 1:23*, 71; John Murray, 『존 머레이의 구속』, 241.

(1) 그리스도와 연합 본질

신자가 그리스도와 연합되었을 때, 그 연합의 본질은 무엇일까?[110] 로이드 존스는 이 연합은 5가지 특징을 가진 연합이라고 한다.

첫째, 이 연합은 영적인 연합이다.

영적인 연합은 신자 안에 내주하시는 성령을 통한 그리스도와의 연합이다. 성령의 임재로 연합되는 독특한 성령의 사역이다. 그러므로 이 연합은 물리적인 연합이 아니라 영적인 연합이다.[111]

신자가 하나님과 화해를 이룰 수 있는 것은 전부 '그리스도 안에' 있을 때만 가능하다. 이를 통해 신자는 그 몸의 여러 지체들이 된다.

> 모든 신자는 한 교사로의 그리스도 안에 있는 것이 아니고, 생명 적으로 영적으로 신비적으로 그의 몸의 지체입니다. 그 안에서 성령에 의하여 연합되어 있습니다.[112]

둘째, 이 연합은 신비적 연합이다.

에베소서 5장에서 사도 바울은 주님과 신자의 연합이 남편과 아내의 연합과 유사하다고 말한다. 로이드 존스는 이것을 "둘이 합하여 한 몸이 될 뿐 아니라 그 둘은 친밀한 방법으로 묶여 있어서 둘이 정말로

---

110   John Calvin, 『영한 기독교강요Ⅲ』, 407-411.

111   D. M. Lloyd-Jones, *God The Holy Spirit*, 108; John Murray, 『존 머레이의 구속』, 241-243; 김광열, 『그리스도 안에 있는 구원과 성화』, 34-35. 김광열은 이것을 "성령의(으로) 연합"으로 표현한다. 즉 그리스도와 그의 백성들 사이의 연합은 성령의 결과이다. 성령이 우리를 그분에게 연결시켜주심으로, 그분은 우리의 언약의 대표가 되며, 따라서 그분이 가진 모든 것들은 우리의 것이 되는 것이다. "그리스도와 우리는 동일한 성령을 소유하게 됨으로서, 성령은 신자와 그리스도를 하나로 묶어주는 끈이 되는 것이다."

112   D. M. Lloyd-Jones, *God's Ultimate Purpose: An Exposition of Ephesians 1:1 to 1:23*, 216-217.

하나가 되는 신비한 연합"¹¹³이라고 이해한다. 그리스도인은 '그리스도 안에 있는' 사람이다.

> 모든 몸의 각 지체에 존재하는 생명 전체는 머리로부터 오는 것입니다. 이러한 그리스도인 됨을 설명하는 것은 신자가 그리스도와 신비적으로 연합하여 있다는 것이며, 그리스도께 대하여 신비로운 관계를 누리고 있다는 것입니다.¹¹⁴

셋째, 이 연합은 생명의 연합이다.

생명의 연합은 기계적이거나 개념적인 것이 아니라 생명체의 연합이다. 신자는 내주하시는 성령을 통해 그리스도의 생명 가운데 연합되어 있다. 사도 요한은 이것을 이렇게 표현한다.

> 이는 내가 살아 있고 너희도 살아 있겠음이라 그 날에는 내가 아버지 안에, 너희가 내 안에, 내가 너희 안에 있는 것을 너희가 알리라(요 14:19-20).

곧 이 연합은 상호 내주를 뜻한다. 로이드 존스는 이 모든 일은 내주하시는 성령으로 생겨난다고 본다.¹¹⁵

---

113 D. M. Lloyd-Jones, *God The Holy Spirit*, 108; John Calvin,『영한 기독교강요Ⅲ』, 408-409. 신자의 마음속에 그리스도께서 내주하심은 신비로운 연합이며, 최고로 중요한 것이다; John Murray,『존 머레이의 구속』, 243-246.

114 D. M. Lloyd-Jones, *God's Ultimate Purpose: An Exposition of Ephesians 1:1 to 1:23*, 60.

115 D. M. Lloyd-Jones, *God The Holy Spirit*, 108-109; 유태화,『삼위일체론적 구원론』, 91; Louis Berkhof,『조직신학 (하)』, 697-698.

다시 말해 신자는 '그리스도 안에' 있어야 한다. 신자는 그리스도와 연합해 있어야 한다. 로이드 존스는 에베소서 강해에서 그것을 이렇게 표현한다.

> 신자는 그리스도에 대해서 이 생명적인 연합을 가지고 관계를 또한 맺고 있어야 합니다. 신자는 그리스도 예수 안에 있는바 진리를 믿고 받아들일 뿐 아니라 신자는 그리스도에게 연합해 있어야 합니다. 신자는 그와 이 생명적인 연합을 가지고 있어야 합니다.[116]

넷째, 이 연합은 유기적 연합이다.

로이드 존스는 이 연합이 일방적 연합이 아니라 '양방향의 통행'을 시사한다고 본다. 그래서 머리와 그리스도의 몸은 서로 간에 영향과 역할이 존재한다.

로이드 존스는 이것을 몸과 그 지체 그리고 포도나무와 가지의 비유로 설명한다. 신자는 머리이신 그리스도에게까지 자라야 한다. 하지만 로이드 존스는 바울이 온 몸이 "각 마디를 통하여 도움을 받음으로 연결되고 결합되어"라고 말한 것을 주목한다. 신자는 그저 받기만 하는 것이 아니라 또한 주기도 하는 존재란 것이다. 신자는 모두 능동적인 지체들이다. 몸의 각 부분은 몸의 생명에 대해 중대한 역할을 하고 있다. 머리뿐 아니라 각 지체들도 활동을 하고 생명력을 지

---

[116] D. M. Lloyd-Jones, *God's Way of Reconciliation: An Exposition of Ephesians 2* (Grand Rapids: Baker Books, 1995), 360-361.

닌다. 그들은 모두 나름대로 기여를 한다.[117]

그리고 요한복음에서 예수님은 "나는 포도나무요 너희는 가지라" (요 15:5)고 하셨다. "가지와 포도나무 사이의 연합은 기계적인 연합이 아니라 생사를 같이 하는 유기적인 연합인 것"이다.[118]

다섯째, 이 연합은 개인적인 연합이다. 신자는 모두가 각각 별도로 그리스도와 연합을 한다. 신자는 개인이나 집단 심지어 교회를 통해서 그리스도와 연합되는 것이 아니다. 로이드 존스는 영적 생명은 교회로부터 받는 것이 아니라 예수 그리스도로부터 받는다고 강조한다. 신자는 그리스도의 신비적 몸의 지체가 되지 않고 그리스도인이 될 수 없다.

그러나 로이드 존스에게 있어서 올바른 순서는 개인을 먼저, 집단을 두 번째로 놓는 것이다. 그러므로 "신자는 교회로 인해 난 것이 아니라—교회는 신자의 영적인 어머니가 아니다—성령으로 났다. 이렇게 태어난 순간 보이지 않는 신비적 교회 안에 있게 되는 것이다."[119]

마지막으로 이 연합은 분리할 수 없는 연합이다.[120] 로이드 존스에

---

117 D. M. Lloyd-Jones, *God The Holy Spirit*, 110; Millard J. Erickson, 『복음주의 조직신학(하)』, 130-131. "포도나무와 가지에 대한 예수의 비유가 있는데, 이것은 그리스도와 신자들의 상호적인 내주를 강조한다." "내 안에 거하라, 나도 너희 안에 거하리라. 가지가 포도나무에 붙어 있지 아니하면 절로 과실을 맺을 수 없음 같이 너희도 내 안에 있지 아니하면 그러하리라. 나는 포도나무요 너희는 가지니 저가 내 안에, 내가 저 안에 있으면 이 사람은 과실을 많이 맺나니 나를 떠나서는 너희가 아무 것도 할 수 없음이라"(요 15:4-5).
118 D. M. Lloyd-Jones, *God's Way of Reconciliation: An Exposition of Ephesians 2*, 76.
119 D. M. Lloyd-Jones, *God The Holy Spirit*, 111; 김광열, 『그리스도 안에 있는 구원과 성화』, 33. "이 그리스도와의 연합은, '그가 내 안에, 그리고 내가 그 안에 거하게 되는' 결과를 가져오는 신비한 연합이다. 그것은 개인적인 신비적 체험의 차원에서만 머무는 의미에서가 아니라, (즉, 자아를 상실하는 무아지경에 이르는 방식의 체험도 아니며) 인격체로서의 그리스도와 연합됨을 의미하며, 또한 그의 백성들, 교회와의 공동체적인 연합의 성격을 지닌다."
120 김광열, 『그리스도 안에 있는 구원과 성화』, 33. 김광열은 이 연합을 "영원한 연합"

따르면 이 연합은 단번에 그리고 영원히 이루어지는 일이다.

> 현재 일이나 장래 일이나 능력이나 높음이나 깊음이나 다른 어떤 피조물이라도 우리를 우리 주 그리스도 예수 안에 있는 하나님의 사랑에서 끊을 수 없으리라(롬 8:38-39).

로이드 존스는 이 연합이 분리될 수도 끊을 수도 없는 연합임을 강조한다. 신자는 그리스도와 함께 살리심을 받았으며 생명의 씨앗이 자신 속에 들어왔다. 신자는 "그리스도와 연합으로 인해, 불가분해적 연합이 궁극적이고 신비적인 관계 때문에 신자 속에 있다는 것을 믿고 안다."[121] 로이드 존스는 그것이 기독교라고 강조한다.

(2) 그리스도와 연합 방법

신자와 그리스도의 연합은 어떤 방법으로 일어나는가?

로이드 존스는 성령의 사역과 신자의 믿음으로 연합이 일어난다고 강조한다. 먼저 성령의 사역이 있다. 에베소서에서 하나님이 "우리

이고 표현한다. 이 연합은 창세 전에 하나님께서 택정하신 사실에서 출발한다. 따라서 "이 연합은 하나님의 영원한 결정에 근거하고 있으므로, 영원한 성격을 지닌 연합이 된다. 즉, 이 연합이란 인간의 개인적인 차원에서의 사건이기 이전에, 영원하신 하나님의 계획의 차원을 지니고 있는 것이다." 더욱이, "하나님의 주권적이고, 단독적인 결정 속에서 그의 택한 백성들은 그리스도와 연합될 것이 결정되었다. 하나님께서 창세 전에 신자들을 택하실 때, 그것은 '그리스도 안에서'였다. 구원으로 인도하기 위해 자녀들을 택하실 때, 하나님은 '그리스도와 그가 하나님의 자녀들을 위해 행하실 일들'을 배제하고는 택하실 수 없었다는 뜻이다;" John Calvin, 『영한 기독교강요Ⅲ』, 74-75. "그리스도는 끊을 수 없는 교제의 유대로 신자와 연합하실 뿐 아니라 날이 갈수록 더욱 더 신자와 한 몸이 되시며, 마침내는 신자와 완전히 하나가 되신다." "… day by day, he grows more and more into one body with us, until he becomes completely one with us."

121 D. M. Lloyd-Jones, *God The Holy Spirit,* 111; *God's Way of Reconciliation: An Exposition of Ephesians 2,* 80.

를 그리스도와 함께 살리셨다"(엡 2:5)고 표현한다. 이것은 죄인을 살리시는 성령의 사역이다. 성령은 "그리스도와 함께" 죄인을 살린다. 로이드 존스는 이것이 연합을 의미한다고 해석한다.[122]

다음으로 신자는 중생의 결과로 그리스도에 대한 믿음이 생긴다.[123] 이 믿음은 더욱 그리스도 안에 있게 하고 더욱 친밀하게 하는 요소이다. 로이드 존스는 이 믿음이 신자 안에서 작동함으로써 신자와 그리스도 간의 연합은 이루어지고 더욱 강화된다고 한다.

> 성령은 신자와 그리스도의 연합을 이루시고 믿음으로 인도합니다. 그리고 믿음은 점점 더 연합을 바라고 그 연합이 유지되게 합니다. 그래서 신자는 주님의 살을 먹고 피를 마시며, 그렇게 할 때 신자와 주님의 연합은 점점 더 가까워지고, 사랑스러워지고, 깊어집니다. 믿음은 점점 더 주님의 충만하심에 다가가며, 신자가 연합의 진리를 더 많이 깨닫게 될수록 점점 더 그 충만함에 다가가게 됩니다.[124]

여기서 로이드 존스가 강조하는 점은 믿음도 성령의 사역으로 창조된다는 것이다. 신자는 성령에 의해 창조된 믿음으로 그리스도와의 연합으로 인도된다. 그러므로 신자와 그리스도의 연합은 성령의 독특

---

122 D. M. Lloyd-Jones, *God The Holy Spirit*, 111; John Calvin, 『영한 기독교강요Ⅲ』, 16-17. 칼빈은 신자가 성령에 의해서만 그리스도와 연합된다고 강조한다. "But he unites himself to us by the Spirit alone."
123 John Calvin, 『영한 기독교강요Ⅲ』, 18-19. "믿음은 성령의 가장 중요한 사역이며, 믿음은 오직 성령으로부터 왔다."
124 D. M. Lloyd-Jones, *God The Holy Spirit*, 112.

한 사역임에 틀림없다.

> 성령은 신자 안에 믿음을 창조하십니다.
> "육에 속한 사람은 하나님의 일을 받지 아니하나니"(고전 2:14).
> 이와 같이 성령은 신자로 하여금 믿음의 선물을 행사할 수 있도록 능력을 주시고, 그래서 신자는 주 예수를 믿게 되는 것입니다. 이러한 것들은 신자와 그리스도 사이에 맺은 연합으로 인도하는 과정의 일부분입니다.[125]

(3) 그리스도와 연합 영역

로이드 존스는 신자와 그리스도의 연합이 일어난 때와 대상과 범위를 명확히 한다.

신자와 그리스도의 연합은 언제 일어나는가?

로이드 존스는 '지금'이라고 답한다. 신자가 주 예수 그리스도를 믿는 순간 바로 이뤄진다. 그 연합은 단계적으로 이뤄지는 것이 아니다. 단번(once for all)에 이뤄지는 절대적인 연합이다.

사도 바울은 "우리가 그리스도와 합하여 세례를 받았다"고 말한다. 다른 곳에서 그는 "우리가 그 안에서 충만해졌다"(골 2:10)고 말한다.

언제 그랬단 말인가?

로이드 존스의 답은 '지금'이다. 즉 앞으로 충만하여 질 것이 아니라 지금 그 안에서 충만해 있다. 만일 누군가 그리스도인이라면 그

---

[125] D. M. Lloyd-Jones, *God's Ultimate Purpose: An Exposition of Ephesians 1:1 to 1:23*, 62.

는 그리스도 안에서 충만해 있다. 그리스도는 지금 신자의 '의와 지혜와 거룩과 구속함'이 되신다. 따라서 그리스도와 연합의 때는 지금이다.[126]

그러면 그리스도와 연합이 되는 대상은 누구인가?
특별한 신자들만 그리스도와 연합을 이루는가?
아니면 모든 신자가 해당되는가?
로이드 존스의 대답은 '모두'이다. 주 예수 그리스도를 믿고 성령으로 거듭난 사람, 성령에 의해 세례를 받은 사람 모두가 그리스도와 연합된다. 바울은 약간의 그리스도인들이 그리스도와 합하여 세례 받고(연합되고) 나머지는 그렇지 않다고 말하지 않는다. 사도 바울은 그리스도인 모두라고 말한다.

> 모든 그리스도인은 그들을 아담에게서 벗어나서 그리스도에게로 연합시키고, 세례를 받게 하신 성령을 통한 하나님의 이 엄청난 행위에 의하여 구원받습니다. 그것이 그리스도인 모두를 구원합니다. 또한 그리스도인 모두에게 일어난 것입니다.[127]

게다가 로이드 존스에 따르면 신자가 그리스도와 연합될 때 신자는 그리스도의 전체와 연합된다. 로이드 존스에게 이 교훈은 굉장히 중요한 의미를 지닌다. 왜냐하면 신자가 그리스도와 연합될 때 로이드 존스는 구원의 서정 가운데 있는 은혜의 모든 단계가 이 원리에 의해 영향을 받는 것으로 해석하기 때문이다.

---

[126] D. M. Lloyd-Jones, *The New Man: An Exposition of Romans 6*, 40.
[127] D. M. Lloyd-Jones, *The New Man: An Exposition of Romans 6*, 38-39.

신자는 그리스도의 몇몇 부분에게로 세례를 받은 것이 아닙니다. 그에 관련된 진리의 국면에 의해 세례를 받은 것이 아닙니다. 신자는 예수 그리스도 자신 전체에게로 세례를 받은 것입니다.[128]

로이드 존스는 이에 대한 근거를 고린도전서에서 찾는다.

너희는 하나님께로 나서 그리스도 예수 안에 있고 예수는 하나님께로부터 나와서 우리에게 지혜와 의로움과 거룩함과 구속함이 되셨다(고전 1:30).

따라서 신자는 그리스도의 부분이 아닌 전체와 합하여 세례를 받은 것이라고 강조한다. 성령은 어떤 사람을 중생의 사역으로 그리스도와 연합시킬 때 그리스도의 전부와 연합시킨다. 그리고 이 연합의 사건은 믿는 자 모두에게 일어나며 믿는 순간 단번(once for all)에 발생한다.

4) 요 약

로이드 존스가 이해한 구원의 전 과정 곧 계획과 성취, 그리고 적용 속에는 '그리스도와 연합 원리'가 일관성 있게 드러난다. 성부 하나님의 구원 계획은 죄인들의 '그리스도와 연합'으로 시작된다. 그리고 이 땅에 그 백성의 구원을 위해 성육신 하신 성자 하나님은 그 백성과 함께 연합하여 십자가의 죽음과 장사지냄 그리고 부활을 통해

---

[128] D. M. Lloyd-Jones, *The New Man: An Exposition of Romans 6*, 39-40.

구원을 성취하신다.

다음으로 성부와 성자의 뜻에 따라 보내심을 받은 성령 하나님은 그렇게 구별된 백성을 주 예수 그리스도와 실질적으로 연합시킨다.[129] 이와 같이 신자의 '그리스도와 연합'은 삼위 하나님의 구원 사역을 아우르고 있는 핵심 원리이다. 이러한 원리의 통일성은 로이드 존스의 삼위일체적 구원관에서 명확하게 보인다. 그것을 정리하면 다음과 같다.

첫째, 성부의 구원 계획 속에 그리스도의 연합 원리가 드러난다. 성부는 영원한 회의에서 죄인을 구원하는 일을 그리스도 안에서 곧 그리스도와 연합 안에서 계획하시고 정하셨다. 그리스도를 인류의 머리와 대표로 정하시고, 택한 자들을 그와 연합하시므로 구원을 시작하셨다. 그리스도와의 연합은 구원 계획의 내용이고 시작과 끝이다.

둘째, 성자는 죄인을 그리스도와 연합시킴으로 구원을 성취하신다. 그리스도의 성육신, 십자가와 부활은 새 인류의 대표로 행하신 것이다. 그와 연합된 모든 백성을 위한 사역이었다. 따라서 신자들은 그리스도와 연합하여 죽었고 장사지냈고 다시 부활하였다. 그들의 죄의 전가와 그리스도의 의의 전가는 신자와 그리스도의 연합으로 인해 성취되었다.

셋째, 성령의 사역은 모든 신자를 그리스도와 연합시키는 일이다. 이를 통해 구원의 모든 복락이 신자들에게 돌려진다. 성령은 신자를 그리스도의 전부와 연합시킨다. 따라서 그리스도 안에서 신자는 '의

---

129 Anthony A. Hoekema, 『개혁주의 구원론』, 109-113. "그리스도와의 연합교리는 우리로 하여금 그리스도 사역의 두 개의 중요한 측면 사이에서 균형을 잘 잡도록 도움을 준다.: 아마 법적인 측면(서방 강조)과 역동적인(동방 강조) 측면이라 부를 수 있을 것이다."

와 거룩함과 구속'이 되고, 이미 영적으로 영화롭게 되어 하늘 보좌에 그리스도 함께 앉혀진 존재이다. 모든 인간은 그리스도와 연합한 자 아니면 연합하지 않은 자로 구분된다.

결론적으로 하나님의 주권 원리와 인간의 책임 원리는 그리스도와 연합 원리 안에서 완벽한 조화와 균형을 이룬다. 그리스도와 연합 원리 안에서 하나님의 주권은 우선적으로 드러난다.

삼위 하나님은 구원의 전 과정 속에서 절대적 주권으로 일하신다. 삼위 하나님의 전후에 어떤 피조물도 설 자리가 없다. 삼위 하나님이 구원을 계획하시고 성취하시며 적용하신다. 그러나 이것으로 끝나지 않는다. 삼위 하나님의 구원 사역으로 그리스도와 연합된 자는 새로운 지위와 능력을 받는다. 이제 신자는 은혜 안에서 기쁨과 자발적 의지를 가지고 곧 '회복된 의지, 은혜의 의지, 자녀의 의지'를 가지고, 그리스도 안에서 하나님이 기대하시고 바라는 일을 행한다.

아담보다 훨씬 나은 자리에 선 신자는 그리스도의 형상을 닮기 위하여, 그리스도의 영광에 이르기 위하여 움직인다. 그것이 가능한 것은 모든 신자가 그리스도와 연합되어 있기 때문이다. 이 연합은 어떤 피조물도 끊을 수 없는 영원한 연합이다. 완전한 구원의 확실성은 그리스도와 연합으로 보장된다.

다음에는 교회 역사상 계속적인 물음을 야기한 "하나님의 주권"과 '인간의 책임'(자유)의 관계를 '그리스도와 연합' 원리에 기초해서 풀어본다.

4. 그리스도와의 연합에 기초한 주권과 책임 관계

신학과 철학에서 하나님의 주권과 인간의 책임 관계는 늘 긴장 속에 씨름하여 왔다. 주권과 책임(sovereignty-responsibility) 간의 긴장은 매우 광범위한 주제이고, 하나님의 속성에 관한 질문들의 중심에 놓인 문제이다. 그것은 인간의 '자유'(freedom) 의미에 대한 어려운 난제들을 포함하고 있다.

만약 하나님이 절대적인 주권자라면 인간의 선택, 인간의 의지에 대해서 어떤 의미로 말해야 하는가?

하나님의 후회하심과 그분의 전능성과 초월성을 강조하는 성경을 어떤 방식으로 이해해야 하는가?

인간에게 선택의 자유를 허용하는 것은 하나님을 제한하는가?[130]

다시 말해 하나님이 절대주권자라면 인간에게 진정한 선택의 자유란 존재하는가?

만약 인간에게 선택의 자유가 없다면 그 책임은 부당하지 않는가?

그리고 인간의 자유가 보장된다면 하나님의 주권은 손상되는가?

인간의 자유로운 의지대로 '하나님의 일'의 결국이 결정된다면 하나님을 절대 주권자로 볼 수 있는가?

이러한 '하나님의 주권과 인간의 책임' 간의 긴장을 야기하는 표현들이 신구약 전반에 나타난다. '하나님의 주권'과 '인간의 책임'을 강조하는 진술은 성경 곳곳에 동시에 나온다. 그리고 신구약 중간기

---

130 D. A. Carson, *Divine Sovereignty and Human Responsibility: Biblical Perspectives in Tension* (Grand Rapids: Baker, 1994), 1.

속 유대 문헌들에서도 서로 모순되어 보이는 진술들이 나타난다.[131]

이러한 질문들은 쉽게 대답할 수 있는 문제들이 아니다. 그럼에도 이 긴장은 비논리적이라고 무시한다든지 너무 쉽게 단순화된 답변들을 수용해서도 안 된다. '하나님의 주권과 인간의 책임' 간의 긴장은 풀어야 할 문제가 아니라 오히려 탐구하고 펼쳐 봐야 할 체계(framework)이다. 이러한 긴장을 탐구하는 것은 하나님의 속성과 인간과 함께 하시는 그분의 방식들을 탐구하는 것이다.[132]

우리는 하나님의 주권과 인간의 책임 관계를 어떤 시각으로 접근해야 하는가?

로이드 존스는 기본적으로 하나님의 주권을 강조하지만 두 긴장 구조를 그리스도와의 연합 구조 안에서 새롭게 풀어간다.

인간 구원 문제에 있어서 하나님의 주권과 인간의 책임 관계는 매우 중요하다. 그 관계를 어떻게 이해하느냐에 따라서 전체 구원의 일을 이해하는 관점이 다르게 나온다. 로이드 존스는 인간 구원에 있어서 하나님의 전적인 주권(Sovereignty)을 인정한다. 그러면서 동시에 인간을 복음에 대한 책임을 져야 하는 존재로 본다. 성경 전체의 가르침이 이 두 진리를 모두 포함하고 있다고 보기 때문이다.

로이드 존스는 성경 전체에서 하나님의 절대적 주권 교리와 함께 인간 책임 교리가 항상 따라다닌다고 강조한다.[133] 그는 "하나님의 주

---

131 D. A. Carson, *Divine Sovereignty and Human Responsibility*, 9-198.

132 D. A. Carson, *Divine Sovereignty and Human Responsibility*, 2. "The sovereignty-responsibility tension is not a problem to be solved; rather, it is a framework to be explored … To explore this tension is to explore the nature of God and his way with men."

133 D. M. Lloyd-Jones, *God's Sovereign Purpose: An Exposition of Romans 9*, 285.

권과 인간 책임의 교리가 둘 다 진리이고, 사도는 여기 로마서 9장에서 두 교리를 진술하고 있다"고 말한다.[134]

로이드 존스에 따르면 어떤 사람들이 구원받는 것은 오직 하나님의 전적인 선택에 기인한다. 구원은 전적인 삼위 하나님의 구원 계획과 성취 그리고 적용의 결과다. 이 과정에 인간의 내적 요소나 기여, 공로, 그리고 환경은 영향을 전혀 주지 못한다.

그러면 어떤 사람들은 왜 구원을 받지 못하는가?

인간이 자력으로 구원받을 수 있는 길이 전혀 없다면 구원받지 못한 것에 대한 책임은 하나님의 선택하지 않으심에 있지 않은가?

할 수 없는 것에 대한 책임을 묻는 것은 부당하지 않는가?

선택받지 못한 것이 창세 전에 이미 정해졌다면 불신앙에 대한 책임은 하나님에게 있지 않는가?

이러한 질문에 대해 로이드 존스는 "아니다. 인간이 구원받지 못한 것은 인간의 책임이다. 왜냐하면 인간 본인의 죄와 그 죄책 때문에 인간은 멸망하기 때문이다"라고 답한다.

여기서 로이드 존스가 이러한 논리를 펴는 것은 '은혜 언약'의 구조 때문이다. 인류는 '아담' 안에 있던지 '그리스도' 안에 있던지 둘 중

---

[134] D. M. Lloyd-Jones, *God's Sovereign Purpose: An Exposition of Romans 9*, 284; 이우제, "성령의 능력에 사로잡힌 설교자 로이드 존스의 설교 연구," 43-44. 이우제에 따르면, 로이드 존스는 '성령의 기름부음'(성령 세례)에 관해서, 절대적인 하나님의 주권을 강조하면서도, 인간의 책임을 다할 것을 역설한다. 왜냐하면 하나님의 주권은 "반드시 인간 편에서의 갈망과 함께 역사하기 때문"이다. 이에 대한 대표적 구절은 빌 2:12-13이다. 즉 "인간의 측면에서 구원을 이루어 내는 것은 우리의 책임이다. 그러나 하나님의 측면에서 볼 때, 그 목적을 달성하도록 **소원과 능력**을 부어 주시는 분은 하나님이시다." "그러므로 나의 사랑하는 자들아 너희가 나 있을 때뿐 아니라 더욱 지금 나 없을 때에도 항상 복종하여 두렵고 떨림으로 너희 구원을 이루라. 너희 안에서 행하시는 이는 하나님이시니 자기의 기쁘신 뜻을 위하여 너희로 소원을 두고 행하게 하신다"(빌 2:12-13).

하나이다. '아담' 안에 있는 모든 인류는 아담이 범죄 했을 때 그들도 범죄 했고, 아담이 타락했을 때 그들도 타락했다.

위와 같은 이유로 죄의 삯은 사망이라는 진리에 근거하여 여전히 '아담' 안에 있는 그들은 모두 영원한 죽음의 형벌을 받는 것이 마땅하다. 그뿐만 아니라 '아담' 안에 있는 자들에게 생명의 복음이 전해졌을 때 그들은 그 복음을 거절했다. 복음을 거절한 것은 그들이 이미 하나님의 원수로서 하나님을 미워하기 때문에 스스로 그렇게 결정한 것이다.

그리스도 안에 있는 자들(그리스도와 연합한 자들)은 자신들이 죄와 허물로 죽어 있을 때 곧 구원에 있어서 아무것도 할 수 없을 때, 하나님의 전적인 선택과 은혜의 역사로 구원받은 것이다. 자랑할 것이 아무것도 없다. 오직 하나님의 주권적인 선택과 은혜 때문이다. 이것이 하나님의 절대주권과 인간의 책임에 관한 난제를 바라보는 로이드 존스의 기본 논리이다.[135]

이 시점에서 로이드 존스는 위와 같이 하나님의 절대주권과 인간의 책임 관계를 은혜 언약의 구조에서 찾는다. 은혜 언약의 핵심 내용은 그리스도와의 연합이다. 로이드 존스에 따르면 근본적으로 인간의 책임 요소는 '아담 안에' 있는 인류 안에서 정당하게 드러나고 '마지막 아담 안에'서도 새롭게 지어진다. 하나님의 절대 주권은 '마지막 아담 안에' 있는 백성 속에서 영광스럽게 발견된다. 또한 '아담 안에' 있는 인류에게도 분명히 드러난다.

그러면 '그리스도와 연합' 안에서 '하나님의 주권'은 어떻게 세워지고 새롭게 부과된 '인간의 책임'은 신자의 '그리스도와 연합' 안에

---

135 D. M. Lloyd-Jones, *God's Sovereign Purpose: An Exposition of Romans 9*, 285.

서 어떤 방식으로 발견되는가?

다시 말해 '그리스도와 연합' 안에서 주권과 책임 둘 다 온당하게 설명될 수 있는가?

먼저 생각해 볼 것은, 하나님의 주권과 인간의 책임을 '널뛰기'(seesaw)의 양편으로 이해하기 때문에 긴장과 갈등의 관계로 인식된 측면이 있다는 점이다. 즉 '인간 구원 주제'에 있어서 하나님의 주권이 강조되면 인간의 자유가 박탈되고, 인간의 자유가 강조되면 하나님의 주권이 훼손된다고 생각한다. 정말 그러한가?

하나님의 주권과 인간의 자유 곧 인간의 인격을 동시에 세워주는 방식은 무엇일까?

기본적으로 하나님의 주권과 신자의 인격을 상생시키는 방식이 이미 본서를 통해서 드러났다. 그것을 세 가지 원리 곧 하나님의 주권 원리와 인간의 책임 원리 그리고 두 원리를 아우르는 그리스도와 연합 원리로 시도해 본다(이것을 "연합 논리"라고 칭한다). 여기서는 '그리스도와 연합'으로 새롭게 창조된 신자의 '의지'에 제한시킨다.

Step 1 (주권)

삼위 하나님은 주권적으로 창세 전 선택한 죄인을 '그리스도와 연합'시켜서 신자로 만든다.

Step 2 (주권)

신자는 '그리스도와 연합'으로 아담의 타락 전 보다 훨씬 나은 지위의 사람으로 다시 태어난다.

타락 전 아담은 그리스도와 연합되지 않았다. 그러나 신자는 '그리스도와 연합' 관계 안에 들어왔다. 이 간극은 첫 아담과 마지막 아담의 차이만큼 크다. 첫 아담은 피조물이고 마지막 아담은 창조주이다. 로이드 존스가 신자는 신의 성품에 참여한 자가 되었다고 말한 것은 신자의 그리스도와 연합 때문이다.

Step 3 (주권)

삼위 하나님은 '그리스도와 연합'된 신자 안에서 의지의 변화를 만드신다. 신자의 의지는 "타락한 의지=죄의 의지+종의 의지"에서 "회복된 의지=무죄의 의지(자유의지)+자유인의 의지"를 넘어 "연합 의지=은혜의 의지+자녀의 의지"로 고양(lift-up)된다.

Step 4 (주권)

삼위 하나님은 '그리스도와 연합' 안에서 신자의 '연합 의지'에 힘을 부여한다. 여기서 '연합 의지'는 아담 타락 이전의 '자유의지'보다 낫다. 곧 은혜의 의지는 무죄한 의지보다 나으며, 자녀의 의지는 자유인의 의지보다 낫고 높은 의지로 작용한다.

Step 5 (책임)

신자는 '그리스도와 연합'으로 인해 타락 전 아담보다 더 나은 의지를 소유한다.

'자유의지'를 소유했던 사람은 전 인류 중 첫 아담뿐이었다. 그러나 '그리스도와 연합'한 신자는 그 '자유의지'보다 더 나은 '연합 의지'를 소유한다. 즉 은혜의 의지와 자녀의 의지를 소유한다. 그러나 죽을 몸에 죄가 아직 남아 있으므로, '연합 의지'는 '타락한 의지'에 영향을 받는다. 그럼에도 신자의 '연합 의지'는 '타락한 의지'뿐 아니라 '자유의지'를 능가하는 '선'에 대한 자유선택권을 갖는다.

Step 6 (책임)

따라서 신자는 '그리스도와 연합'으로 소유한 '연합 의지'로 삼위 하나님이 기대하시고 기뻐하시는 일을 자유로운 선택가운데 온전히 행할 수 있다.

이 행복은 타락 전 아담이 누린 행복보다 더 높고 나은 행복이다. 이런 이유로 '그리스도와 연합' 안에서 신자의 책임은 곧 특권이요 축복이요 은혜이다.[136]

이와 같은 그리스도와 연합에 기초한 주권과 책임의 조화와 상생을 위한 연합 논리로부터 다음과 같은 '연합 공식'이 도출된다.

* 연합 공식 : 타락 [ ] < 자유(혹은 회복) [ ] < 연합 [ ]
* [ ] 안에 의지뿐 아니라 '성향, 질서, 운동, 상황, 시대, 지위, 존재, 혹은 세상'을 대입하여 '연합 논리'로 해석 할 수 있다.

요컨대 그리스도와의 연합은 먼저 하나님의 주권을 세워준다. 이것은 죄인을 선택하시고, 그리스도와 연합시키며, 그 안에 새로운 의지를 창조함으로써 드러난다. 하나님의 주권은 신자 안에서 새로운 의지에 힘과 능력을 부여하는 것까지 이른다. 이 모든 과정은 '그리스도 안에서' 이뤄진다. 여기 요점은 그리스도와 연합으로 인해 죄인의 자리에서 '고양된' 신자의 자리이다. '고양된' 신자의 자리는 아담의

---

[136] Peter F. Drucker,『프로페셔널의 조건』, 이재규 역 (서울: 청림, 2000), 284. 20세기 경영학자 드러커는 효과적인 리더의 주요 요건을 '책임감'으로 든다. 곧 최종적인 책임감을 가진 자가 리더이다. 하나님이 신자를 '책임감' 있는 자리에 세우신 것은 그리스도 안에서 그를 '만물의 영장'으로 회복시킨 은혜이다.

타락 전 위치보다 높고 나은 자리이다.[137] 그 자리는 바로 부활하신 그리스도가 올라가신 그 자리이다.[138]

그리고 그만큼 높게 고양된 신자는 그리스도와 연합된 '의지' 곧 연합 의지를 소유한다. 그 연합 의지를 '소유했다'는 의미는 그에 대한 책임과 보상이 소유한 자에게 따른다는 것이다.

연합 의지를 소유한 신자는 자신의 연합 의지에 따라 그리스도처럼 하나님이 기뻐하시는 선한 일을 행한다. 이러한 행함은 하나님과 신자에게 더 없는 기쁨과 행복을 안겨준다. 이와 같이 '그리스도와 연

---

[137]   D. M. Lloyd-Jones, *God The Holy Spirit*, 173. "하나님이 주 예수 그리스도의 적극적인 의를 나에게 돌리시며, 나의 것으로 삼으시고, 전가시키십니다. 단순히 타락 이전의 아담의 상태로 회복되는 것이 아닙니다. 그보다 훨씬 더 나아갑니다. 아담은 그리스도의 적극적인 의를 갖고 있지 않았습니다. 그리스도인인 나는 그 의를 갖고 있습니다."

[138]   D. M. Lloyd-Jones, *Assurance: An Exposition of Romans 5*, 237. 로이드 존스는 그리스도 안에 있는 신자는 아담의 본래 상태로 회복되는 것만이 아니라 그 이상으로 고양되었다고 주장한다. "We are not merely restored to Adam's condition, we are **taken beyond that**. The Son of God guarantees it, and the end is as certain as the beginning." "우리는 아담의 신분보다 더 나은 신분을 가지는 입장으로 옮겨진 것입니다. 우리는 아담이 결하고 있는 어떤 것을 가지고 있습니다. 왜냐하면 우리는 '그리스도 안에' 있기 때문입니다. 아담은 그리스도 안에 없었습니다. 아담은 하나님의 형상대로 창조되었지만, 그는 하나님의 생명 밖에 있었던 것입니다. … 우리는 단지 아담의 본래 상태로 회복되는 것만이 아니라, 그 이상으로 **고양(高揚)**되는 것입니다. 하나님의 아들은 그것을 보장하셨습니다;" D. M. Lloyd-Jones, *God's Ultimate Purpose: An Exposition of Ephesians 1:1 to 1:23* (Grand Rapids: Baker Books, 1995), 126. "그리스도인은 '그리스도 안에' 있습니다. 우리는 **아담보다 그처럼 높은 위치**에 오른 것입니다(As such we have been raised to a higher level than Adam). 그가 완전하였다 할지라도 아담은 타락하고 실패하고 말았습니다. 그러나 저는 이것을 말씀드릴 때 경외하는 두려움을 가지고 말씀드리는 것입니다. 곧, '그리스도 안에 있는 사람들'은 결단코 타락하여 멀어져 나가지 아니한다는 것입니다. 그들은 타락하여 버림을 받을 수가 없는 것입니다"(요 10:28-29); John calvin, 『영한 기독교강요IV』, 편집부 역 (서울: 성문, 1993), 792-793. 칼빈은 성찬에서 그리스도께서 성령을 통해 신자를 고양(lifted-up: 쳐들어 올려 져서)시켜서 그의 임재 안에 들어가게 한다고 주장하며, 로마 교회(그리스도를 하늘에서 지상으로 끌어내리는 성찬 의미)에 반박했다. "To them Christ does not seem present unless he comes down to us. As though, if he should lift us to himself, we should not just as much enjoy his presence!" 748, "But if we are lifted up to heaven with our eyes and minds, to seek Christ there in the glory of his Kingdom."

합'은 하나님의 주권을 빛나게 할 뿐 아니라 인간의 존엄성도 드높여 주는 상생의 결과를 낳는다.

여기서 우리는 '인간의 의지'만을 뽑아서 '그리스도와 연합'으로 주권과 책임의 상생 해석법을 시도하였지만 '의지' 대신에 '성향, 질서, 운동, 상황, 시대, 지위, 존재, 세상' 등 '그리스도 안에서' 얻게 된 새로운 모든 것으로 대입하여 해석해도 동일한 결과를 얻을 수 있다.

5. 소결론

본 장에서 고찰한 삼위 하나님의 구원 사역 속에 나타난 원리들 곧 하나님의 주권 원리와 인간의 책임 원리 그리고 그리스도와 연합 원리는 삼위 하나님의 구원 사역의 통일성을 여실히 보여준다. 이 원리들은 두 가지 측면에서 바라볼 수 있다.

먼저 삼위 하나님의 구원의 계획과 성취 그리고 적용 모든 과정 속에서 세 분 모두는 '주권적으로' 역사하셨다. 성부 하나님의 주권, 성자 하나님의 주권, 그리고 성령 하나님의 주권은 경륜적 사역 안에서 독보적으로 확보된다. 또한 삼위 하나님의 구원 사역 속에서 인간의 자리 곧 책임도 줄기차게 등장한다. 영원한 회의에서 삼위 하나님에 둘러싸인 채 관심과 사랑을 받고 있는 인간의 모습이 연상될 만큼 삼위 하나님은 인간을 위하여 일하셨다.

인간을 제외시킨 삼위 하나님의 사역은 생각하기 어렵다. 그뿐만 아니라 삼위 하나님의 구원 사역은 시종일관 신자의 '그리스도와 연합'을 중심으로 진행되어 왔다. 이것은 하나님의 주권과 인간의 책임을 상호 연결해 주고 서로 빛나게 해 주는 원리이다. 이렇게 세 원리가 각각 작용하는 '개별 원리'의 통일성이 존재한다. 이와 같은 세 원리 각각의 통일성과 더불어 세 원리의 통일성이 삼위 하나님의 구원 사역 가운데 나타난다. 하나님의 주권 원리, 인간의 책임 원리, 그리고 그리스도와 연합 원리는 따로따로 작용하지 않고 삼위 하나님의 구원 사역 전반에 걸쳐서 씨줄과 날줄처럼 서로 엮여서 나타난다. 어느 하나를 제외할 수 없고 독립시킬 수 없을 정도로 구분은 되지만 하나인 것처럼 작용하고 있다. 이것은 '전체 원리'의 통일성으로 볼 수 있다.

그러므로 우리는 이런 두 가지 측면의 통일성 곧 개별 원리의 통일성과 전체 원리의 통일성을 합하여, '원리적 통일성'으로 정의한다. 삼위 하나님의 구원 사역 가운데 '경륜적 통일성'이 형식과 구조라면, 이와 같은 '원리적 통일성'은 내용과 성질 측면의 통일성이라 하겠다. 고로 삼위 하나님의 외적 구원 사역은 형식과 내용에서, 구조와 성질에서 완벽한 통일성을 가졌음을 알 수 있다. 그러므로 구원 사역은 한 하나님이 행하신 사역이다.

다음 장에서는 삼위 하나님의 구원 사역에서 드러난 경륜적 통일성과 원리적 통일성이 '로이드 존스의 구원의 서정 교리들'을 통해서 어떻게 드러나고 그 교리들을 지배하고 있는지 가늠해 볼 것이다.

제5장

삼위 하나님의 통일성으로 해석한 구원의 서정

▶ 「시베리아 횡단열차」, 9288km 대륙이동(블라디보스토크~모스크바), 2016.

본 장에서는 로이드 존스의 삼위일체적 구원관에서 찾아낸 두 가지 통일성을 구원의 서정 각 단계에 적용한다. 이것은 구원의 서정 속에 나타난 주요 단계들을 '경륜적 통일성'과 '원리적 통일성'으로 해석하는 것이다. 이와 같은 모의실험(simulation)을 통해서 본서에서 밝힌 두 통일성의 적합성을 가늠해 본다. 또한 삼위 하나님의 사역의 통일성이 전 구원의 서정 속에 아주 깊게 깃들어 있는 것을 확인해 본다.

여기서 구원의 서정(ordo salutis)이란 그리스도의 구속의 은혜 밖에 있던 한 개인이 성령을 통하여 그리스도 안에서 하나님과 교제의 관계에 진입하는 것에서부터 그것이 완성되는 전(全)과정을 설명하는 것이다.[1] 이 과정은 "일정한 순서를 가지는 여러 단계들로 구성되고 각 단계는 고유한 의미와 기능과 목적을 가진다."[2]

성경에 근거한 그리스도의 구원이 적용되는 기본 순서는 다음과 같다. "소명-중생-회개-믿음-칭의-확정적 성화-양자-점진적 성화-견인-영화"이다. 물론 하나님의 뜻(예지-예정)은 이 모든 적용보다 앞선다.[3] 특히 로마서에서 밝힌 구원의 질서 곧 예지-예정-소명-칭의-영화는 구원의 황금사슬이라 불린다.[4]

그리고 구속사적 전망에서 볼 때 구원의 서정은 원래의 상태와 영

---

1 유태화, 『삼위일체론적 구원론』, 75.
2 John Murray, 『존 머레이의 구속』, 124. "구속의 과정에는 단계들과 순서가 있고, 각 단계들은 각각 고유한 역사이고 어느 하나도 다른 것을 통해서 정의될 수 없으며, 하나님의 은혜의 역사 가운데서 각각 고유한 의미와 기능과 목적을 가진다."
3 John Murray, 『존 머레이의 구속』, 128-133; 유태화, 『삼위일체론적 구원론』, 77-85.
4 John Owen, 『성도의 견인』, 144. "하나님(성부)이 미리 아신 자들을 또한 그 아들의 형상을 본받게 하기 위하여 미리 정하셨으니 이는 그로 많은 형제 중에서 맏아들이 되게 하려 하심이니라. 또한 미리 정하신 그들을 또한 부르시고 부르신 그들을 또한 의롭다 하시고 의롭다 하신 그들을 또한 영화롭게 하셨느니라"(롬 8:29-30).

광의 상태 사이에서 일어나는 하나님의 행동들이 어떻게 한 개인에게 적용되는가를 다룬다. 환언하여 구원의 서정은 한 개인과 그리스도와의 연합(*unio mystica cum Christo*)을 설명하는 것이다.⁵

이제 로이드 존스가 구원의 서정에서 다룬 주요 과정들을 개관적 순서로 다룬다. 먼저 로이드 존스가 정의한 구원의 서정 교리들을 밝히고, 다음으로 그 교리들을 두 가지 통일성으로 해석한다.

1. 소명

주 하나님은 모든 사람에게 복음을 선포하신다. 복음의 초청은 모든 사람에게 전달되어야 한다.⁶ 복음은 이스라엘뿐 아니라 열방에 선포된다. 이것은 주 성령의 주권적 사역이다. 은혜 언약의 성취로 인하여 복음의 문이 열린 것이다. 복음을 묶고 있었던 마귀가 패하여 열방에서 쫓겨나고, 복음이 열방 속으로 침투해 들어간다. 일반적 부르심이 선포되는 곳마다 주님의 주인 되심이 선포되고 승리가 공인됨이 이뤄지고 있다. 이렇게 주 예수 그리스도의 복음은 십자가의 승리로 인해 모든 사람에게 선포된다.

그러나 우리 주님이 십자가에서 하신 일과 오순절에 성령을 보

---

5   유태화, 『삼위일체론적 구원론』, 75-76, 88.

6   John Murray, 『존 머레이의 구속』, 135-136. "하나님의 은혜가 모든 사람에게 제시되는 것을 말할 때는 보편적인 부르심이라고 하는 것이 맞다. 마 22:14이 말하는 것이 바로 이런 보편적인 부르심이다. '청함을 받은 자는 많되 택함을 받은 자는 적으니라;'" Millard J. Erickson, 『복음주의 조직신학(하)』, 110; Anthony A. Hoekema, 『개혁주의 구원론』, 114; Louis Berkhof, 『조직신학(하)』, 707-712.

내신 것으로 인해 상황이 달라졌습니다. 그 이후로는 더 이상 사탄이 열방들을 속이지 못하게 된 것입니다. 그리스도가 전파되었고, 하늘 아래 모든 나라에 그를 믿는 신자들이 존재합니다. 그리스도는 하나님의 권능의 오른편에 앉아 계십니다. 하늘과 땅에 있는 모든 권세가 그리스도께 있으며, 그리스도는 성령에 의해, 그의 사역자들과 제자들을 통해 계속해서 모든 민족을 제자로 삼고 계십니다.[7]

또한 주 하나님은 창세 전부터 관심을 두고 계셨던 사람들을 내적으로 부르신다.[8] 주 성령의 내적이며 영적인 부르심으로 인해, 그들은 복음에 반응하게 된다. 그리고 그들은 주 예수 그리스도의 복음을 받아들이게 된다. 주 성령의 주도적인 내적 사역이 없으면 타락한 인간은 어느 누구도 복음을 받아들일 수 없는 존재이다. 모든 인간은 아담의 타락으로 인해, 전적으로 무능력하고 무지한 존재가 되었기 때문이다. 아담 안에 있는 모든 인류는 복음에 온전히 반응할 수 없는 상태와 조건 하에 있다.

주 성령의 내적 사역이 없으면 아무도 자력으로 복음의 참된 의미를 깨달을 수도, 믿을 수도 없다. 주 하나님은 죄와 허물로 죽었던 죄

---

[7] D. M. Lloyd-Jones, *God The Holy Spirit*, 49.

[8] Heinrich Heppe, 『개혁파 정통 교의학』, 727. "선택받은 자의 소명이란 그리스도에게 접붙임(*insitio in Christum*) 또는 그리스도와의 연합(*unio cum Christo*), 곧 선택받은 자의 인격과 구속자의 신인적 인격이 실제적이며 전면적이고 영적이며 불가해하게 연합되는 사건으로서, 그 결과 영혼이 육체와 한 인격을 이루는 것처럼 전자와 후자가 정확히 동일한 연합체가 된다. 따라서 선택받은 자가 그리스도에게 접붙여지는 것은 모든 구원의 부여, 모든 은혜(*gratia*)의 교제, 그리고 영광(*gloria*)의 시발점이다;" Millard J. Erickson, 『복음주의 조직신학(하)』, 110-111.

인들에게 전적으로 사역하여 복음의 부르심에 반응하게 하신다. 주님의 "효력 있는 부르심"[9]으로 어둠에서 빛의 세계로 옮겨진다. 오직 택함 받은 자들에게만 주 성령님은 효력 있는 부르심이 되도록 사역하신다. 그것이 삼위 하나님의 뜻이다. 효력 있는 부르심은 삼위 하나님의 전적인 주권행사이다.

> "너희의 허물과 죄로 죽었던 너희를 살리셨도다"(엡 2:1).
> 분명히 그는 영적인 죽음의 상태를 다루고 있음이 틀림없습니다. 실제적인 육체적 죽음이 아닙니다. 사도의 교훈은 비그리스도인에게 있어서의 삶은 죽어 있는 삶이라는 것입니다. 그는 영적으로 죽어 있습니다. 이 말은 무엇을 의미하고 있습니까? 죽음을 규정짓는 가장 훌륭한 방식은 그것이 생명의 정반대의 명제라고 말하는 것입니다. 그러면 생명은 무엇입니까? 성경에서 생명은 언제나 하나님과의 관계의 차원에서 묘사되고 규정됩니다. 하나님은 생명이요 생명을 주십니다. 하나님을 떠나서는 결코 생명이 없습니다.[10]

여기서 주 성령의 효력 있는 부르심을 받은 자들은 부르심에 반응하게 된다. 그 이유는 반응할 수 있는 새로운 능력을 받았기 때문이다. 마음이 살아나고, 의지가 살아나서 반응할 수 있는 새로운 피조물이 된다. 그러므로 부르심을 받은 신자는 주 예수 그리스도의 복음

---

9 Anthony A. Hoekema, 『개혁주의 구원론』, 136.
10 D. M. Lloyd-Jones, *God's Way of Reconciliation: An Exposition of Ephesians 2*, 17-18; 유태화, 『삼위일체론적 구원론』, 172.

을 받아들여야 한다. 주 예수 그리스도와 그의 하신 모든 사역을 믿어야 한다. 성경이 말하는 그리스도에 대한 모든 진리를 믿어야 한다. 복음을 받아들이고 믿는 것이 이제 그의 책임이 된다.[11]

회개하고 믿으라는 하나님의 명령 앞에 온전히 순종하는 것도 그의 할 일이다. 하나님은 하나님의 말씀과 함께 그에게 순종할 수 있는 능력도 이미 주셨다. 신자는 부르심에 합당하게 삶을 살아야 할 책임이 있다.

주 하나님의 부르심과 순종하는 인간의 책임을 조화롭게 하는 것은 주 하나님의 은혜 때문이다. 곧 주 하나님이 부르시는 방식이 은혜롭기 때문이다. 주 성령은 신자를 부르실 때, 사람의 의지를 강제로 굴복시키지 않으신다. 사람의 의지에 강압적으로 강요하는 어떤 일을 하지 않으신다. 주 성령의 방식은 은혜롭다. 주 성령은 우리의 의지에 작용하여, 복음의 모든 것을 바라고, 기뻐하고, 사랑하게 만드신다. 타자에 의해서 억지로 끌려가는 것이 아니라 자발적으로 즐거운 의지로 달려가게 하신다.

> 성령은 나의 의지에 역사하십니다. "너희 안에서 행하시는 이는 하나님이시니 자기의 기쁘신 뜻을 위하여 너희에게 소원을 두고 행하게 하시나니"(빌 2:13). 성령은 나를 때리거나 강요하지 않으십니다. 하나님께 감사합니다. 성령이 하시는 일은 내 의지에 작

---

[11] D. M. Lloyd-Jones, *God The Holy Spirit*, 71; Anthony A. Hoekema, 『개혁주의 구원론』, 145-146. 후크마는 유효한 부르심에는 목표가 있다고 한다. "우리는 예수 그리스도와의 교제로 부르심을 입었다. 우리는 영원한 생명으로, 하나님의 나라와 영광에로, 그리고 거룩한 삶에로 부르심을 받았다. 우리는 견고한 고난의 모범이 되신 그리스도를 따르도록 부르심을 받았다. 우리는 그리스도인의 자유와 화평을 위하여 부르심을 받았다. 우리는 상급을 얻기 위하여 경주하도록 부르심을 받은 자들이다."

용하여 나로 하여금 이 일들을 바라고, 기뻐하고, 사랑하게 만드는 것입니다. 성령은 인도하시고, 설득하시고, 나의 의지에 작용하셔서 복음의 부르심을 효력 있게 만드십니다.[12]

더 나아가 아담 안에 있는 인간은 자신의 의지로 선을 행할 수 없는 존재가 되었다. 선을 행할 수 없을 뿐 아니라 미워하는 존재이다. 부르심의 사역은 아담 안에 있는 자를 아담 밖으로 옮기는 사역이기도 하다. 아담 안에서 마귀에게 노예로 있었던 의지가 놓임을 받는다. 스스로 기뻐하는 일을 행할 수 있는 자유를 얻는다. 그것은 노예 의지에서 해방된 것 그 이상이다. 처음 아담이 가졌던 '자유의지' 그 이상이다.

동시에 부르심을 통하여 사람은 그리스도와 연합한다.[13] 따라서 신자의 의지는 그리스도 안에 속하게 된다. 그리스도에게로 구원받은 의지이다. 곧 그리스도와 연합한 의지이다. 그리스도 안에 있는 신자의 의지는 그리스도가 기뻐하는 성향을 갖게 된다. 그리스도 안에 있는 자는 하나님의 자녀이다. 자녀는 아버지의 기뻐하는 일을 기쁨으로 여긴다. 즐긴다. 바란다. 사모한다. 순종한다. 이것이 그리스와의 연합으로 은혜 언약 안에 들어온 자의 상태다.

로이드 존스에게 있어서 신자는 '그리스도와 연합'한 자다. 그리스도와 영적으로 하나요 동일체이다. 같은 마음과 같은 의지로 같은 성향을 소유한다. 신의 성품에 참여한 자가 된 것이다. 이것은 하나님께

12　D. M. Lloyd-Jones, *God The Holy Spirit*, 73.
13　John Murray, 『존 머레이의 구속』, 142. "실제적으로 신자가 그리스도와 연합하도록 하는 하나님의 역사는 성경은 부르심이라고 한다(고전 1:9). 물론 그리스도와의 연합을 통해서 구원하는 하나님의 은혜가 우리 안에 역사하게 된다. 거듭남은 이 구원하는 은혜가 우리 안에서 역사하는 출발점이다."

서 정하신 방식이다. 이에 따라 하나님의 주권과 인간의 책임은 그리스도 안에서 완벽한 조화를 이룬다. 은혜로운 조화이다. 그러므로 모든 신자가 경험하는 것은 은혜이다. 신자의 의지는 하기 싫어 꺼려하는 굴복이 아니라 기꺼이 즐기는 순종으로 인도한다.

주 하나님은 모든 사람, 신자와 비신자에게 복음의 메시지를 선포한다. 누구든지 회개하고 주 예수 그리스도를 믿으면 구원을 얻는다. 하나님은 죄인들을 향해 오래 참으셨다.[14] 그들의 모든 철학과 종교행위, 자력으로 구원 얻으려는 모든 행위, 율법으로 스스로 구원하려는 모든 행위를 오랫동안 허용하셨다. 또한 많은 선지자를 통하여 회개하고 돌아오라고 말씀하셨다.

그리고 마지막 때에 그의 아들을 보내사 하나님의 사랑을 보여주셨고, 죄의 심각성, 죄인의 결말을 보여주셨다. 주 하나님은 십자가를 통해 죄인을 위해 하실 수 있는 모든 긍휼과 사랑을 나타내 보이시고, 증명하셨다. 하나님은 독생자를 주시기까지 죄인들을 사랑하셨다.

더 이상 어떤 사랑을 보여 줄 수 있을까?

그러나 죄인들은 끝까지 하나님의 사랑을 거부하고, 자신의 죄악을 드러낸다. 모든 인간은 아담 안에서 아담과 함께 죄를 지었다. 죄의 삯은 죽음이다. 모든 죄인은 자신의 죄에 대한 책임을 진다.[15] 죄에 대한 책임을 정하신 것은 하나님의 뜻이요 하나님의 방식이다.

하나님의 은혜 언약은 죄인들의 죄악을 더욱 드러낸다. 죄인을 구원하기 위해 이 땅에 오시고, 죄인을 대신하여 십자가에 죽으신 그리

---

14 D. M. Lloyd-Jones, *Atonement and Justification: An Exposition of Romans 3:20 to 4:25*, 100.

15 John Murray, 『존 머레이의 구속』, 135. 보편적 부르심에 대한 '인간의 책임.'

스도를 믿는 자는 구원을 얻는다. 그러나 그를 믿지 않는 자는 정죄를 받는다. 죄인들이 죽음의 형벌을 받는 것은 당연하다. 그들이 어둠을 더욱 사랑하여 빛 되신 주 예수 그리스도를 거부하고 믿지 않았기 때문이다.

따라서 십자가는 하나님의 공의와 사랑을 동시에 나타낸다. 은혜 언약 안에 있는 자에게는 하나님의 사랑을, 은혜 언약 밖에 있는 자에게는 하나님의 공의를 드러낸다. 하나님의 사랑과 공의가 만나고 완벽한 조화를 이룬 곳이 십자가이다. 고로 은혜 언약은 그 안과 밖에서 하나님의 사랑과 공의의 완벽한 조화를 드러낸다.

결론적으로 두 가지 통일성에 비추어 로이드 존스의 '소명' 교리를 해석한다.

첫째, '경륜적 통일성'에 대해서다.

성부의 계획에 따라 그리스도의 복음이 온 천하에 선포된다. 하늘과 땅의 모든 권세를 받은 성자는 성령을 통해 이 일을 수행한다. 성령은 복음 곧 그리스도의 인격과 그의 사역이 온 천하에 선포되도록 사역하신다(일반 소명).

그리고 성부의 계획에 따라 선택된 백성들은 '그리스도의 복음'에 효과적으로 반응하게 된다. 유효한 부르심의 주체는 성부 하나님이시다.[16] 오직 그들만이 복음을 받아들인다. 그들은 그리스도에게로 인

---

16 John Murray, 『존 머레이의 구속』, 137. 존 머레이는 유효한 부르심의 주체는 성부 하나님이라고 주장한다. "유효한 부르심의 주체는 하나님 아버지시다(롬 8:30; 갈 1:15; 엡 1:17-18; 딤후 1:9; 요일 3:1). 삼위 가운데 구원을 계획하고 선택하시는 분이 성부라고 생각은 하지만 성경이 강조하는 다른 부분들을 놓치기가 십상이다. 성부는 단순히 구원과 구속을 계획하시는 분으로만 생각하는 것은 오산일 뿐 아니라 그분에 대한 모독이다. 영원한 경륜을 통해 친히 계획하시고 독생자의 죽음을 통해 성취된 것을 효력 있게 적용하는 일에 성부가 배제될 수 없다. 구속이 처음 적용되는 단계에서부터 특별하고 고유하게 역사하심으로 자기 백성들과 가장 친밀한 관계로 들어오시는 분이 바로 성부 하나님이시다."

도된다. 이는 성령의 내적 사역을 통해 이뤄진다(효과적 소명). 성부에 의해 창세 전에 선택받은 죄인을 부르는 일에 성부의 뜻과 계획, 성자의 복음, 그리고 성령의 사역이 함께 드러난다. 곧 삼위 하나님의 공동 사역이다.[17] 성부 하나님은 한 개인을 그리스도의 복음 메시지 안으로 부르신다. 그리스도는 성령 안에서 그를 효과적으로 부른다. 아버지께서 주신 자를 한 명도 빠짐없이 부르신다.

둘째, '원리적 통일성'에 대해서다.

그리스도의 십자가 죽음과 부활로 마귀는 쫓김을 당하고, 하나님의 구원하는 복된 메시지는 이스라엘을 넘어 열방에 선포된다. 그리고 삼위 하나님의 주권적 사역으로 선택 받은 죄인들은 반드시 복음에 반응하고, 받아들이게 된다. 이것은 전적인 삼위 하나님의 주권적 사역이다.[18] 이러한 삼위 하나님의 주권적 부르심에 선택 받은 신자들은 그리스도의 복음을 받아들이고, 믿어야 할 책임 있는 위치에 놓인다.[19] 그들은 무언가를 행해야 한다. 이 지점에서 그리스도와의 연합으로 그들의 마음과 의지는 그리스도를 향하도록 고양된다. 이에 따라 그들은 그리스도의 은혜 가운데 복음에 순종하는 일을 기쁨과 자발적인 헌신으로 행한다.

---

[17] John Murray, 『존 머레이의 구속』, 142. "구원의 경륜에 포함된 이런 역사를 통해 삼위 하나님이 어떻게 서로 연락하고 완벽한 조화를 이루시는지를 알게 하는 대목이다. 구원의 원천에는 바로 이런 삼위 간의 조화와 협력이 자리한다."

[18] John Murray, 『존 머레이의 구속』, 137. "전적으로 하나님의 주권적 은혜."

[19] John Murray, 『존 머레이의 구속』, 140. "타락한 이 세상을 사랑하지 말고, 분리되고 구별되게 살라는 부르심이다. 허탄한 어둠의 일들을 그쳐야 한다. 하나님의 부르심에 필연적인 의무들이 있다. 하나님의 부르심은 주권적이고 효력 있는 것이라는 사실이 인간의 책임을 완화시키거나 없이하지 않는다. 오히려 더 분명하게 한다. 형언할 수 없는 은혜의 크기로 책임은 더욱 커진다. '그러므로 주 안에서 갇힌 내가 너희를 권하노니 너희가 부르심을 받은 일에 합당하게 행하여'(엡 4:1)라고 바울은 말한다."

2. 중생

로이드 존스는 중생을 전적인 하나님의 주권적 사역으로 본다. 중생은 하나님이 사람 안에서 행하시는 하나님의 일이다.[20] 사람은 중생에 있어서 전적인 수동성을 띠게 된다. 사람이 중생에 기여할 수 있는 일은 전혀 없다. 사람은 스스로 태어날 수 없다. 사람은 태어남에 있어서 전적으로 수동적이다. 낳은 자는 능동적 지위에 있고 낳음을 받는 자는 수동적 지위에 놓인다. 마찬가지로 영적으로 태어나는 일에 있어서도 하나님은 능동적 지위에 사람은 전적인 수동적 지위에 놓인다. 중생 교리에서만큼 하나님의 전적인 주권성이 드러나는 교리도 없다.[21]

중생이란 무엇인가?[22]

---

20 Anthony A. Hoekema, 『개혁주의 구원론』, 156; Louis Berkhof, 『조직신학(하)』, 717-721; Millard J. Erickson, 『복음주의 조직신학(하)』, 112-113. 에릭슨은 구원의 순서를 효과적 부르심-회심-중생으로 본다. "특별 부르심은 성령으로 말미암은 단순히 강력하고 효과적인 역사하심이다. 이것은 중생을 구성하는 완전한 변형이 아니라, 개인의 회심을 가능하고도 확실하게 해준다. 따라서 구원 시작의 양상들의 논리적인 순서는 특별 부르심-회심-중생이다."

21 John Murray, 『존 머레이의 구속』, 150-151. "거듭나게 하는 유일한 주체와 주인은 성령이시다. 거듭남의 역사에서 인간은 피동적이라고 종종 말한다. 맞는 말이다. … 하나님께서 주권적으로 역사하시는 은혜가 우리에게 있는 미움을 사랑으로 불신앙을 믿음으로 바꾸지 않으면, 믿음과 사랑으로 하나님을 대하는 일은 있을 수 없다;" 유태화, 『삼위일체론적 구원론』, 233.

22 이우제, "성령의 능력에 사로잡힌 설교자 로이드 존스의 설교 연구," 39-40. 로이드 존스에게 있어서 중생은 고전 12:13의 "성령에 의한 세례"와 같은 의미이다. 로이드 존스가 이러한 견해를 가진 이유를 "성령으로의 세례는 교회가 분쟁과 분파로 갈라지는 것이 얼마나 어리석은 것인지를 지적하면서 우리가 성령의 사역으로 인하여 예수 그리스도의 몸인 교회가 되었음을 역설하고 있는 문맥에서 나온 구절"이라고 해설한다; Anthony A. Hoekema, 『개혁주의 구원론』, 169-173. 후크마는 세 가지 본질을 언급한다. "1. 중생은

로이드 존스는 중생의 본질을 다섯 가지로 정의한다.

첫째, 로이드 존스는 중생을 "영혼 안에 새로운 생명이 심겨지는 것"으로 정의한다. 그것은 새 생명의 원리(principle)가 심겨지는 것으로 전적인 하나님의 행동이다. 그 결과 "영혼을 지배하는 성향이 거룩해진다."

곧 중생이란 하나님의 사역으로 신자 안에 '거룩한 성향'이 생긴 것이다. 여기서 로이드 존스가 말하는 성향이란 무엇인가?

성향이란 영혼의 기능들 외에 배후에서 그들을 통제하는 어떤 것이다. 영혼의 기능에는 지성, 기억, 감정, 의지, 양심이 있다. 그 기능들의 사용 목적과 방향을 결정하고 지배하는 것이 성향이다.[23]

따라서 로이드 존스는 중생을 "모든 것의 배후에 있으면서 방향과 방식과 방법을 결정하는 근본적인 성향을 변화시키는 것"으로 본다.

> 성향(disposition)의 전체 개념을 이해하는 것이 중요합니다. 영혼의 기능들 외에 배후에서 그들을 통제하는 무언가가 있으며, 우리는 그것을 성향이라고 부릅니다. 성향은 우리의 행동과 인격을 결정하는 조건이라고 말할 수 있습니다. 모든 사람에게는 성향이 존재해서 이것이 그가 어떤 사람인지 결정하는 듯합니다. 사람들의 기능들과 능력들을 주관하여 한 사람은 예술적이 되게 하고,

---

갑작스런 변화이다. 2. 중생은 초자연적인 변화이다. 3. 중생은 근본적인(radical) 변화이다. 곧 중생은 새로운 영적 생명의 '이식'을 의미하고, 한 인격 전체에게 영향을 미치는 변화이며, 그 변화는 의식 밑에서 일어난다;" Millard J. Erickson, 『복음주의 조직신학(하)』, 124-28.

23 D. M. Lloyd-Jones, *God The Holy Spirit*, 77-78.

다른 사람은 과학적이 되게 하는 것이 바로 성향입니다.[24]

로이드 존스에 따르면 사람의 성향 안에 '거룩한 원리,' '새로운 영적 생명의 씨앗'이 심겨진 것이 중생이다. 그러므로 중생한 사람은 거룩한 성향을 갖게 된다. 그는 모든 영혼의 기능을 거룩하게 사용하려는 마음을 갖게 되고, 그러한 행동을 보이게 된다. 로이드 존스는 이렇게 말한다.

> 중생에서 일어나는 일이 하나님이 성령 안에서 사람의 근본적인 성향을 변화시키는 것입니다. 사람의 인격과 행위, 그리고 사람의 기능들을 사용하는 방식을 결정하는 성향 속에 하나님은 거룩한 원리, 새로운 영적 생명의 씨앗을 집어 넣으십니다."[25]

예를 들어 로이드 존스는 '거룩한 성향'으로 변화된 사도 바울을 소개한다. 사울은 예수님을 다메섹 도상에서 만난 후에 완전히 다른 사람으로 변했다. 로이드 존스의 해석에 따르면 그를 정반대의 사람

---

[24] D. M. Lloyd-Jones, *God The Holy Spirit*, 79-80; 조현진, "조나단 에드워즈의 성향적 구원론 연구," 「한국개혁신학논문집」 제30권 (2011), 146-148. 중생을 '성향'의 변화 개념으로 보는 사상은 이미 개혁주의 스콜라주의자들과 청교도들 중에 있었다. 리차드 뮬러(Richard A. Muller), 프란시스 터레틴(Francis Turretin, 1623-1687), 리차드 십스(Richard Sibbes, 1577-1635), 토마스 굿윈(Thomas Good-win, 1600-1680)도 성령의 역사로 사람의 성향이 바뀌는 개념으로 보았다.

[25] D. M. Lloyd-Jones, *God The Holy Spirit*, 79; 조현진, "조나단 에드워즈의 성향적 구원론 연구," 「한국개혁신학논문집」 제30권 (2011), 137-139. 에드워즈에게 중생은 "성령의 주입(infusion)과 내주(indwelling)를 통해 아담 이후 타락했던 인간 성향의 변화를 의미한다." 곧 조현진은 에드워즈의 구원론을 "성향적 구원론"으로 규정하며, "아담 타락 후 **악한 성향**으로 변했던 사람의 성향이 성령을 통한 중생으로 말미암아 다시 **선한 성향**으로 회복된 것"으로 이해한다. 이러한 성향의 변화를 통해 인간의 하나님으로의 방향 전환이 일어난다.

으로 변하게 한 것은 '거룩한 성향'이 심겨졌기 때문이다.

사울은 다메섹 사건 전과 같이 후에도 동일한 열정, 동일한 논리, 동일한 철저함, 동일한 담대함을 갖춘 사람이다. 그러나 예수를 핍박하는 자에서 예수를 전파하는 자로 급반전한 것은 중생의 결과이다. 즉 "중생의 사건으로 전체 방향성, 전체 경향, 전체 사고방식이 거룩하게 바뀌어, 전혀 다른 사람으로 행동한 것이다. 그는 새로운 성향을 가진 것"[26]이다. 이것은 전적인 하나님의 중생 사역의 결과이다.

좀 더 로이드 존스의 이야기를 들어 본다. 그에 따르면 아담 안에 있는 모든 인간은 '죄의 본성'만 남아 있다. 모든 사람은 타락과 함께 '거룩한 본성'을 잃어버린 존재이다. 죄인은 오직 '죄의 성향'만 가지고 있다. 여기서 하나님은 성령을 통하여 '거룩한 성향'을 집어넣으신다. 이러한 성령의 사역으로 사람은 '죄의 성향'이 지배했던 죄인에서 '거룩한 성향'이 지배하는 신자로 변화된다. 이것은 '아담 안'에서 '그리스도 안'으로 옮겨진 신분과 정확히 같은 개념이다.

둘째, 성향의 힘 때문에 중생은 필연적으로 전인격에 영향을 미친다.

로이드 존스에 따르면 거룩한 성향으로 변화된 사람은 지성을 사용하는 방법, 감정의 작용, 의지에 영향을 받게 된다. 이것은 성향이 모든 일의 방향과 방식과 방법을 결정하기 때문이다.

> 원칙적으로 성향의 변화로 인해 전인격이 영향 받습니다. 자신의 지성을 사용하는 방법, 자신의 감정의 작용, 자신의 의지가 영향 받습니다. 그러므로 사람의 성향이 바뀔 때 사람은 새로운 마음

---

[26] D. M. Lloyd-Jones, *God The Holy Spirit*, 80.

을 가진 사람처럼 됩니다.[27]

그러므로 전에는 복음에 관심이 없던 사람이 관심을 갖게 된다. 또 복음을 이해할 수 없었던 사람이 이전과 다르게 복음을 이해하게 된다. 전에는 복음을 완강히 거부하였지만, 이제는 복음을 바라고 열망하며 관심을 갖는다. 이런 변화는 성향이 바뀐 중생의 결과이다.[28]

성령의 중생 사역을 통해서만 죄인은 주 예수 그리스도의 복음을 이해하고 믿을 수 있고 구원에 이를 수 있다. 복음은 전인격의 변화를 요구한다. 그와 같은 전인격의 변화가 성령을 통한 구원이다.

셋째, 중생은 즉각적인 변화이다. 로이드 존스는 중생의 교리를 "발생과 출생"의 개념으로 설명한다. 생명의 씨앗이 들어가는 수태의 시간이 있다. 이와 같은 발생은 언제나 즉각적인(초시간적) 행동이다. 그것은 순간적인 행동이다. "중생에는 중간 단계가 없다." 생명의 씨앗이 심기거나 심기지 않거나 둘 중 하나이다. 중간 단계들은 없다. 이러한 중생의 사건은 인간의 인식 차원이 아닌 하나님의 본질적 사역을 의미한다. 로이드 존스는 여기서 중생을 "인식하는 단계와 발생 단계"로 구분한다. 하나님에 의한 중생(발생) 이후에 시간 간격을 두고 인간은 중생을 인식할 수 있다. 로이드 존스는 그 인식하는 단계를 출

---

27 John Murray, 『존 머레이의 구속』, 145-146. "하나님은 이런 능력과 은혜로 급진적이고 전인적인 변화를 불러일으킨다. 인간이 자기에게 있는 모든 것으로 아무리 노력하고 짜 맞춰도 도무지 설명할 수 없는 변화다. 없는 것을 있는 것같이 부르시고, 말씀하신 것을 그대로 이루시고, 명하신 것을 즉시로 이루시는 분을 통한 새 창조의 변화다. 거듭나는 것이다."

28 D. M. Lloyd-Jones, *God The Holy Spirit*, 80-81; 유태화, 『삼위일체론적 구원론』, 232.

생으로 정의한다.[29]

이렇게 로이드 존스는 중생을 발생과 출생 단계로 구분함으로써, 중생이 전적인 하나님의 사역임을 드러낸다. 생명의 씨앗이 심겨지는 발생은 순간적인 일이다. 이것은 하나님의 즉각적인 사역을 의미한다.

넷째, 중생은 인간 이해의 범주를 넘어서는 하나님의 신비이다. 로이드 존스는 "생명의 씨를 심는 발생과 성향의 변화는 잠재의식 속에서 일어난다"고 설명한다. 곧 인간의 무의식 속에서 일어난다. 따라서 인간은 그 사건이 일어나는 것을 직접 감지하고 인식할 수 없다. 단지 발생 후에 무슨 일이 자신에게 일어난 것을 의식할 수밖에 없다. 중생에 대한 이해의 정도에서도 인간은 일정한 한계 내에서만 이해할 수 있다. 로이드 존스는 중생의 사건을 인간이 "이해할 수 없고 그 비밀에 참으로 도달할 수 없는 작용"이라고 본다.[30]

예를 들어 로이드 존스는 중생의 변화를 바람의 비유로 설명한다. 인간이 바람 소리를 듣고 사물이 흔들리는 것을 본다 하더라도, 바람에 대해서 신비롭고 측량할 수 없는 일이 존재한다. 사람의 이해력으로는 바람을 깊이 이해할 수 없지만, 그 결과는 볼 수 있다. 이와 같이 하나님의 중생하는 사역은 전적인 하나님의 일이며, 인간의 무의식 속에서 일어나는 주권적 행위이다. 인간은 단지 그 결과를 인식할 수 있을 뿐인 하나님의 사역인 것이다.[31]

마지막으로 중생은 전적으로 하나님이 하시는 일이다. 로이드 존

---

29 D. M. Lloyd-Jones, *God The Holy Spirit*, 81; 유태화, 『삼위일체론적 구원론』, 230-231; Millard J. Erickson, 『복음주의 조직신학(하)』, 126.

30 D. M. Lloyd-Jones, *God The Holy Spirit*, 81; 유태화, 『삼위일체론적 구원론』, 232.

31 John Murray, 『존 머레이의 구속』, 150.

스는 중생을 하나님의 창조사역으로 이해한다. 아무것도 없는 무의 상태에서 유를 창조하신 것처럼, 하나님은 중생에서 새로운 창조를 하신다. 사람 안에 새로운 마음을 창조하시고 새로운 원리를 생기게 하시고 새로운 생명을 창조하신다.[32] 여기서 인간은 전적으로 수동적이다. 피조물은 무에서 창조될 뿐 창조에 어떠한 기여도 영향도 끼칠 수는 없다.

그러므로 중생은 전적으로 하나님이 신자 안에서 행하시는 하나님의 주권적 창조 사역이다. 로이드 존스의 말을 들어본다.

> 신자는 스스로 태어난 것이 아니라 전적으로 하나님께로부터 났습니다. 하나님은 이 원리, 영적 생명의 씨를 심으십니다. 즉, 신자는 스스로 난 것이 아닙니다. 신자는 스스로를 발생시킬 수 없습니다. 중생은 전적으로 신자 안에, 그리고 신자에게 행하시는 하나님의 역사(the work of God)입니다.[33]

특별히 중생은 성령 하나님의 사역이다. 성령은 영적인 생명의 원리, 거룩한 성향으로 사람을 변화시킨다. 사람이 변하는 것은 성령의 사역으로 그의 성향이 변했기 때문이다. 성향은 모든 것을 변화시킨다. 환언하여, 중생은 본질(本質)의 변화가 아니라 방향성(方向性)의 변화를 의미한다.[34] 고로 그의 모든 생활이 변한다. 삶의 근본 변화의 원천은 성령 하나님의 사역이다. 로이드 존스는 이렇게 말한다.

---

32 D. M. Lloyd-Jones, *God The Holy Spirit*, 93.
33 D. M. Lloyd-Jones, *God The Holy Spirit*, 82-83; Millard J. Erickson, 『복음주의 조직신학(하)』, 127.
34 유태화, 『삼위일체론적 구원론』, 230, 438, 442.

이 영적 생명의 원리, 성향에 생긴 이런 변화는 하나님의 성령에 의해 발생한 것입니다. 사람의 본성이 그로 인해 완전히 변하는 것은 아니지만 성향이 변하기 때문에 전체 사람이 마치 새로운 피조물처럼 되었습니다. 그들은 모든 면에서 다른 사람입니다. 다른 모든 것을 지배하는 이 근본적인 것이 그들 안에서 변했기 때문입니다. 하지만 기능들은 여전히 이전과 같습니다.[35]

이러한 하나님의 중생 사역에서 인간의 역할은 무엇인가?
중생의 본질적인 차원에서는 인간의 역할은 없다. 중생은 전적인 하나님의 사역이기 때문이다. 그럼에도 로이드 존스는 중생의 본질을 설명하는 '접붙임' 예화 속에서 인간의 자리를 찾아보는 시도를 해본다. 농부는 키우기를 원하는 접붙일 어린 가지를 야생 배나무에 접붙임을 한다. 그리고 야생 배나무의 원 가지들을 가지치기 해 준다면, 농부는 원하는 배를 야생 배나무에서 얻을 수 있을 것이다.

처음에는 한 나무에 두 성품이 있는 것처럼 보입니다. 하지만 옛 가지를 쳐내면 새 가지가 점점 전체를 지배할 것이며, 결국에는 여러분이 원하는 열매들만 생산하는 배나무가 될 것입니다. 새 생명을 심으면 첫 단계에는 하나의 나무에 재배된 본성과 야생의 본성이 모두 존재하게 됩니다. 하지만 이 야생 가지들을 쳐내 접붙여진 가지에만 영양이 가도록 신경을 쓰면, 그 가지가 튼튼해져서 열매를 맺을 뿐만 아니라, 점점 다른 가지를 정복하고 지배하게 될 것입니다. 그 가지는 자신의 생명을 원래의 나무에 내

---

35 D. M. Lloyd-Jones, *God The Holy Spirit*, 83.

려 보내어 결국에는 여러분이 처음에 원했던 훌륭한 배나무가 되도록 하는 능력이 있는 것처럼 보입니다.[36]

여기 배나무 접붙임에서 일어난 일은 어떤 의미에서는 바로 중생할 때 일어나는 것이다.

두 자아가 있는 것이 아니라 여전히 한 자아가 있습니다. 그러나 성령의 역사로 새 본성이 신자 안에 들어옵니다. 신자는 자신 안에 있는 옛 본성에 속한 것을 계속해서 가지치기하고 억제하도록 부름 받았습니다. 신자는 그러한 가지치기와 억제를 통해 새 생명이 자라고 성장하여 열매를 맺도록 부름 받은 존재입니다.[37]

이러한 신자의 노력으로 새 본성은 점점 더 분명하게 드러날 것이다. 새 본성에 합당하게 옛 본성을 죽이는 일에서 신자의 책임 원리가 드러난다. 로이드 존스는 신자가 새 본성에 합당하게 행하도록 부름 받았다고 강조한다.

또한 신자는 옛 본성을 가지치기할 뿐 아니라 심겨진 생명의 원리가 자라게 해야 한다. 심겨진 생명이 열매를 맺기 위해서는 하나님의 말씀이 필요하다. 로이드 존스는 생명의 씨를 살아나게 하여 출생이 일어나게 하는 것은 말씀을 매개로 하여 오는 효력 있는 부르심이라고 본다.

---

36 D. M. Lloyd-Jones, *God The Holy Spirit*, 85.
37 D. M. Lloyd-Jones, *God The Holy Spirit*, 86.

하나님의 말씀은 발생의 행위에서 사용되는 것이 아니라 이미 그 안에 심어진 생명이 태어나게 하는 데에 사용됩니다. 따라서 기본적으로 중생의 일이 일어나기 전에 사람은 복음의 일반적 부르심 앞에 나와야 합니다. 그리고 말씀을 들어야 합니다.[38]

일반적 부르심 앞에 자신을 노출시키는 행위는 신자와 비신자에게 일반이다. 그러므로 복음의 부르심 앞에서 순종하는 것은 인간의 책임이다. 게다가 신자는 믿음의 성장을 위하여 그리고 그리스도와 연합을 더욱 강화하기 위하여 하나님의 말씀을 읽고, 듣고, 연구하여, 적용해야 할 책임이 있다.

그렇다면 중생하는 일 가운데서 찾을 수 있는 은혜는 무엇인가?

다시 말해 하나님의 전적인 역사 앞에서, 어떻게 인간은 그 사역을 은혜롭게 받아들이고 기쁨으로 순종할 수 있는가?

그것은 하나님이 인간을 새롭게 태어나게 하는 방식에서 찾을 수 있다.

하나님이 생명의 원리를 심으실 때 그것은 심겨진 새로운 생명인 동시에 삶과 순종의 새로운 원리입니다. 그렇기 때문에 그것은 반드시 자라고 발전하여 점점 더 커지게 됩니다. 이것은 재출생, 새로운 출생, 거듭남, 새 창조입니다. 신자 모두는 사실상 새로운 사람입니다.[39]

---

38 D. M. Lloyd-Jones, *God The Holy Spirit*, 91.
39 D. M. Lloyd-Jones, *God The Holy Spirit*, 87.

환언하여 신자는 영적인 삶으로 나아갈 수 있고, 모든 장애물에도 불구하고 순종할 수 있는 원리 곧 힘과 세력이 심겨진 자다. 이것은 은혜 언약 차원에서 보면 새로운 생명의 원리, 거룩한 성향을 소유한 신자는 그리스도와 연합된 자이다. 논리적 순서로 보면 그리스도와 연합한 신자는 새 생명의 원리, 순종의 원리로 살아갈 수 있는 사람이다. 그렇게 부름 받는다. 그 안에는 그리스도와 똑같이 진리에 온전히 순종할 수 있는 능력이 주어진다. 거룩한 본성이 주어진다.

곧 신자는 모든 다른 세력을 이길 수 있는 훨씬 더 크고, 더 좋은 원리와 능력을 구비한 자로 세워진 것이다. 이것이 중생에 나타난 하나님의 방식이다. 여기서 우리는 은혜 언약 안에서, 그리스도 안에서 하나님의 주권과 인간의 책임이 완벽한 조화(은혜의 조화)를 형성하고 있는 것을 본다.

결론적으로 두 가지 통일성에 비추어 로이드 존스의 '중생' 교리를 해석한다.

먼저, '경륜적 통일성'에 대해서다.

로이드 존스는 중생을 발생과 출생으로 구분한다. 성부는 선택한 백성에게 새 생명의 씨앗을 심는다. 이것은 생명의 '발생'에 해당된다. 그리고 일반적 소명을 통해 그리스도의 말씀이 선포되었을 때, 그 말씀으로 인해 신자는 거듭난 것을 인식하게 된다. 이것은 출생이다.

그리스도의 말씀은 출생 때 필요하게 된다. 여기서 신자 안에 생명의 원리를 심고, 그리스도의 말씀을 인식하고 받아들이게 하는 것은 성령의 사역이다. 이렇듯 중생은 성부의 심는 사역, 성자의 말씀 사역, 성령의 내적 사역이 함께 어우러진 공동 사역이다.

다음은 '원리적 통일성'에 대해서다.

삼위 하나님은 주권적으로 사람을 영적으로 다시 태어나게 한다.

이와 같은 중생(발생과 출생)에 있어서 사람은 전적으로 수동적이다. 그리고 거듭난 사람은 심겨진 '생명의 원리'(거룩한 성향)가 잘 자랄 수 있도록 죄의 성향과 습성들을 제거할 책임이 있다.

또한 신자는 말씀을 통해 새 생명이 자라고 성장하여 열매[40]를 맺도록 해야 한다. 이것이 가능한 이유는 신자의 그리스도와 연합으로 인해, 심겨진 생명의 원리는 생명인 동시에 삶과 순종의 새로운 원리이기 때문이다. 다시 말해 그리스도와 같이 하나님의 뜻에 순종할 수 있는 능력과 성향을 부여 받은 것이다.

3. 회심

로이드 존스는 회심에는 하나님이 하시는 일뿐 아니라 반드시 인간이 행동하는 측면도 포함된다고 주장한다. 회심이란 "하나님의 일이기도 하고 인간의 일이기도 하다."[41] 회심에는 하나님의 주권성과 인간의 책임성이 표면적으로 드러난다.

기독교의 회심이란 무엇인가?

로이드 존스는 회심을 "중생한 영혼이 무엇인가로부터 무엇인가

---

[40] John Murray, 『존 머레이의 구속』, 155-156. "거듭남은 우리 안에 있는 모든 구원의 은혜의 시작이요, 우리 안에 역사하는 모든 구원하는 은혜는 거듭남을 원천으로 자라 간다. … 거듭난 사람은 반드시 돌이켜 믿음과 회개를 이룬다."

[41] 유태화, 『삼위일체론적 구원론』, 239; Anthony A. Hoekema, 『개혁주의 구원론』, 190. "돌이킴은 하나님의 일인 동시에 사람의 일이기도 하다. 하나님께서 우리를 돌이키셔야 한다. 그러나 우리도 그분에게로 돌이켜야 한다. 이 두 가지는 진리이다. 우리는 역설의 어느 한 면도 버려서는 안 된다;" Millard J. Erickson, 『복음주의 조직신학(하)』, 113-116; Louis Berkhof, 『조직신학(하)』, 739-740. "회심의 조성자는 하나님이시다. 그리고 인간은 회심에서 협력한다."

를 향해 이동하는 첫 번째 행동"으로 정의한다. 인간의 측면에서 보면, 회심은 중생과 효과적 부르심을 통해 변화된 인간이 하나님께 반응하는 첫 번째 행동이다. 로이드 존스는 회심을 "영혼이 하나님과의 관계를 인식하는 첫 번째 단계이며, 영혼에 심겨진 새 생명이 처음으로 행동하고 나타나는 것"으로 규정한다. 회심에서 인간은 행동하는 반응을 일으킨다.[42]

그렇다면 왜 모든 인간은 회심이 필요한가?

로이드 존스의 대답은 모든 인간이 죄를 지었기 때문이다. 죄를 지은 모든 인간은 죄인의 상태, 타락의 상태에 있다.

> 날 때부터 그리스도인인 사람은 아무도 없습니다. 인간은 모두 죄 가운데서 태어났고, "죄 중에 잉태"(시 51:5)되었으며, "다른 이들과 같이 본질상 진노의 자녀"(엡 2:3)였습니다.[43]

따라서 육적인 상태에서 돌이켜 영적인 상태로 이동해야 한다. 마귀에게 속한 영역에서 하나님께 속한 영역으로 이동해야 한다. 모든 사람은 하나님과 원수의 관계에 있으며 하나님의 진노 아래 있다. 모든 사람은 원죄와 원죄책 아래 있기 때문에 회심이 필수적이다.

그리고 로이드 존스는 무엇보다도 회심은 성령의 사역이며, 효력 있는 부르심을 통해 일어난다고 강조한다. 회심의 동인이 전적인 성

---

[42] D. M. Lloyd-Jones, *God The Holy Spirit*, 117-118; Anthony A. Hoekema, 『개혁주의 구원론』, 187. "돌이킴이란 거듭난 사람이 의식적인 행동을 통하여 회개와 믿음 안에서 하나님께로 돌아가는 것"이다. 이 돌이킴은 두 가지 돌아섬을 의미한다. "하나는 죄로부터의 돌아섬이며 또 다른 하나는 하나님을 향한 섬김에로의 돌아섬이다."

[43] D. M. Lloyd-Jones, *God The Holy Spirit*, 118.

령의 사역이란 것이다. 성령은 어떤 사람을 효력 있게 부르시면서, 그가 행동하도록 이끄신다. 다시 말해 성령은 죽은 자를 살리신다. 그리고 살아난 영혼이 부르심에 반응하도록 인도하신다.

성령의 사역을 통해 살아난 인간은 어떤 행동을 하게 된다. 이와 같이 로이드 존스는 회심에는 부르심과 반응이라는 두 측면이 반드시 존재한다고 주장한다.

하나님의 행하심과 그에 따른 인간의 반응이 곧 회심이다.

> 회심은 무엇보다도 성령의 사역이며, 성령은 효력 있는 부르심을 통해 그 일을 하십니다. 부르심이 유효하게 되며, 그 부르심은 우리를 다음 단계, 곧 우리의 행동으로 이끕니다. 회심을 무엇이라 정의하든 간에 하나님이 하시는 일뿐 아니라, 사람의 행동도 언급해야 합니다. 부르심은 효력 있게 임하며, 부르심에 효력이 있기 때문에 우리는 그에 대해 무언가를 합니다. 부르심과 반응, 이 두 측면이 회심입니다.[44]

여기서 회심에는 영구적이고 필수적인 요소가 두 가지 있다. 이 두 가지 요소는 성경과 교회사에 나타난 부흥을 통해서 증명된 것인데[45], 그 두 요소는 '회개와 믿음'이다. 로이드 존스는 사도행전 말씀에 그 근거를 둔다.

> 유대인과 헬라인들에게 하나님께 대한 회개와 우리 주 예수 그

---

[44] D. M. Lloyd-Jones, *God The Holy Spirit*, 118-119.
[45] D. M. Lloyd-Jones, *God The Holy Spirit*, 124-125.

리스도께 대한 믿음을 증언한 것이라(행 20:21).

이것이 회심이다. 로이드 존스는 회개와 믿음이 필수적인 요소일 뿐 아니라 유일한 요소라고 한다. 둘 중에 하나라도 없으면 회심이 아니라고 강조한다. 그러므로 성령을 통해 중생한 영혼은 반드시 회개한다. 그리고 믿음의 행동을 보인다.

이러한 로이드 존스의 회심 교리를 분석해 본다. 성령은 주도적 일하심으로 죄인을 회심시킨다. 성령의 사역이 없이는 회심은 불가능하다. 중생과 효과적 부르심 그리고 그리스도와의 연합이 전적인 하나님의 주권적 사역인 것처럼, 회심의 결과를 낳는 성령의 일은 주권적인 사역이다. 인간은 어떤 부분에서도 회심의 원인 제공자가 되지 못한다.

회심의 필수적 요소인 '회개와 믿음'도 성령의 사역으로 가능하다. 죄인이 자발적으로 하나님께 회개하고, 자발적으로 주 예수 그리스도와 그분의 행하심을 믿고 받아들이도록 인도하시는 분은 주 성령이시다. 그럼에도 성령은 인간의 자리를 비워두신다. 인간이 책임성 있게 반응할 수 있도록 기다리신다. 행동을 할지 안 할지는 인간에게 달린 것이다. 인간은 자신의 의지와 감정 그리고 마음의 결정으로 회개하며 믿음의 행동을 보인다.

위와 같은 '회심의 교리'에서 우리는 은혜 언약 속에 나타난 놀라운 하나님의 은혜를 엿본다.[46] 하나님은 타락한 인간을 사랑하시고 관

---

46 Anthony A. Hoekema, 『개혁주의 구원론』, 197-198. 후크마는 "은혜의 언약을 기반으로 삼고 설교한다고 해서 회개와 믿음을 촉구하지 않는다면 설교자는 어떠한 핑계도 댈 수 없다. … 궁극적으로 모든 것은 각 개인의 구원받는 믿음에 전적으로 달려 있다. 오직 아들을 믿는 사람만이 영원한 생명을 소유한다. 그러므로 비록 교회 안에 있지만 각 사람

심을 갖고 보신다. 그들이 타락으로 훼손시킨 하나님의 형상, 그 하나님의 형상 안에는 하나님의 영광의 어떤 부분이 존재했다. 타락으로 그 영광을 잃게 된다. 그 하나님의 형상 안에서는 분명 하나님의 어떤 속성들이 깃들여 있었을 것이다. 하나님이 자유롭게 선택할 수 있는 능력, 결정한 대로 행동할 수 있는 능력, 바로 그 능력을 그리스도 안에서 다시 회복시키신 것이다.

따라서 그리스도와 연합한 자는 그 하나님의 형상을 따라 자유롭게 선택하고, 자발적으로 결정한 것을 행동할 수 있는 능력을 부여받는다. 더 놀라운 사실은 신자 안에 내주하신 성령께서도 그 일을 도우신다는 점이다. 넉넉히 그 일을 행할 수 있도록 성령이 신자를 도우신다.

여기서 중요한 요점은 회심한 신자의 지위가 "타락 전 아담이 있었던 지위보다 더 높고 더 낫다"는 로이드 존스의 주장이다.[47] 이러한 주장의 근거 중 하나는 중생한 자 안에서 하나님의 형상이 회복된 것과 더불어 '성령의 영원한 내주하심' 때문으로 풀이된다. 더 나은 부분, 더 높은 부분은 신자 안에서 영원히 함께 계신 '성령의 내주하심'이다. 또한 성령의 내주하심은 은혜 언약을 따라 신자가 그리스도와 연합되었기 때문이다. 아담은 하나님의 형상으로 지음 받았지만 그리스도와 연합한 자는 아니었다. 이로 보건대 그리스도와 연합이 더 큰 은혜임에 틀림없다.

은 자기 자신을 살펴서 자기가 믿음 안에 있는가를 조사하고 입증하여야 한다"는 바빙크의 말을 인용한다.

[47] D. M. Lloyd-Jones, *Assurance: An Exposition of Romans 5*, 237. 로이드 존스는 그리스도 안에 있는 신자는 아담의 본래 상태로 회복되는 것만이 아니라 그 이상으로 고양되었다고 주장한다. "We are not merely restored to Adam's condition, we are **taken beyond that**. The Son of God guarantees it, and the end is as certain as the beginning."

결론적으로 두 가지 통일성에 비추어 로이드 존스의 '회심' 교리를 해석한다.

첫째, '경륜적 통일성'에 대해서다.

로이드 존스는 회심의 근본적이고 필수 유일한 요소를 '회개와 믿음'으로 규정한다. 회개는 죄인이 성부 하나님께로 돌이켜 바른 관계에 접어든 것이다. 이는 성부 하나님의 진노의 자리에서 돌이키게 한다. 또한 그리스도를 믿음으로 바라보는 것이다. 그 일은 죄인 안에서 사역하는 성령의 효과적 부르심과 중생을 통해 실현된다. 이렇듯 회심에는 성부와 성자 그리고 성령이 깊이 연관 지어져 있다.

성부는 죄인이 돌이키도록 창세 전에 계획하셨고, 성자는 그 계획을 성취하셨으며, 이제 성령은 그 일이 실제가 되게 하신다. 이와 같이 삼위 하나님은 경륜적 측면에서 그리고 실제적 사역 속에서 함께 일하신다.

둘째, '원리적 통일성'에 대해서다.

회심은 전적으로 하나님의 효과적 부르심과 중생으로 시작된다. 고로 회심의 동인은 오직 삼위 하나님께 있다. 특히 회심의 결과를 낳는 성령의 일은 주권적 사역이다.

삼위 하나님의 유일한 동인에 따라 죄인은 '회개와 믿음'으로 반응하게 된다. 여기서 그는 반드시 자신의 의지와 감정 그리고 마음의 결정으로 회개하며 믿음의 책임 있는 행동을 보인다. 이것이 가능한 것은 중생한 죄인은 그리스도와의 연합으로 인해 '고양'되어, 그리스도로부터 자유롭게 선택할 수 있는 능력, 결정한 대로 행동할 수 있는 능력, 그것을 기쁨 마음으로 순종할 수 있는 능력을 더욱 넘치게 부여받았기 때문이다. 여기서 신자의 그리스도와 연합은 성령의 내주하심으로 보장되고, 이것은 회심의 모든 근원적 동력으로 작용한 것이다.

4. 회개

로이드 존스는 회심의 필수적인 요소가 회개와 믿음이라고 정의한다. 또한 성경에 근거한 논리상 회개가 믿음보다 먼저라고 한다.

인간의 근본 문제는 하나님과의 관계 문제이다. 일차적으로 구원의 목적은 하나님과 올바른 관계 회복, 하나님과 화목이다.

그리스도가 이 땅에 오신 이유도, 십자가에서 죽으신 이유도 죄인을 하나님과 화목케 하기 위해서다. 따라서 회심 사건에서 첫 번째 일은 하나님을 향한 회개이다.[48] 그리고 그 다음이 주 예수 그리스도에 대한 믿음이다. 이것이 로이드 존스가 회개와 믿음의 순서를 보는 관점이다.[49]

회개란 무엇인가?

회개는 인간의 행동이다. 그럼에도 회개 요소 속에는 하나님의 행하심이 있다. 회개는 하나님의 일하심과 인간의 행동이 서로 연합하여 작용하고 있는 구조이다.[50]

---

48 Anthony A. Hoekema, 『개혁주의 구원론』, 210. 회개란 "중생한 사람이 온전한 삶의 변화를 통해서 새로운 사고와 감정과 의지를 반영하면서 죄로부터 돌아서서 하나님을 향하여 의식적인 돌아섬"이다; Millard J. Erickson, 『복음주의 조직신학(하)』, 116-119.

49 D. M. Lloyd-Jones, *God The Holy Spirit*, 127; John Murray, 『존 머레이의 구속』, 169-170. 존 머레이는 믿음과 회개에 우선성 같은 것은 없다고 말한다. "믿음과 회개에 우선성 같은 것은 없다. 구원에 이르는 믿음은 돌이키는 믿음이요, 생명에 이르는 회개는 믿음으로 하는 회개다." 곧 이 둘은 상호 의존적이란 뜻이다. 그럼에도 로이드 존스가 믿음 앞서 회개를 두는 것은 어찌 되든지 '하나님 우선' 원리에 입각한 것이다; Anthony A. Hoekema, 『개혁주의 구원론』, 203. 칼빈은 "회개는 믿음을 따른다고 주장한다." 곧 믿음이 먼저다. 이것은 믿음은 하나님의 선물로, 회개는 인간의 행동에 우선성을 두어서, 결국 하나님의 주권을 앞세우려는 칼빈의 시도로 해석된다.

50 Anthony A. Hoekema, 『개혁주의 구원론』, 213-215. "성경은 회개를 가리켜 하나님의 사역인 동시에 인간의 사역이라고 말한다." 진리의 양면성을 인정해야 한다. "(1) 사람들로 하여금 회개토록 촉구하는 것이 설교자의 엄숙한 의무이다. (2) 회개의 은사를 사람

그러면 인간 측면에서 회개란 무엇인가?

로이드 존스는 회개에는 세 가지 요소가 반드시 포함된다고 한다.[51]

첫 번째는 인간이 다시 생각함으로 마음을 바꾸는 요소이다.

두 번째는 자신이 전에 가졌던 잘못된 생각과 잘못된 행동에 대한 후회하는 마음을 품는다.

세 번째는 변화된 마음으로 인해 변화된 행동을 수반한다.

그러므로 신자는 어떤 동인으로 인해 마음에 변화가 일어나고, 그 변화된 마음으로 변화된 행동을 보인다. 이런 태도의 새로운 변화가 신자가 복음의 효력 있는 부르심을 듣고 그에 반응했을 때 생겨나는 회개의 본질적인 요소이다.[52]

여기서 이러한 인간의 변화를 일으키는 원인은 물론 성령을 통한 하나님의 효력 있는 부르심이다. 그러나 로이드 존스는 회개의 근본적인 원인을 드러내기 위해 그것을 '은혜'라 부른다. 회개는 "사람으

들에게 주권적으로 부여하시고 그들로 자기에게 돌아오게 하실 수 있는 분은 하나님이시다."

51 John Murray, 『존 머레이의 구속』, 170. "회개의 핵심은 마음과 생각과 의지의 변화다. 마음과 생각과 의지의 변화는 주로 다음 네 가지와 관련된 변화, 곧 하나님과 자기 자신과 죄와 의(righteousness)에 대한 변화다. 거듭나지 않는 한, 하나님과 자기 자신과 죄와 의로움에 대한 우리의 생각은 심각하게 뒤틀려 있다. 거듭남은 마음과 생각을 바꾼다. 구원에 이르게 하는 믿음은 다름 아닌 생각과 태도의 변화를 수반하는 믿음이라는 사실을 아는 것이 얼마나 중요한지 모른다. 복음주의 진영, 특히 대중 전도에서는 믿음이 있음을 드러내는 '변화의 중요성'이 자주 간과된다."

52 D. M. Lloyd-Jones, *God The Holy Spirit*, 129; John Murray, 『존 머레이의 구속』, 171-173. 이런 의미에서 존 머레이는 회개도 복음이라고 강조한다. "우리가 은혜로 말미암아 믿음으로 구원을 얻는 것만이 복음이 아니다. 회개도 복음이다(눅 24:46-47; 행 2:37-38). 구원을 얻기 위해 그리스도를 영접하고 그리스도만을 의지하는 것이 믿음이 가진 특별한 성격이고, 이런 성격은 회개를 통해 드러난다. 믿음이 있다고 하면서 악한 세상 방식을 따라 살고 육신의 정욕과 안목의 정욕과 이생의 자랑과 어둠의 일에 참여한다면, 우리가 가졌다는 믿음은 그저 거짓 믿음이요 속임수일 뿐이다."

로 행동을 취하도록 이끄는 하나님의 선물"이다. 회개는 하나님의 선물이다.[53]

또한 회개는 하나님의 선물일 뿐 아니라 하나님의 말씀을 통해서 일어난다. 즉 성령은 "하나님의 말씀이 선포되고 가르쳐질 때" 그 말씀을 사람에게 적용시킴으로써 회개에 이르게 하신다.

성령은 언제나 말씀을 통하여 사역하신다. 이것은 로이드 존스가 줄기차게 주장하는 명제이다. 이러한 성령의 사역으로 인간은 전인적인 변화를 경험한다.

회개(메타노이아)는 감정적인 변화나 지적인 변화만이 아니라 전인격적이고 온전한 삶의 통전적인 돌아섬을 의미한다. 죄인이 자기 자신의 죄에서 떠나 그리스도를 향하여 전심으로 돌아서는 것이다.[54] 그 결과로 하나님에 대한 관점, 하나님과의 관계에 대한 새로운 관점을 갖게 된다. 이에 따라 삶 자체와 삶의 목적 그리고 삶을 어떻게 살 것인지에 대해서도 새로운 생각을 갖게 된다.

그리고 죽음과 영원을 바라보는 관점에 커다란 변화가 일어난다. 이러한 변화를 로이드 존스는 크게 네 가지로 본다.[55]

---

53 D. M. Lloyd-Jones, *God The Holy Spirit*, 129.
54 D. M. Lloyd-Jones, *God The Holy Spirit*, 51, 130-132; 유태화, 『삼위일체론적 구원론』, 244-247.
55 D. M. Lloyd-Jones, *God The Holy Spirit*, 134-137; Anthony A. Hoekema, 『개혁주의 구원론』, 211-213. 회개는 분리될 수는 없지만 세 가지로 구성된다. "1. 지적인 측면. 참된 회개는 무엇보다도 먼저 하나님의 거룩하심과 존엄성을 아는 지식을 포함한다. 2. 감정적인 측면. 죄 그 자체에 대한 가슴 저리는 슬픔이 있어야만 한다. 3. 의지적인 측면. 죄로부터의 내면적인 돌아섬과 용서를 추구함이 있어야만 한다. 그러나 목적과 동기의 변화도 있어야 한다. 내면적인 변화는 반드시 외형적으로 나타나야 한다." Millard J. Erickson, 『복음주의 조직신학(하)』, 119.

첫째, 회개한 신자에게는 하나님에 대한 견해와 생각의 변화가 생긴다.

회개한 사람만 하나님의 거룩하심과 위대하심을 깨달아 알게 된다. 특히 갈보리 십자가에서 돌아가신 성자의 죽으심에 대한 견해가 바뀐다. 이전에 미련해 보이고 거친 것으로 여겼던 십자가 사건에서 이제는 하나님의 거룩하심과 하나님의 사랑을 발견한다. 십자가에서 이루신 하나님의 사랑과 거룩하심의 완벽한 조화를 깨닫게 된다. 로이드 존스는 이렇게 말한다.

> 하나님의 공의와 사랑은 그리스도 안에서 둘은 같이 만납니다. 갈보리 십자가에서 공의가 온전히 만족되고 사랑이 흘러넘칩니다. 하지만 동시에 하나님에 대한 그리스도인의 사랑은 거룩한 사랑이며, 그리스도인의 기쁨은 거룩한 기쁨입니다. 모든 것은 거룩해야만 합니다.[56]

그러므로 그는 "그것이 바로 회개한 사람들이 정신을 차렸을 때 갖게 되는 하나님에 대한 새로운 생각과 새로운 개념"이라고 힘써 말한다.

둘째, 회개는 죄의식과 자신의 무가치함을 자각하게 만든다.

회개한 자는 하나님께 자신이 죄를 지은 죄인이란 것을 인식하게 된다. 또한 자신 안에 어떠한 선함도 없고, 선을 행할 능력도 없음을 자각하게 된다. 철저하게 자신의 연약함과 무력함을 깨닫게 된다. 찰스 웨슬리가 "비열하고 죄로 가득한 나여"라고 쓴 것은 바로 그런 이유였다.

---

[56] D. M. Lloyd-Jones, *God The Holy Spirit*, 135.

셋째, 회개는 인생에 대한 관점의 변화를 일으킨다.

회개한 신자는 자신의 죄된 본성과 죄의 행동들을 인식한다. 그리고 죄 자체를 미워하게 된다. 세상과 세상에 있는 것이 하나님과 원수 된 것임을 깨닫고 세상적인 것들을 미워한다. 게다가 하나님의 거룩하심과 의로우심의 아름다움을 깨닫는다.

"하나님의 율법이 의롭고, 공의롭고, 거룩하고, 온전하고, 순결한 것임을 인식한다."[57]

따라서 로이드 존스는 "회개한 자는 세상의 모든 것들을 미워하고, 하나님의 거룩하심을 소망하게 된다"고 말한다.

넷째, 회개는 구원을 열망하여 하나님의 긍휼만을 구하게 한다.

자신의 죄악과 무력함을 깨달은 신자는 비탄에 빠진다. 더구나 하나님의 거룩하신 심판을 생각하면서 두려움을 갖게 된다. 그리고 이 처참한 상황에서 빠져 나오기 위한 모든 노력을 하게 된다. 죄와 사망 그리고 마귀의 세력으로부터 구원받기를 간절히 사모하게 된다. 이 구원은 오직 전능하신 하나님만이 할 수 있다는 것을 깨닫고 그분의 긍휼하심만을 전적으로 간구한다. 자신을 전적으로 하나님의 긍휼하심과 자비하심에 의탁하게 된다.

회개는 주 성령 하나님의 주권적 사역이다. 성령은 사람에게 '은혜'를 주어 회개하게 하신다. 하나님의 선물이 없다면 누구도 회개할 수 없다. 전적인 하나님의 일이다. 그러한 성령의 사역으로 신자는 전적으로 하나님의 긍휼을 의지하고, 하나님의 구원을 갈급하게 된다. 하나님께 자신의 죄악과 불순종을 고백하고, 모든 죄악된 행동들에서 돌이킨다.

---

57 D. M. Lloyd-Jones, *God The Holy Spirit*, 136.

왜 하나님은 죄인이 하나님께 돌아오는 일에 있어서 시작부터 끝까지 홀로 사역하지 않으시는가?

왜 인간의 죄 고백과 하나님의 거룩하심을 갈망하는 인간의 행동을 통해 회심을 완성시키는가?

로이드 존스의 견해에 따르면 이러한 방식이 '하나님이 정하신 방식'이기 때문이다. 은혜와 그에 따른 인간의 반응의 조화를 통해 하나님은 자신의 뜻을 이루시기로 정하신 것이다. 그래서 인간의 책임 있는 행동이 필수적인 요소가 된다.

이것을 은혜 언약 관점에서 보면 '은혜 언약'에 따라 성부 하나님이 계획하시고, 성자가 이루시며, 성령이 적용하신다. 하나님의 전적인 주권적 행위이다. 그럼에도 은혜 언약 안에는 항상 인간이 놓여 있다. 하나님의 관심을 받은 인간, 그리스도와 연합한 인간, 그리고 성령이 내주하는 인간, 그 인간의 자리를 만드신 분이 삼위 하나님이다. 마치 은혜 언약의 영원한 원형 테이블에 삼위 하나님이 둘러앉아 계시고, 인간이 테이블 중앙에 있는 형국이다. 삼위 하나님께서 일제히 그 인간을 보고 계신다. 하나님의 은혜를 받은 인간이 그곳에 앉아 있다.

결론적으로 두 가지 통일성에 비추어 로이드 존스의 '회개' 교리를 해석한다.

첫째, '경륜적 통일성'에 대해서다.

로이드 존스에게 있어서 회개는 죄인이 하나님께 돌이키는 사건이다. 회개는 성부 하나님과의 화해를 전제로 한다. 이것은 그리스도의 말씀을 통해서 일어난다. 또한 이러한 죄인의 변화를 일으키는 것은 성령을 통한 하나님의 효력 있는 부르심이다. 즉 성령은 하나님의 말씀이 선포되고 가르쳐질 때, 그 말씀을 사람에게 적용시킴으로써 회개에 이르게 일하신다. 이 같이 로이드 존스가 이해한 죄인의 회개

사건은 성부, 성자, 성령의 연합 사역이다.

둘째, '원리적 통일성'에 대해서다.

회개에서 사람의 변화를 일으키는 유일한 원인은 성령의 주권적인 사역이다. 그리고 성령의 주권적 사역으로 사람은 마음에 변화가 일어나고 변화된 행동을 보인다. 성령의 사역이 없으면 회개도 없다. 성령의 사역으로 사람은 죄를 고백하고 하나님을 갈망하며 그에게로 나가는 행동을 보인다. 이 같은 자발적인 회개의 행동이 일어난 것은 전적으로 하나님의 은혜이다.

하나님의 은혜를 받은 사람은 하나님 앞에서 책임 있는 행동을 해야 한다. 이것을 '은혜 언약' 관점에서 보면 성령의 주권적 사역으로 중생한 자는 은혜 언약의 백성이 되고, 그리스도와 연합한 자가 된다. 이에 따라 그리스도와 연합한 자는 그리스도로 인해 '회개'에 합당한 행동을 할 수 있는 지위와 능력을 부여받는다. 그 동력으로 신자는 자연스럽게 책임 있는 행동을 이룬다.

5. 구원하는 믿음

로이드 존스가 이해한 '구원하는 믿음'(*fides salutaris sic salvifica*) 안에도 하나님의 주권과 인간의 행위(책임)가 자리 잡고 있다. 그러나 언제나 그렇듯 하나님의 주권이 먼저이고, 인간의 책임이 뒤따른다. 그리고 인간의 책임은 하나님의 주권을 변호하며 증명하는 방식을 취한다. 구원하는 일에 있어서 믿음의 방식을 정하신 분이 하나님이기 때문이다. 그리고 인간의 책임은 항상 자발적으로 선택하고 스스로

결정하는 것으로 행해진다.⁵⁸

먼저, 구원하는 믿음은 무엇인가?

로이드 존스에게 있어서 그 믿음은 "그리스도 예수 안에 있는 모든 구원이 신자에게 들어와 신자의 것이 되도록 하는 도구 혹은 통로"이다.⁵⁹ 로이드 존스는 믿음을 언제나 신자를 그리스도 안에 있는 충만한 은혜와 복락들로 연결하는 '통로'(channel)로 이해한다. 신자는 믿음으로 구원받고 믿음으로 성화되고 믿음으로 행하지만, 항상 믿음은 도구로써만 가치가 있다. 구원의 근원은 예수 그리스도이지 믿음이 아니다.⁶⁰ 믿음의 개념에서 로이드 존스가 항상 경계하는 것은 믿음을 인간의 공로나 구원의 원인으로 보는 견해이다. 로이드 존스에게 있어서 믿음은 구원의 내용도 원인도 아니고, 단지 도구요 통로(channel)일 뿐이다.

특히 로이드 존스가 강조하는 것은 믿음조차도 '하나님의 선물'이란 점이다. 믿음은 하나님의 은혜이다. 이러한 믿음은 "중생 때에 신자 안에 심겨진다. 그리고 효력 있는 부르심 앞에서 활동하도록 뿌려

---

58 Anthony A. Hoekema, 『개혁주의 구원론』, 236. "믿음의 중심적 신비란 의미는 믿음이 하나님의 선물이면서도 동시에 인간의 일이라는 사실이다. 여기서 또다시 **하나님의 주권과 인간의 책임**이라는 역설이 있다;" 유태화, 『삼위일체론적 구원론』, 270.

59 D. M. Lloyd-Jones, *God The Holy Spirit*, 139; Anthony A. Hoekema, 『개혁주의 구원론』, 231, 236-239. "구원하는 신앙이란 하나님의 부르심에 대한 반응으로서 전 인격 곧 구원에 있어서 복음의 진리에 대한 확신과 그리스도 안에서 하나님에 대한 신뢰 그리고 그리스도와 그분의 섬김에 대한 참된 서약으로 그리스도를 받아들임"이다; Millard J. Erickson, 『복음주의 조직신학(하)』, 119-124; Louis Berkhof, 『조직신학(하)』, 752-758.

60 John Murray, 『존 머레이의 구속』, 168. "엄밀히 말하면, 그리스도를 믿는 믿음이 우리를 구원하는 것이 아니라, 그리스도께서 믿음을 통해 우리를 구원하신다. **믿음을 통해** 우리는 그리스도를 향한 영속적인 애착과 신뢰로 그분과 **연합하고**, 바로 이 연합을 통해 그분께 있는 구원의 능력과 은혜와 덕이 신자 안에 역사한다. 특이하게도 믿음은 믿음 그 자체가 아닌 그리스도만을 주목하고 바라보게 한다. 그리스도야말로 믿음의 근원적인 대전제인 것이다."

진 것"이다. 따라서 믿음은 죄인을 거듭나게 하신 성령이 주권적으로 형성하신 것이다.[61]

로이드 존스는 믿음이 하나님의 선물이란 점을 드러내기 위해서 '성향의 관점'으로 설명한다. 성향은 모든 일을 하게 하는 배후의 어떤 것이다. 신자는 성령을 통해 '거룩한 성향'을 가지게 된다. 로이드 존스에 따르면 믿음은 성향의 지배를 받는다. 따라서 누군가 믿음이 있고 없고는 근본적인 성향에 의해 결정된다. 그래서 "믿음을 더 이상 하나님 쪽으로 돌이킬 수 있는 일종의 자연적 능력으로 생각하지 말아야 한다. 그것은 하나님의 선물이다."[62]

여기서 근본적인 성향을 거룩하게 하신 분은 성령이시다. 그러므로 믿음은 결국 성령에 의한 선물로 결정된다. 믿음도 선물이다.

만약 믿음이 하나님의 선물이라면 정확하게 그 믿음은 어떻게 생겨나는 것일까?

이 질문에 로이드 존스는 믿음이 "성경에 의해, 하나님의 말씀에 의해 생겨난다"고 답한다. 믿음은 언제나 '진리의 말씀'을 통해 생겨난다. 하나님의 말씀을 듣지 않고는 누구도 주 예수 그리스도를 믿을 수 없다. 주 예수 그리스도를 믿지 않고는 어떤 사람도 구원받을 수 없다. 믿음은 항상 진리의 말씀을 통해서 발생되고, 성장한다. 결국 믿음의 근원은 회개에서와 마찬가지로 '성령과 말씀'으로 요약될 수

---

61 D. M. Lloyd-Jones, *God The Holy Spirit*, 142; 유태화, 『삼위일체론적 구원론』, 266-267; Anthony A. Hoekema, 『개혁주의 구원론』, 236-239. 믿음은 하나님의 선택의 열매이다. 그리고 중생의 결과이다. 믿음은 성령의 역사의 결과이다. 또한 예수님은 믿음의 창시자이다(히 12:2). 하나님은 믿음을 주시는 분이시다."

62 D. M. Lloyd-Jones, *God The Holy Spirit*, 142-143.

있다.[63]

그러면 인간의 행위로서의 믿음은 어떠한가?

믿음은 "인간이 복음에 대한 반응으로써 무엇인가를 해야 한다는 것을 살피는 것"이다. 또 신자 속에 있는 구원하는 믿음은 구체적으로 어떤 요소가 있는가?

로이드 존스는 "신념과 신뢰 그리고 헌신"의 요소로 정리한다.[64]

신념은 진리에 대한 인식과 동의 그리고 그에 따른 확신을 의미한다. 또한 신뢰는 기꺼이 자신을 드리려는 요소이다. 그리고 헌신은 진리를 믿고 신뢰할 뿐 아니라 자신을 전적으로 드리는 것을 의미한다. 구원하는 믿음은 하나님을 바라고, 하나님을 신뢰하고, 하나님께 자신을 전적으로 맡기게 한다. 그러므로 믿음은 신자 전체를 사로잡는 무엇이며 그의 지성과 마음과 의지 전체에 연관되어 있다.

"너희가 본래 죄의 종이더니 너희에게 전하여 준 바 교훈의 본을 마음으로 순종하여"(롬 6:17).

그러므로 마음이 우선이며, 반드시 그래야 합니다. 믿음을 불러일으키는 것이 진리라면, 일차적으로 지성에 말해야 합니다. 주님에 의해 감동되지 않고는 그분을 믿을 수가 없습니다(벧전 2:7). 당신이 신념이라고 부르는 것이 당신을 사랑으로 이끌지 않는다면, 그것은 아무런 가치도 없습니다. 주 예수 그리스도를 사랑하지 않는다면 당신은 지적인 동의, 예수 그리스도에 대한 명

---

63 D. M. Lloyd-Jones, *God The Holy Spirit*, 143.
64 Anthony A. Hoekema, 『개혁주의 구원론』, 239. "그러므로 사람이 의롭다 하심을 얻는 것은 율법에 행위에 있지 않고 믿음으로 되는 줄 우리가 인정하노라"(요 3:16; 롬 3:28); John Murray, 『존 머레이의 구속』, 165-169.

제만 가지고 있을 뿐입니다. 또한 의지가 개입됩니다. 행함이 없는 믿음은 죽은 것입니다. 여전히 세상적 삶을 살면서 주 예수 그리스도를 믿는다고 말하는 것은 아무 소용이 없습니다. 행함 없는 믿음은 결국 그런 모습이 되어 버립니다.[65]

더 나아가, 그리스도는 인간의 전인을 구원하신다. 그의 지성과 마음과 의지가 포함된다. 구원하는 믿음은 신자로 주 예수 그리스도에 대한 복음에 대한 신념과 신뢰와 헌신으로 인도한다. 하나님의 선물로 주어진 믿음은 책임 있는 행동으로 인도하는 '확실성'을 보장한다. 이러한 믿음은 인간을 그리스도 안에서 구원으로 인도한다.[66]

이러한 '믿음'의 교리를 '은혜 언약 관점'에서 보면 신자의 구원은 더욱 은혜롭다. 에베소서 2장 8절은 말한다.

> 너희는 그 은혜에 의하여 믿음으로 말미암아 구원을 받았으니 이것은 너희에게서 난 것이 아니요 하나님의 선물이라(엡 2:8).

구원은 하나님의 선물이다. 그리고 로이드 존스가 해석한 것처럼, 구원 얻는 믿음도 하나님의 선물이다. 하나님은 은혜 언약 안으로 들어오는 유일한 방식을 믿음의 방식으로 정하셨다. 그런데 그 믿음도 결국은 하나님의 선물이다. 은혜이다. 구원의 내용과 구원의 수단이 모두 하나님의 선물이다.

---

[65] D. M. Lloyd-Jones, *God The Holy Spirit*, 143-147.
[66] D. M. Lloyd-Jones, *God The Holy Spirit*, 147; John Murray, 『존 머레이의 구속』, 160. 믿음이란 "죄로부터 구원받고, 이 구원으로부터 오는 모든 것을 얻기 위해 자신을 그리스도께 의탁하는 온 영혼의 행위"이다.

구원이라는 하나님의 선물로 인해, 신자는 책임 있게 주 예수 그리스도의 복음을 인식하고 전적으로 의탁하며 온전히 헌신한다. 본래 아담 아래 있었던 죄인은 전혀 그럴 수 없는 일을 그리스도 안에 있는 그가 행하고 있다. 이것은 은혜 언약으로 신자가 이미 그리스도와 연합되어 있다는 증거이다.

그리스도와의 연합은 언제나 하나님의 은혜와 인간의 책임 있는 행동을 가능하게 하고 확실하게 보장하는 근거라고 할 수 있다. 그리스도 안에서 신자는 그리스도의 은혜와 능력으로 책임감 있는 존재로 세워진다.

결론적으로 두 가지 통일성에 비추어 로이드 존스의 '믿음' 교리를 해석한다.

첫째, '경륜적 통일성'에 대해서다.

성부는 사람에게 믿음을 주신다. 그리고 성자는 그 믿음의 대상이시다. 성령은 '그 믿음이 활동하여' 사람으로 하여금 그리스도를 믿게 하신다. 이와 같이 죄인이 믿음으로 구원 얻는 것은 삼위 하나님의 합동 사역이다.

둘째, '원리적 통일성'에 대해서다.

구원 얻는 믿음은 사람 안에서 나오는 것이 아니라 하나님의 전적인 선물이다. 어떤 사람도 하나님의 은혜에 따라 믿음의 선물을 받지 못하면 구원에 이를 수 없다. 인간 스스로의 믿음은 구원에 아무 효력이 없다. 이러한 믿음의 선물을 받은 사람은 '그리스도의 복음'을 믿게 된다. 그로 인해 그는 구원을 받는다.

믿음의 책임 있는 행동은 사람의 몫이다.[67] 행함이 없는 믿음은 죽

---

67 John Murray, 『존 머레이의 구속』, 168-169. "스스로 거듭나게 하는 것은 우리가 할

은 믿음이다. 곧 하나님으로부터 온 믿음이 아니란 것이다. 여기서 구원 얻는 믿음은 구원에 이르는 "통로"[68]요 매개체일 뿐이다. 그럼에도 그가 구원을 받는 것은 그 '믿음'으로 그리스도와 연합되었기 때문이다.

구원은 그리스도 안에 있다. 그것은 그리스도와의 연합으로 인해 신자 안에 들어온다. 그리스도와의 연합은 하나님의 일을 세워주고, 인간의 책임이 효력 있게 하는 원리이다.

6. 칭의

로이드 존스의 칭의 교리에서 하나님의 주권과 인간의 책임이 여실히 드러난다.[69] 무엇보다도 로이드 존스는 칭의를 법정적인 선언으

일이 아니다. 거듭남은 하나님이 행하시는 하나님만의 행위지만, 거듭남을 통해 하나님이 뜻하신 일들에 힘쓰는 것은 우리가 할 일이다. 거룩해지는 것은 우리의 책임이지만, 거듭남의 행위는 우리가 할 수 있는 일이 아니다. 믿는 것은 우리가 해야 할 일이다. 우리는 항상 영혼을 구원하시는 그리스도를 믿을 책임이 있다. 거듭나야 믿을 수 있다는 사실 때문에 믿어야 할 책임이 없어지는 것은 아니다. 또한 이런 사실이, 복음을 통해 온전하고 값없이 주어지는 그리스도와 그분이 약속하신 소중한 특권들을 없이하는 것도 아니다."

68 John Calvin, 『영한 기독교강요Ⅲ』, 400. 칼빈은 믿음을 '그릇'(vessel)에 비유하였다. "we compare faith to a kind of **vessel**; for unless we come empty and with the mouth of our soul open to seek Christ's grace, we are not capable of receiving Christ."

69 "복음에는 하나님의 의가 나타나서 믿음으로 믿음에 이르게 하나니 기록된바 오직 의인은 믿음으로 말미암아 살리라 함과 같으니라"(롬 1:17); John Calvin, 『영한 기독교강요Ⅲ』, 430-431. "we say that man is justified by faith alone (Rom. 3:28);" Anthony A. Hoekema, 『개혁주의 구원론』, 282. "칭의는 은혜로우면서도 법적인 하나님의 행위이다. 이로써 하나님은 믿는 죄인들을 의롭다고 선언하시는데 그것은 그리스도의 의에 근거해서 그러게 하시는 것이다. 곧 그리스도의 의가 그들의 것으로 양도되고, 그들의 모든 죄를 다 용서하시며 그들을 자기의 자녀로 입적시키고, 또한 그들에게 영생을 누릴 권리를 주는 것이기 때문이다;" Heinrich Heppe, 『개혁파 정통 교의학』, 771. "믿음으로 그리스도와

로 해석한다. 칭의는 사람이 의롭게 되거나 선하게 되거나 바르게 되거나 거룩해지는 것을 의미하는 것이 아니다.

"칭의에서 사람은 의롭게 되는 것이 아니라 의롭다고 선포되는 것"이다.[70] 칭의는 "자신의 율법을 집행하는 재판관이신 하나님이 그리스도의 의로 인해 율법에 대해 만족하셨다고 말씀하시는 것이다. 칭의는 선언적 행동이다." 즉 칭의는 법적이고 법정적인 것이다. 이것이 로이드 존스가 본 성경적인 칭의 개념이다. 이와 같은 칭의 교리에서 하나님은 재판장으로 등장하신다. 하나님은 자신이 만든 율법을 집행하는 재판관으로 피고석에 있는 죄인을 의롭다고 선언하실 수도 있고, 그의 죄를 따라 정죄하실 수도 있다. 그것은 만물의 재판장이신 하나님의 고유 권한이자 주권이다.[71]

그러면 칭의란 무엇인가?

성경에 따르면 하나님은 경건치 않은 자를 의롭다고 칭하신다. 이러한 성경적 칭의에는 두 가지 요소가 포함되어 있다.[72]

첫째, 소극적 요소이다.

연합되어 보혈과 화해의 의에 참여함으로써, 그들은 하나님에게 의롭게 인정받아 죄사함을 받고, 그 결과 영생을 소유하게 된다. 이런 이유로, 그리스도 안에 있는 자들에게 그가 하나님의 의해 의로움이 되었다고 말한다."

70 D. M. Lloyd-Jones, *God The Holy Spirit*, 169; Louis Berkhof, 『조직신학(하)』, 769-774; John Murray, 『존 머레이의 구속』, 178.

71 D. M. Lloyd-Jones, *God The Holy Spirit*, 169; John Murray, 『존 머레이의 구속』, 181. "거듭남은 우리 안에서 일어나는 하나님의 역사다. 칭의는 우리 밖에서 이루어지는 하나님의 판결이다;" Millard J. Erickson, 『복음주의 조직신학(하)』, 137-138. "칭의는 하나님의 면전에서 죄인들을 의롭다고 선언하시는 하나님의 행동이다. 이것은 우리가 용서받았고 하나님의 율법이 우리에게 요구하는 모든 것을 우리가 성취하였다고 선언하는 문제이다;" 유태화, 『삼위일체론적 구원론』, 344

72 John Calvin, 『영한 기독교강요Ⅲ』, 388-389. 칭의는 '죄의 용서'와 '그리스도의 의의 전가'이다. "we say that it consists in the remisssion of sins and the imputation of Christ's righteousness."

칭의는 "죄인의 죄가 용서 받았다는 선언을 포함한다. 죄가 용서 받는 근거는 그리스도의 사역 때문이다." 죄인의 죄가 그리스도에게 전가된다. 그리고 그리스도는 십자가에서 죽음의 형벌을 받는다. 이에 따라 십자가의 속죄 사역으로 죄인의 죄가 용서받았다.[73]

둘째, 적극적 요소이다.

칭의는 "주 예수 그리스도 자신의 적극적인 의가 신자에게 전가되었다. 혹은 신자의 계정에 넣어졌다"는 것을 포함한다. 그리스도는 죄인을 대신 해 율법을 따라 형벌을 받으셨다. 게다가 그리스도는 적극적으로 율법의 모든 요구를 이루셨다. 율법의 의를 이루신 것이다. 그리고 성부 하나님은 그리스도가 획득하신 그리스도의 의를 신자에게 전가시켜 주신다. 죄인의 자리에서 의인의 자리로 옮기신 것이다.[74]

이와 같은 칭의의 적극적인 요소를 고려하면, 의롭다고 여김 받은 신자의 지위는 타락 전 아담의 지위보다 더 낫다. "하나님은 주 예수 그리스도의 적극적인 의를 신자에게 돌리시며, 신자의 것으로 삼으시고, 전가시키신다. 단순히 타락 이전의 아담의 상태로 회복되는 것이 아니다. 그보다 훨씬 더 나아간다. 아담은 그리스도의 적극적인 의를 갖고 있지 않았다. 신자는 그 의를 갖고 있다." 따라서 신자의 지위가 첫 아담보다 우월하다.[75]

---

73 D. M. Lloyd-Jones, *God The Holy Spirit*, 172; John Murray,『존 머레이의 구속』, 188-189. 존 머레이는 칭의의 근거를 네 가지로 든다. "첫째, 그리스도 안에서 의롭다 함을 받는다. 둘째, 그리스도의 대속의 희생을 통해 그의 피로 의롭다 함을 받는다. 셋째, 하나님의 의로 의롭다 함을 받는다. 넷째, 칭의에 있어서 그 의는 그리스도의 의요 그분의 순종이다;" Heinrich Heppe,『개혁파 정통 교의학』, 775.

74 D. M. Lloyd-Jones, *God The Holy Spirit*, 173; Anthony A. Hoekema,『개혁주의 구원론』, 285. "칭의는 우리를 위한 '그리스도의 대속적 사역'에 기초를 두고 있다."

75 D. M. Lloyd-Jones, *God The Holy Spirit*, 173; 조현진, "조나단 에드워즈의 성향적 구원론 연구,"「한국개혁신학논문집」제30권 (2011), 139-142.

요약하면 칭의는 죄의 도말과 그리스도의 의의 전가이다. 그것은 전적으로 하나님의 주권적 행동이다. 로이드 존스는 "칭의에 있어서 사람이 할 일은 아무것도 없다"고 주장한다.[76]

그렇다면 칭의 교리에서 인간의 자리는 어디서 찾을 수 있을까?

먼저 소극적 측면이다. 하나님은 경건치 않은 자를 의롭다고 여기신다. 그리고 하나님은 주 예수 그리스도의 죽으심과 장사지냄 그리고 부활을 믿는 자에게 의롭다고 하신다. 여기서 신자의 믿음은 하나님의 선물이다. 또한 이 믿음은 구원을 받아들이는 도구요 통로라고 정의한다.[77] 여기서 신자의 몫은 선물로 주신 믿음의 능력을 발휘하는 것 곧 그리스도의 의를 받아들이는 믿음을 사용하는 것이다. 칭의 사건 자체에서 인간의 몫은 그 정도이다.[78]

그러나 적극적 측면도 있다. 하나님은 경건치 않은 자를 의롭다고

---

76 D. M. Lloyd-Jones, *God The Holy Spirit*, 173; 유태화, 『삼위일체론적 구원론』, 333-334.

77 Mark W. Karlberg, *Covenant Theology in Reformed Perspective*, 157. 이것은 프로테스탄을 규정하는 칭의의 특징이기도 하다. "As the Protestants insisted, there could he no mixture of faith and obedience in the article of justification by faith in its primary, constitutive sense. Though justifying faith inevitably produces good works, so that faith and obedience are inseparable, faith alone is the instrument of justification. The term 'instrument' is a scholastic word which simply serves to identify the manner in which divine justification is received."

78 John Murray, 『존 머레이의 구속』, 191. "그러므로 의롭다 하는 하나님의 행위는 믿음의 행위에 수반해서 일어나며, 하나님은 예수를 믿는 자들을 의롭다 하시되, 믿음을 통해 그렇게 하신다고 말할 수 있다. 하지만 믿음은 우리의 행위라는 사실을 기억해야 한다. 예수 그리스도를 믿는 것은 하나님이 아니라 의롭게 되는 죄인이다. 따라서 믿음은 칭의를 위한 필수 불가결한 방편이다. 우리는 믿음으로 의롭게 되고 믿음은 칭의를 위한 필요조건이다. 그리고 오직 믿음만이 칭의를 가져온다. 왜 그런가? 이에 대한 대답으로, 하나님이 그렇게 정하셨기 때문이라고 생각하면 족하다;" Anthony A. Hoekema, 『개혁주의 구원론』, 284. "칭의는 '오직 믿음으로만' 받을 수 있으며 우리 자신들의 선한 행위로는 어떤 방법으로도 그것을 받기에 합당하지 않다. '그러므로 사람이 의롭다 하심을 얻는 것은 율법의 행위에 있지 않고 믿음으로 되는 줄 우리가 인정하노라'(롬 3:28)."

선언하시고 뒤로 잠시 물러서신다. 그리고 칭의 받은 인간을 바라보고 기대하신다. 신자의 어떤 태도를 기대하실까?

경건치 않은 자로 여전히 있기를 기대하실까, 아니면 새롭게 바뀐 자신의 지위에 맞게 생각하고 행동하기를 기대하실까?

위 질문에 로이드 존스는 하나님의 입장은 후자라고 한다. 신자는 의롭게 된 자는 아니지만 의롭게 여김을 받은 자로서 의롭게 살도록 부름을 받았다. 신자는 의롭게 살아야 할 책임을 가진 존재로 부르심 받는다. 엄밀히 말하면 하나님이 칭의 이후에 신자에게 기대하는 바는 의로운 삶, 거룩한 삶, 성결한 삶이다. 곧 성화의 삶이다. 하나님은 먼저 의롭게 살 수 있는 능력을 주시고 의롭게 살기를 기대하시고 권면하신다.[79]

게다가 재판장이신 하나님은 그리스도 안에서 경건치 않은 자를 의롭다고 선언하실 수 있는 주권을 갖고 계신다. 그리고 하나님은 경건치 않은 자들을 정죄하는 판결을 내리실 주권도 갖고 계신다. 아담 안에 있는 모든 사람은 죄와 허물을 가진 죄인들이다.

하나님은 그들의 죄와 허물을 심판하시고 정죄하신다. 그들이 정죄를 받는 것은 그들의 죄 때문이다. 이로 보건대 "하나님은 죄인들을 자신의 죄에 대해 책임져야 하는 존재로 다루신다"는 것을 알 수 있다. 모든 죄인은 하나님의 심판대 앞에서 자신의 죄에 대해 책임을 져야 한다.[80]

이 지점에서 은혜 언약 관점으로 칭의 교리를 생각해 보는 것은 칭의 교리를 보다 깊게 이해할 수 있게 한다. 하나님은 어떤 사람은

---

[79] D. M. Lloyd-Jones, *The New Man: An Exposition of Romans 6*, 161-162.
[80] D. M. Lloyd-Jones, *God's Sovereign Purpose: An Exposition of Romans 9*, 203.

의롭다고 선언하시고, 나머지 사람들은 죄 있다고 판결하신다.

그런 차이를 내는 근거는 무엇인가?

그 근거는 명확하다. 아담 안에 있는 자는 정죄 받는 반면, 그리스도 안에 있는 자는 칭의받는다. 로이드 존스에 따르면 인류는 단 두 부류만 존재한다. 아담과 연합한 자들 혹은 그리스도와 연합한 자들뿐이다.

하나님은 아담과 연합한 자들을 아담에게서 전가된 죄 때문에 정죄하신다. 그리고 그리스도와 연합한 자들을 그리스도에게서 전가된 의 때문에 칭의하신다. 오직 그리스도 안에서만 죄인이 의롭다 여김을 받는다.[81]

따라서 하나님의 주권성은 정죄와 칭의의 영원한 판결 속에서 확보된다. 또한 인간의 책임성은 죄의 형벌과 칭의 받은 자의 생활 속에서 드러난다. 이와 같이 로이드 존스는 대표와의 연합 원리를 통해서 정죄와 칭의 속에 나타난 하나님의 주권성과 인간의 책임성의 근거를 세운다. 그래서 로이드 존스는 대표와의 연합 원리가 전체 성경 속에 나타난 구원 교리의 요약이라고 말한다.

> 하나님은 언제나 인류를 하나의 머리와 대표를 통해서 다루셨습니다. 인류의 전체 내력은 아담 때문에 일어난 일의 차원에서 요약될 수 있습니다. 이와 동등한 방식에서, 모두 그리스도가 행하신 일 때문이며 그들과 그리스도와 관계에 연유하는 것입니다. 바로 이것이 인류의 과거, 현재, 미래의 전체 내력입니다. 모든 것이

---

81 Anthony A. Hoekema, 『개혁주의 구원론』, 285. "칭의는 '그리스도와의 연합'에 뿌리를 두고 있다. 그리스도의 의가 우리에게 전가되어서 우리의 소유가 될 수 있는 것은 우리가 그리스도와 함께 하나가 되었기 때문일 뿐이다." 유태화, 『삼위일체론적 구원론』, 344.

아담과 인류와의 관계와 그리스도와의 관계에 달려있습니다.[82]

결론적으로 두 가지 통일성에 비추어 로이드 존스의 '칭의' 교리를 해석한다.

첫째, '경륜적 통일성'에 대해서다.

성부는 경건치 않은 자 곧 죄인의 죄를 용서하시고, 의롭다고 선언하신다. 그 근거는 성자의 구원 성취 곧 속죄 사역이다. 그리스도는 율법에 완전히 순종하셨다. 이로 인해 그리스도의 의가 죄인에게 전가된다. 이러한 칭의 사역은 성령을 통해 실행된다. 그리스도의 구속을 적용하는 것은 성령의 전유적 사역이다. 이와 같이 칭의 사역에도 성부의 선언적 사역, 성자의 적극적인 의의 전가 사역, 그리고 성령의 적용하는 사역이 연합되어 있다.

둘째, '원리적 통일성'에 대해서다.

칭의 사역은 삼위 하나님의 전적인 주권 사역이다. 재판장이신 성부의 칭의 선언, 그리스도의 율법 순종으로 획득한 적극적인 의의 전가 그리고 그 의를 죄인에게 전가시키는 성령의 적용 사역을 통해 죄인은 죄의 용서를 받고 '의롭다'고 선언 받는다. 이에 따라 죄인은 의인의 자리로 옮겨진다.

삼위 하나님에 의해 믿음을 선물 받은 죄인은 '그리스도의 복음'을 믿는다. 곧 믿음의 능력을 발휘하여, 그리스도의 의를 받아들이는 행동을 해야 한다. 이것은 사람의 몫이며 책임이다. 이와 같이 '칭의'는 죄인의 믿음 행사를 요구한다. 뿐만 아니라, '칭의' 받은 신자는 의롭게 된 것은 아니지만, '의인의 자리'에서 의롭게 살도록 권면과 부

---

82 D. M. Lloyd-Jones, *Assurance: An Exposition of Romans 5*, 178-179.

름을 받는다. 그는 의로운 삶, 거룩한 삶, 성결한 삶으로 초대된다. 그렇게 살아야 할 책임 있는 존재로 새로 태어난 것이다.

여기서 그가 합당한 삶을 살 수 있는 것은 그리스도로 말미암아 '연합된 자리'로 옮겨졌기 때문이다. 곧 그는 그리스도와 연합한 자가 되어 그리스도로부터 '의롭게' 살 수 있는 능력과 소망을 부여 받았다. 그의 소원은 의롭게 사는 것이다. 이렇듯 그리스도와의 연합은 하나님의 주권과 인간의 책임을 조화롭게 묶어주는 끈으로 기능한다.

7. 성화

로이드 존스가 이해한 성화 교리 속에서 하나님의 주권과 인간의 책임의 완벽한 균형과 조화를 볼 수 있다. 신자는 중생을 통하여 새로운 신분과 지위를 가진다. 새로운 본성, 새로운 마음이 신자 안에 심겨진다. 새로운 피조물이 된다. 그럼에도 신자는 여전히 죄의 문제와 씨름한다. 그것은 죄가 아직도 죽을 몸에 남아 있는 죄의 내재성(inherent guiltiness) 때문이다.

신자가 구원받은 이후 죄의 문제는 어떻게 되는가?

성화 교리는 하나님이 신자 안에 있는 이 죄의 문제를 어떻게 처리하시는지를 보여준다.[83]

---

[83] D. M. Lloyd-Jones, *God The Holy Spirit*, 190; John Murray, 『존 머레이의 구속』, 210-214. 성화의 목적은 "모든 죄를 근절하고 하나님의 독생자의 형상과 완전히 일치하여 주가 거룩하신 것처럼 거룩하게 되는 것이다." 이에 관련된 주요 사실은 "첫째, 신자에게 있는 모든 죄는 하나님의 거룩하심과 상치된다. 둘째, 신자에게 남아 있는 죄 때문에 신자의 마음과 삶에서는 죄와의 싸움이 계속된다. 셋째, 비록 죄가 여전히 남아 있기는 하나, 그것의 권세가 사라졌다는 사실을 한결같이 이해할 뿐 아니라 그 이해가 점점 자라 간다;"

먼저 성화란 어떤 의미인가?

로이드 존스는 성화의 의미를 두 가지로 정의한다.[84]

첫째 의미는 하나님을 위해 그리고 하나님을 섬기기 위해 따로 떼어 놓는 것이다.

하나님이 모세에게 십계명을 주신 산은 '거룩한 산' 혹은 거룩하게 된 산이라고 부른다. 로이드 존스에 따르면 그 산이 특정한 목적을 위해 따로 떼어졌기 때문에 거룩한 산이 된 것이다. 이와 같이 성화란 구별되어 거룩하게 된 것을 의미한다. 여기서 로이드 존스는 '구별된다'의 의미를 다시 두 가지로 구분한다.

"하나는 불경건하거나 부정하거나 불결한 모든 것에게서 분리된다는 것이다. 다른 하나는 하나님이 뜻대로 사용하실 수 있도록 전적으로 하나님께 바쳐지고, 하나님께 드려지는 것"이다.[85]

결국 '성화'(거룩하게 한다)는 세상으로부터 구별되어 하나님께 맡겨진다는 의미이다. 로이드 존스는 이런 의미에서 신자 모두는 이미 거룩하게 되었다고 본다. 예수 그리스도의 사역에 의해 단번에 거룩하게 된 것이다.[86] 이것은 신자의 지위와 관계된 성화의 외적인 의미이다. 이런 의미의 성화를 "결정적 성화"(definitive sanctification)라 부른다. 즉 그리스도와 연합한 신자는 죄의 통치와 결정적으로 단절되

유태화, 『삼위일체론적 구원론』, 422.

84 Anthony A. Hoekema, 『개혁주의 구원론』, 315-316. 후크마는 "우리의 책임 있는 참여를 포함하여 하나님의 형상에 따라서 죄의 오염으로부터 우리를 건지시며, 우리의 본성 전체를 새롭게 하시어서 우리가 주님을 즐겁게 하는 삶을 영위할 수 있도록 하시는 성령의 은혜로운 역사"가 성화라고 정의한다; Millard J. Erickson, 『복음주의 조직신학(하)』, 152-155; Louis Berkhof, 『조직신학(하)』, 788-789.

85 D. M. Lloyd-Jones, *God The Holy Spirit*, 193.

86 D. M. Lloyd-Jones, *God The Holy Spirit*, 194; Anthony A. Hoekema, 『개혁주의 구원론』, 382-384. 성화의 목적은 "1. 하나님께 영광을 돌리는 것과 2. 하나님 백성의 완전" 이다.

었으며, 더 이상 죄의 무조건적인 통치에 굴종하지 않고, 오히려 은혜의 통치 아래서 기쁨으로 하나님을 향하여 나아갈 수 있는 자리에 있다는 것이다.[87]

둘째 의미는 신자가 거룩하게 되는 내적인 변화이다.

성화는 신자가 하나님께로 구별되었다는 것뿐 아니라 그로 인해 신자를 새로운 지위에 합당한 존재로 만들기 위해 무언가가 신자 안에서 일어났다는 것을 말한다. 이것은 "신자가 어떻게 거룩하게 만들어지는가를 보여 준다. 그러므로 성화는 신자 안에서 일어나서 신자를 점점 더 주 예수 그리스도와 닮아 가게 하고, 영광에서 영광에 이르도록 신자를 주의 형상으로 바꿔 나가는 정화와 씻음의 역사를 의미한다." 이것은 윤리적인 의미에서 "거룩하게 만드는" 것이다.[88] 고로 "점진적 성화"(progressive sanctification)라고 부른다.

환언하여 그리스도 안에서 새 사람이 된 것이 분명하지만, 그럼에도 불구하고 죄의 성향(culpability)이 신자에게 잔존한다. 신자에게 남아있는 죄의 성향을 직시하여 자기의 죄에 대하여 죽고(*mortificatio sui*) 성령 안에서 하나님을 향하여 사는(*vivificatio in Spiritu*) 삶을 살아가는 것이다.[89]

---

87 유태화, 『삼위일체론적 구원론』, 350.

88 D. M. Lloyd-Jones, *God The Holy Spirit*, 194; 조현진, "조나단 에드워즈의 성향적 구원론 연구," 「한국개혁신학논문집」 제30권 (2011), 142-145. 에드워즈의 성화는 "성령의 주입으로 성향이 변화된 성도의 중생 이후의 이 땅의 삶을 포괄한다." 곧, "성화는 중생 이후에 인간 내에 바뀐 선한 성향이 그 행동으로 나타나는 것임을 의미한다." 이런 맥락에서 보면, "선한 성향을 가진 성도는 자신의 삶에서 성화의 과정을 통해 선한 삶의 열매를 맺게 된다."

89 유태화, 『삼위일체론적 구원론』, 422-423; Anthony A. Hoekema, 『개혁주의 구원론』, 316. 후크마는 성화가 "본성상의 변화가 아닌 방향상의 변화"라고 한다; Millard J. Erickson, 『복음주의 조직신학(하)』, 154. "신자 안에서의 이러한 신적인 역사하심은 점진적인 문제이다."

이러한 성화의 외적, 내적 의미 외에도 로이드 존스는 '죄와 의'의 측면에서도 다룬다. 성화는 의롭다 하심을 받은 죄인의 '죄의 오염'에서 건져내는 것과 신자 안에서 '의를 창조'하고 만들어내는 것을 포함한다. 죄의 결과는 죄책과 오염이다. 칭의에 의해 죄책은 완전히 해결이 된다. 그러나 죄의 오염은 남아 있는데, 이 죄의 오염을 해결하는 과정이 성화이다. 곧 성화는 "의롭다 하심을 받은 죄인을 죄의 오염으로부터 건져 내고 그의 본성 전체를 하나님의 형상 안에서 새롭게 하며 그가 선한 일을 행할 수 있도록 하시는 성령의 은혜롭고 계속적인 작용"이다.

그리고 하나님은 신자에게 그리스도의 의를 전가 시키신다. 이것은 '전가된 의'(imputed righteousness)다. 또한 하나님이 신자 안에서 의를 창조하시고 만들어 내기도 하신다. 이것을 '분여된 의'(imparted righteousness)라고 한다. 이 작업이 성화이다.

그러므로 성화는 사실상 신자가 중생하고 칭의된 이후 하나님이 죄의 문제를 다루시는 방식이다. 로이드 존스가 성화에서 강조하는 점은 하나님의 관점과 방식이다. 성화는 하나님과 신자의 관계, 하나님 앞에서 신자의 지위라는 개념을 반드시 포함해야 한다. 그러므로 로이드 존스에게 있어서 순결함 자체는 성화가 아니다. 성화에서는 이 모든 것이 하나님과 관련되어야 하기 때문이다.[90]

그러면 죄의 오염으로부터 정화시켜 순결하게 되고, 좀 더 예수 그리스도의 형상을 닮아 가도록 하는 이 과정은 어떻게 일어나는가?

로이드 존스는 성화가 거듭난 순간 시작되어 영화롭게 될 때 완성

---

90 D. M. Lloyd-Jones, *God The Holy Spirit*, 195; Heinrich Heppe, 『개혁파 정통 교의학』 *Reformierte Dogmatik*, 806.

된다는 견해를 따른다. 이 견해는 신자가 거듭난 순간 성화가 시작되며, 이 성화는 계속 진행되어 신자 몸이 궁극적으로 영화롭게 되고 부패로부터 건짐 받을 때에 이르러서야 완전하게 된다고 강조한다.[91]

성화의 주체는 누구인가?

로이드 존스는 성화의 일차적 주체는 삼위 하나님이라고 강조한다. 성화는 성부, 성자, 성령이 행하시는 일이다. 구원은 처음부터 끝까지 하나님의 사역이다. 하나님이 시작하시고 하나님이 지속시키시며 하나님 자신이 완성하시는 일이다.[92]

로이드 존스는 신자가 중생하여 주 예수 그리스도와 연합하는 순간 성화의 과정은 이미 시작한 것으로 본다. 신자가 신성한 성품을 받는 순간, 신자가 거듭나는 순간, 신자를 죄로부터 분리시키게 될 무언가가 들어온다. 이와 같이 성화는 전적으로 하나님으로부터 시작된다. 하나님께서 행하시는 일이다.

특히 로이드 존스는 성화를 이루시는 하나님의 사역을 삼위일체 관점으로 해석한다. 창조, 구속, 성화의 사역은 각각 삼위 하나님께 돌려진다. 성화의 사역이 삼위 하나님 모두의 사역이다. 성화는 성부의 사역이고, 성자가 행하시는 일임에 틀림없다. 그럼에도 로이드 존스에 따르면 성화는 특별히 삼위 가운데 세 번째 위격인 성령의 사역이다. 그것은 "그리스도를 신자에게 중개하시는 분이 성령이시고, 그

---

91 D. M. Lloyd-Jones, *God The Holy Spirit*, 198.
92 D. M. Lloyd-Jones, *God The Holy Spirit*, 204; John Owen, 『성도와 하나님과의 관계』, 황을호 역 (서울: 생명의말씀사, 1994), 13-21, 162-165; John Murray, 『존 머레이의 구속』, 214-216. "첫째, 성령께서 성화를 이루어 가시는 방식은 신비에 싸여 있다. 둘째, 우리는 전적으로 성령께 의존된 존재라는 사실을 분명히 깨달아야 한다. 셋째, 우리를 거룩하게 하시는 성령은 그리스도를 죽은 자 가운데서 다시 살아나게 하신 그리스도의 성령이시다."

리스도의 사역을 신자에게 적용시키시는 분이 성령이시며, 신자 안에 그리스도의 형상을 이루시고 신자를 그리스도와 연합시키는 분도 성령이시기 때문이다."[93]

그러므로 성화는 일차적으로 신자 안에서 행하시는 성령을 통한, 성령에 의한 하나님의 사역이다. 신자는 성화되지 않은 상태로 있을 수 있으며, 스스로 성화를 추구한다고 말하는 것은 완전히 비성경적이다. 그것은 불가능한 것이다. 왜냐하면 성화는 하나님의 사역이며 하나님이 의도하시는 것이며 하나님의 목적이기 때문이다. 결과적으로 하나님은 구별하신 자기 백성 모두 안에서 성화의 일을 행하신다.[94]

다음으로 성화의 두 번째 주체는 신자 자신이다. 성화는 인간의 노력을 본질상 내포한다.[95] 전 생애를 통하여 생각과 말과 행동에 있어서 하나님의 선하신 뜻과 그분의 영광을 따라 살아가는 것이 성화이다. 따라서 성화는 인간의 지속적인 실천이며 행동이다.[96] 신자의 행동이 요구된다.

---

[93] 유태화, 『삼위일체론적 구원론』, 446; Anthony A. Hoekema, 『개혁주의 구원론』, 327. "성화의 사역은 성부, 성자, 성령 삼위가 공히 담당하신다." 성부(히 12:10), 성자(엡 5:24-27), 성령(벧전 1:2). "그러나 삼위 하나님의 사역은 서로 분리되지 않는다. 그러므로 삼위 중에 어느 위격의 지칭이 없이 성화가 삼위일체 하나님의 사역이라고 묘사되는 것은 놀라운 것이 아니다. '평강의 하나님이 친히 너희로 온전히 거룩하게 하시기를…'(살전 5:23)".

[94] D. M. Lloyd-Jones, *God The Holy Spirit*, 205-207.

[95] Millard J. Erickson, 『복음주의 조직신학(하)』, 155. "성화는 배타적으로 하나님께 속해 있지만, 곧 그것의 능력이 전적으로 그의 거룩에 의존하고 있지만, 곧 그것의 능력이 전적으로 그의 거룩에 의존하고 있지만, 신자는 구원과 관련된 문제에서 끊임없이 일하고 자라가도록 권고를 받는다. … 성화는 하나님의 일이지만, 마찬가지로 신자도 죄를 없이하고 거룩을 발전시키는 일이 필요한 한 가지 역할을 갖고 있다."

[96] 유태화, 『삼위일체론적 구원론』, 449.

> 두렵고 떨림으로 너희 구원을 이루라 너희 안에서 행하시는 이
> 는 하나님이시니 자기의 기쁘신 뜻을 위하여 너희로 소원을 두
> 고 행하게 하시나니(빌 2:12-13).

로이드 존스에 따르면 성화는 신자 안에서 일하시는 하나님의 사역이다. 최초의 행동과 동기와 힘, 이 모든 것은 신자 안에서 "소원을 두고 행하게 하셔서" 일하시는 하나님의 능력이다.[97] 그럼에도 하나님은 신자에게 "너희 구원을 이루라"고 요구하신다. 하나님은 신자가 행동할 수 있도록 '소원' 안에서 일하신다.

그리고 신자는 그 소원대로 행하도록 요구를 받는다. "자기의 기쁘신 뜻을 위하여 너희로 소원을 두고 행하게 하시는" 분은 하나님이시지만 신자도 소원하고 행해야 한다. 신자가 행동할 것을 요구받는 것은 하나님이 이미 행동할 수 있는 동기와 능력 그리고 소원을 주셨기 때문이다. 여기서 하나님의 주권적 인도하심과 인간의 책임성이 완벽한 균형을 이룬다.[98]

---

97 D. M. Lloyd-Jones, *God The Holy Spirit*, 207; Anthony A. Hoekema, 『개혁주의 구원론』, 331-332; Heinrich Heppe, 『개혁파 정통 교의학』, 806. "하나님은 오로지 은혜 언약의 교제를 위해 선택되고 그리스도 안에 심겨져 소명되고 칭의된 사람에게만 성화의 능력을 부여한다."

98 D. M. Lloyd-Jones, *God The Holy Spirit*, 208; John Murray, 『존 머레이의 구속』, 216-218. 성화에 있어서 **하나님의 역사와 인간의 역할**이 명쾌하게 드러난다. "너희가 나 있을 때뿐 아니라 더욱 지금 나 없을 때에도 항상 복종하여 두렵고 떨림으로 너희 구원을 이루라. 너희 안에서 행하시는 이는 하나님이시니 자기의 기쁘신 뜻을 위하여 너희에게 소원을 두고 행하게 하시나니"(빌 2:12-13). 이에 대해 존 머레이는 다음과 같이 해석한다. "여기서 말하는 구원은 이미 이루어진 구원을 말하는 것이 아니라 종말적 구원이다(살전 5:8-9; 벧전 1:5, 9; 2:2). … 우리의 노력 때문에 우리 안에 이루어지는 하나님의 역사가 보류되는 것도 아니고, 하나님이 하시기 때문에 우리가 해야 할 일을 하지 않아도 되는 것도 아니다. 또한 하나님이 자기 역할을 하고, 우리가 우리의 역할을 함으로 서로 협동하여 필요한 결과를 산출하는 것도 아니다. 하나님이 우리 안에서 일하시고, 우리 또한 일을

그러므로 신자는 성령을 통해 죄가 자신 안에서 왕 노릇 하지 못하게 하라는 권고를 받는다. 또 신자는 성령을 통해 신자 몸의 행실을 죽여야 한다. 신자는 하나님을 두려워하는 가운데서 거룩함을 온전히 이루어 육과 영의 온갖 더러운 것에서 자신을 깨끗하게 하라는 명령을 받는다.[99]

여기서 성화 교리는 '그리스도와 연합 원리'로 해석하면 더욱 분명히 이해될 수 있다. 신자는 그리스도 안에 있는 자다. 그리스도와 연합되어 있는 자다. 신자의 죄는 그리스도에게 전가되었고 그리스도의 의는 신자에게 전가되었다. 성화를 '죄와 의'의 측면에서 살펴볼 수 있다. 성화는 신자의 새로운 지위에 맞게 신자를 변화시키는 성령을 통한 하나님의 사역이다.

먼저 그리스도는 신자를 죄책에서 구원하셨다. 그리고 그리스도는 남아있는 죄의 오염에서 구원하기 위해 신자 안에서 성령을 통해 역사하신다. 그리고 그리스도는 자신의 의를 신자에게 전가하셨다. 또한 그에 합당한 자로 만들기 위해 성령을 통해 신자 안에서 분여된 의를 창조하신다. 그리스도의 죄와 의에 관한 성령을 통한 사역은 신자의 죽음 이후에 영화롭게 되는 날 철저히 완성될 것이다. 따라서 성화는 그리스도와의 연합 가운데서 행해야 하는 것이다.[100]

한다. 하지만 하나님이 일하시니 우리도 일한다. 우리 편에서 구원을 이루어 가는 것은 하나님이 우리 안에서 일하시는 결과이다. 일하지 않고 바라기만 해서 되는 것도 아니고, 바라는 것도 없이 일만 해서 되는 것도 아니다. 바라는 것과 일하는 것이 함께 간다. 하나님이 행하시는 이런 역사로, 우리는 하나님이 기뻐하시는 일을 바라고 행하게 된다. 바울은 우리 구원을 이루어 가라고 촉구할 뿐 아니라, 하나님께서 친히 우리 안에서 구원을 이루신다고 격려한다;" Anthony A. Hoekema, *Saved by Grace*, 『개혁주의 구원론』, 324-325.

99 D. M. Lloyd-Jones, *God The Holy Spirit*, 209.

100 유태화, 『삼위일체론적 구원론』, 423; Anthony A. Hoekema, 『개혁주의 구원론』, 320-321. "그리스도는 우리에게 성화를 가지고 왔을 뿐만 아니라 우리의 성화시다. 만약

결론적으로 두 가지 통일성에 비추어 로이드 존스의 '성화' 교리를 해석한다.

첫째, '경륜적 통일성'에 대해서다.

신자는 삼위 하나님의 공동 사역으로 세상으로부터 떼어 내어 하나님께 바쳐지고 드려진 존재다. 신자의 지위는 이미 그리스도의 사역으로 영 단번(once for all)에 거룩하게 된 것이다. 그럼에도 불구하고 신자의 내면에는 '죄의 성향(타락한 의지)'이 여전히 남아 있다. 따라서 성령은 신자 안에서 죄를 죽이고 하나님을 향한 삶을 살아가도록, 그리스도의 형상을 닮아가도록 사역하신다. 이런 성령의 사역으로 하나님은 신자 안에서 '분여된 의'를 창조하고 만들어 내신다.

그러므로 로이드 존스는 성화의 일차적 주체는 삼위 하나님, 곧 성부 성자 성령이 행하시는 일이라고 한다. 삼위 하나님의 공동 작업이 성화이다. 그러나 특별히 성화는 성령의 사역이다. 그리스도를 신자에게 중개하는 분이 성령이시고, 그리스도의 사역을 적용시키는 분도 성령이시고, 그리스도의 형상을 이루고 그리스도와 연합시키는 분도 성령이기 때문이다.

둘째, '원리적 통일성'에 대해서다.

성화의 주체는 일차적으로 삼위 하나님이다. 성부, 성자, 성령께서 주권적으로 죄인을 의롭다 하시고, 그를 구별하여 거룩하고 의롭게 살아가도록 그 안에서 일하신다. 죄인의 '결정적 성화'와 '점진적 성화'는 삼위 하나님이 주도적으로 행하시는 사역이다. 그럼에도 내면에 남아 있는 죄를 죽이고 하나님을 향하여 나아가고 헌신하는 것은

우리가 그리스도와 함께 연합되었다면 우리는 성화되어지는 과정에 있다. 즉 우리가 성화되어질 수 있는 유일한 방법은 그리스도와 함께 연합을 통해서이다."

사람의 몫이요 책임이다. 이와 같이 성화는 삼위 하나님과 함께 일하는 사람의 행동이 필요하다.

신자가 이러한 성화에 동참할 수 있는 근거는 그가 그리스도와 연합되어 있기 때문이다. 즉 그리스도와의 연합으로 그의 죄책은 그리스도에게 전가되고, 그리스도의 의는 그에게 전가되었다. 그뿐만 아니라 남아 있는 죄의 오염을 억제하고 죄와 싸워 이길 수 있는 것은 신자와 함께 '분여된 의'를 창조하시는 그리스도의 영 곧 성령의 도움 때문이다. 하나님은 그리스도와 연합한 신자에게 성령을 통해 능력과 소원을 주신다.

8. 인침

로이드 존스에게 있어서 성령의 인침(세례)은 전적으로 성령 자신의 행동이다. 그리고 그것은 신자에게 주어지는 무엇이다. 곧 "성령의 인침은 성령 자신이 독단적이고, 독점적으로 신자에게 행하는 행위"이다.[101] 그러므로 성령의 인침은 전적인 성령의 주권적인 행위이다.[102]

---

101 D. M. Lloyd-Jones, *The sons of God: An Exposition of Romans 8:5-17* (Edinburgh: The Banner of Truth Trust, 2012), 304; 로이드 존스는 성령의 인침(엡 1:13; 롬 8:16)과 성령의 세례(행 1:5; 갈 3:2, 5; 요 20:22; 눅 24:49)를 같은 의미로 본다; 이우제, "성령의 능력에 사로잡힌 설교자 로이드 존스의 설교 연구," 41.

102 Tony Sargent, 『위대한 설교자 로이드 존스』, 황영철 역 (서울: IVP, 2004), 81. 로이드 존스는 성령의 인침 뿐 아니라, 인침 후에 있는 성령의 능력 충만(성령의 기름부음)도 성령의 전적인 주권에 의해 주어진다고 진술한다. "기름부음은 '주어진' 요소에 의존한다. 이 능력 부어 주심은 완전히 성령의 주권에 달려 있다. 그분이 그것을 내려 주실 수도 있고, 내려 주시지 않을 수도 있다. 그것은 전적으로 그분의 재량이다."

여기서 성령의 인침이 성령의 절대적인 주권적 행위라는 것은 그것이 주어지는 방식에서 드러난다.

이러한 체험은 어떻게 주어지는가?

성령은 신자 개개인마다 '다른 방식'으로 인침을 체험하게 하신다. 따라서 로이드 존스는 만약 누군가 성령의 인침을 받기 위한 일정한 규칙이나 국한된 가르침이 있다고 주장한다면, 그것은 비성경적이며 잘못된 것이라고 한다. 성령은 "주님이시며, 친히 자신의 주권적 의지를 가지고, 신자들마다 다른 방식"으로 자신이 정하신 때에 인침의 선물을 주신다.

이와 같이 성령의 인침은 성령의 절대적인 주권적 행위이기 때문에, 로이드 존스는 그것이 "언제 어떻게 주어지는지를 인간은 전혀 알지 못한다"고 한다.[103] 그것은 예고될 수도 없고, 어떤 방식으로 조정될 수 없으며, 인간 마음대로 받을 수 있는 것도 아니다. 그러므로 신자는 이것에 대해 '요구나 취함' 같은 말을 해서는 안된다. 쉽게 말해 성령의 인침은 "주님이 주시며 신자는 오직 받기만 하는 것이다."[104]

그럼에도 그는 누가복음에 근거하여 성령의 인침(세례)을 '구할 것'을 촉구한다. 신자가 무엇을 구할 지 네 가지로 정리한다.[105]

첫째, 신자는 가능성을 깨달아야 한다. 성령의 기본세례(고전 12:13)에 머물지 말고, 초대 교회 성도들이 가졌던 말할 수 없는 기쁨[106], 권

103　D. M. Lloyd-Jones, *The sons of God: An Exposition of Romans 8:5-17*, 305-306.
104　D. M. Lloyd-Jones, 『성령세례』, 정원태 역 (서울: 기독교문서선교회, 2004), 195.
105　"구하라 그러면 너희에게 주실 것이요, 찾으라 그러면 찾을 것이요 문을 두드리라 그러면 너희에게 열릴 것이니. … 너희가 악할지라도 좋은 것을 자식에게 줄줄 알거든 하물며 너희 천부께서 구하는 자에게 **성령을** 주시지 않겠느냐"(눅 11:9, 13); D. M. Lloyd-Jones, 『성령론』, 283-302.
106　"예수를 너희가 보지 못하였으나 사랑하는도다. 이제도 보지 못하나 믿고 말할 수

위, 능력, 거룩한 용감성, 사도적 증거의 필요성을 깨달아 신자에게 부어지는 성령 인침의 가능성을 깨달아야 한다.[107]

둘째, 동기를 점검해야 한다. 신자는 주님이 주시는 어떤 것을 주로 구해서는 안 된다. 바로 주님 자체를 구해야한다. 무엇을 구해야 하나 이 질문에 로이드 존스는 "신자는 주님을 알고 그의 사랑을 알고, 그의 증거자가 되고 그의 영광을 위해 봉사하기 위해 항상 주 예수 그리스도 자신을 구해야 한다"고 답한다.

사도 바울의 최고 바램은 '주님을 더 아는 것'이었다. 바울은 더 많은 경험이 아니라 "주님과 그의 부활의 능력과 그의 고난에 참여함"을 더욱 구했다. 신자도 바로 그같이 구해야 한다.[108]

셋째, 순종이다. 하나님은 오직 순종하는 자에게 성령을 주신다.[109]

> 만일 신자가 주님을 알기를 원하고, 그의 사랑을 알기를 원하고 그를 사랑하기를 원한다면, 그는 자신의 관계를 하나님께 집중시키게 될 것이고, 그것은 신자를 순종으로 인도할 것입니다. 그리하여 신자는 하나님을 기쁘게 하고 하나님께 가까이 나아가기

없는 영광스러운 즐거움으로 기뻐하니"(벧전 1:8).

[107] D. M. Lloyd-Jones, 『성령세례』, 178. 로이드 존스는 교회의 절실한 필요인 능력의 원천이 성령세례란 관점을 갖고 있다(롬 5:5; 엡 1:13; 벧전 1:8; 눅 11:13; 행 2, 8, 10, 19장; 요 1:33). 그래서 혹자는 그의 성령세례를 "성령의 능력세례"(정원태)라고 부른다. 정원태는 성령세례 용어를 다음과 같이 정리한다. 1. 중생, 성령의 기본세례(고전 12:3, 13), 성령에 의한 세례, 2. 성령의 생활 충만(엡 5:18), 3.성령의 능력세례(눅 24:49; 행 1:5, 8; 2:1-4; 눅 3:21-22; 요 20:22), 성령세례, 4. 성령의 능력 충만(행 2:1-4; 4:8, 31; 7:55; 눅 4:14).

[108] D. M. Lloyd-Jones, 『성령세례』, 200; 이우제, "성령의 능력에 사로잡힌 설교자 로이드 존스의 설교 연구," 42. 설교자가 '성령의 기름부음'을 받아야 하는 정당한 동기와 이유는 "권능으로 예수님의 증인이 되기 위해서"다.

[109] "우리는 이 일에 증인이요 하나님이 자기에게 순종하는 사람들에게 주신 **성령**도 그러하니라 하더라"(행 5:32).

위하여 자신이 할 수 있는 모든 것을 하길 원할 것입니다.[110]

곧 하나님의 말씀에, 그의 뜻에, 기꺼이 순종할 것이란 의미이다. 성화를 이루시는 성령의 인도함에 따라 순종할 것이다. 또한 성령으로 인침(세례)을 받기 위해서는 성령을 슬프게 하거나 성령을 소멸해서도 안된다.[111]

특히 로이드 존스는 신자가 성령을 소멸하지 말아야 할 것을 강조한다.[112]

"성령을 소멸하지 말며."

로이드 존스는 이 구절을 전후 문맥을 고려하여 해석한다. 그에 따르면 "소멸하다는 기를 꺾는 것, 맞서 싸우는 것, 낙담시키는 것을 의미한다. 이에 따라 '성령을 소멸하는 것'은 반응하기보다는 주장하는 성향을 의미하고, 질문을 내세우는 것을 의미한다." 이러한 행위가 개인뿐 아니라 교회와 기독 모임에서 일어날 수 있다.

로이드 존스의 논리에 따르면 성령을 소멸하는 신자나 교회는 성령의 인침의 복을 누릴 수 없다. 그러나 성령을 소멸하는 것이 자신을 주장하는 성향이라고 해서 신자는 넋 놓고 있어서는 안 된다. 무념무상으로 성령의 인도만을 바라보는 것이 아니다. 오히려 로이드 존스

---

110 D. M. Lloyd-Jones, 『성령세례』, 202-203; 이우제, "성령의 능력에 사로잡힌 설교자 로이드 존스의 설교 연구," 47-48.
111 D. M. Lloyd-Jones, 『성령세례』, 204. "한 사람이 거듭난 순간에 성령은 그에게서 역사하기 시작하는 것입니다. 성령은 그 안에서 성화를 이루기 위하여 역사하는 것입니다. 성령은 그를 자극하기도 하고 어떤 충동을 느끼도록 하기도 합니다. 성령은 또한 여러분이 성경을 읽도록 인도하기도 합니다.""성령을 소멸치 말며 예언을 멸시치 말고 범사에 헤아려 좋은 것을 취하고"(살전 5:19-21).
112 D. M. Lloyd-Jones, 『성령론』, 371-405.

는 성령의 인침을 누리기 위해 적극적으로 '영적 분별력을 사용해야 한다'고 주장한다. 왜냐하면 성령의 사역뿐 아니라 마귀의 악한 일이 많기 때문이다.

로이드 존스는 "성령을 소멸하지 말며"라는 말씀 바로 다음에 "범사에 헤아려 좋은 것을 취하고"란 말씀이 나온 것은 바로 이 때문이라고 해석한다. "악한 영들은 성령이 하신 일이라고 주장하지만 성경에서는 정죄하고 있는 행동들도 있다."

그러므로 성령을 소멸하지 않는 동시에 모든 것을 헤아려 보아야 한다. 특별히 로이드 존스가 성령의 인도하심과 악한 영들의 행동들을 분별하기 위해 제시한 기준은 '성경'이다. 로이드 존스에 따르면 성령은 말씀과 함께 일하신다.

> 자신에게 성경이 금지하는 일을 하고 싶은 충동이나 느낌이 생겨난다면 그것은 성령의 인도하심이 아니라고 확신할 수 있습니다. 말씀과 성령은 결합시켜야 합니다. 어떤 면에서도 성경의 가르침을 벗어나지 않도록 해야 합니다. 그리고 성령은 말씀 안에 있는 진리들을 신자에게 적용시킵니다. 성령은 신자에게 그리스도를 드러내고 그리스도의 진리를 온전히 깨닫게 하고, 인도하기 위해 보내심을 받았습니다. 하지만 그러면서도 언제나 마음을 열고 민감해야 합니다. 신자는 악한 영들이 있다는 사실을 알아야 하며 모든 영이 다 하나님께로 온 것은 아니기 때문에 영들을 시험해 보아야 합니다.[113]

---

[113] D. M. Lloyd-Jones, 『성령론』, 262.

결국 로이드 존스는 신자들이 성령의 인침의 복락을 구하면서 성경에 기초해서 분별력 있게 생각하고 행동할 것을 권면한다.[114]

요약하면 로이드 존스는 "그리스도인은 성령을 소멸하지 말아야 하지만 동시에 자신을 주관하려는 다른 권세들에게 아무 생각 없이, 영적 분별력과 면밀한 검토도 없이 자신을 내어주어서는 안 된다"고 강조한다. 여기서 영적 분별력은 성경 진리들에 기초한 분별력이다. 성령의 인침을 누리기 원하는 신자에게는 이러한 책임이 부과된다.[115]

또한 성령을 근심케 하지 말아야 한다.[116] 로이드 존스에게 있어서 성령을 근심하게 하는 일들은 성령을 잊어버리고 무시하는 것, 특히 그분의 말씀을 소홀히 여기는 것, 성령과 성령의 뜻과 우리에게 바라시는 것들을 의심하고 불신하는 것, 어떤 형태로든 자아를 주장하는 것이다. 또한 성령이 아닌 자신이 자기를 주장하는 것과 모든 죄가 포함된다. 그리고 성령의 뜻을 보여주셨는데 순종하지 않는 것과 성령보다 성령의 은사에 관심을 갖는 일도 성령을 근심하게 하는 일이다.

결론적으로 로이드 존스는 "주 예수 그리스도가 신자의 중심이자 모든 것이 되시지 않는 모든 일은 성령을 근심하게 하는 것"이라고 요약한다. 왜냐하면 성령은 그리스도를 영화롭게 하기 위해 오셨기 때문이다. 그러므로 신자는 성령을 소멸하지도, 근심하게 하지도 말아야 한다. 달리 표현하면 신자는 성령으로 인도를 받아야 하고 성령 안에서 행해야 한다. 이것은 신자와 성령의 관계를 인식하고 신자가 성령의 임재 안에 있음을 인식하면서 이 세상에서 살고 행해야 한다

---

114 D. M. Lloyd-Jones, *God The Holy Spirit*, 261-262.
115 D. M. Lloyd-Jones, *God The Holy Spirit*, 262.
116 "하나님의 성령을 근심하게 하지 말라 그 안에서 너희가 구원의 날까지 인 치심을 받았느니라"(엡 4:30).

는 의미이다.

신자가 성령의 인침의 축복을 누리기 위해서는 성령을 소멸하지도 근심하게 하지도 말아야 할 책임이 있다. 곧 그것은 성경에 기초한 성령의 인도함을 받아야 할 책임이다.[117]

넷째로, 기도이다.

신자가 할 수 있는 모든 것을 할지라도 신자는 하나님께 요구할 권리가 없다. 그것은 '선물'이며 그에 대한 신자의 열망과 소원은 순종으로 나타난다. 그럼에도 이로 인하여 그것을 살 수 없다. 하나님의 은혜만을 구할 뿐이다. 이것은 로이드 존스가 성령의 인침을 받기 위한 원칙들 중 기도를 맨 마지막 순서에 배치한 이유이다. 곧 성령의 인침은 하나님의 주권적인 사역을 말한다. 로이드 존스는 이런 맥락에서 신자가 어떻게 구할지를 제시한다. 그것은 '약속에 근거하여 간구'하라는 것이다.[118]

> 이 약속은 너희와 너희 자녀와 모든 먼데 사람 곧 주 우리 하나님
> 이 얼마든지 부르시는 자들에게 하신 것이다(행 2:39).

교부들은 "약속을 따라 간구하라"는 위대한 구절을 자주 사용했다. 성령은 '약속의 성령'으로 불린다.

성부는 자신의 독생자가 이 세상에 오셔서 죄를 사하고 승천하

---

117 D. M. Lloyd-Jones, *God The Holy Spirit*, 262-263.
118 이우제, "성령의 능력에 사로잡힌 설교자 로이드 존스의 설교 연구," 44-45. 이 '약속'을 더 깊이 알기 위해서는 철저히 성경을 묵상하고 연구해야 하며, 더불어 교회사와 조직신학 연구가 필요하다.

신 후에는 자기 백성에게 줄 은사를 성자에게 주신다고 약속하
셨습니다. 성부가 그것을 약속하셨는데, 신자가 그것을 받지 않
을 수 없습니다.[119]

따라서 로이드 존스는 성령의 인침받기를 강청하고 간구하라고
촉구한다. 이 축복을 구한 옛 야곱의 심정으로 구하라고 제안한다.[120]

저는 당신을 알기 원합니다. 당신을 사랑하기 원합니다. 당신의
사랑이 저의 마음에 넘쳐흐르기를 원합니다. 저는 이것이 가능함
을 알지만, 아직 이것을 얻지 못했습니다. 당신이 나를 축복하지
않으면 가게 하지 아니하겠나이다.[121]

이러한 간구 속에 성령의 인침을 받으면 신자는 "필연적으로 자신
이 하나님의 자녀라는 확신과 자신을 향한 하나님의 사랑을 절대적
으로 확신하게 된다." 또한 성령의 인침은 주로 말씀을 통해서 오지만
전혀 말씀이 없어도 많은 사람에게 일어난다. 성령은 "말씀과는 별도
로, 말씀이 없이도, 설교하는 사람이 없어도 이런 일을 할 수 있다. 그
것은 성경을 떠나서 하나님의 영 자신에 의해서 주어진 영 속에서의
내적인 의식 바로 그것이다." 로이드 존스가 이렇게 주장하는 이유는
성령의 인침이 인간에게 전혀 영향을 받지 않고 일어나는 성령의 절

---

119 D. M. Lloyd-Jones, 『성령세례』, 207-208.
120 D. M. Lloyd-Jones, 『성령세례』, 207-208.
121 D. M. Lloyd-Jones, *God The Holy Spirit*, 208.

대적 주권임을 강조하기 위해서이다.[122]

요컨대 하나님은 성령을 통해 신자를 인 치신다. 이를 통해 신자가 하나님의 소유임을 밝히며 영원한 소유가 됨을 보장하신다. 환언하자면 성령은 그리스도인이 하나님의 자녀임을 인을 쳐서 증언하실 뿐 아니라 그 신분을 종말론적인 구속의 날까지 지키시는 분으로서 보증이 되어 주신다.[123] 이것은 어떤 것도 막을 수 없고 간섭할 수 없는 하나님의 주권적 사역이다. 하나님은 은혜 언약을 통해 그리스도 안에 속한 자들에게만 성령의 인침의 복을 주신다. 성령의 인침의 복락을 누릴 수 있는 자들은 오직 그리스도와 연합한 자들이다.

로이드 존스에게 있어서 인침의 복락은 바로 신자가 되는 자들과 이미 신자가 된 자들만이 누리는 특권이요 축복이다. 하나님은 그리스도와 연합되지 않은 자는 누구도 성령으로 인 치시지 않는다. 하나님은 그리스도 안에 있는 모든 자들이 성령의 인침 복락을 누리길 바라시고 원하신다. 로이드 존스는 그것이 '성경의 약속'이라고 해석한다.

그러나 모든 신자들이 이 복락을 누리는 것은 아니다. 성령의 인침을 누리기 위해서는 이것이 성경의 약속임을 믿고 성령의 인도를 받아서 구하고 간구해야 한다. 많은 신자들이 성령의 인침을 누리지 못하는 것은 성경의 약속을 깊이 연구하지 않고 성령을 소멸하거나 근심하게 하기 때문이다. 즉 성령의 인도함을 따라 행동하지 않기 때문이다. 고로 그것들을 피하고 간절히 구한다면 약속의 성령을 받을 것이다.

---

[122] D. M. Lloyd-Jones, *The sons of God: An Exposition of Romans 8:5-17*, 305-308.
[123] 유태화, 『삼위일체론적 구원론』, 412-413.

결론적으로 두 가지 통일성에 비추어 로이드 존스의 '인침' 교리를 해석한다.

첫째, '경륜적 통일성'에 대해서다.

성령의 인침(세례)은 성부의 뜻에 따라 그리스도와 연합한 자에게 역사하는 성령의 절대적인 주권 행위이다. 성부는 보혜사 성령을 보내준다.[124] 그리고 주 예수 그리스도에 의해 세례가 주어진다.[125] 그리고 성령의 직접적인 사역이 일어난다. 이 사역을 통해 신자는 자신이 하나님의 자녀인 것과 하나님의 사랑을 확신하고 그리스도의 구속 은혜를 철저하게 깨닫는다. 이는 성령이 신자 안에서 신자의 영과 함께 증거하기 때문이다. 아버지의 뜻 없이는 인침이 없고 그리스도와 연합한 자에게만 인침의 체험이 일어난다. 그 인침은 성령이 행하신다. 이와 같이 인침 교리에서도 로이드 존스는 철저히 삼위일체적 사고를 갖고 있다.

둘째, '원리적 통일성'에 대해서다.

성령의 인침은 절대적으로 성령의 주권 행위이다. 인침은 성령의 의지에 따라서만 다양한 방식으로 어느 때나 일어난다. 그만큼 인침은 성령의 절대적 주권행사이다.

그렇다면 인침을 받기 위해서는 사람은 어떤 일을 할 수 있는가? 로이드 존스는 성경의 약속을 연구하고 죄를 끊고 기도할 것을 제

---

124 "보혜사 곧 **아버지께서(성부)** 내 이름으로 보내실 성령 그가 너희에게 모든 것을 가르치고 내가 너희에게 말한 모든 것을 생각나게 하리라"(요 14:26).

125 "성령이 내려서 누구 위에든지 머무는 것을 보거든 **그가(성자)** 곧 성령으로 세례를 주는 이인 줄 알라"(요 1:13). 성령세례는 예수님의 특권이며 그가 행하시는 일이다. "하나님이 오른손으로 예수를 높이시매 그가 약속하신 성령을 아버지께 받아서 너희가 보고 듣는 이것을 부어 주셨느니라"(행 2:33). "이 말씀을 하시고 그들을 향하사 숨을 내쉬며 이르시되 성령을 받으라"(요 20:22).

안한다. 또한 성령을 소멸하거나 근심하게 하지 말아야 한다. 그리고 영적 분별력을 가지고 범사에 헤아려서 좋은 것을 취해야 한다. 이 모든 것은 '귀한 손님'을 맞이할 준비다. 성령의 인침이 준비한 신자에게 일어나는 것은, 그가 그리스도와 연합되어 있고 그 연합을 더욱 공고히 하였기 때문이라고 볼 수 있다. 하나님은 그리스도 안에서 구하는 자에게 주시고 두드리는 자에게 열리게 하시며 찾는 자가 찾게 하신다.

9. 영화

신자가 영화롭게 되는 영화는 전적인 하나님의 주권을 드러낸다. 중생의 사역이 전적인 하나님의 행위인 것처럼, 영과 혼과 육의 완전한 영화도 전적으로 하나님의 사역이다. 영화의 시간에 수동적 지위에 있는 신자는 영화롭게 되는 일에 어떤 영향도 도움도 주지 못한다. 영화는 전적인 하나님의 주권 행위이다.

로이드 존스가 이해하는 영화는 무엇인가?

로이드 존스에게 있어서 영화는 "죄와 악의 모든 영향과 국면에서 완전하고 철저하게 구원을 받는 것이다. 몸(body)과 혼(soul)과 영(spirit)이 다 함께 구원을 받는 것이요, 전인(全人)이 죄의 모든 해로운 영향에서 철저하고 완전히 구원을 받는 것이다. 죄의 모든 더럽게 하고 부패케 하는 영향으로부터 완전히 벗어나는 것이다." 그뿐만 아니라 영화는 "주 예수 그리스도와 같게 되는 것이고 완전한 사랑, 평화롭게 된 사람들이 되는 것"이다. 로이드 존스는 영화가 구원의 궁극적

인 목표와 표적이라고 한다.[126]

　좀 더 나아가 로이드 존스에 따르면 하나님은 아담 타락 이전에 인간에게 하나님의 영광의 일부를 주셨다. 그것은 인간의 특별한 존엄을 의미한다. 이로 인해 인간은 만물의 영장이요 다스리고 통치하는 위치에 있었다. 그러나 불행하게도 인간은 마귀의 유혹에 넘어가서 죄를 짓고 타락한다. 그 타락의 무서운 결과로 인간이 가지고 있었던 원래의 지위를 상실한다. 타락의 결과로 인간은 하나님의 영광에 이르지 못하는 결과를 초래 했다.

> 모든 사람이 죄를 범하였으매, 하나님의 영광에 이르지 못하더니 (롬 3:23).

　죄의 결과로 하나님의 영광에 이르지 못하는 일이 벌어지게 된 것이다. 로이드 존스는 이것이 인간의 실존이라고 본다. 인간은 본래 소유했던 영광을 상실했다. 이것이 인간의 가장 본질적인 비극이다.[127]
　결국 인간의 타락으로 몸과 혼과 영에서 하나님의 영광이 떠났다. 인간의 몸 자체에도 원래는 아름다움과 완전함과 일종의 영광이 깃들

126　D. M. Lloyd-Jones, *The Final Perseverance of the Saints: An Exposition of Romans 8:17-39*, 2-3; Heinrich Heppe, 『개혁파 정통 교의학』, 980-983; John Murray, 『존 머레이의 구속』, 254. 여기서 저자는 영화에 대해 "썩어진 몸이 그리스도의 영광의 몸으로 화한 하나님의 백성이 완전하게 된 몸과 영혼을 입고, 부활하시고 승천하시고 영화롭게 되신 구속주의 형상으로 화하게 되는 때야말로 전인의 완전하고 최종적인 구속이 이루어지는 때다"고 한다. "속으로 탄식하여 양자될 것 곧 우리 몸의 속량을 기다리느니라"(롬 8:23). 이 말씀이 영화를 지칭한다고 말한다; Millard J. Erickson, 『복음주의 조직신학(하)』, 184-189; Louis Berkhof, 『조직신학(하)』, 114-115.

127　D. M. Lloyd-Jones, *The Final Perseverance of the Saints: An Exposition of Romans 8:17-39*, 4.

어 있었다. 그러나 타락으로 모든 영광이 떠난 것이다. 로이드 존스는 '영원한 영광'이 그 지체로부터 떠나버렸다고 해석한다. 그러나 그리스도 안에 있는 신자는 영혼이 구원받았으며 그 몸도 구속될 영화의 때를 고대하고 있다. 이러한 완전한 구원의 상태는 아담이 처했던 곳보다 훨씬 더 높은 상태이다.

> 사람은 아담의 타락과 범죄와 범법의 모든 영향들로부터 구원받았을 뿐 아니라 주 예수 그리스도 자신의 영광에 속한 어떤 것을 받았으며, 또한 아담이 전에 가지고 있던 것보다 훨씬 우월한 복락을 허락받았습니다.[128]

왜냐하면 영화롭게 된 신자는 그리스도에게 속한 영광을 소유한 자가 되었기 때문이다. 그때 신자는 그리스도와 가장 완전히 연합될 것이다.[129]

특히 로이드 존스는 몸의 구속 곧 영화롭게 되는 몸을 강조한다. 신자의 몸 안에는 여전히 죄가 남아 있다. 신자는 의롭다 하심을 받았으며(칭의), 거룩하게 되고 있다(성화). 그리고 영화롭게 될 것이다(영화). 현재 신자는 영화의 상태에 들어가기 위한 예비 단계인 성화

---

128 D. M. Lloyd-Jones, *The Final Perseverance of the Saints: An Exposition of Romans 8:17-39*, 8.

129 D. M. Lloyd-Jones, *The Final Perseverance of the Saints: An Exposition of Romans 8:17-39*, 6-8; Heinrich Heppe, 『개혁파 정통 교의학』, 996. "영생이란 죽은 자의 부활 후에 선택받은 자들이 그들의 머리인 **그리스도와 가장 완전히 연합**되어 천사들과 함께 천상의 하나님을 알며, 그의 임재를 향유하고 영원히 찬양하며, 그리스도가 우리를 위해 획득한 최고의 선을 획득하고, 그의 인간적 측면에 있어서 몸과 영혼으로 그의 형상을 닮아가는 영광스러운 상태를 말한다."

의 단계에 있다. 성화의 단계에서는 몸에 남아 있는 죄와의 싸움이 계속된다. 현재의 몸은 아직도 죄가 거하는 몸이고 부패해지고 있는 몸이다. 이 몸은 타락의 결과로 온 몸이다.[130]

그러므로 로이드 존스는 육체적이고 물리적인 몸의 완전한 구원이 남아 있다고 설명한다. 영화의 때에 신자의 몸은 "그리스도의 영광의 몸의 형체와 같이" 될 것이다.[131] 그럼에도 인간이 하나님같이 되는 것(visio Dei per essentiam)이 아니라 인간이 다만 온전한 인간이 되는 것으로 이 구원은 완성될 것이다.

> 신자는 영원토록 새 하늘 아래 있는 영화로운 땅에서 보내게 될 것입니다. 따라서 하나의 구체적인(concrete) 몸은 살아가게 될 실재하는 구체적인 세상을 가져야 합니다. 구속받은 사람들은 영화로운 하늘 아래 있는 영화로운 땅 위에서 영화로운 몸을 입고 거하게 될 것입니다.[132]

그러면 로이드 존스가 이해한 영화 교리에서 인간의 자리는 어디쯤 있는가?

---

130 D. M. Lloyd-Jones, *The Final Perseverance of the Saints: An Exposition of Romans 8:17-39*, 9; John Murray, 『존 머레이의 구속』, 255. "영화를 위해서 몸의 부활이 있어야 한다는 사실은, 영화는 하나님의 모든 백성이 동시에 함께 들어가는 어떤 것이라는 사실을 말해준다."

131 D. M. Lloyd-Jones, *The Final Perseverance of the Saints: An Exposition of Romans 8:17-39*, 70; Millard J. Erickson, 『복음주의 조직신학(하)』, 188.

132 D. M. Lloyd-Jones, *The Final Perseverance of the Saints: An Exposition of Romans 8:17-39*, 88-89; John Murray, 『존 머레이의 구속』, 257-262. "1. 영화는 영광 중에 오시는 그리스도의 재림과 연결되어 있다. 2. 신자들이 영화롭게 되는 것은 피조물이 새롭게 되는 것과 깊은 관련이 있다." 유태화, 『삼위일체론적 성령론』, 376.

우리는 인간의 자리를 영화 전과 후에서 찾을 수 있다.

먼저 로이드 존스는 영화의 교리를 깨달은 신자는 이 세상에서 일어나고 있는 일에 대해서 어떤 것이라도 놀라서는 안 된다고 한다. 로이드 존스가 그렇게 권면하는 이유는 모든 피조물이 '허무한 데' 복종하고 있기 때문이다. 그러므로 그 피조물이 어떻게 좀 더 좋은 방향으로 달라질 것이라고 기대는 하지 말아야 한다.

두 번째, 신자는 '믿음과 소망'을 사람이 세상적인 조건을 개선해 나갈 수 있는 어떤 일에 걸어서도 안 된다. 로이드 존스는 이 세상 중심에 '와해의 원리, 헛됨과 썩어짐의 원리'가 있다고 본다. 그러므로 개선이란 전혀 있을 수 없는 것이다. 신자는 할 수 있는 한 악을 어떤 한계에다 가두어 놓도록 해야 한다. 그러나 로이드 존스는 완벽한 세상을 만드는 데 사람들이 끝내 성공하게 될 것이라고 생각하지 말라고 권한다.

또한 몸과 영과 혼이 모두 영화롭게 될 때 영화 이후에 인간은 어떤 존재가 될까?

로이드 존스에 따르면 피조물과 더불어 인간은 타락 이후에 완전한 자유를 상실하였다. 영화 이후에 신자는 하나님께서 창조하신 의향대로 자유로운 존재로 회복될 것이다. 이 상태는 자유의지를 소유했던 처음 아담보다 훨씬 높은 지위이다. 신자의 몸이 그리스도의 영화로운 몸처럼 변한 이후, 신자가 하는 모든 일은 책임이 아니라 특권이요 은혜요 영광이 될 것이다.

신자는 그리스도 안에서 창조주와의 관계에서 그리고 피조물과의 관계에서 완벽한 조화를 이루게 될 것이다. 신자는 영화로운 하늘 아래 있는 영화로운 땅 위에서 영화로운 몸을 입고 영광 속에 계신 영원한 하나님을 영원히 즐거워하고 예배드릴 것이다. 이것이 신자의 완

전한 자유이다.[133]

여기서 신자를 영화롭게 하는 하나님의 주권적 사역과 영화로운 몸으로 영원히 누릴 인간의 자유는 모두 그리스도와 연합의 결과이다. 로이드 존스는 신자의 삶에서 일어나는 다른 모든 일과 마찬가지로 신자의 영화도 신자가 그리스도와 연합되어 있는 결과로 본다.

그리스도와 연합으로 신자는 성령을 통해 중생하고 의롭다 칭함을 받고 하나님의 자녀가 되며 양자로 입양된다. 그리고 거룩하게 되어 가며 모든 환난을 견디고 종국에 영화로운 몸으로 영화에 도달한다. 이 모든 복락은 신자와 그리스도와의 연합으로 이루어진 것이며 완성이 확실히 보장된 진리이다.

그리스도의 영과 혼과 몸이 영화롭게 된 것처럼 그리스도와 연합되어 있는 자도 같은 방식으로 영과 혼과 몸이 영화롭게 될 것이다. 신자는 그리스도와 연합되어 있기 때문에 그리스도와 함께 그 영광에 동참하게 될 것이다. 또한 신자는 그리스도와 연합되어 있기 때문에 그리스도와 함께 한 후사들이다.[134]

이런 이유로 그리스도와 연합한 자는 '그리스도와 연합'의 축복을 인식하며 그 진리를 힘입어 이 땅에서 세상과 맞서 살아가야 하는 사람이다. 그리고 그는 영화로운 하늘 아래 영화로운 땅에서 "그리스도와 연합"의 축복을 누리며 즐거워할 사람이다.

결론적으로 두 가지 통일성에 비추어 로이드 존스의 '영화' 교리를 해석한다.

---

133 D. M. Lloyd-Jones, *The Final Perseverance of the Saints: An Exposition of Romans 8:17-39*, 89; Millard J. Erickson, 『복음주의 조직신학(하)』, 186-187.

134 D. M. Lloyd-Jones, *The Final Perseverance of the Saints: An Exposition of Romans 8:17-39*, 3, 81.

첫째, '경륜적 통일성'에 대해서다.

성부 하나님의 창세 전 원대한 계획은 선택한 백성의 '영화'이다. 그리스도 안에서 만물이 영화롭게 다시 통일 되는 것이 하나님의 구원 목적이다. 이 모든 일은 성령을 통하여 완성되고 마칠 것이다. 신자의 영과 혼 그리고 몸의 완전한 구원 또한 만물의 완전한 구원은 삼위 하나님의 공동 목표이고 삼위 하나님의 연합 사역으로 완성될 것이다.

둘째, '원리적 통일성'에 대해서다.

신자의 영혼뿐 아니라 몸의 완전한 구원은 삼위 하나님의 주권적 계획, 성취, 적용에 의해서 완성될 것이다. 이를 통해 신자가 그리스도의 형상으로 변하고 하나님이 원래 의도하셨던 온전한 사람이 될 것이다.

하나님의 영광, 그리스도의 영광이 신자 안에서 회복되고 빛날 것이다. 이것은 전적인 삼위 하나님의 주권적 완성 행위이다. 이 영화를 기다리고 있는 신자는 이 세상에서 일어나는 어떤 일에도 실망해서는 안 되고, '믿음과 소망'을 사람이 세상적인 조건을 개선해 나갈 수 있는 어떤 일에도 걸어서는 안 된다.

소망은 '영화'에 있다. 장차 신자는 영화로운 몸으로 삼위 하나님을 예배하고 즐거워하게 될 것이다. 신자가 영화롭게 되는 것은 그가 '그리스도 안'에 있기 때문이다.

구원의 시작과 마침은 '그리스도와의 연합'이다. 그리스도와 연합된 자만이 영화롭게 될 것이다. 영화의 때에 신자는 그리스도 안에 있는 완전한 '영광'을 소유하게 될 것이다.

10. 소결론

우리는 본장을 통하여 로이드 존스의 '구원의 서정' 교리들 안에서 일관되게 '경륜적 통일성'과 '원리적 통일성'을 짚어 낼 수 있었다. 삼위 하나님의 창세 전 구원 협약에 따라 성령은 성자가 성취하신 구속을 그 백성의 각 개인에게 적용하신다. 시공간에서 실제로 구속이 적용되는 단계들에는 하나님이 정하신 순서가 있었고, 각 단계는 의미와 가치를 가지고 구분되었다.

구속 적용 사역은 특별히 성령에게 전유된 성령의 주권적 사역이지만, 각 단계마다 삼위 하나님은 연합하여 사역하신 것이 드러났다. 그리고 각 단계 속에는 분명한 하나님의 주권성이 나타났고 그에 따라 인간에게 책임도 부과되었다.

더불어 그리스도와의 연합으로 인해 신자에게는 그 책임을 자연스럽게 기쁨으로 행할 수 있는 소망과 능력이 선물로 주어진 것도 보았다. 이로 인해 삼위 하나님의 크신 계획 속에서 '하나님의 주권'과 '인간의 책임'이 모두 세워지고, 하나님의 영광과 동시에 인간의 존엄함이 함께 세워졌음을 알 수 있었다.

결과적으로 구원의 서정 각 단계마다 삼위 하나님의 '경륜적 통일성과 원리적 통일성'이 지배적으로 드러난 것을 볼 수 있었다. 그러므로 구원의 적용 사역도 한 하나님의 사역이다.

제6장

결론

▶ 외손녀와 함께 한 로이드 존스

본서는 삼위 하나님의 통일성에 비추어서 로이드 존스의 구원관을 연구하였다. 로이드 존스는 20세기 복음주의의 거장이다. 성령의 손에 사로잡혀 쓰임 받은 탁월한 설교자였다. 로이드 존스의 구원관은 삼위일체적 구원관이다. 그는 철저한 삼위일체론자로서, 그의 구원관은 그의 설교 곳곳에 스며들어 있다. 로이드 존스의 마음속에는 삼위 하나님의 전체 구원의 파노라마가 펼쳐지고 있다.

본서를 통하여 삼위 하나님의 구원 사역 안에 완벽한 통일성이 있음이 드러났다. 먼저 삼위 하나님은 구원 경륜에 있어서 통일성을 가지고 사역하신다. 성부의 구원 계획, 성자의 구원 성취 그리고 성령의 구원을 적용하는 사역은 전체적으로 하나의 통일성을 보여 주었다. 즉 성부가 계획하신 모든 구원 계획은 성자를 통하여 그대로 성취되었고, 성령 안에서 실제로 완성되었다. 그뿐만 아니라 삼위 하나님의 외적 사역은 나누이지 않는다는 신학 공리도 구원의 전 과정을 통하여 잘 드러났다.

창세 전 영원한 회의에서 구원의 계획을 세울 때 삼위 하나님은 함께 그 작업을 하셨다. 게다가 성자가 육신을 입고 이 땅에 오신 성육신의 사역과 요단강에서 세례 받는 사역 그리고 공생애 전 사역 중에서 삼위 하나님은 늘 연합으로 사역하셨다. 그리고 구속의 절정이라 할 수 있는 십자가 죽음과 부활에서 성부와 성자와 성령은 동시에 현존하여 그 일을 같이 하셨다. 또 성부는 성자의 십자가를 통한 구속의 성취에 근거하여 성령을 오순절에 파송하셨다.

구속 언약 가운데 성부와 성자 사이의 약속으로 오신 성령은 성부에게 선택받은 백성을 부르시고 그리스도 안에서 획득한 모든 유익을 그들에게 실제로 누리게 하신다. 성령의 전유 사역인 일련의 구원서정 속에서도 성부와 성자는 함께 일하신다. 영원 전 구원의 시작부터 영원 후 구원의 완성까지 삼위 하나님은 나누이지 않고 하나처럼 일하신다. 결국 구원의 계획과 성취 그리고 적용이 각각 성부와 성자 그리고 성령에게 전유된다 할지라도 삼위 하나님은 그 모든 외적 사역을 연합으로 하셨다.

한 위격의 빠짐도 없이, 모든 구원 사역이 진행된 것이다. 경륜에 있어서 완벽한 통일성이 완연히 드러났다. 이 통일성은 한 본질에 근거한 것이며, 모든 사역은 한 하나님이 하신 것이란 결론에 다다른다. 여기서 발견한 삼위 하나님의 통일성을 우리는 '경륜적 통일성'이라고 정의하였다.

게다가 삼위 하나님이 구원의 전 과정을 이뤄나가 실 때, 일정한 원리들을 가지고 공동 사역을 진행 하셨다. 이 원리들은 '하나님의 주권 원리,' '인간의 책임 원리,' 그리고 '그리스도와 연합 원리'이다. 원리에 있어서도 완전한 통일성이 있다. 삼위 하나님은 구원 사역에서 전적인 주권을 갖고 행하신다. 먼저는 하나님이다.

하나님이 인간 구원을 위해서 시작하시고 성취하시고 완성하신다. 그분의 뜻과 계획에 따라 그분이 원하는 대상을 그분의 때에 그분의 방식대로 구원하신다. 이것이 하나님이 원하는 것을 이루시는 하나님의 방식이다.

로이드 존스는 무엇보다도 하나님의 주권과 하나님의 영광을 강조한 신학자다. 그러나 이것에 멈추지 않고, 하나님이 행하신 후에는 항상 인간의 자리가 마련된다. 죄인과 신자에게 하나님은 그들이 행할 일을 부과한다. 하나님은 사람을 책임 있는 존재로 만드셨고 그렇게 다루신다. 죄를 소유한 자는 죄책이 있고, 은혜를 소유한 자는 하나님의 선을 이룰 책임이 있다.

그러므로 로이드 존스의 삼위일체적 구원관에는 '인간의 책임' 원리도 지배하고 있다. 그것은 하나님이 주권적으로 정하신 방식이다. 그 책임은 하나님의 주권을 세우는 방식으로 이뤄지기 때문에 주권과 책임은 상충하지 않는다.

그리고 하나님의 주권과 인간의 책임을 유기적으로 묶어 주는 것이 있는데, '그리스도와 연합 원리'이다. 삼위 하나님이 세우신 언약은 하나인데, 그것은 구속 언약 곧 은혜 언약이다. 이 언약은 그리스도가 백성의 머리와 대표로 십자가 순종을 통해 이룬 언약이다. 그 언약의 핵심 내용은 신자의 그리스도와 연합이다.

곧 죄인이 주 예수 그리스도를 믿으면 그는 죄인에서 그리스도와 연합한 자가 된다. 이 연합은 죄인의 자리에서 자유인의 위치를 넘어 하나님 보좌 우편에 계신 그리스도의 자리까지 올라간 연합이다. 이 연합으로 말미암아 신자는 성령을 통해 그리스도로부터 소망과 능력을 입고 성부의 기뻐하는 뜻을 즐거움으로 행할 수 있게 된다.

그리스도와의 연합이 없다면 신자에게 부과된 책임은 짐이요 율법이겠지만, 그 연합으로 그 책임은 사랑의 관계 확인이요 특권이요 은혜이다. 곧 그 연합된 자리는 회복된 자리요 자녀의 자리요 은혜의 자리이다.

따라서 신자의 그리스도와의 연합으로 하나님의 주권이 세워지고, 사람의 존엄성이 높아짐을 볼 수 있다. 이렇듯 삼위 하나님의 구원 사역은 시종일관 이 세 원리 아래서 진행되었다.

삼위 하나님의 구원 사역 시작부터 끝까지 각 원리가 일관되게 다스리고 있고, 세 원리가 함께 각 단계를 통제하고 있다. 완전한 통일성을 보여준다. 우리는 이 통일성을 '원리적 통일성'이라고 규정하였다. 이러한 통일성도 결국 삼위 하나님의 모든 사역이 한 본질에 근거하기에 드러난 것이다.

또한 '경륜적 통일성'과 '원리적 통일성'으로 로이드 존스가 이해한 '구원의 서정' 각 단계를 해석하였을 때, 그것은 로이드 존스의 구원관을 해석할 수 있는 유용한 도구임이 증명되었다. 이런 통일성으로 바라 봤을 때 로이드 존스의 구원관을 더욱 풍성하고 깊게 이해할 수 있다.

요컨대 '경륜적 통일성'과 '원리적 통일성'은 삼위 하나님의 구원 사역이 한 하나님의 사역임을 입증해 주는 두 기둥이라고 할 수 있다. 곧 형식과 내용에 있어서 구원 사역은 한 하나님의 사역이다.

게다가 이러한 삼위 하나님의 경륜적 사역은 내재적 삼위일체 하나님의 관계를 반영한 것으로 보는 것이 타당하다. 왜냐하면 하나님을 내재적으로 한 본질과 세 존재 양식으로 설명하지 않으면, 경륜적 측면에서 그러한 하나님(곧 세 위격의 전유사역과 한 통일성)으로 나타날 수 없기 때문이다.

결론적으로 하나님은 항상 본질에서는 하나, 위격에서는 셋으로 존재하신다.

본서를 통해서 증명된 삼위일체적 구원관은 다음의 유익을 줄 것이다.

첫째, 삼위 하나님 중 한 위격에 치우치지 않는 신앙관과 신앙생활의 근거를 제공한다.

둘째, 양태론적 단일 신론과 삼신론적 이단에 대응할 수 있는 신관을 제공한다.

셋째, 삼위일체를 부인하거나 내재적 삼위일체를 부인하는 현대 사조에 휩쓸리지 않게 한다.

넷째, 로이드 존스의 설교를 더 깊게 이해할 수 있는 바탕이 된다.

그리고 로이드 존스의 삼위일체적 구원관이 남긴 연구과제는 다음과 같다.

첫째, '로이드 존스의 삼위일체적 구원관이 교회 생활 가운데 어떻게 적용될 수 있는지,'

둘째, '로이드 존스의 삼위일체적 구원관이 사회 복음화와 선교에는 어떻게 적용될지,'

셋째, '로이드 존스의 성령세례가 삼위일체적 관점에서 어떻게 재해석 될 수 있는지,'

넷째, '로이드 존스의 삼위일체적 구원관에서 교회일치 문제를 어떻게 다룰지,'

다섯째, '영원 전 성부와 성자의 구속 언약 가운데 성령의 자리는 어딘지'가 남은 과제이다.

에필로그 Into Glory

주님 산 안에 들어간 모세
주님 얼굴 보고
그의 얼굴에 광채가 피었네
밖에 있는 사람들
모세 얼굴 볼 수 없어 수건 덮었다네
모세 벗은 얼굴로 주님께 더 가까이 다가가
주의 영광을 담고 살았네

그리스도 안에서
우리 마음 덮은 수건 벗겨지리라
자유 함을 얻은 우리
주 영광 안에서 주 영광으로 길이길이 살으리

우리는 모두 수건을 벗은 얼굴로 주님의 영광을 봅니다. 이렇게 해서 우리는 주님의 형상으로 변화하여 점점 더 큰 영광에 이릅니다. 그 영광은 성령이신 주님께로부터 나오는 것입니다 (고후 3:18, 쉬운성경).

참고문헌

1. 단행본

김광열.『그리스도 안에 있는 구원과 성화』 서울: 총신대출판부, 2000.
김석환.『교부들의 삼위일체론』 서울: 기독교문서선교회, 2006.
박영호.『로이드 존스의 생애』 서울: 기독교문서선교회, 2002.
송삼용.『영성의 거장을 만나다』 서울: 넥서스, 2009.
유태화.『삼위일체론적 성령론』 서울: 대서, 2006.
_____.『삼위일체론적 구원론』 서울: 대서, 2007.
정근두.『로이드죤스의 설교론』 서울: 여수룬, 1993.
차영배.『성령론』 서울: 지민, 2008.
Augustinus, Aurelius.『아우구스띠누스 자유의지론』 성 염 역. 서울: 분도출판사, 1998.
Bavinck, Herman.『개혁교의학1』 박태현 역. 서울: 부흥과개혁사, 2011.
_____.『개혁교의학2』 박태현 역. 서울: 부흥과개혁사, 2011.
_____.『개혁교의학3』 박태현 역. 서울: 부흥과개혁사, 2011.
_____.『개혁교의학4』 박태현 역. 서울: 부흥과개혁사, 2011.
Berkhof, Louis.『조직신학(상·중·하)』 권수경, 이상원 역. 경기: 크리스천다이제스트, 2000.
Boettner, Loraine.『칼빈주의 예정론』 김남식 역. 서울: 베다니, 1996.
Buswell, J. Oliver.『조직신학 1권』 권문상 박찬호 역. 서울: 웨스트민스터, 2005.
_____.『조직신학 2권』 권문상 박찬호 역. 서울: 웨스트민스터, 2005.
Calvin, John.『영한 기독교강요Ⅰ』 편집부 역. 서울: 성문, 1993.
_____.『영한 기독교강요Ⅱ』 편집부 역. 서울: 성문, 1993.
_____.『영한 기독교강요Ⅲ』 편집부 역. 서울: 성문, 1993.

____.『영한 기독교강요IV』편집부 역. 서울: 성문, 1993.
Drucker, Peter F.『프로페셔널의 조건』이재규 역. 서울: 청림, 2000.
Erickson, Millard J.『복음주의 조직신학(상 중 하)』신경수 역. 경기: 크리스 천다이제스트, 2000.
Heppe, Heinrich.『개혁파 정통 교의학』이정석 역. 경기: 크리스천다이제스트, 2011.
Hoekema, Anthony A.『개혁주의 구원론』류호준 역. 서울: 기독교문서선교회, 2001.
Jonker, Willem D.『자유에로 초대하는 진리』유태화 역. 서울: 대서, 2008.
Lillback, Peter A.『칼빈의 언약사상』원종천 역. 서울: 기독교문서선교회, 2012.
Lloyd-Jones, D. M.『영적선택-에베소서 강해1』서문 강 역. 서울: 기독교문서선교회, 2012.
____.『영적 화해-에베소서 강해2』서문 강 역. 서울: 기독교문서선교회, 2012.
____.『영적 충만-에베소서 강해3』서문 강 역. 서울: 기독교문서선교회, 2012.
____.『영적 연합-에베소서 강해4』서문 강 역. 서울: 기독교문서선교회, 2012.
____.『영적 광명-에베소서 강해5』서문 강 역. 서울: 기독교문서선교회, 2012.
____.『영적 생활-에베소서 강해6』서문 강 역. 서울: 기독교문서선교회, 2012.
____.『영적 투쟁-에베소서 강해7』서문 강 역. 서울: 기독교문서선교회, 2012.
____.『영적 군사-에베소서 강해8』서문 강 역. 서울: 기독교문서선교회, 2012.
____.『속죄와 칭의-로마서 강해1』서문 강 역. 서울: 기독교문서선교회, 2012.
____.『확신-로마서 강해2』서문 강 역. 서울: 기독교문서선교회, 2012.
____.『새사람-로마서 강해3』서문 강 역. 서울: 기독교문서선교회, 2012.

_____. 『율법의 기능과 한계-로마서 강해4』 서문 강 역. 서울: 기독교문서선교회, 2012.
_____. 『하나님의 자녀-로마서 강해5』 서문 강 역. 서울: 기독교문서선교회, 2012.
_____. 『성도의 견인-로마서 강해6』 서문 강 역. 서울: 기독교문서선교회, 2012.
_____. 『하나님의 복음-로마서 강해7』 서문 강 역. 서울: 기독교문서선교회, 2012.
_____. 『하나님의 의로운 판단-로마서 강해8』 서문 강 역. 서울: 기독교문서선교회, 2012.
_____. 『하나님의 절대주권의 목적-로마서 강해9』 서문 강 역. 서울: 기독교문서선교회, 2012.
_____. 『이신칭의-로마서 강해10』 서문 강 역. 서울: 기독교문서선교회, 2012.
_____. 『하나님의 영광을 위해-로마서 강해11』 서문 강 역. 서울: 기독교문서선교회, 2012.
_____. 『그리스도인의 행실과 윤리-로마서 강해12』 서문 강 역. 서울: 기독교문서선교회, 2012.
_____. 『두 나라와 그리스도인의 삶-로마서 강해13』 서문 강 역. 서울: 기독교문서선교회, 2012.
_____. 『그리스도인의 자유와 양심-로마서 강해14』 서문 강 역. 서울: 기독교문서선교회, 2012.
_____. 『성부 하나님과 성자 하나님-로이드 존스 교리 강좌 시리즈 1』 임범진 역 서울: 부흥과개혁사, 2011.
_____. 『성령 하나님과 놀라운 구원-로이드 존스 교리 강좌 시리즈 2』 임범진 역. 서울: 부흥과개혁사, 2011.
_____. 『영광스러운 교회와 아름다운 종말-로이드 존스 교리 강좌 시리즈 3』 임범진 역. 서울: 부흥과개혁사, 2011.
_____. 『영적 생활-요한복음 강해1』 차동재 역. 서울: 기독교문서선교회, 2002.
_____. 『영적 성장-요한복음 강해2』 이용태 역. 서울: 기독교문서선교회, 2002.

____. 『영적 축복-요한복음 강해3』 이용태 역. 서울: 기독교문서선교회, 2003.

____. 『하나님의 자녀: 요한일서 강해 1-3장』 임성철 역. 서울: 생명의말씀사, 2014.

____. 『하나님의 사랑: 요한일서 강해 4-5장』 김태곤 역. 서울: 생명의말씀사, 2014.

____. 『빌립보서 강해』 정상윤 역. 서울: 복있는 사람, 2015.

____. 『성령세례』 정원태 역. 서울: 기독교문서선교회, 2004.

____. 『목사와 설교』 서문 강 역. 서울: 기독교문서선교회, 1999.

____. 『청교도 신앙-그 기원과 계승자들』 서문 강 역. 서울: 생명의말씀사, 1994.

____. 『성령론』 홍정식 역. 서울: 새순출판사, 2000.

Luther, Martin. 『인간에게 자유의지는 있는가?』 조주석 역. 서울: 나침반, 1991.

Murray, John. 『칼빈의 성경관과 주권사상』 나용화 역. 서울: 기독교문서선교회, 1976.

____. 『존 머레이의 구속』 장호준 역. 서울: 복있는사람, 2011.

Owen, John. 『성도의 견인』 조은화 역. 서울: 생명의말씀사, 2013.

____. 『성도와 하나님과의 관계』 황을호 역. 서울: 생명의말씀사, 1994.

Peters, John. 『마틴 로이드 존스 평전』 서문 강 역. 서울: 지평서원, 1986.

Pink, Arthur W. 『하나님의 주권』 전의우 역. 서울: 요단출판사, 2014.

____. 『하나님의 언약』 김의원 역. 서울: 기독교문서선교회, 1989.

Sargent, Tony. 『위대한 설교자 로이드 존스』 황영철 역. 서울: IVP, 2004.

Smedes, Lewis B. 『바울의 그리스도와의 연합사상』 오광만 역. 서울: 여수룬, 1991.

St. Augustins. 『삼위일체론』 김홍흡 역. 경기: 크리스천다이제스트, 2011.

Stott, John R. 『성령세례와 충만』 김현회 역. 서울: IVP, 2005.

Warfield, Benjamin B. 『구원의 계획』 모수환 역. 경기: 크리스천다이제스트, 2012.

2. 원서

Calvinistic Methodist Church(Wales). *History, Constitution, Rules of Discipline, and Confession of Faith, of The Calvinistic Methodists, in Wales.* London: Parry and Son, Chester, 1827.

Carson, D. A. *Divine Sovereignty and Human Responsibility: Biblical Perspetives in Tension.* Grand Rapids: Baker, 1994.

Karlberg, Mark W. *Covenant Theology in Reformed Perspective.* Eugene OR: Wipf and Stock Publishers, 2000.

Lloyd-Jones, David Martyn. *God's Ultimate Purpose: An Exposition of Ephesians 1:1 to 1:23.* Grand Rapids: Baker Books, 1995.

____. *God's Way of Reconciliation: An Exposition of Ephesians 2.* Grand Rapids: Baker Books, 1995.

____. *The Unsearchable Riches of Christ: An Exposition of Ephesians 3.* Grand Rapids: Baker Books, 1995.

____. *Christian Unity: An Exposition of Ephesians 4:1 to 4:16.* Grand Rapids: Baker Books, 1995.

____. *Darkness and Light: An Exposition of Ephesians 4:17 to 5:17.* Grand Rapids: Baker Books, 1995.

____. *Life in the Spirit In Marriage, Home, and Work: An Exposition of Ephesians 5:18 to 6:9.* Grand Rapids: Baker Books, 1995.

____. *The Christian Warfare: An Exposition of Ephesians 6:10 to 6:13.* Grand Rapids: Baker Books, 1995.

____. *The Christian Soldier: An Exposition of Ephesians 6:10 to 6:20.* Grand Rapids: Baker Books, 1995.

____. *The Gospel of God: An Exposition of Romans 1.* Edinburgh: The Banner of Truth Trust, 2012.

____. *The Righteous Judgment of God: An Exposition of Romans 2:1 to 3:20.* Edinburgh: The Banner of Truth Trust, 2012.

____. *Atonement and Justification: An Exposition of Romans 3:20 to 4:25.* Edinburgh: The Banner of Truth Trust, 2012.

____. *Assurance: An Exposition of Romans 5*. Edinburgh: The Banner of Truth Trust, 2012.

____. *The New Man: An Exposition of Romans 6*. Edinburgh: The Banner of Truth Trust, 2012.

____. *The Law: An Exposition of Romans 7:1 to 8:4*. Edinburgh: The Banner of Truth Trust, 2012.

____. *The sons of God: An Exposition of Romans 8:5-17*. Edinburgh: The Banner of Truth Trust, 2012.

____. *The Final Perseverance of th Saints: An Exposition of Romans 8:17-39*. Edinburgh: The Banner of Truth Trust, 2012.

____. *God's Sovereign Purpose: An Exposition of Romans 9*. Edinburgh: The Banner of Truth Trust, 2012.

____. *Saving Faith: An Exposition of Romans 10*. Edinburgh: The Banner of Truth Trust, 2012.

____. *To God's Glory: An Exposition of Romans 11*. Edinburgh: The Banner of Truth Trust, 2012.

____. *Christian Conduct: An Exposition of Romans 12*. Edinburgh: The Banner of Truth Trust, 2012.

____. *Life in Two Kingdoms: An Exposition of Romans 13*. Edinburgh: The Banner of Truth Trust, 2012.

____. *Liberty and Conscience: An Exposition of Romans 14:1-17*. Edinburgh: The Banner of Truth Trust, 2012.

____. *Great Doctrines of The Bible Vol. 1: God The Father, God The Son*. Wheaton, IL: Crossway, 2012.

____. *Great Doctrines of The Bible Vol. 2: God The Holy Spirit*. Wheaton, IL: Crossway, 2012.

____. *Great Doctrines of The Bible Vol. 3: The Church and The Last Things*. Wheaton, IL: Crossway, 2012.

____. *The Assurance of Our Salvation: Studies In John 17*. Wheaton, IL: Crossway, 2000.

____. *FAITH Tried & Triumphant*. Michigan: Baker, 1996.

Murray, Iain H. *Lloyd-Jones: Messenger of Grace*. Edinburgh: The Banner of Truth Trust, 2008.
Robertson, O. Palmer. *The Christ of the Covenants*. New Jersey: Presbyterian and Reformed, 1980
Williams, William. *Welsh Calvinistic Methodism*. London: Edinburgh University, 1872.

3. 정기간행물 및 학술자료

박찬호. "칼빈과 삼위일체 그리고 한국교회."「개혁논총」13권 (2010): 67-106.
신복윤. "개혁주의 신학의 특성들 (1) 하나님의 절대 주권."「신학정론」15(1) (1997. 5): 9-45.
유태주. "청교도의 웨스트민스터신앙고백과 한국교회 개혁."「신학과 사회」제23집2호 (2010): 121-158.
유태화. "삼위일체론에서 위격과 본질 및 그 관계- 아타나시우스신경을 중심으로-."「백석 신학저널」22 (2012, 봄): 221-249.
____. "만족설이 남긴 과제 - 구속의 삼위일체적 이해를 모색하며-."「조직신학연구」제13호 (2010): 241-261.
이승구. "존재론적 삼위일체와 경륜적 삼위일체의 관계."「한국개혁신학」5권 0호. (1999): 119-159.
이우제. "성령의 능력에 사로잡힌 설교자 로이드 존스의 설교 연구."「복음과 실천신학」제11호 (2006. 봄): 19-61.
조봉근. "로이드 존스의 성령론의 재조명과 재이해."「광신논단」Vol. 14 (2005): 135-158.
조현진. "조나단 에드워즈의 성향적 구원론 연구."「한국개혁신학논문집」제 30권 (2011): 128-154.
Adam, Szabados. "Two Evangelical Approaches to Evangelism and Mission: Differences between D. Martyn Lloyd-Jones and John R. W. Scott." http://divinity.szabadosadam.hu/

4. 논문

Bailie, Benjamin Randolph. "The Doctor of Ministry: The Impact of Martyn Lloyd-Jones' Medical Training on His Homiletial Methodology." Ph. D. diss., Southern Baptist Theological Seminary, 2014.

Becton, Mark D. "An Analysis of John's Stott's Preaching as 'Bridge-Building' as Compared to the Preaching of David Martyn Lloyd-Jones." Ph. D. diss., Southwestern Baptist Theological Seminary, 1995.

Joo, Yuonghun. "A Study of Expository Preaching Concept as Represented by George Cambell Morgan, David M. Lloyd-Jones, and John F. Macathur." Ph. D. diss., California Graduate School of Theology, Califonia, 1994.

Jung, Keundoo. "An Evaluation of the Principles and Method of Preaching of D. M. Lloyd-Jones." Ph. D. diss., Potchefstroom University, South Africa, 1986.

Keith, James Melvin. "The Concept of Expository Preaching as Represented by Alexander Maclaren, George Campbell Morgan, and David Martyn Lloyd-Jones." Th. D. diss., Southwestern Baptist Theological Seminary, 1975.

Penny, Robert. "An Examination of the Principles of Expository Preaching of David Martyn Lloyd-Jones." D. Min. diss., Harding University Graduate School of Religion, 1980.

Smith, Argile A. Jr. "David Martyn Lloyd-Jones: A Critical Examination of His Preaching." Ph. D. diss., New Orleans Baptist Theological Seminary, 1984.

로이드 존스의 구원론

The Soteriology of D. M. Lloyd-Jones
in the Light of the Triune God's Unity

2016년 8월 30일 초판 발행

지은이 | 최훈배

편 집 | 정희연, 김세아
디자인 | 이수정, 박슬기
펴낸곳 | 사)기독교문서선교회
등 록 | 제16-25호(1980. 1. 18)
주 소 | 서울시 서초구 방배로 68
전 화 | 02) 586-8761~3(본사) 031) 942-8761(영업부)
팩 스 | 02) 523-0131(본사) 031) 942-8763(영업부)
홈페이지 | www.clcbook.com
이메일 | clckor@gmail.com
온라인 | 기업은행 073-000308-04-020, 국민은행 043-01-0379-646
       예금주: 사)기독교문서선교회

ISBN 978-89-341-1569-4 (93230)

* 낙장·파본은 교환해 드립니다.

이 도서의 국립중앙도서관 출판시 도서목록(CIP)은 서지정보유통지원시스템 홈페이지(http://seoji.nl.go.kr)와
국가자료공동목록시스템(http://www.nl.go.kr/kolisnet)에서 이용하실 수 있습니다.
(CIP제어번호: CIP2016017716)